U0620974

江苏历代文化名人传·葛洪

王青 著

江苏文库

研究编

江苏历代文化名人传

江苏文脉整理与研究工程

江苏人民出版社

图书在版编目(CIP)数据

江苏历代文化名人传. 葛洪 / 王青著. -- 南京 : 江苏人民出版社, 2024.5

(江苏文库. 研究编)

ISBN 978-7-214-26812-9

Ⅰ. ①江… Ⅱ. ①王… Ⅲ. ①文化一名人一列传一江苏②葛洪(284-386)一传记 Ⅳ. ①K825.4②B235.7

中国版本图书馆 CIP 数据核字(2021)第 265691 号

书　　名　江苏历代文化名人传·葛洪
著　　者　王　青
出版统筹　张　凉
责任编辑　金书羽
责任监制　王　娟
装帧设计　姜　嵩
出版发行　江苏人民出版社
地　　址　南京市湖南路 1 号 A 楼,邮编:210009
照　　排　江苏凤凰制版有限公司
印　　刷　苏州市越洋印刷有限公司
开　　本　718 毫米×1 000 毫米　1/16
印　　张　27　插页 4
字　　数　391 千字
版　　次　2024 年 5 月第 1 版
印　　次　2024 年 5 月第 1 次印刷
标准书号　ISBN 978-7-214-26812-9
定　　价　92.00 元

江苏文脉整理与研究工程

编纂出版委员会

出版说明

江苏文化源远流长、历久弥新，文化经典与历史文献层出不穷，典藏丰富；文化巨匠代有人出、彪炳史册，在中华民族乃至整个人类文明的发展史上有着相当重要的地位。为科学把握江苏文化的内涵与特征，在新时代彰显江苏文化对中华文化的贡献，江苏省委、省政府决定组织实施“江苏文脉整理与研究工程”，以梳理江苏文脉资源，总结江苏文化发展的历史规律，再现江苏历史上的文化高地，为当代江苏构筑新的文化高地把准脉动、探明趋势、勾画蓝图。

组织编纂大型江苏历史文献总集《江苏文库》，是“江苏文脉整理与研究工程”的重要工作。《文库》以“编纂整理古今文献，梳理再现名人名作，探究追溯文化脉络，打造江苏文化名片”为宗旨，分六编集中呈现：

（一）书目编。完整著录历史上江苏籍学人的著述及其历史记录，全面反映江苏图书馆的图书典藏情况。

（二）文献编。收录历代江苏籍学人的代表性著作，集中呈现自历史开端至一九一一年的江苏文化文本，呈现江苏文化的整体景观。

（三）精华编。选取历代江苏籍学人著述中对中外文化产生重要影响、在文化学术史上具有经典性代表性的作品进行整理，并从中选取十余种，组织海外汉学家翻译成各国文字，作为江苏对外文化交流的标志性文化成果。

（四）方志编。从江苏现存各级各类旧志中选择价值较高、保存较好的志书，以充分发挥地方志资治、存史、教化等作用，保存江苏的地方文献与历史文化记忆。

（五）史料编。收录有关江苏地方史料类文献，反映江苏各地历史地理、政治经济、文化教育、宗教艺术、社会生活、风土民情等。

（六）研究编。组织、编纂当代学者研究、撰写的江苏文化研究著作。

文献、史料、方志三编属于基础文献，以影印方式出版，旨在提供原始文献，以满足学术研究需要；书目、精华、研究三编，以排印方式出版，既能满足学术研究的基本需求，又能满足全民阅读的基本需求。

“江苏文脉整理与研究工程”工作委员会

江苏文库·研究编编纂人员

主　编

王月清　张新科

副主编

徐之顺　姜　建　王卫星　胡发贵　胡传胜　刘西忠

一脉千古成江河

——江苏文库·研究编序言

樊和平

“江苏文脉整理与研究工程”是江苏文化史上继往开来的一个浩大工程。与当下方兴未艾的全国性“文库热”相比，江苏文脉工程有三个基本特点：一是全面系统的整理；二是“整理”与“研究”同步；三是以“文脉”为主题。在“书目编—文献编—精华编—史料编—方志编—研究编”的体系结构中，“研究编”是十分独特的板块，因为它是试图超越“修典”而推进文化传承创新的一种学术努力。

“盛世修典”之说不知起源于何时，不过语词结构已经表明“盛世”与“修典”之间的某种互释甚至共谋，以及由此而衍生的复杂文化心态。历史已经表明，“修典”在建构巨大历史功勋的同时，也包含内在的巨大文化风险，最基本的是“入典”的选择风险。《四库全书》的文化贡献不言自明，但最终其收书的数量竟与禁书、毁书、改书的数量大致相当，还有高出近一倍的书目被宣判为无价值。“入典”可能将一个时代的局限甚至选择者个人的局限放大为历史的文化局限，也可能由此扼杀文化多样性而产生文化专断。另一个更为潜在和深刻的风险，是对待传统的文化态度。文献整理，尤其是地域典籍的整理，在理念和战略上面临的最大考验，是以何种心态对待文化传统。当今之世，无论对个体还是社会，传统已经不仅是文化根源，而且是文化和经济发展的资源甚至资本。然而一旦传统成为资源和资本，邂逅市场逻辑的推波助澜，就面临沦为消费和运作对象的风险，从而以一种消费主义和工具主义的文化态度对待文化传统和文献整理。当传统成为消费和运作的对象，其文化价值不仅可能被误读误用，而且也可能在对传统的消费中使文化坐吃山空，造就出文化上的纨绔子弟，更可能在市场运作中使文化不断被糟蹋。“江苏文脉整理与研究工程”的“整理工程”以全面系统的整理的战略应对可能存在的第一种风险，即入典选择的风险；以“研究工程”应对第二种可能的风险，即消费主义与工具主义的风险。我们不仅是既往传统的继承者，更应当是未来传统的创造者；现代人的使命，不仅是继承优秀传统，更应当创造新的优秀传统，这便是传统的创造性转化与创新性发展的真义。诚然，创造传统任重道远，需要经过坚忍不拔的卓越努力和大浪淘沙般的历史积淀，但对“江苏文脉整理与研究工程”而言，无论如何必须在“整理”的同时开启“研究”的千里之行，在研究中继承和发展传统。这便是“研究编”的价值和使命所在，也是“江苏文脉整理与研究工程”在“文库热”中于顶层设计层面的拔群之处。

一　倾听来自历史深处的文化脉动

20世纪是文化大发现的世纪，20世纪以来西方世界最重要的战略，就是文化战略。20世纪20年代，德国社会学家马克斯·韦伯的《新教伦理与资本主义精神》，揭示了西方资本主义文明的文化密码，这就是“新教伦理”及其所造就的“资本主义精神”，由此建构“新教伦理＋资本主义”的所谓“理想类型”，为西方资本主义进行了文化论证尤其是伦理论证，奠定了20世纪以后西方中心论的文化基础。20世纪70年代，哈佛大学教授丹尼尔·贝尔的《资本主义文化矛盾》，揭示了当代资本主义最深刻的矛盾不是经济矛盾，也不是政治矛盾，而是“文化矛盾”，其集中表现是宗教释放的伦理冲动与市场释放的经济冲动分离与背离，进而对现代西方文明发出文化预警。20世纪70年代之后，亨廷顿的《文明的冲突与世界秩序的重建》将当今世界的一切冲突归结为文明冲突、文化冲突，将文化上升为西方世界尤其是美国国家战略的高度。以上三部曲构成西方世界尤其是美国文化帝国主义的国家文化战略，正如一些西方学者所发现的那样，时至今日，文化帝国主义被另一个概念代替——“全球化”，显而易见，全球化不仅是一种浪潮，更是一种思潮，是西方世界的国家文化战略。文化虽然受经济发展制约甚至被经济发展水平所决定，但回顾从传统到现代的中国文明史，文化问题不仅逻辑地而且历史地成为文明发展的最高最难的问题，正因为如此，文化自信才成为比理论自信、道路自信、制度自信更具基础意义的最重要的自信。

在全球化背景下，文脉整理与研究具有重大的国家文化战略意义，不仅必要，而且急迫。文化遵循与经济社会不同的规律，全球化在造就广泛的全球市场并使全球成为一个“地球村”的同时，内在的最大文明风险和文化风险便是同质性。全球化催生的是一个文化上的独生子女，其可能的镜像是：一种文化风险将是整个世界的风险，一次文化失败将是整个人类的文化失败。文化的本质是什么？梁漱溟先生说，文化就是人的生活的根本样法，文化就是“人化”。丹尼尔·贝尔指出，文化是为人的生命过程提供解释系统，以对付生存困境的一种努力。据此，文化的同质化，最终导致的将是人的同质化，将是民族文化或西方学者所说地方性知识的消解和消失；同时，由于文化是人类应对生存困境的大智慧，或治疗生活世界痼疾的抗体，它所建构的是与自然世界相对应的精神世界和意义世界，文化的同质性将导致人类在面临重大生存困境时智慧资源的贫乏和生命力的苍白，从而将整个人类文明推向空前的高风险。应对全球化的挑战和西方文化帝国主义的国家战略，“江苏文脉整理与研究工程”是整个中华民族浩大文化工程的一部分和具体落实，其战略意义决不止于保存文化记忆的自持和自赏，在这个全球化的高风险正日益逼近的时代，完整地保存地方文化物种，认同文化血脉，畅通文化命脉，不仅可以让我们在遭遇全球化的滔滔洪水之时可以于故乡文化的山脉之巅“一览众山小”地建设自己的精神家园和文化根据地，而且可以在患上全球化的文化感冒甚至某种文化瘟疫之后，不致乞求“西方药”来治“中国病”，而是根据自己的文化基因和文化命理，寻找强化自身的文化抗体和文化免疫力之道，其深远意义，犹如在今天经过独生子女时代穿越时光隧道，回首当年我们的“兄弟姐妹那么多”

和父辈们儿孙满堂的那种天伦风光,不只是因为寂寞,而且是为了中华民族大家庭的文化安全和对未来文化风险的抗击能力。

“江苏文脉整理与研究工程”是以江苏这一特殊地域文化为对象的一次集体文化自觉和文化自信,与其他同类文化工程相比,其最具标识意义的是“文脉”理念。“文脉”是什么?它与“文献”和文化传统的关系到底如何?这是“文脉工程”必须解决的基本问题。

庞朴先生曾对“文化传统”与“传统文化”两个概念进行了审慎而严格的区分,认为“传统文化”可能是历史上曾经存在过的一切文化现象,而“文化传统”则是一以贯之的文化道统。在逻辑和历史两个维度,文化成为传统都必须同时具备三个条件:历史上发生的,一以贯之的,在现实生活中依然发挥作用的。传统当然发生于历史,但历史上发生的一切,从《道德经》《论语》到女人裹小脚,并不都成为传统,即便当今被考古或历史研究所不断发现的现象,也只能说是“文化遗存”,文化成为传统必须在历史长河中一以贯之而成为道统或法统,孔子提供的儒家学说,老子提供的道家智慧,之所以成为传统,就是因为它们始终与中国人的生活世界和精神世界相伴随,并成为人的生命和生活的文化指引。然而,文化并不只存在于文献典籍之中,否则它只是精英们的特权,作为“人的生活的根本样法”和“对付生存困境”的解释系统,它必定存在于芸芸众生的生命和生活之中,由此才可能,也才真正成为传统。《论语》与《道德经》之所以成为传统,不只是因为它们作为经典至今还为人们所学习和研究,而且因为在中国人精神的深层结构中,即便在未读过它们的田夫村妇身上,也存在同样的文化基因。中国人在得意时是儒家,“明知不可为而偏为之”;在失意时是道家,“后退一步天地宽”;在绝望时是佛家,“四大皆空”,从而建立了与自给自足的自然经济结构相匹合的自给自足的文化精神结构,在任何境遇下都不会丧失安身立命的精神基地,这就是传统。文化传统必须也必定是“活”的,是在现实中依然发挥作用的,是构成现代人的文化基因的生命因子。这种与人的生活和生命同在的文化传统就是“脉”,就是“文脉”。

文脉以文献、典籍为载体,但又不止于文献和典籍,而是与负载它的生命及其现实生活息息相关。“文脉”是什么?“文脉”对历史而言是

"血脉",对未来而言是"命脉",对当下而言是"山脉"。"江苏文脉"就是江苏人的文化血脉、文化命脉、文化山脉,是历史、现在、未来江苏人特殊的文化生命、文化标识、文化家园,以及生生不息的文化记忆和文化动力。虽然它们可能以诸种文化典籍和文化传统的方式呈现和延续,但"文脉工程"致力探寻和发现的则是跃动于这些典籍和传统,也跃动于江苏人生命之中的那种文化脉动。"江苏文脉整理与研究工程"的最大特点就在于它是"文脉工程"而不是一般的"文化工程",更不是"文库工程"。"文化工程""文库工程"可能只是一般的文化挖掘与整理,而"文脉工程"则是与地域的文化生命深切相通,贯穿地域的历史、现在与未来的生命工程。

"江苏文脉整理与研究工程"是"整理"与"研究"的璧合,在"研究工程"中能否、如何倾听到来自历史深处的文化脉动,关键是处理好"文献"与"文脉"的关系。"整理工程"是对文脉的客观呈现,而"研究工程"则是对文脉的自觉揭示,若想取得成功,必须学会在"文献"中倾听和发现"文脉"。"文献"如何呈现"文脉"?文献是人类文明尤其是人类文化记忆的特殊形态,也是人类信息交换和信息传播的特殊方式。回首人类文明史,到目前为止,大致经历了三种信息方式。最基本也是最原初的是口口交流的信息方式,在这种信息方式中,信息发布者和信息传播者都同时在场,它是人的生命直接和整体在场并对话的信息传播方式,是从语言到身体、情感的全息参与,是生命与生命之间的直接沟通,但具有很大的时空局限。印刷术的产生大大扩展了人类信息交换的广度和深度,不仅可以以文字的方式与不在场的对象交换信息,而且可以以文献的方式与不同时代、不同时空的人们交换信息,这便是第二种信息方式,即以印刷为媒介的信息方式或印刷信息方式。第三种信息方式便是现代社会以电子网络技术为媒介的信息方式,即电子信息方式。文献与典籍是印刷信息方式的特殊形态,它将人类文化史和文明史上具有特殊价值的信息以印刷媒介的方式保存下来,供后人学习和研究,从而积淀为传统。文字本质上是人的生命的表达符号,所谓"诗言志"便是指向生命本身。然而由于它以文字为中介,一旦成为文献,便离开原有的时空背景,并与创作它的生命个体相分离,于是便需要解读,在解读中便可能发生误读,但无论如何,解读的对象并不只是文字本身,而是文字背后的生命现象。

文献尤其是典籍是不同时代人们对于文化精华的集体记忆,它们不仅经受过不同时代人们的共同选择,而且经受过大浪淘沙的历史洗礼,因而其中不仅有创造它的那个个体或文化英雄如老子、孔子的生命表达,而且有传播和接受它的那个民族的文化脉动,是负载它的那个民族的文化生命,这种文化生命一言以蔽之便是文化传统。正因为如此,作为集体记忆的精华,文献和典籍是个体和集体的文化脉动的客观形态,关键在于,必须学会倾听和揭示来自远方的生命旋律。由于它们巨大的时空跨度,往往不能直接把脉,而需要具有一种"悬丝诊脉"的卓越倾听能力。同时,为了把握真实的文化脉动,不仅需要对文献和典籍即"文本"进行研究,而且需要对创造它们的主体包括创作的个体和传播接受的集体的生命即"人物"进行研究。正如席勒所说,每个人都是时代的产儿,那些卓越的哲学家和有抱负的文学家却可能成为一切时代的同代人。文字一旦成为文献或典籍,便意味着创作它的个体成为一切时代的同代人,但无论如何,文献和它们的创造者首先是某个时代的产儿,因而要在浩如烟海的文献和典籍中倾听到来自传统深处的文化脉动,还需要将它们还原到民族的文化生命之中,形成文化发展的"精神的历史"。由此,文本研究、人物研究、学派流派研究、历史研究,便成为"文脉研究工程"的学术构造和逻辑结构。

二　中国文化传统中的江苏文脉

江苏文脉是中国文化传统的一部分,二者之间的关系并不只是部分与整体的关系,借助宋明理学的话语,是"理一"与"分殊"的关系。文脉与文化传统是民族生命的文化表达和自觉体现,如果只将它们理解为部分与整体的关系,那么江苏文脉只是中国文化传统或整个中华文化脉统中的一个构造,只是中华文化生命体中的一个器官。朱熹曾以佛家的"月映万川"诠释"理一分殊"。朗月高照,江河湖泊中水月熠熠,此番景象的哲学本真便是“一月普现一切水，一切水月一月摄”。天空中的“一月”与江河中的“一切水月”之间的关系是“分享”关系，不是分享了“一月”的某一部分，而是全部。江苏文脉与中国文化传统之间的关系便是“理一分殊”，中国文化传统是“理一”，江苏文脉是“分殊”，正因为如此，关于江苏文脉的研究必须在与整个中国文化传统的关系中整体性地把握和展开。其中，文化与地域的关系、江苏文化在中华文化发展中的贡献和地位，是两个基本课题。

到目前为止的一切人类文明的大格局基本上都是由以山河为标志的地理环境造就的，从轴心文明时代的四大文明古国，到“五大洲四大洋”的地理区隔，再到中国山东—山西、广东—广西、河南—河北，江苏的苏南—苏北的文化与经济差异，山河在其中具有基础性意义。在这个意义上，可以将在此以前的一切文明称为“山河文明”。如今，科技经济发展迎来一个“高”时代：高铁、高速公路、电子高速公路……正在并将继续推倒由山河造就的一切文明界碑，即将造就甚至正在造就一个“后山河时代”。“后山河时代”的最后一道屏障，“山河时代”遗赠给“后山河时代”的最宝贵的文明资源，便是地域文化。在这个意义上，江苏文脉的整理与研究，不仅可以为经过全球化席卷之后的同质化世界留下弥足珍贵的“文化大熊猫”，而且可以在未来的芸芸众生饱尝“独上高楼，望尽天涯路”的孤独之后，缔造一个“蓦然回首”的文化故乡，从中可以鸟瞰文化与世界关系的真谛。江苏独特的地域环境与江苏文化、江苏文脉之间的关系，已经不是所谓“一方水土一方人”所能表达，可以说，地脉、水脉、山脉与江苏文脉之间的关系，已经是一脉相承。

我们通过考察和反思发现，水系，地势，山势，大海，是对江苏文脉尤其是文化性格产生重大影响的地理因素。露水不显山，大江大河入大海，低平而辽阔，黄河改道，这一切的一切与其说是自然画卷和自然事件，不如说是江苏文脉的大地摇篮和文化宿命的历史必然，它们孕生和哺育了江苏文明，延绵了江苏文脉。历史学家发现，江苏是中国唯一同时拥有大海、大江、大湖、大平原的省份，有全国第一大河长江，第二大河黄河(故道)，第三大河淮河，世界第一大人工河大运河，全国第三大淡水湖太湖，全国第四大淡水湖洪泽湖。江苏也是全国地势最低平的一个省区，绝大部分地区在海拔 50 米以下，少量低山丘陵大多分布于省际边缘，最高峰即连云港云台山的玉女峰也只有 625 米。丰沛而开放的水系和低平而辽阔的地势馈赠给江苏的不只是得天独厚的宜居，更沉潜、更深刻的是独特的文化性格和文脉传统，它们是对江苏地域文化产生重大影响的两个基本自然元素。

不少学者指证江苏文化具有水文化特性，而在众多水系中又具长江文化的特性。“水”的文化特性是什么？“老聃贵柔”，老子尚水，以水演绎世界真谛和人生大智慧。“天下莫柔弱于水，而攻坚强者莫之能胜。”柔弱胜刚强，是水的品质和力量。西方文明史上第一个哲学家和科学家泰勒斯向全世界宣告的第一个大智慧便是：水是万物的始基。辽阔的平原在中国也许还有很多，却没有像江苏这样“处下”。老子也曾以大海揭示“处下”的智慧：“江海所以能为百谷王者，以其善下之，故能为百谷王。”历史上江苏的文化作品、江苏人的文化性格，相当程度上演绎了这种“水性”与“处下”的气质与智慧。历史上相当时期黄河曾经从江苏入海，然而黄河改道、黄河夺淮，几番自然力量或人力所为，最终黄河在江苏留下的只是一个“故道”的背影。黄河在江苏的改道当然是一个自然事件或历史事件，但我们也可能甚至毋宁将它当作一个文化事件，数次改道，偶然之中有必然，从中可以发现和佐证江苏文脉的“长江”守望和江南气质。不仅江苏的地脉“露水不显山”，而且江苏的文化作品，江苏人的文化性格，一句话，江苏文脉，也是“露水不显山”，虽不是“壁立千仞”，却是“有容乃大”。一般说来，充沛的水系，广阔的平原，往往造就自给自足的自我封闭，然而，江苏东临大海，无论长江、淮河，还是历史上的黄河，都从这里入大海，归大海，不只昭示江苏的开放，而且演绎江苏文化、江苏文脉、江苏人海纳百川的博大和静水深流的仁厚。

黄河与长江好似中华文脉的动脉与静脉，也好似人的身体中的任督二脉，以长江文化为基色的江苏文化在中华文脉的缔造和绵延中作出了杰出贡献。有学者指出，在中国文明史上，长江文化每每在黄河文化衰弱之后承担起“救亡图存”的重任。人们常说南京古都不少为小朝廷，其实这正是“救亡图存”的反证，“天下兴亡，匹夫有责”的口号首先由江苏人顾炎武喊出，偶然之中有必然。学界关于江苏文化有三次高峰或三次大贡献，与两次大贡献之说。第一次高峰是开启于秦汉之际的汉文化，第二次高峰是六朝文化，第三次高峰是明清文化。人们已对六朝文化与明清文化两大高峰对中国文化的贡献基本达成共识，但江苏的汉文化高峰及其贡献也应当得到承认，而且三次文化高峰都发生于中国社会的大转折时期，对中国文化的承续作出了重大贡献。在秦汉之际的大变革和大一统国家的建构中，不仅在江苏大地上曾经演绎了波澜壮阔的对后来中国文明产生深远影响的历史史诗，而且演绎这些历史史诗的主角刘邦、项羽、韩信等都是江苏人，他们虽然自身不是文化人，但无疑对中国文化产生了深远影响。董仲舒提出“罢黜百家，独尊儒术”的主张，奠定了大一统的思想和文化基础，他本人虽不是江苏人，却在江苏留下印迹十多年。江苏的汉文化高峰对中国文化的最大贡献，一言概之即“大一统”，包括政治上的大一统和思想文化上的大一统。六朝被公认为中国文化发展的高峰，不少学者将它与古罗马文明相提并论，而六朝文化的中心在江苏、在南京。以南京为核心的六朝文化发生于三国之后的大动乱，它接纳大量流入南方的北方士族，使南北方文化合流，为保存和发展中国文化作出了杰出贡献。明朝是中国历史上第一次在南京，也是第一次在江苏建立统一的帝国都城，江苏的经济文化在全国处于举足轻重的地位，扬州学派、泰州学派、常州学派，形成明清时代中国文化的江苏气象，形成江苏文化对中国文化的第三次重大贡献。三大高峰是江苏的文化贡献，在重大历史转折关头或者民族国家危难之际挺身而出，海纳百川，则是江苏文化的精神和品质，这就是江苏文脉。也正因为如此，江苏文化和江苏文脉在“匹夫有责”的担当精神中总是透逸出某种深沉的忧患意识。

江苏文脉对中国文化的独特贡献及其特殊精神气质在文化经典中得到充分体现。中国四大文学名著，其中三大名著的作者都来自江苏，这就是《西游记》《红楼梦》《水浒》，其实《三国演义》也与江苏深切相关，虽然罗贯中不是江苏人，但却以江苏为重要的时空背景之一。四大名著中不仅有明显的江苏文化的元素，甚至有深刻的江苏地域文化的基因。《西游记》到底是悲剧还是喜剧？仔细反思便会发现，《西游记》就是文学版的《清明上河图》。《清明上河图》表面呈现一幅盛世生活画卷,实际却是一幅"盛世危情图",空虚的城防,懈怠的守城士兵……被繁华遗忘的是正在悄悄到来的深刻危机。《西游记》以唐僧西天取经渲染大唐的繁盛和开放,然而在经济的极盛之巅,中国人的精神世界却空前贫乏,贫乏得需要派一个和尚不远万里,请来印度的佛教,坐上中国意识形态的宝座,入主中国人的精神世界。口袋富了,脑袋空了,这是不折不扣的悲剧。然而,《西游记》的智慧,江苏文化的智慧,是将悲剧当作喜剧写,在喜剧的形式中潜隐悲剧的主题,就像《清明上河图》将空虚的城防和懈怠的士兵淹没于繁华的海洋一样。《西游记》喜剧与悲剧的二重性,隐喻了江苏文脉的忧患意识,而在对大唐盛世,对唐僧取经的一片颂歌中,深藏悲剧的潜主题,正是江苏文脉"匹夫有责"的担当精神和文化智慧的体现。鲁迅说,悲剧将人生的有价值的东西毁灭给人看。《西游记》是在喜剧形式的背后撕碎了大唐时代人的精神世界的深刻悲剧。把悲剧当作喜剧写,喜剧当作悲剧读,正是江苏文化、江苏文脉的大智慧和特殊气质所在,也是当今江苏文脉转化发展的重要创新点所在。正因为如此,"江苏文脉研究"必须以深刻的哲学洞察力和深厚的文化功力,倾听来自历史深处的江苏文化的脉动,读懂江苏,触摸江苏文脉。

三　通血脉,知命脉,仰望山脉

江苏文化的巨大魅力和强大生命力,是在数千年发展中已经形成一种传统、一种脉动,不仅是一种客观呈现的文化,而且是一种深植个体生命和集体记忆的生生不息的文脉。这种文化和文脉不仅成为共同的价值认同,而且已经成为一种地域文化胎记。在精神领域,在文化领域,江苏不仅有灿若星河的文学家,而且有彪炳史册的思想家、学问家,更有数不尽的才子骚客。长江在这片土地上流连,黄河在这片土地上改道,淮河在这片土地上滋润,太湖在这片土地上一展胸怀。一代代中国人,一代代江苏人,在这里缔造了文化长江、文化黄河、文化淮河、文化太湖，演绎了波澜壮阔的历史诗篇，这便是江苏文脉。

为了在全球化时代完整地保存江苏文脉这一独特地域文化的集体记忆，以在“后山河时代”为人类缔造精神家园提供根源与资源，为了继承弘扬并创造性转化、创新性发展中国优秀传统文化，2016 年江苏启动了“江苏文脉整理与研究工程”。根据“文脉”的理念，我们将研究工程或“研究编”的顶层设计以一句话表达：“通血脉，知命脉，仰望山脉。”由此将整个工程分为五个结构：江苏文化通史，江苏历代文化名人传，江苏文化专门史，江苏地方文化史，江苏文化史专题。

“江苏文化通史”的要义是“通血脉”，关键词是“通”。“通”的要义，首先是江苏文化与中国文明的息息相通，与人类文明的息息相通，由此才能有民族感或“中国感”，也才有世界眼光，因而必须进行关于“中国文化传统中的江苏文脉”的整体性研究；其次是江苏文脉中诸文化结构之间的“通”，由此才是“江苏”，才有“江苏味”；再次是历史上各个重要历史时期文化发展之间的“通”，由此才能构成“史”，才有历史感；最后是与江苏人的生命与生活的“通”，由此“江苏文脉”才能真正成为江苏人的文化血脉、文化命脉和文化山脉。达到以上“四通”，“江苏文化通史”才是真正的“通”史。

“江苏文化专门史”和“江苏文化史专题”的要义是“知命脉”，关键词是“专”，即“专门”与“专题”。“江苏文化专门史”在框架上分为物质文化史、精神文化史、制度文化史、特色文化史等，深入研究各类专门史，总体思路是系统研究和特色研究相结合，系统研究整体性地呈现江苏历史上的重要文化史，如哲学史、文学史、艺术史等，为了保证基本的完整性，我们根据国务院学科分类目录进行选择；特色研究着力研究历史上具有江苏特色的历史，如民间工艺史、昆曲史等。“江苏文化史专题”着力研究江苏历史上具有全国性影响的各种学派、流派，如扬州学派、泰州学派、常州学派等。

“江苏地方文化史”的要义是“血脉延伸和勾连”，关键词是“地方”。“江苏地方文化史”以现省辖市区域划分为界，13 市各市一卷。每卷上编为地方文化通史，讲述地方整体历史脉络中的文化历史分期演化和内在结构流变，注重把握文化运动规律和发展脉络，定位于地方文化总体性研究；下编为地方文化专题史，按照科学技术、教育科举、文学语言、宗教文化等专题划分，以一定逻辑结构聚焦对地方文化板块加以具体呈现，定位于凸显文化专题特色。每卷都是对一个地方文化的总结和梳理，这是江苏文化血脉的伸展和渗入，是江苏文化多样性、丰富性的生动呈现和重要载体。

"江苏历代文化名人传"的要义是"仰望山脉"，关键词是"文化"。它不是一般性地为江苏历朝历代的"名人"作传，而只是为文化意义上的名人作传。为此，传主或者自身就是文化人并为中国文化的发展、为江苏文脉的积累积淀作出了重要贡献；或者虽然自身主要不是文化人而是政治家、社会活动家等，但对中国文化发展具有重大影响。如何对历史人物进行文化倾听、文化诠释、文化理解，是"文化名人传"的最大难点，也是其最有意义的方面。江苏历史上的文化名人汗牛充栋，"文化名人传"计划为100位江苏文化名人作传，为呈现江苏文化名人的整体画卷，同时编辑出版一部"江苏文化名人辞典"，集中介绍历史上的江苏文化名人1000位左右。

一脉千古成江河，"茫茫九派流中国"。江苏文脉研究的千里之行已经迈出第一步，历史馈赠我们一次千载难逢的宝贵机遇，让我们巡天遥看，一览江苏数千年文化银河的无限风光，对创造江苏文化、缔造江苏文脉的先行者们献上心灵的鞠躬。面对奔涌如黄河、悠远如长江的江苏文脉，我们惟有以跋涉探索之心，怵惕敬畏之情，且行且进，循着爱因斯坦的"引力波"，不断走近并播放来自江苏文脉深处的或澎湃，或激越，或温婉静穆的天籁之音。

我们一直在努力；

我们将一直努力！

目　录

第一章　近畿佳邑——葛洪的家乡句容

第一节　上古句容——句容的得名与考古发现

一、句容名称的由来

葛洪在《抱朴子外篇·自叙》中说："抱朴子者，姓葛，名洪，字稚川，丹阳句容人也。"①最早解释句容地名由来的文献应该是齐梁年间陶弘景编写的《真诰》，此书记载了东晋年间许多仙真下降时所下的诰命，这些诰命的主要记录者是吴郡人杨羲。该书卷十一《稽神枢第一》的一条诰命中说："句曲山源曲而有所容，故号为句容里。"陶弘景注称此条诰命为保命君茅衷在东晋兴宁三年(365年)降授。按此说法，句容之得名是因为境内之句曲山。陶弘景进一步解释说："山形似'己'，故以句曲为名焉。今登中茅玄岭，前后望诸峰垄，盘纡曲转，以大茅为首，东行北转，又折西行北转，又折东北行至大横，反覆南北，状如左书'己'字之形。"②这种说法为历代地志所沿袭，唐朝人李吉甫在《元和郡县图志》中

---

① (晋)葛洪著，杨明照校笺：《抱朴子外篇校笺》，中华书局1997年版，第644页。本书所引全同此本。为避免烦琐，后引此书仅标篇名，不再出注。丹阳郡，又作丹杨郡，史书中多混用。前后《汉书》以"丹阳"为常，《三国志》《晋书》用"丹杨"较多，本书引文谨遵原文，正文则依随《抱朴子外篇》，一律写作"丹阳"。

② (梁)陶弘景著，赵益校点：《真诰》，中华书局2011年版，第190、191页。

说，句容“汉旧县也。晋元帝兴于江左，为畿内第二品县。县有茅山，本名句曲，以山形似‘己’字，故名句曲；有所容，故号句容”[①]。《后汉书》卷八十二上《李南传》李贤注云：“句容，今润州县也。近句曲山有所容，因名焉。”宋朝的《太平寰宇记》卷九十、《景定建康志》卷十五、《舆地广记》卷二十四，元朝的《至大金陵新志》卷四上，明朝的《弘治句容县志》卷一，清朝的《江南通志》卷十一，民国时期的《今县释名》，均说县内有勾曲山（即茅山），古代句、勾二字相通，此山又名句曲，句曲而有所容，因此县称句容。

然而，据倍析说，首先，茅山并不弯曲。其次，茅山北起丹徒境，经句容、金坛、溧水、溧阳、高淳，南北绵延五十多公里，在句容境内只有二十多公里，不可能对句容县境“有所容”[②]。前人可能已经意识到了这个问题，清人尚兆山在其编撰的《赤山湖志》卷三《赤山湖源委图说》中，尽管在介绍“句容乡”之得名时维持了前人旧说，但在此卷末，他却提出了一个新说，认为句容之得名是因为县境四围皆山，中间有湖，形如“句”字：

> 茅山、仑山、华山、钟山、冶山，此五山如形合“句”字，亦如“勾”。其勾外之水各有所向。其南支则稍小，似土字。自新岭而东庐山，山当土字之中。庐山而牛首山、龙山、石观音，当土字之东北角，与北支勾内之水成赤山湖，其外如“句”字，湖当“句”字之“口”，四岸有所容，故曰句容。专以茅山为句容者，浅矣。[③]

尚兆山之说也有所本，同书卷四引杨时乔《重建东新闸记》说：“句容以地当两巅脊间，四围皆山，其形句曲而有容，故名句容。”[④]

上述解释并不被现代学者认同。无论是语言学界还是历史地理学界，通常都认为这一地名应该来自当地方言。上古吴越地区的族名、地

---

① （唐）李吉甫撰，贺次君点校：《元和郡县图志》卷二十五《江南道一·润州》“句容县”条，中华书局1983年版，第598页。

② 倍析：《县名索源——句容命名考》，《句容文史资料》第八辑，1990年，第2页。据作者说，此一观点见于谭其骧1982年第9期《中国地理》之文章。我查阅了《中国地理》（人大复印资料）1982年第9期，没有找到谭其骧的文章。尽管这可能不是谭其骧的原话，但其中的质疑是很有道理的。

③ （清）尚兆山：《赤山湖志》卷三《赤山湖源委图说》，《金陵丛书》本，第27页。

④ （清）尚兆山：《赤山湖志》卷四引杨时乔《重建东新闸记》，《金陵丛书》本，第24页。

名与人名，有很多是以“句”开头的，如句容、句绎、句町、句章、句无、句鼊、句阳、句渎、句注、句骊等，这些族名、地名与人名往往是依音记名，这里的汉字只是记音符号，不能按照中原华夏语去理解，尤其不能按照字面意义去解释。以前学术界比较通行的说法，“句”与“姑”都是发语词或者无义词头。《汉书·地理志》载，“大伯初奔荆蛮，荆蛮归之，号曰句吴”。颜师古注：“夷俗语发声，犹越为于越也。”①近年来，郑张尚芳指出，地名中的“句”应该是发一等音“koo”。他将越语与泰语比对，认为此字与泰语中的“kɔɔ”音近，而泰语中的“kɔɔ”为“氏族、宗族”之意。②李锦芳则将此音与壮侗语比对，认为“句”是百越语中的“此地、这里”的意思。③ 张德苏则说类似地名、人名也广泛存在于东夷地区，他认为“句”“姑”这类喉牙辅音有“敬畏、崇拜、珍爱”等意。④ 实际上，据现在的历史语言学知识，尚没有合适的方法知道“句容”这一语音的原始意义。

二、句容地区的考古发现

根据考古发掘的材料，早在五千年以前，句容境内就有人类聚居。1983年，南京博物院、镇江市博物馆正式发掘位于大卓乡本湖光里庙村的城头山遗址（此地现为句容水库中一小岛）。此一遗址的底层为良渚文化层，有数以百计的新石器时代墓葬，随葬品相当丰富。出土的文物有石锛、石镞、纺轮、夹砂红陶鼎、夹砂红陶甗、泥质红陶釜、陶匜、夹砂红陶罐等。其中有一件双联鼎，两鼎并列，提梁相连，造型奇特，尤为珍贵。⑤ 1998年7—11月，南京博物院考古研究所对句容县宝华林场丁沙地的新石器时代遗址进行了第二次发掘，出土石器、骨器、陶器等实物，尤其重要的是出土玉料七十件。发掘者推测遗址是一个玉器作坊，属于良渚文化。这表明句容境内出产玉石，且本地先民五千年前就

① (汉)班固著，(唐)颜师古注：《汉书》卷二八《地理志》，中华书局1962年版，第1667页。又可参见董珊：《吴越题铭研究》，科学出版社2014年版，第99页；谭其骧：《“姑苏”新解》，《杭州大学学报》1979年第4期，第35页。

② 郑张尚芳：《古越语人名、地名解义》，《温州师范学院党报》1996年第4期，第11页。

③ 李锦芳：《论百越地名及其文化意蕴》，《中央民族大学党报》1995年第1期，第80页。

④ 张德苏：《“句吴”之“句”意义追原》，《德州学院学报》2019年第1期，第60—61页。

⑤ 镇江市博物馆：《江苏句容城头山遗址试掘简报》，《考古》1985年第3期，第289—302页。

图1　句容丁沙地遗址发掘的管钻琮芯[①]

有了非常发达的手工技术。

根据可信的史料记载，句容成为一个行政区域，是在汉武帝元光七年（公元前128年）。据《汉书》卷十五上《王子侯表》载，此年封长沙定王子刘党为句容哀侯。也就是说，此时便有了句容国。两年后，刘党薨，国除后为县。[②] 从此，句容成为县一级的行政单位，在南朝刘宋以前一直属于丹阳郡。

大部分方志，如明朝弘治年间编纂的《句容县志》、乾隆十五年（1750年）由曹袭先纂修的《句容县志》等都是从汉武帝元光七年开始叙述句容的沿革，但也有的地方史编纂者将茅山的历史追溯到黄帝时代。说黄帝时，中原有展上公迁住伏龙山溪上（今茅山玉晨），“手植白李弥满，食之味异美”。夏、西周、春秋、战国时期，茅山已为帝王巡游和采集药草的名山。[③] 这些传说最早的来源基本上可以追溯到《真诰》卷十一《稽神枢》中杨羲假托三茅君所下的诰命。光绪年间编纂的《续纂句容县志》也将句容的历史追溯至先秦，该志卷二中《大事记》说：“夏禹王巡天下，登茅山，以朝群臣，曰会稽。”[④]这显然是对《吴越春秋》《越绝书》中相关记载的误读。《吴越春秋》卷六《越王无余外传》载：

> 三载考功，五年政定，周行天下，归还大越。登茅山，以朝四方群臣，观示中州。诸侯防风后至，斩以示众，示天下悉属禹也。乃大会计治国之道。内美釜山州慎之功，外演圣德，以应天心，遂更

① 南京博物院：《江苏句容丁沙地遗址第二次发掘简报》，《文物》2001年第5期，第22—36页，图十。

② （汉）班固著，（唐）颜师古注，《汉书》，中华书局1962年版，第436页。

③ 蔡立石：《茅山古今谈》，句容县政协文史资料委员会：《句容文史资料》第5辑，1987年，第7页。

④ （清）张绍棠、萧穆等纂辑，《续纂句容县志》卷二中，《中国地方志集成·江苏府县志辑》，江苏古籍出版社1991年版，第45页。

名茅山曰会稽之山。[1]

《越绝书》卷八《外传记地传》也说:"禹始也,忧民救水,到大越,上茅山,大会计,爵有德,封有功,更名茅山曰会稽。"[2]但这儿的茅山显然不是句容境内的茅山,而是会稽境内的会稽山,一作苗山。《史记·夏本纪》曰:"会稽者,会计也。"《集解》引《皇览》说:"会稽山本名苗山。在县南,去县七里。《越传》曰禹到大越,上苗山,大会计,爵有德,封有功,因而更名苗山曰会稽。"[3]更何况,西汉以前的句曲山尚无茅山之名。所以,汉武帝之前有关茅山的记载要么是误读,要么是茅山宗兴起后产生的神话传说。众所周知,句容县的茅山后来成为上清派茅山宗的祖庭,围绕着句容与茅山的历史,道教徒和方志编纂者出于不同的原因编造了不少神话(这些神话产生的时间与原因我们在第四章会详细分析),因此,清朝方志及现代地方史学者的相关记载不尽可信。我们可以将元光七年之前视为句容(主要是茅山)的传说时代。

第二节 江南形胜——句容的地理环境

一、地理形势

现今的句容处于北纬 32°37'—32°14',东经 118°57'—119°23'之间。作为一个行政区域,句容历代辖境有变化,但变动不算很大。明清县志都说县境东西相距 3.5 千米,南北相距 60 千米。据此计算,其面积大致在 2000 平方千米左右。宋朝元丰二年(1079 年),叶表题《孔子庙记》时,说此邑"据华阳地肺之胜,因山容句曲之名,南揖绛岩,北带长江,东达吴会,西隶建康,此形胜之大观也"。弘治《句容县志》卷一在谈到句容县之形胜时说:"铁瓮东南,金陵西北,箕距三茅绛岭,襟带九曲

① (汉)赵晔著,周生春辑校汇考:《吴越春秋辑校汇考》,上海古籍出版社 1997 年版,第 107—108 页。

② (汉)袁康、吴平辑录,乐祖谋点校:《越绝书》,上海古籍出版社 1985 年版,第 57 页。

③ (汉)司马迁著,(刘宋)裴骃集解,(唐)司马贞索隐,(唐)张守节正义:《史记》,中华书局 1982 年版,第 89—90 页。

秦淮。县治四面山水环抱，俨若城池焉。”①这些记载都准确地描绘出了句容县的地理形势。

句容境内以多山著称，除正西方以外，七面环山。乾隆《句容县志》列叙的山、峰、冈名有 130 多个；近现代出版的地图上标明的山名有 159 个，其中海拔 200 米以上的山有 44 座。北部大华山（宝华山东侧顶峰）最高峰海拔为 437 米；黄梅镇北部九华山为 433 米，东部高丽山最高峰为 425 米，南部袁巷乡境内丫髻山为 410 米，茅山大茅峰为 372.5 米。境内山脉分为两大山系，东南部及南部属茅山山脉，北部为宁镇山脉。诸山延伸为丘陵岗地，是境内河流发源地，也是秦淮河水系、太湖水系的分水岭。整个县境重峦叠嶂、岗丘起伏。其中丘陵岗地面积大，平原圩区面积小。按省分类标准划分：境内地貌有低山、丘陵、岗地和平原四大类型。低山投影面积约为 216 平方千米，占全市总面积的 15.58%，其中宁镇山脉面积占全市山体面积的 69.6%，茅山山脉面积

图 2　宝华山图②

① （明）王僖、程文、王韶等纂辑：弘治《句容县志》卷一“形胜”条，《天一阁藏明代方志选刊》第 11 册，上海古籍书店 1961—1966 年版。

② 录自（清）曹袭先纂修：《句容县志》，成文出版社 1974 年据光绪重刊本影印，第 42 页。

占山体总面积的30.4%。丘陵主要分布在市境中部，面积不足9平方千米，占全市总面积的0.65%。岗地共有面积近990平方千米，占全市总面积的71.4%。①

句容境内最著名也是最重要的山脉就是茅山，又称句曲山、地肺山。山在句容县城东南21公里处。西连钟阜（今南京紫金山），西南接四平（即方山）、岎嵮（今丫髻山），东北为良常山、秦望山。陶弘景所撰《吴太极左仙公葛公碑》说此山"乃非洞府，而跨据中川，东视则连峰入海，南眺则重嶂切云，西临江浒，北旁郊邑"②。主峰大茅峰海拔372.5米，二茅峰、三茅峰递次降低。王安石有登三茅峰的诗作，其中《登大茅山》诗曰："一峰高出众山巅，疑隔尘沙道里千。俯视烟云来不极，仰攀萝茑去无前。"茅山山势由南向北逶迤展布，南北长约8千米，东西宽约4千米，总面积32平方千米左右。区内气候温暖，雨量充沛，年平均温度15.3摄氏度，年降水量1037毫米，四季分明，景色宜人。茅山自然风景独特，有九峰、二十六洞、十九泉、二十八池的美景。当地人称此山洞异、泉澄、石怪、树古。③

二、矿藏物产

茅山乃至整个句容境内有丰富的矿藏。句容境内已探明的矿床有30余处，另有矿点若干。其中金属矿8种，非金属矿15种，能源矿2种。除铁、铜、钼、铅、锌等金属矿，还有硫、石灰岩、大理石、白云岩、膨润土、硅石、硅灰石、高岭土、耐火黏土、铸型砂岩、方解石、石墨、硬石膏、磷、红柱石，能源矿有煤、石油等。④

由于丹阳郡盛产赤铜，所以有铸造伪金的传统。据《汉书·地理志上》"丹阳郡"下注曰："有铜官。"《汉书》卷三十五《吴王刘濞传》载："吴

① 李峰：《地理、地貌、地质》，江苏省政协文史资料委员会、句容市政协学习和文史委员会：《句容古今要览》，《江苏文史资料》编辑部出版发行，1999年，第1—2页。

② （清）严可均编：《全梁文》卷四十七，《全上古三代秦汉三国六朝文》，中华书局1958年版，第3221页上。弘治《句容县志》卷一引此文时，"北旁郊邑"作"北接驹骊"。

③ 石他山：《风景这边独好》，句容县政协文史资料委员会：《句容文史资料》第5辑，1987年，第12—14页。

④ 李峰：《地理、地貌、地质》，江苏省政协文史资料委员会、句容市政协学习和文史委员会：《句容古今要览》，《江苏文史资料》编辑部出版发行，1999年，第5—6页。

有豫章郡铜山。”韦昭注曰：“此有豫字，误也。但当言章郡，今故章也。”[①]清人齐召南《汉书考证》卷三十五在此条下考证说：“按注中‘章郡’‘故章’二‘章’字俱应作‘鄣’字，鄣郡，即丹阳郡也。《志》有铜官。”[②]明人梅鼎祚所编《东汉文纪》卷三十二收录的铜镜铭文《汉清明鉴铭》云：“汉有善铜出丹阳，和以银锡清且明，左龙右虎尚三光，朱雀玄武顺阴阳。”[③]由此我们知道，西汉时丹阳是出产“善铜”的地区，专门设有铜官来经营管理。据《元和郡县志》卷二十九《江南道》“宣州·当涂县”记载，代表性的“丹阳铜”出产于当涂县的赤金山，其云：“赤金山在县北一十里，出好铜，与金类。《淮南子》《食货志》所谓丹阳铜也。”《太平广记》卷四百引《神异经》说：“丹阳铜，似金，可锻以作错途之器也。《淮南子》术曰：‘饵丹阳之为金也。’”[④]《格致镜原》卷三十四引《淮南子》有“饵丹阳之伪金”之说。[⑤] 可见当涂赤金山出产的赤铜与金子相像，后世方术用它来伪造黄金。据《汉书》卷二十四下《食货志下》记载，文帝时贾谊上书进谏，说：“今农事弃捐而采铜者日蕃，释其耒耨，冶镕炊炭，奸钱日多。”丹阳郡应该是铸造奸钱与伪金的重灾区。

有迹象表明，句容县与茅山地区同样出产与金子类似的赤铜。宋朝人俞琰《席上腐谈》卷下云：

> 自三茅君以丹阳岁歉，死者盈道，因取丹头点银为金，化铁为银，以救饥人。故后人以煅粉点铜者，名其法曰“丹阳”；死砒点铜者，名其法曰“点茅”。[⑥]

以上有关三茅君的记载当然是后起的神话，但似乎能够说明，句容地区，尤其是茅山是有赤铜矿的。按照教内方志的记载，茅山有金矿，盛产黄金。《茅山志》卷六《括神区篇》说：“金牛穴，在柏枝洞东。秦时

---

① (汉)班固著，(唐)颜师古注：《汉书》，中华书局 1962 年版，第 1904 页。

② (清)齐召南：《汉书考证》卷三十五，四库全书本，第 250 册，第 66 页。

③ (明)梅鼎祚编：《东汉文纪》卷三十二，四库全书本，第 1397 册，第 686 页。

④ (宋)李昉等编：《太平广记》，中华书局 1961 年版，第 3211 页。

⑤ (清)陈元龙编：《格致镜原》卷三十四，四库全书本，第 1031 册，第 531 页。今本《淮南子》无此语，何宁《淮南子集释》与刘文典《淮南鸿烈集解》都没有收录此条佚文，此条材料有可能是出自《淮南万毕术》。

⑥ 见(宋)俞琰：《席上腐谈》卷下，四库全书本，第 1061 册，第 625 页；章鸿钊：《中国用锌之起源》，《中国古代金属化学及金丹术》，科学技术出版社 1957 年版，第 27 页。

采金获金牛，为女子所触，遂掷而出，取之不可，逐牛至丁角，地名因曰上栏、下栏。”[①]据《真诰》卷十一《稽神枢第一》载：“句曲山，秦时名为句金之坛，以洞天内有金坛百丈，因以致名也。外又有积金山，亦因积金为坛号矣……山生黄金。汉灵帝时，诏敕郡县，采句曲之金，以充武库。逮孙权时，又遣宿卫人采金，常输官。兵帅百家，遂屯居伏龙之地，因改为金陵之墟名也。《河图》已得之于昔，可谓绝妙。”陶弘景注曰：“今大茅山南犹有数深坑大坎，相传呼之为金井，当是孙权时所凿掘也。今此山近东诸处碎石，往往皆有金砂。”[②]以上记载，有可能是杨羲为了将“金陵”之名牵合到句曲山而强行附会，即便有所谓的句曲之金，我怀疑也是赤铜。总之，由于丹阳郡出产外形接近黄金的赤铜，炼金术在此有很悠久的传统，有很广泛的基础。

茅山有多种多样的矿物类药物，还出产茅苍术、茅山红、黄精、茯苓、泽泻、何首乌、枸杞、太子参、桔梗、百部等多种中草药，以及“五芝”这样的名贵瑞草。[③] 据弘治年间编纂的《句容县志》记载，明朝以前，句容的岁贡之物是翎毛 1100 根，貉皮 1986 张，茅苍术 200 斤，而明朝时要求的岁办土物是活鹿 11 只，活雁 58 只，活鹚鸪 28 只，活兔 3 只，荐新山药 40 斤，都是以山珍为主。[④] 总之，自然资源丰富，这是金丹术兴起与发展的绝佳自然条件。

三、对外交通

两晋时期，句容东连毗陵郡的丹徒、曲阿与毗陵，西接建康，北面与广陵隔江相望，按理说是四通八达的交通要道，但由于境内多山，陆地交通并不方便。明朝以前，句容最主要有两条古道：一条通往建康，在县北六十里。此路南枕群山，北滨大江，路行山间，西接东阳（今宝华镇

① （元）刘大彬：《茅山志》卷六，《道藏》第 5 册，文物出版社、上海书店、天津古籍出版社 1988 年版，第 586 页中。

② （梁）陶弘景著，赵益校点：《真诰》，中华书局 2011 年版，第 192—193 页。

③ 所谓“五芝”，即龙仙芝、参成芝、燕胎芝、科玉芝、夜光洞芝，可遇不可求。另有玉兰芝、琅葛芝、丹芝等。参见程尊平：《茅山物产谈》，句容县政协文史资料委员会：《句容文史资料》第 5 辑，1987 年，第 181—187 页。

④ （明）王僖、程文、王韶等纂辑：弘治《句容县志》卷三“课程”条，《天一阁藏明代方志选刊》第 11 册，上海古籍书店 1961—1966 年版。

东阳社区一带），绕摄山（今栖霞山）之北，由江乘（在今栖霞山以东江乘大道一带）、罗落（今南京石埠桥一带）以至建康，此路称为竹林路。另一条称为姜巴路。传说秦时有周太宾与巴陵侯姜叔茂居住于句曲山下，秦孝王时封侯，故以姜巴命其路。此路在小茅山后，通往延陵（今常州、丹阳等地）。[①] 好在句容县境内河流纵横，库塘密布，东部水系经洛阳河流入太湖；中部水系经南、中、北河（人工河）流入赤山湖，经过赤山湖闸与句容河、汤水河汇合入秦淮河；北部水系以便民河、大道河入长江，因此人员往来与物资运输更多是通过水道。

三国以前，东向通往吴郡往往需要通过句容北境的长江绕行，经过京口，到达吴郡后进而通过水道到达会稽。由会稽经吴郡、京口到达建业的水道，是江南沟通太湖流域、浙东地区的重要交通路线。它以一些天然河道为基础，以人工开凿的运河加以连接。这一水道大致由四段组成：一是浙东运河段。从会稽郡治山阴至钱塘，东迄余姚以接余姚江。二是钱塘晋陵段。钱塘以北，绕太湖而达晋陵的运河，开凿较早，似在春秋末年即已通航，魏晋南北朝时仍沿用不废。三是晋陵京口段。从晋陵以北至丹阳，为丘陵地带，运河开凿比较困难。《太平御览》卷一百七十“州郡部”引《吴志》说，东吴末年，“岑昏凿丹徒至云阳，而杜野、小辛间，皆斩绝陵袭，功力艰辛”，注曰“杜野属丹徒，小辛属曲阿”[②]，即是指开通丹阳运河及其功役之艰难。由于此段河道地处丘陵地带，水位有较大的落差，运河过此，必须补充新的水源才能保证通畅，因此，西晋时陈敏在丹阳新开练湖，蓄水以调剂水量，并兼得灌溉之利。四是京口建业段。原先是走京口（治今镇江）至建业间的长江航道。京口“望海临江，缘江为境”，位于大江入海之处，溯流百余里，始达建业。

为了缩短会稽经京口以达建业的行程，同时也是为了避开长江航道之险，孙吴时期，开辟了一条人工运河——破岗渎。孙权赤乌八年（245 年），“遣校尉陈勋将屯田及作士三万人凿句容中道，自小其（今南京江宁区境内）至云阳西城（治今丹阳市），通会市，作邸阁”，“以通吴、

---

① （明）王僖、程文、王韶等纂辑：弘治《句容县志》卷五“道路”条，《天一阁藏明代方志选刊》第 11 册，上海古籍书店 1961—1966 年版。

② （宋）李昉等编：《太平御览》，中华书局 1960 年版，第 827 页下。

会诸舰，号破岗渎，上下一十四埭……仍于方山南截淮立埭，号曰方山埭”[①]。从此，前往吴郡、会稽不再由京口走长江航道。

破岗渎在句容县城东南二十里处，属梯级运河，从今春城小溪村向东经何庄、毕墟、鼍龙庙、城盖、吕坊寺到南塘庄入宝堰通济河，长三十多里，共分十三段，筑十四道土埭，以保持各段水位。东西各设七埭，东七埭入宝堰通济河，西七埭经赤山湖下接秦淮河。

破岗渎的开凿，使得句容成为沟通会稽、吴郡和建业的交通要道。此条运河开通后，吴会船舰可以不经京口入长江至建业，而可自丹阳西行过破岗渎入秦淮水北上径达，这缩短了会稽经京口到达建业的行程，大大便利了吴会与建业之间的交通往来。句容成为西通建业、东连吴会、南至钱塘、远达会稽的交通枢纽，与外界的往来大大增加，使当地人的眼界更为开阔。后世葛氏道的影响传播吴越，促成灵宝派的形成；上清派茅山宗创立并产生全国性的影响；陶弘景的茅山教团中有许多来自越地的弟子，这些宗教现象与东吴后此地的交通位置有密切的关系。

第三节　近畿佳邑——句容的政治、经济与文化传统

我们上文说过，句容在西汉武帝时期始成为一行政单位。相对于黄河中下游流域，西汉时期的江南无论在政治上还是在经济、文化上都比较落后。西汉中期以后，随着开发速度加快、土地兼并日益增多，江南慢慢形成了一些强宗大族。另外，北方的一些大族也由于各种原因迁徙江南，通过文化的积累而成为儒学世家。这种趋势一直发展到东汉后期，我们可以很明显地看到丹阳郡在政治、经济和文化上的积极变化。

① (晋)陈寿著，(刘宋)裴松之注:《三国志》卷四七《吴书・孙权传》，中华书局 1982 年版，第 1146 页；(唐)许嵩著，张忱石点校:《建康实录》卷二《太祖下》，中华书局 1986 年版，第 53 页。

一、丹阳郡的政治文化传统

从政治上看,东汉中后期丹阳士人出任地方郡守刺史者增多,可确考者便有二十余人。据《后汉书·度尚传》,丹阳人抗徐为太山都尉、长沙太守,张磐先后任交阯刺史、庐江太守。据《后汉书·陶谦传》记载,陶谦为丹阳人,任徐州刺史;同书章怀太子注引《吴书》记陶谦岳父、同郡甘公为苍梧太守。

文化上,在代表官方思想和主流文化的经学领域,丹阳郡也涌现出不少人才。东汉时期,江南的学术重镇是会稽与豫章,但丹阳郡同样有发达的经学与文化。收入《后汉书·儒林传》的经师中有包咸、包福父子。包咸,字子良,会稽曲阿人也。两汉之交时,会稽与吴郡尚未区分,会稽曲阿就是今天的丹阳市。史载他"少为诸生,受业长安,师事博士右师细君,习《鲁诗》《论语》……举孝廉,除郎中。建武中,入授皇太子《论语》,又为其章句。拜谏议大夫、侍中、右中郎将。永平五年(62年),迁大鸿胪"。其子包福,"拜郎中,亦以《论语》入授和帝"。父子两代并以精通《论语》成为帝师,包咸还因此位列九卿。三国时的唐固也是丹阳人。据《三国志》卷五十三《吴书·阚泽传》载,唐固"修身积学,称为儒者。著《国语》《公羊》《穀梁传》注,讲授常数十人"。

除了本地学者,外来流寓的学者也对丹阳的文化与学术传统有深远的影响。王充原本是会稽上虞人,"以元和三年(86年)徙家辟(难),诣扬州部丹阳、九江、庐江。后入为治中。材小任大,职在刺割,笔札之思,历年废割。章和二年(88年),罢州家居"①。《太平御览》卷六百二十《文部十八·著书下》引作"以章和二年,徙家避难杨州丹阳"②。也就是说,除曾短暂在九江、庐江任职,王充在元和三年以后基本上都居于丹阳。因此,王充对江南,尤其是丹阳地区学者的影响是巨大的。王充是葛洪最推崇的学者之一,葛洪的思想深受王充影响,这和王充晚年寓

---

① (汉)王充著,黄晖校点:《论衡》,中华书局1990年版,第1207—1208页。"难"字是校点者据类书引文补入。

② (宋)李昉等编:《太平御览》,中华书局1960年版,第2710页下。"章和二年"误,此年乃王充罢官之年。

居丹阳不无关系。

三国时期，尤其是东吴定都建业之后，作为京畿，丹阳的政治地位得到了显著的提高。根据有些学者的意见，所谓“吴地四姓”其中一个大姓就是丹阳朱氏。[①] 东吴的大将朱治为丹阳故鄣人。据《三国志》卷五十六本传记载，朱然十三岁时过继给朱治为子，由丹阳郡移居吴郡，担任吴郡太守达三十一年之久。朱治的人生岁月中，几乎有一半时间是在吴郡为官。但朱然死后安葬于吴都建业之西的马鞍山，此地吴时属丹阳郡。墓中陪葬的简册中自称“丹阳朱然”或“故彰朱然”。朱然、朱桓，并以武功显，是丹阳郡的著名家族。

另外，作为京畿要地，一些流寓江东后在京师任官的南渡士族，落籍时通常就近选择在丹阳。比如薛综乃沛郡竹邑人，世典州郡为著姓，东汉末流寓江东，但他的孙子薛兼已成为丹阳人。甘宁本南阳人，徙居巴郡临江，落籍丹阳。张昭是彭城人，避难南渡，他的曾孙张却已是丹阳人。[②]

二、句容的经济资源

东吴时期，吴地最严重的社会经济问题就是贫富严重分化。《抱朴子外篇》卷三十四《吴失篇》描绘吴国世族们的生活，他们的权势利益超过国君，财富的积累在王公之上。出门有翟黄那样的侍从护后，家中是雕画花纹的梁柱。“僮仆成军，闭门为市。牛羊掩原隰，田池布千里……而金玉满堂，妓妾溢房，商贩千艘，腐谷万庾，园囿拟上林，馆第僭太极，粱肉余于犬马，积珍陷于帑藏。”虽然如此富裕，但是客人不蒙

---

① “吴四姓”有狭义与广义之分。以田余庆为代表的学者认为“吴四姓”当取狭义，即“吴郡四姓”。“吴四姓”的“吴”当作“吴郡吴县”解。“顾”姓代表人物为吴郡人顾雍、顾卲、顾谭、顾荣（西晋）等；“陆”姓代表人物为吴郡陆绩、陆逊、陆瑁、陆抗、陆机（西晋）等；“朱”姓代表人物为吴郡朱桓、朱据、朱异等；“张”姓代表人物为吴郡张温等。（见《暨艳案及相关问题——兼论孙吴政权的江东化》，收入田余庆《秦汉魏晋史探微》，中华书局 1993 年版，第 303—307 页。）而以张承宗为代表的学者认为“吴四姓”当指广义的“东吴四姓”。其中的“朱”应指朱治、朱然之族，“张”应指张昭之族。且“吴四姓”在三国前期的顺序应为张、朱、陆、顾（即《世说新语》中的顺序）。至东吴后期乃至西晋，由于兴衰更替，变为顾、陆、朱、张（即《三国志·陆凯传》中的顺序）。（见《三国“吴四姓”考释》，《江苏社会科学》1998 年第 3 期，第 117—122 页。）

② 唐长孺：《东汉末年的大姓名士》，《魏晋南北朝史论拾遗》，中华书局 1983 年版，第 51 页。

美食的招待，饥士得不到升合之粮的救济。据《三国志·魏书·邓艾传》记载，曹魏大将邓艾曾说："吴名宗大族，皆有部曲，阻兵仗势，足以建命。"名宗大族拥有大量土地，而普通百姓则贫无立锥之地，大量无地农民沦为大族的部曲。

东吴建国、定都建业后，句容的地位自然也随之得到了提高。东汉时丹阳郡下辖 16 县和侯国，136518 户，630545 人。句容大致上应该有不到 8000 户，40000 人。经历了汉末三国的劫难后，句容人口急剧下降。葛洪生活的西晋时期的丹阳郡统 11 县，郡内总共有 51500 户，这个数字中包含已成为大城市的建康，因此，句容的户数应该是 5000 个不到，人口不到 25000 人。据明朝洪武永乐年间能看到的句容旧志，句容见在户口是 38689 户，人口是 205717 人，其中男性 123267 人，女性 82450 人。

句容的土地及其他自然资源应该说不算辽阔丰富。江南地区，除耕地，山林湖渔也是十分重要的财源。弘治年间编纂的《句容县志》非常精确地记载了句容县土地及其山林湖塘的面积。明朝时句容县官民田地山塘等项共 14132 顷 61 亩 2 分 6 毫，其中田 8171 顷 53 亩 7 分 9 厘 9 毫，地 1585 顷 63 亩 8 分 4 毫，山 3701 顷 8 亩 3 分 1 厘 9 毫，塘 440 顷 1 亩 9 分 8 厘 4 毫，芦田 8 顷 36 亩 9 分 1 厘，芦荡 176 顷 9 亩 9 分 2 厘，草塌 49 顷 86 亩 4 分 7 厘。这些自然资源历朝历代的变化不会太大。

西晋平吴后制定的"户调之式"，规定了占田、荫族、荫客三大制度。《晋书》卷二十六《货志》详载了三制规定和数额，占田则是"其官品第一至于第九，各以贵贱占田"。一品 50 顷，二品 45 顷，三品 40 顷，四品 35 顷，五品 30 顷，六品 25 顷，七品 20 顷，八品 15 顷，九品 10 顷。为此刘宋时期颁布了有关占山的法令，规定一品、二品 3 顷，三品、四品 2.5 顷，五品、六品 2 顷，七品、八品 1.5 顷，九品及百姓 1 顷。这些法令把世族占田、荫客的特权制度化了，使得贫富分化现象愈加突出，丹阳以及句容自然也不会例外。由此可见，即便是严格遵守国家法令进行的占田占山，所造成的贫富差距也是非常悬殊的。

总之，无论是人口还是资源，与邻近的建康相比，句容算是一个小县，但人民勤劳，重礼重教，因此文物颇盛。弘治《句容县志》卷一“风俗”条说当地风俗是“人性愿确，习尚礼仪，乡邻婚丧贫乏者互相周济。因地窄人稠，于勤劳之外，商贾工艺尤众。家多富饶而文物颇盛，人皆以京畿首县称之”。“愿确”即“愿悫”，朴实、诚实的意思。弘治《句容县志》说的是明朝时的情形，但晋朝时情况应该大致相同。句容葛氏是县内首屈一指的大户，从葛洪随时能够建立起一支军队即可知道，他们家拥有大量的佃客部曲。但葛洪自述他家的经济状况十分困窘，买不起书，也无法供给炼丹所需费用。可见在一个小县中，即使是大户人家，其财富也无法与全国性的世家大族相提并论。

三、东晋南渡后的句容

东晋南渡之后定都建康，丹阳郡重新成为京畿，句容县成为近畿佳邑，地位超过秣陵县。《晋书》卷七十六《王彪之传》载：

> 简文有命用秣陵令曲安远补句容令，殿中侍御史奚郎补湘东郡。彪之执不从，曰：“秣陵令三品县耳，殿下昔用安远，谈者纷然。句容近畿，三品佳邑，敢可处卜术之人无才用者邪！”

李吉甫在《元和郡县图志》则称句容是畿内二品县。永嘉以来的北人南渡，改变了句容县的居民构成。句容县北部濒临长江，有很多渡口，是渡江的要道。直到清朝，句容县境内还至少有下蜀渡、东阳渡与白茅场渡三个长江渡口。弘治《句容县志》卷五《津渡》载：“下蜀渡在县治北七十五里琅邪乡，东阳渡在县治北八十里琅邪乡，白茅场渡在县治八十里东阳镇侧。”[①]乾隆《句容县志》卷三《山川志·渡》相沿不改。因此，句容往往是北渡移民的第一个落脚点。永嘉年间，元帝渡江，琅邪国人随帝渡江的有一千余户，大致居住在句容县北部。太兴三年（320 年）七月，晋元帝专门下诏设立怀德县安置南渡的琅邪郡移民，诏曰：

① （明）王僖、程文、王韶等纂辑：弘治《句容县志》卷五“津渡”条，《天一阁藏明代方志选刊》第 11 册，上海古籍书店 1961—1966 年版。

> 先公武正、先考恭王临君琅邪四十余年，惠泽加于百姓，遗爱结于人情。朕应天符，创基江表，兆庶宅心，襁负子来。琅邪国人在此者近有千户，今立为怀德县，统丹杨郡。昔汉高祖以沛为汤沐邑，光武亦复南顿，优复之科一依汉氏故事。[①]

怀德县的治所在今江苏南京市鼓楼一带。而在句容县境则设立了侨居的琅邪郡。[②] 直至清朝，句容尚有琅邪乡、琅邪里、琅邪城等地名。乾隆《句容县志》卷一《舆地志》载："琅邪乡在县治西北五十里……晋琅邪王筑城屯兵于此，故名。有琅邪里、葛壋。"卷四《古迹志·名胜》载："琅邪城在县北六十里琅邪乡。晋元帝以琅邪王过江，国人随而居之，因城焉。今废，一曰金城。"而在句容县的近邻曲阿，则寄居着来自东海郡的移民。《晋书》卷十五《地理下》载：

> 元帝渡江之后……是时，幽、冀、青、并、兖五州及徐州之淮北流人相帅过江淮，帝并侨立郡县以司牧之。割吴郡之海虞北境，立郯、朐、利城、祝其、原丘、西隰、襄贲七县，寄居曲阿。

新的政治中心建立，大量北方移民的到来，不仅改变了句容县的政治地位，也影响了句容的宗教环境。

第四节　修仙圣地——句容的宗教活动与仙道传说

一、东汉时期丹阳句容的方士

正是由于句容得天独厚的地理环境，此地早就有修仙问道以及其他方术传统。东汉和帝时期，句容县的李南就是一位较为著名的方士，善于预测。据《后汉书》卷八十二上《方术上·李南传》：

---

① (唐)房玄龄等：《晋书》卷六《元帝纪》，中华书局 1972 年版，第 153 页。

② "元帝渡江之后，徐州所得惟半，乃侨置淮阳、阳平、济阴、北济阴四郡。又琅邪国人随帝过江者，遂置怀德县及琅邪郡以统之。"见《晋书·地理志下》，中华书局 1972 年版，第 452—453 页。

李南字孝山，丹阳句容人也。少笃学，明于风角。和帝永元中，太守马棱坐盗贼事被征，当诣廷尉，吏民不宁，南特通谒贺。棱意有恨，谓曰："太守不德，今当即罪，而君反相贺邪？"南曰："旦有善风，明日中时应有吉问，故来称庆。"旦日，棱延望景晏，以为无征；至晡，乃有驿使赍诏书原停棱事。南问其迟留之状。使者曰："向度宛陵浦里𦨴，马踠足，是以不得速。"棱乃服焉。后举有道，辟公府，病不行，终于家。

李南还将家传的风角之术传给了自己的女儿：

南女亦晓家术，为由拳县人妻。晨诣爨室，卒有暴风，妇便上堂从姑求归，辞其二亲。姑不许，乃跪而泣曰："家世传术，疾风卒起，先吹灶突及井，此祸为妇女主爨者，妾将亡之应。"因著其亡日。乃听还家，如期病卒。

风角是一种占卜之法，以五音占四方之风而定吉凶。可见句容李氏是一个方术家庭，以传统的预测之术为家族技能。另据《神仙传》卷二《沈建传》载：

沈建者，丹阳人也。世为长史，而建独好道，不肯仕宦。学导引服食之术，远年却老之法，又能治病，病无轻重，遇建则差，举事之者千余家。一日，建当远行，留寄一奴一婢，并驴一头，羊十口，各与药一丸，语主人曰："但累舍居，不烦主人饮食也。"便决去。主人怪之，曰："此君所寄口有十三，不留寸资，当若之何？"建去之后，主人饮啖奴婢，奴婢闻食皆吐逆；以草与驴羊，驴羊皆避而不食，便欲觗人。主人乃惊。后百余日，奴婢面体光泽，转胜于初时，驴羊悉肥如饲。建去三年乃还，又各以一丸药与奴婢驴羊，乃却饮食如故。建遂断谷不食，能轻举，飞行往还。如此三百余年，乃绝迹，不知所之也。

卷五又云："沈建者，丹阳人也。善能治病，病无轻重，见建者皆愈也。"沈建活动的时代不详，大致当在东汉时期。加上汉末三国时期的葛玄，从东汉开始，丹阳、句容地区一直有较为活跃的方士活动。

二、句曲山的神仙化

尽管句曲山有着得天独厚的修道与炼丹条件，但西晋以前的句曲山只是江南地区的普通一山，这一点我们从葛洪的著作与活动中可看出端倪。葛洪的《抱朴子内篇》引述《仙经》中提到的可以精思合作仙药的名山有以下几座：

> 有华山、泰山、霍山、恒山、嵩山、少室山、长山、太白山、终南山、女几山、地肺山、王屋山、抱犊山、安丘山、潜山、青城山、峨眉山、緌山、云台山、罗浮山、阳驾山、黄金山、鳖祖山、大小天台山、四望山、盖竹山、括苍山，此皆是正神在其山中，其中或有地仙之人……若不得登此诸山者，海中大岛屿，亦可合药。若会稽之东翁洲、亶洲、纻屿，及徐州之莘莒洲、泰光洲、郁洲，皆其次也。今中国名山不可得至，江东名山之可得住者，有霍山，在晋安；长山、太白，在东阳；四望山、大小天台山、盖竹山、括苍山，并在会稽。

葛洪所说的地肺山并不是指他家乡的句曲山，而是指远在永嘉的玉环山。《茅山志》卷六《括神区》云："《抱朴内篇》别有地肺山，乃玉溜屿。"玉溜屿就是玉环山。茅山并不属于二十八座名山和六个洲岛之一。

从葛洪的宗教活动来看，葛洪从郑隐在马迹山中立坛受经，到广州在罗浮山学道，晚年欲远赴交州到句漏县去炼丹，最后在罗浮山炼丹授经，从来没有在茅山从事过宗教活动。葛洪之前，偶尔有一些方士在茅山隐居，寻找机会，但大多不甚著名。据《真诰》卷十一《稽神枢第一》载："汉建安之中，左元放闻传者云江东有此神山，故度江寻之。遂斋戒三月乃登山，乃得其门，入洞虚，造阴宫。"[①]《真诰》卷十三《稽神枢第三》载："昔高辛时有仙人展上公者，于伏龙地植李，弥满其地……后有郭四朝，又于其处种五果，又此地可种柰，所谓福乡之柰，以除灾厉。秦时有道士周太宾及巴陵侯姜叔茂者，来住句曲山下，又种五果并五辛菜。叔

① (梁)陶弘景著，赵益校点：《真诰》，中华书局2011年版，第196页。

茂以秦孝王时封侯，今名此地为姜巴者是矣，以其因叔茂而名地焉。”除此之外，曾隐居茅山的还有杜契（字广平）、徐宗度、晏贤生，杜契弟子孙寒华、陈世京等，均为汉末三国人。据《真诰》卷十一《稽神枢》，许谧在回答定录君茅固的诰语时说：“间耆宿有见语，茅山上故昔有仙人，乃有市处，早已徙去。后见包公，问动静，此君见答：今故在此山，非为徙去。”①

以上这些都是教内材料，不尽可信，但能说明西晋之前，确有一些方术之士在此隐居修道，但当时的句容并不是道教活动的中心，句曲山也不是修道的名山。句曲山的仙道化当在东晋中叶许谧入句曲山修道时期，主要构建者是许谧的私人灵媒——杨羲。

据《真诰》记载，在兴宁二年（364 年）三月一日的呈书中，许谧向茅山仙人表示他将在距离中茅山西面四十里左右的赤石田进行开垦，作为他往来茅山的根据地。这应该是许谧为隐居茅山所作的准备。兴宁三年（365 年）六月十五日定录君（实为杨羲假托）的答书针对许谧前书的提问，对于句曲山的相关历史、地理作了一系列的介绍与说明。作为许谧私人灵媒的杨羲，投许谧所好，以此答书鼓励许谧隐居句曲山。而杨羲托名定录君与保命君给许谧写的一系列答书，成为句曲山仙道化的基本文献。

杨羲出身寒门，阶层不贵，地位不高，但“为人洁白，美姿容，善言笑，工书画。少好学，读书该涉经史”②。他利用丰富的文史知识，依托各类文献，编造了许多似是而非的神话。

在这些诰书中，杨羲首先是将金陵、金坛之名移置到句曲山，然后把纬书中的记载牵引到句曲山。杨羲假托保命君茅衷降授的录文中说：

金陵者，洞虚之膏腴，句曲之地肺，履之者万万，知之者无一……金陵者，兵水不能加，灾厉所不犯。《河图中要元篇》第四十四卷

① 以上引文与内容分别见（梁）陶弘景著，赵益校点：《真诰》，中华书局 2011 年版，第 231—232、236—237、206 页。

② （梁）陶弘景著，赵益校点：《真诰》卷十五《翼真检第二·真胄世谱》，中华书局 2011 年版，第 355 页。

> 云:“句金之坛,其间有陵,兵病不往,洪波不登。”正此福地也……句曲山其间有金陵之地,地方三十七八顷,是金陵之地肺也,土良而井水甜美,居其地必得度世见太平。《河图内元经》曰:“乃有地肺,土良水清。句曲之山,金坛之陵,可以度世,上升曲城。”又《河书中篇》曰:“句金之山,其间有陵,兵病不往,洪波不登。”此之谓也……句曲山,秦时名为句金之坛,以洞天内有金坛百丈,因以致名也。

金陵本指建康之金陵山(今紫金山),但杨羲巧妙地将这一地名牵合到句曲山,并将与金陵相关的纬书神话移植于句曲山,将它与桐柏之金庭并列,提升为“养真之福境,成神之灵墟”①。从此,句曲山有了地肺山之称。

第二,将此地提升为三十六洞天的第八洞天。“大天之内有地中之洞天三十六所,其第八是句曲山之洞,周回一百五十里,名曰金坛华阳之天”。并“东通林屋,北通岱宗,西通峨嵋,南通罗浮,皆大道也”。② 南通罗浮可能是葛洪在罗浮山炼丹的事迹传播之后给杨羲等人带来的启示。

第三,编造历代君主对句曲山的献祭史。《真诰》卷十一《稽神枢第一》说,大茅山有玄帝时铜鼎,鼎可容四五斛许,偃刻甚精好,在山独高处,入土八尺许,上有盘石掩鼎上。玄帝时,命东海神使埋藏于此。卷十二《稽神枢第二》杨羲回给许谧的信中说,玄帝就是轩辕之孙颛顼,巡行天下,铸鼎于句曲山。叙述得最详细的是秦始皇到茅山的祭祀情形,杨羲托名定录真君(茅固)降授的诰文说:

> 良常北垂洞宫口直山领,南行二百步,有秦始皇埋藏白璧两双,入地七尺。上有小磐石在岭上,以覆埳处。李斯刻书璧,其文曰:“始皇圣德,章平山河,巡狩苍川,勒铭素璧。”若掘即可得。

陶弘景注曰:“今寻检其处,亦可见石盖,亦殊自不小也。”诰语

---

① (梁)陶弘景著,赵益校点:《真诰》卷十五《翼真检第二·真胄世谱》,中华书局 2011 年版,第 190—192、194 页。

② (梁)陶弘景著,赵益校点:《真诰》卷十五《翼真检第二·真胄世谱》,中华书局 2011 年版,第 195、196 页。

又曰：

> 始皇三十七年十月癸丑，始皇出游，十一月行至云梦，祠虞舜于九疑，浮江下，观籍柯，度梅渚，过丹阳，至钱塘，临浙江……上会稽、祭夏禹，望于南海，而立石刻，颂秦德于会稽山，李斯请书而还，过诸山川，遂登句曲北垂山，埋白璧一双……始皇叹曰："巡狩之乐，莫过于山海，自今已往，良为常也。"

这就是良常山得名之由来。事实上，杨羲在伪造历史时忽略了一点，秦始皇时，破岗渎尚未开凿，秦始皇回程是经吴地从江乘（今南京仙林大学城附近）渡江北上，并没有经过句曲山。陶弘景搜检史书，并未查得秦始皇登句曲埋白璧的记载，只能曲为之说："如此之时，皆未有渎，即是从延陵步道，上取句容江来路，仍过停飨设耳，非必故诣句曲，所以止住山北边下处，遂不进前岭。"①

《真诰》卷十一《稽神枢第一》又载，在王莽地皇三年（22年）七月戊申，曾遣使者章邕赍黄金百镒，铜钟五枚，赠之于句曲三仙君。光武建武七年（31年）三月丁巳，此三月二十四日也。遣使者吴伦赍黄金五十斤，献之于三君，今并埋在小茅山上独高处。汉明帝永平二年（59年），

图3　茅山胜景

① 以上引文见（梁）陶弘景著，赵益校点：《真诰》卷十一《稽神枢》，中华书局2011年版，第197—198页。

诏勅郡县,修守丹阳句曲真人之庙。鉴于东汉之时所谓三茅神话尚未形成,这些史实显然也是编造的。

三、三茅神话的改造与创建

杨、许诸人对句容、茅山最大的贡献就是改造、创制了三茅神话,这可以说是刻意编造的最成功、影响最大的地方性神话了。很多迹象表明,在东晋中期,上清派的核心神话——三茅神话尚未形成。三茅神话有几个核心要素。第一,茅山三峰是因为来自北方咸阳地区三位仙真而得名,这三位仙真分别是茅盈、茅衷、茅固,是三兄弟。第二,他们从西汉年间就已经来到茅山并受到百姓的尊崇。第三,他们在句曲山飞升。而这些要素在东晋早期尚无踪影。

葛洪在《抱朴子内篇》中完全未提及茅君,记录茅君事迹的最早文献应该数《神仙传》。《太平广记》卷十三引《神仙传》"茅君"条全文如下:

> 茅君者,幽州人。学道于齐,二十年道成归家。父母见之大怒曰:"汝不孝,不亲供养,寻求妖妄,流走四方。"欲笞之。茅君长跪谢曰:"某受命上天,当应得道,事不两遂,违远供养,虽日多无益,今乃能使家门平安,父母寿考。其道已成,不可鞭辱,恐非小故。"父怒不已,操杖向之。适欲举杖,杖即摧成数十段,皆飞,如弓激矢,中壁壁穿,中柱柱陷。父乃止。茅君曰:"向所言正虑如此,邂逅中伤人耳。"父曰:"汝言得道,能起死人否?"茅君曰:"死人罪重恶积,不可得生。横伤短折,即可起耳。"父使为之,有验。
>
> 茅君弟在宦至二千石,当之官,乡里送者数百人。茅君亦在座,乃曰:"余虽不作二千石,亦当有神灵之职,某月某日当之官。"宾客皆曰:"愿奉送。"茅君曰:"顾肯送,诚君甚厚意,但当空来,不须有所损费,吾当有以供待之。"至期,宾客并至,大作宴会,皆青缣帐幄,下铺重白毡,奇馔异果,芬芳罗列,妓女音乐,金石俱奏,声震天地,闻于数里。随从千余人,莫不醉饱。及迎官来,文官则朱衣素带数百人,武官则甲兵旌旗,器仗耀日,结营数里。茅君与父母亲族辞别,乃登羽盖车而去。麾幡蓊郁,骖虬驾虎,飞禽翔兽,跃覆

其上，流云彩霞，霏霏绕其左右。去家十余里，忽然不见。远近为之立庙奉事之。茅君在帐中，与人言语，其出入，或发人马，或化为白鹤。人有病者，往请福，常煮鸡子十枚，以内帐中，须臾，一一掷出还之。归破之，若其中黄者，病人当愈；若有土者，即不愈。常以此为候。①

在这个《茅君传》的早期版本中②，茅君是“幽州人、学道于齐”。其活动范围在北方，尚未与句容的句曲山建立起联系。另外，《真诰》卷十一《稽神枢第一》所记许谧答信有云：

昔年十余岁时，述虚间耆宿有见语，茅山上故昔有仙人，乃有市处，早已徙去。后见包公，问动静，此君见答，今故在此山，非为徙去。此山，洞庭之西门，通太湖苞山中，所以仙人在中住也。唯说中仙君一人字，不言有兄弟三人③，不分别长少，不道司命君尊远，别治东宫。未（当作末）见传记，乃知高卑有差降，班次有等级耳，辄敬承诲命，于此而改。

许谧生于永兴二年（305年），“十余岁”时正是两晋交替之际，其时故老口传只是说“故昔有仙人”，并无三茅君传说。后从包公（鲍靓）处听说仙人是茅季伟。《晋书》卷八十《许迈传》载：

谓余杭悬霤山近延陵之茅山，是洞庭西门，潜通五岳，陈安世、茅季伟常所游处。

在三茅君传记中，中茅君名固，字季伟，但许谧读到传记之前，显然并不知道茅季伟就是中茅君。可见，在东晋中期以前，杨、许降神之前与茅山有关的茅姓仙人，就只有一位茅季伟。而且据鲍靓和许迈所言，其时茅山在神仙世界中的地位是依存于洞庭山的（洞庭之西门），远非

① （宋）李昉等编：《太平广记》，中华书局1961年版，第87—88页。

② 现行《神仙传》有两种辑本，一个辑本是《四库全书》本，通常认为其来源较古，大约是宋本的一个残本；另一个是《广汉魏丛书》本，此本乃是辑自诸书而真伪混杂的杂凑之本，但不排除其中有些条目来源较古。两个版本的《茅君传》差异极大。《汉魏丛书》本的“茅君”一条，与上引《太平广记》完全相同，应该属于较古老的版本。

③ 此处标点从［日］吉川真夫、麦谷邦夫编，朱越利译：《真诰校注》，中国社会科学出版社2006年版，第373页。

后来可比。由此可见，在西晋末年，葛洪写作《神仙传》之时，茅山宗的核心神话——三茅神话尚未成形。

但在《真诰》卷一的记载中，我们可以看到后世三茅神话的雏形。首先，在《真诰》卷一《运象篇第一》南岳夫人向杨说二十三位真人、十五位女真的次第位号时，包括了东岳上真卿司命君、勾曲真人定录右禁郎茅季伟、三官保命司茅思和，也就是说三茅俱在。其次，在乙丑年（兴宁三年）六月十五日、六月二十一日茅季伟与许谧有过两次对话，卷二《运题象第二》载：

> 东卿司命甚知许长史之慈肃，小有天王昨问："此人今何在，修何道？"东卿答曰："是我乡里士也。"

陶弘景注曰："乡里者，谓句容与茅山同境耳，非言本咸阳人也。"这应该是第一次明确记载茅盈是句容乡里士。同卷又载：

> 乙丑岁晋兴宁三年（365 年）七月四日夜，司命东卿君来降，侍从七人……司命君形甚少于二弟，着青锦绣裙紫毛帔巾芙蓉冠，二弟并同来倚立，命坐乃坐耳。

这表明茅氏三人是三兄弟。另外，据陶弘景说，大致在兴宁元年（363 年）中，已经有了李尊撰写的《三茅传》，这本传记在第二年也就是甲子年（364 年）被许谧见到，应当是随着杨、许降神活动一起问世的。传记是真人之诰的辅助文本，目的是吸引许谧皈依"上道"。鉴于李尊此人不见于其他任何史料，有学者怀疑，很有可能是杨羲故弄狡狯，编造出来的人物。也就是说，最早的《三茅传》是杨羲自己创作的。

综上所述，三茅神话应该在东晋兴宁年间基本成形。到梁普通三年（522 年）五月十五日，建康崇虚观主兼道士正、统领道教事务的张绎率领诸馆高道九十一人刻石立"九锡真人三茅君碑"①，因为张绎是梁朝官方任命的道官，这一事件具有官方色彩。它表明，经过了近一百六十年的不断传述，三茅神话已被上下信奉，成为官方认可的信史。

---

① 碑文收录于《茅山志》卷二十《录金石篇》，《道藏》第五册，文物出版社、上海书店、天津古籍出版社 1988 年版，第 630 页下—632 页下。下引《道藏》本仅出册数与页码。

由于杨羲有很高的历史素养，他所编造的内容往往依托真实的历史背景和文献记载，有时间、有细节，特别容易为人信从。陶弘景同样是一个博学的学者，而且他已经发现这些传说中的很多破绽，但他出于对宗教界前辈的信任，不但基本相信了这些传说，而且还竭力为其背书。因此，茅山神话随着《真诰》的刊布流传越来越广。

图 4　三茅真君①

刘宋以后，茅山的称呼慢慢比句曲山更为习用，来此地的修道之人渐多。据陶弘景记载：宋初女道士徐漂女，她的宋姓女弟子、宋的女弟子潘一直在此居住，至齐梁时尚在。刘宋元徽年间（473—477 年），有数男复来其前而居。齐初，句容人王文清在此立崇元馆，建构了堂宇厢廊，规模方正。到梁朝前期，有薛彪、朱法永数人居之。这些道士均不著名。

毫无疑问，句容能够成为活跃的道教中心地区之一，成为上清派的祖庭，葛氏和许氏两个家族起了巨大的作用。从葛玄、葛洪、许迈、许谧诸人开始，丹阳郡句容县慢慢开始创立宗派的活动，直到陶弘景隐居茅山，才开创了道教史上的重要宗派——上清派茅山宗。

① 插图录自《新刻出像增补搜神记》卷二，金陵唐氏富春堂刻本。

第二章　瓜瓞绵长——句容葛氏家族

第一节　东汉功臣？——葛氏先祖事迹考

一、祖先葛君

葛洪《自叙》中对句容葛氏的家族历史有较为详细的记载，但古人对自己祖先的记载通常都会有虚誉夸饰，真实与否尚需逐一考察。

据葛洪说，葛姓的先祖为葛天氏，其云："其先葛天氏，盖古之有天下者也。后降为列国，因以为姓焉。"这是承袭汉朝人的说法。汉时将葛姓来源追溯到葛天氏。据《姓纂》等书引《风俗通义》佚文云："葛氏，葛天氏之裔，子孙氏焉。夏时葛伯，嬴姓国也，亦为葛氏。汉有颍川太守葛兴。"①

句容葛氏的直系祖先，葛洪称其为葛君——不知道这是尊称还是其名为"君"——担任过荆州刺史。王莽篡位的时候，葛君耻于侍奉国贼，弃官而归。其与当时的东郡太守翟义共同起兵，准备讨伐王莽，为莽所败。后遇赦免祸，遂称疾自绝于世。王莽认为葛氏宗族强盛，担心终究会发生变故，就把葛君及其家族迁徙到了琅邪。《自叙》云：

洪曩祖为荆州刺史，王莽之篡，君耻事国贼，弃官而归。与东

① (汉)应劭著，王利器校注：《风俗通义校注》，中华书局 1981 年版，第 554 页。

郡太守翟义共起兵，将以诛莽，为莽所败。遇赦免祸，遂称疾自绝于世。莽以君宗强，虑终有变，乃徙君于琅邪。

此事就颇有可疑之处。翟义为西汉名相翟方进之子，举兵反莽之事发生于居摄二年(7年)，是王莽掌权以后的一次重大政治事件。《汉书》在很多地方都有提及，卷八十《东平思王刘宇传附刘信传》载："王莽居摄，东郡太守翟义与严乡侯信谋举兵诛莽，立信为天子。兵败，皆为莽所灭。"翟义起兵后，各地纷纷响应。正史对此都有记载，这些响应者中大多是名不见经传的平民或者低级别官员。《汉书》卷八十四《翟方进传》载：

严乡侯刘信、三辅闻翟义起，自茂陵以西至汧二十三县盗贼并发，赵明、霍鸿等自称将军，攻烧官寺，杀右辅都尉及斄令。

《后汉书》卷四十五《张酺传》载：

郡吏王青者，祖父翁，与前太守翟义起兵攻王莽，及义败，余众悉降，翁独守节力战，莽遂燔烧之。

而葛君起兵之事并不见于正史。州刺史在西汉末年秩六百石，尚不算高官，但毕竟算重要官职，翟义反莽时如荆州刺史响应，正史缺载是难以理解的。而且此事涉及反叛，处罚极重，所涉之人皆被王莽消灭，不太可能遇赦得免、徙居了事。所以此事真伪颇为可疑。

二、葛浦庐兄弟

葛君的儿子叫葛浦庐[①]，起兵辅佐汉光武帝刘秀，有大功。光武帝登基之后，任命葛浦庐为车骑将军，又迁升为骠骑大将军，封下邳僮县侯，食邑五千户。

武锋指出，葛浦庐曾被光武帝任命为骠骑大将军，这也颇为可疑。《后汉书·百官志》载：将军"比公者四：第一大将军，次骠骑将军，次车骑将军，次卫将军。又有前、后、左、右将军"。注引蔡质《汉仪》曰："汉

① 陶弘景《吴太极左仙公葛公碑》称其为"葛庐"。

兴，置大将军、骠骑，位次丞相，车骑、卫将军、左、右、前、后，皆金紫，位次上卿。典京师兵卫，四夷屯警。”骠骑将军位次丞相，与公相当，往往授予军功卓著以及与皇家关系密切者，并不轻易予人，其地位崇重可想而知。东汉光武帝时期，被授予骠骑将军者计有景丹、杜茂、段志、刘隆四人，并未提及葛浦庐之名。如果葛浦庐实为骠骑大将军，《后汉书》没有理由不载。[①] 武锋的怀疑很有道理，葛洪此处对葛浦庐职位的叙述或有虚饰成分。也有一种可能是此事发生在光武登基前，尚是起义军时滥封之军号，与建国后的正式任命不同。

葛浦庐有位弟弟名葛文[②]，随侯征讨，屡有大捷。葛浦庐屡次上书为葛文请功，而官府认为葛文是以私人身份随兄长出征，没有加入军籍，不予批准。葛浦庐说：“弟弟和我亲冒矢石，满身是伤，失去了右眼，得不到点滴回报；我却是官高爵显，怎能心安？”上表请求把自己的爵位转让给弟弟。朝廷愿意成全他的高尚行为，听从了他的奏请。尽管葛文一力辞让，但没有准允，只得接受了爵位，住进了宅第。他为葛浦庐在博望里另外营建了住宅，又把自己所得的赋税和俸禄分出一部分供给葛浦庐的官吏与士卒。尽管葛浦庐恳切制止，但葛文不听，葛浦庐说，（本来是打算彰显谦让之德的），像现在这样，反而更增加了百姓劳役，哪里还能说是谦让之德呢？于是他找了个借口离开博望里，南渡长江，定居于句容。子弟们亲自耕种，阅读典籍，自娱自乐。葛文屡次派人去接葛浦庐，浦庐坚持不回北方。葛文只得命人守护博望里的住宅，希望骠骑大将军能够返回，以至于这座房子许多代都无人居住。

据此，句容葛氏是葛浦庐的直系后裔。葛洪的这段记载是想说明他们这一支的祖先原本应该是有爵位的，只不过出于悌道，将爵位让给了葛文。为了强调此事的真实性，葛洪还专门强调葛文为葛浦庐另建的住宅至今尚在。不过，此事从情理上看也有一些不尽可信。让出爵位何至于还要让出宅第？为了谦让何至于远赴千里之外的荒蛮异乡？我们现在看不到葛文后代的相关记载，此事姑且只能听信葛洪一家之

---

① 武锋：《葛洪〈抱朴子外篇〉研究》，光明日报出版社 2010 年版，第 21 页。

② 据陶弘景《吴太极左仙公葛公之碑》记载，其名为“艾”，两字形近，必有一误。葛艾（即葛文）是葛玄的七代祖，葛玄是葛洪的从祖父，所以对葛洪来说，葛浦庐、葛文这一代是他的九世祖。

言。但这段记载却能表明，句容葛氏的先祖在东汉时并无爵位，应该不属于贵族；同时也说明，句容葛氏的南渡发生在东汉初年，与东汉末年与永嘉年间的南渡大潮中才过江的中原贵族相比早了二三百年。事实上，东吴地区的土著大姓，大部分都是在两汉之世由北方迁居江东的。比如会稽余姚虞氏、会稽山阴贺氏在西汉末和东汉初迁入江东。“吴地四姓”顾、陆、朱、张，顾氏为汉朝以前定居江东的土著，陆氏西汉前期迁入江东，朱氏、张氏都是在西汉末或东汉初渡江的移民。[①] 因此，东汉初年即迁居句容的葛氏家族是典型的东吴土著。葛洪寻找一个居住于琅邪、分封于下邳的远祖，应该是当时政治气候和社会心理的反映：只有来自中原的贵族才真正具有高尚的社会地位。而声称其远祖徙居于琅邪，显然是为了与晋元帝及琅邪王氏拉上关系从而抬高氏族地位。

第二节　吴国高官——祖父葛奚及其他祖辈

一、葛氏居地

据陶弘景撰《吴太极左仙公葛公之碑》(以下简称《仙公碑》)所言，葛氏南渡后居住的地点是在“句容都乡吉阳里”，与当地的另一个道教世家许氏家族同里。此里的具体位置我们无从考知，但从明清时期所存的遗迹分析，大致是在句容县治的西面，并且离县治不远。据弘治《句容县志》卷五“丘墓”条，葛玄之墓在县治西南一里许，前有葛仙庵。葛洪之墓也在县治西一里许。在距县治西 2500 米处，也就是原句容市梅家边村(今句容市城西世茂花园东侧，洪武路与文昌西路交叉口)，曾经发掘出占地 3 万平方米的古墓群，属于汉至东晋的墓葬，此一遗址已被列为镇江市文物保护单位。1965 年就在此地发现了葛府君(葛祚)的碑额，说明此地是葛祚的墓地。另外，据倪涛《六艺之一录》卷五十七《石刻文字三十三》记载，晋平西将军广汉侯葛府君碑也在“句容县西七

① 见王永平：《六朝江东世族之家风家学研究》，江苏古籍出版社 2003 年版，第 8—12 页。

里墓前"①。因此,我怀疑这里可能是句容葛氏家族祖坟所在。

古代句容县治之西多有与葛氏家族有关的地名,如在县西二十里的通德乡有抱朴里,在县西南二十里的福祚乡有葛泽村,在县西南五十里的临泉乡有葛桥村。② 因此,葛氏家族的第一居住地和以后的聚居地应该是在句容县治的西部。

《历世真仙体道通鉴》卷二十三《葛仙公》则云:

> 仙公姓葛名玄,字孝先,家本琅邪,世传簪组。高祖庐为汉骠骑大将军,封下邳侯,后让国与弟文(托),遂南游江左,逍遥丘壑。适丹阳句容,见其山水秀丽,风俗淳厚,深合雅意。偶会仲弟孙来为别驾,一日,参侍而言曰:"吾从祖既为泰伯,而劣孙可为仲雍之后乎?"因是同居焉。③

葛玄的高祖葛庐,应该就是葛洪《自叙》中说的葛浦庐,他的"仲弟孙"即侄孙算起来是葛洪的七世从祖。据此,在句容的葛氏应该有两支。一支的祖先是葛浦庐,另一支是葛浦庐的仲弟,他的孙子(其名不详)受葛浦庐的影响同居句容。④

二、葛矩、葛弥与葛焉

据《仙公碑》记载:葛玄的祖父(也就是葛洪的五世从祖)葛矩,为安平太守、黄门郎。据《后汉书》卷五《孝安帝纪》载:延光元年(122 年)五月己巳,"改乐成国为安平,封河间王开子得为安平王"。历整个东汉,安平一直是国而非郡,治所在今河北省衡水市冀州区。另据《后汉书·郡国四》,豫章郡有平都侯国,故名安平。我觉得所谓安平太守更有可能是指豫章郡的安平国相,或者这些记载本来就不太可靠。

按《仙公碑》文的说法,葛玄有个从祖名葛弥,为豫章等五郡太守。

---

① (清)倪涛:《六艺之一录》卷五十七《石刻文字三十三》,四库全书本,第 831 册,第 394 页。

② 见(明)王僖、程文、王韶等纂辑:弘治《句容县志》卷一"乡"条,《天一阁藏明代方志选刊》第 11 册,上海古籍书店 1961—1966 年版。

③ (元)赵道一编修:《历世真仙体道通鉴》,《道藏》第五册,第 229 页,上。

④ 陈飞龙将此条材料理解为葛浦庐有仲弟名"葛孙",将他算作是葛洪的九世从祖,误。见陈飞龙:《葛洪之文论及其生平》,文史哲出版社 1980 年版,第 115 页。

而按照《历世体道真仙通鉴》卷二十三《葛仙公传》的记载，葛弥是葛玄的叔叔，其云：

> （葛玄）遂东入括苍，省侍其叔。叔讳弥，字孝公。时授《业横经》，四方央（当作英）才，肩摩袂接，立讲堂于其居，仙公归拜之。[①]

《仙公碑》又云葛玄之父葛焉（葛洪的四世从祖），字德儒，州主簿、山阴令、散骑常侍、大尚书。“代载英哲，族冠吴史。”葛玄逝世于赤乌四年（244年），葛玄的父亲葛焉担任的散骑常侍、大尚书有可能是东汉而非吴国的官职。葛焉不见于史书所载，所谓“大尚书”应该不是尚书令，最多是分管各曹之尚书。

三、祖父葛奚

葛洪对自己的父、祖非常自豪，说：“予忝大臣之子孙”（《抱朴子内篇·金丹》）。他确实有资格如此声称，从葛焉的下一代开始，句容葛氏开始在吴国担任重要官职，最有代表性的莫过于葛洪的祖父葛奚。[②] 葛洪《自叙》记载其祖父葛奚云：

> 洪祖父学无不涉，究测精微，文艺之高，一时莫伦。有经国之才，仕吴，历宰海盐、临安、山阴三县，入为吏部侍郎、御史中丞、庐陵太守、吏部尚书、太子少傅、中书、大鸿胪、侍中、光禄勋、辅吴将军，封吴寿县侯。

据《云笈七签》卷三《道教本始部·灵宝纪略》载：葛玄传《灵宝经》于“兄太子少傅海安君字孝爰，孝爰付子护军悌，悌即抱朴子之父”[③]。如此说属实，葛奚又称海安君，字孝爰。但实际上，据同书卷六《三洞经教部·三洞并序》载，葛洪有弟子叫作“安海君望”，而葛玄字孝先，所以此处可能是把三人的名、字与号混淆了。

---

① （元）赵道一编修：《历世真仙体道通鉴》，《道藏》第五册，文物出版社、上海书店、天津古籍出版社1988年版，第230页上。“业横”疑作“素黄”，“央”当作“英”。

② 《晋书·葛洪传》作“葛系”。

③ （宋）张君房著，李永晟点校：《云笈七签》卷三《道教本始部·灵宝纪略》，中华书局2003年版，第41页。

《自叙》与《晋书·葛洪传》均称葛奚为吴国大鸿胪，《抱朴子内篇·仙药》则云："余亡祖鸿胪少卿。"《三国志》卷六十五《吴书·贺邵传》中贺邵上书谏孙皓言：

> 故常侍王蕃忠恪在公，才任辅弼，以醉酒之间加之大戮。近鸿胪葛奚，先帝旧臣，偶有逆迕，昏醉之言耳，三爵之后，礼所不讳。陛下猥发雷霆，谓之轻慢，饮之鸩酒，中毒殒命。

综合这数条材料，表明葛奚生前确实担任过鸿胪一职，但应该是鸿胪少卿（鸿胪寺之副官），而非九卿之一的大鸿胪（鸿胪寺之主官），从侧面可以表明葛洪对其祖父仕宦履历的陈述有夸饰。考虑到葛奚罪不当罚，舆论对孙皓多有批评，其中有些官职与名号如"太子少傅、辅吴将军"等可能是死后追赠，以此表达抚慰与歉意，而非生前实职。

对于葛奚之封爵，在杨明照校点的《抱朴子外篇》中，将"吴"与"寿县侯"分标下划线[1]，表明校点者认为葛奚的封号是吴国之"寿县侯"，这误导了很多的注译者。三国时期，魏、蜀、吴三国均无"寿县"之名，庞月光、张松辉等人在注释时都认为寿县即今安徽寿县。[2] 今寿县古称寿春县，属魏国，并不在吴国统治范围之内。《三国志》卷二十《魏书·楚王彪传》记载："楚王彪，字朱虎。建安二十一年，封寿春侯。黄初二年，进爵，徙封汝阳公。三年，封弋阳王。其年徙封吴王。五年，改封寿春县。"可见在建安二十一年（216 年）和黄初五年（224 年）寿春还是曹操之子曹彪的封土，吴国人不可能将并不属于自己的国土赐封自己的大臣。

实际上葛奚的封号并非寿县侯，而是吴寿县侯。据《宋书》卷三十七《州郡三》记载，吴寿县，汉朝称汉寿县。吴时改称吴寿县，晋朝复旧名，即今湖南省常德市汉寿县，属武陵郡。据《抱朴子内篇·仙药》记载："余亡祖鸿胪少卿曾为临沅令，云此县有廖氏家，世世寿考，或出百岁，或八九十，后徙去，子孙转多夭折。他人居其故宅，复如旧，后累世

---

① 杨明照校点：《抱朴子外篇》，中华书局 1991 年版，第 648 页。

② 分别见庞月光译注：《抱朴子外篇全译》，贵州人民出版社 1997 年版，第 956 页；张松辉、张景译注：《抱朴子外篇全注全译》，中华书局 2013 年版，第 1103 页。

寿考。”临沅县东汉属武陵郡治，治所即今湖南常德市。可能即是因为葛奚有在武陵郡任职的经历，所以才被封为吴寿县侯。

四、葛祚与葛玄

葛奚可能是句容葛氏仕宦历程中的顶峰。句容葛氏另外一位可考的人物是曾任衡阳太守的葛祚。《金石萃编》卷二十四有《葛府君碑额》，额高一尺八寸五分，广一尺二寸五分，三行，行四字，正书。碑立于句容城西门外五里梅家边村，当地人呼其地为石碑冈，上题“吴故衡阳太守葛府君之碑”。此碑于 1965 年在句容城西被发现，现藏于南京博物院。

图 5 《葛府君碑额》的碑石与拓片

据孙星衍考证：“《吴志三・嗣主传》：太平二年（257 年）以长沙西部为衡阳郡，与碑正合。”①这位葛府君应该就是葛祚。《法苑珠林》卷六十三《圆果篇・种子部・感应缘》载：

> 葛祚，字元先，丹阳句容人也。吴时作衡阳太守。郡境有大槎

① (清)王昶编：《金石萃编》卷二四《葛府君碑额》，陕西人民美术出版社 1990 年版。

> 横水,能为妖怪,百姓为之立庙。行旅必过,要祷祠槎,槎乃沉没不著。槎浮则船为破坏。祚将去官,乃大具斤斧之属,将伐去之,明日当至。其夜庙保及左右居民闻江中汹汹有人声非常,咸怪之。旦往视,槎移去,沿流流下数里,驻在湾中,自此行者无复倾覆之患。衡阳人美之,为祚立碑曰:"正德所禳,神等为移。"①

葛祚应该是葛洪之祖父辈。

葛洪祖父辈政治、社会地位的上升,得益于东吴政权的江东化。众所周知,在东吴建国的早期,孙策是以袁术部将的名义渡江,逐汉官而据江东;他依靠的主要力量是袁术部曲,其主要来自淮泗地区,被称为淮泗集团。孙策据江东后,江东大族以外来入侵势力视孙氏兄弟,力图反抗,孙策诛杀江东群豪。孙策死后,孙权又任用宾客寄寓之士。孙权统事以后陆续出仕的北士,如鲁肃、诸葛谨、严畯、步骘等人,对孙吴统治起着极为重要的作用。

田余庆说,从孙策渡江开始,孙吴政权与江东大族之关系,按时间顺序言,可分三个阶段。第一阶段发生在江东大族武力反对孙策南侵的时候,其代表人物是会稽周氏兄弟和盛宪,其表现为孙策诛戮英豪。第二阶段发生在孙权统事以后的建安年间,孙权欲借助江东大族以撑持艰难局面,补充淮泗集团力量之不足,而江东大族也感到有依附于孙氏的必要与可能,可是还缺乏信任。其代表人物是会稽的虞翻和魏滕,表现是孙吴对他们既使用又严加控制。第三阶段发生在淮泗力量后继无人,孙吴必须与江东大族连为一体,而江东大族也认识到完全可以借操持孙吴政权以发展自己的家族势力之时,其代表人物是吴郡的陆逊和顾雍。② 公元224年,孙权在任命顾雍为相的同时,即命陆逊为大都督,分掌江东文武大事,并把顾雍放在建康,辅佐孙权;陆逊留守武昌,辅佐太子孙登,对付魏蜀。孙权还把孙策的两个女儿一个嫁给顾雍的儿子顾邵,一个嫁给陆逊,后来又将小女鲁育嫁与朱据。陆逊、顾雍分

① (唐)释道世著,周叔迦、苏晋仁校注:《法苑珠林》,中华书局2003年版,第1904页。

② 田余庆:《东吴建国的道路——论孙吴政权的江东化》,《秦汉魏晋史探微》,中华书局2004年版(重订本),第290页。

居文武朝班之首，标志着孙吴政权的主体由淮泗集团向江东大族的转变已基本完成。

此后陆逊、朱据又相继兼领相职，张温、陆瑁和顾谭等则为选曹尚书，江东世族在孙吴政权中的中央核心层一度占据了重要地位。在地方，江东大族子弟也享有入仕的特权，甚至呈现垄断之势。《三国志》卷五十六《吴书·朱治传》载，朱治为吴郡太守，"公族子弟及吴四姓多出仕郡，郡吏常以千数，治率数年一遣诣王府，所遣数百人"。黄武以后，孙吴政权基本上实现了江东本土化，走上了吴人治吴的道路。句容葛氏家族政治地位的提升也从侧面反映了东吴政权江东化的过程。

葛奚的同辈有葛玄，字孝先。他是葛奚的从兄弟，自始至终没有进入宦途，毕生从事仙道活动。据《仙公碑》记载：

> 吴初，左元放自洛而来，授公白虎七变、炉火九丹，于是五通具足，化遁无方。孙权虽爱赏仙异，而内怀猜害，翻、琰之徒，皆被挫斥；敬惮仙公，动相谘禀。公驰涉川岳，龙虎卫从，长山盖竹，尤多去来；天台兰风，是焉游憩。特还京邑，视人如戏，诡谲倜傥，纵倒山河，虽投凫履坠，叱羊石起，蔑以加焉。于时有人，漂海随风，眇奔无垠。忽值神岛，见人授书一函，题曰寄葛公，令归吴达之。由是举代翕然，号为仙公。[①]

到了元代，葛玄的出生也被神话化了。据《仙鉴》卷二十三《葛仙公》记载：

> 仙公本大罗真人下降，以后汉桓帝延禧七年(164年)甲辰岁四月八日诞世。仙公父素奉道法，即遣使斋香华钱诣本里玄静观求香水浴儿。时有自然道士支道纪，莫知其所由，闻尚书得男，乃欣然与来使曰："吾昨梦见通玄真人从大罗天下降，与吾言昔别已经劫，子将忘我耶？予作礼称弟子，愿得无上正真道眼。汝归悉告尚书，明日当往贺君生奇男。"[②]

① (清)严可均编：《全梁文》卷四十七，《全上古三代秦汉三国六朝文》，中华书局1959年版，第3221页上。
② (元)赵道一编修：《历世真仙体道通鉴》，《道藏》第五册，第229页上。

这一出生神话有明显的佛教色彩,“支道纪”是一个西域姓氏,应该是佛教在句容流行后才产生的。与《仙公碑》相比,《仙鉴》增饰的部分一般来说都靠不住,但其中说葛玄“年八岁失怙恃,已能好学自立”,虽不知道是否有所依凭,却是合理的。因为早失怙恃,所以葛玄不像他的从兄弟那样走入仕途,转而投入宗教方术领域。葛玄“好学自立”,也并非虚言,他确实掌握了很多魔术技巧从而能够自立。葛玄卒于吴赤乌七年(224年)八月十五日,那一天的平旦,他长往不返。据《仙鉴》说,“升天之年八十有一”。

据弘治《句容县志》,在县治南四十里的上容乡有葛亭里,说是葛玄炼丹于此;同乡另有升仙里,传言是葛玄升仙之处。葛玄的遗迹与事迹多与葛洪混同在一起,后人经常不加区别,这成倍增加了葛洪在后世的影响。

第三节　赴洛先驱——父亲葛悌的任官经历

一、历官东吴

葛洪的父亲为葛悌,据葛洪在《自叙》中说:

> 洪父以孝友闻,行为士表,方册所载,罔不穷览。仕吴五官郎、中正,建城、南昌二县令、中书郎、廷尉平、中护军,拜会稽太守,未辞而晋军顺流,西境不守。博简秉文经武之才,朝野之论,佥然推君。于是转为五郡赴警,大都督给亲兵五千,总统征军,戍遏壃(疆)场。天之所坏,人不能支。

五官郎是五官中郎将的属官,包括五官中郎、五官侍郎、五官郎中等。建城县隶属豫章郡,辖境相当于现在的江西高安、上高、宜丰、万载四县全境和樟树市部分地区。吴国的中书郎相当于魏的通事郎,为中书监、中书令的佐官。廷尉平为廷尉属官,秩六百石。中护军在三国时期的地位十分重要,它掌管禁军、主持选拔武官、监督管制诸武将。可见葛悌在吴国各个中央机构、部门都有过任职。会稽太守是吴国重要的地方官职。晋军攻吴时，可能是因为葛悌曾担任过武职，朝野共同推举他，率五千亲兵对抗晋军，显然没有成功。

二、入晋仕宦

葛洪在《自叙》中又介绍了他父亲入晋后的仕宦经历：

> 故主钦若，九有同宾。君以故官赴，除郎中，稍迁至太中大夫，历位大中正、肥乡令。县户二万，举州最治，德化尤异。恩洽刑清，野有颂声，路无奸迹。不佃公田，越界如市，秋毫之赠，不入于门。纸笔之用，皆出私财。刑厝而禁止，不言而化行。以疾去官。

西晋统一全国之后，葛悌以原有的官阶赴洛阳，被授予郎中官职，逐渐升至太中大夫，历任大中正、肥乡县令。周一良说，大抵西晋平吴后，对吴蜀旧地固多防范，然司马氏对江南地主阶级亦颇致意笼络。华谭对武帝策问“绥静新附以何为先”，即建议“吴阻长江，旧俗轻悍。所安之计，当先筹其人士，使云翔阊阖，进其贤才，待以异礼”。[①]《通典》卷一〇一毗陵内史论江南贡举事：“江表初附，未与华夏同。贡士之异，与中国法异。前举孝廉不避丧，孝廉亦受行不辞。以为宜访问余郡，多有此比。”足见对江南贡士尽量放宽。与中原不同，有丧而仍行。[②] 这些可能是平吴以后不久的政策。因为东吴亡国不久，当时很多江南名士不肯与新政权合作，世族人物多隐而不仕，如陆机、陆云兄弟便“退居旧里，闭门勤学，积有十年”。因此，西晋朝廷才会致意笼络。吴国第一批出仕的应该是以陆喜为首的士人。《晋书》卷五十四《陆喜传》载：

> 太康中，下诏曰：“伪尚书陆喜等十五人，南士归称，并以贞洁不容皓朝，或忠而获罪，或退身修志，放在草野。主者可皆随本位就下拜除，敕所在以礼发遣，须到随才授用。”

由于陆喜卒于太康五年（284 年），这道诏令大致上应该是在太康

① （唐）房玄龄等：《晋书》卷五二《华谭传》，中华书局 1972 年版，第 1450 页。

② 周一良：《魏晋南北朝史札记》“西晋王朝对待吴人”条，中华书局 1985 年版，第 72 页。

四年(283年)前,刚刚平吴时即已下发。但葛悌既不属于"忠而获罪",也不属于"放在草野",谈不上"贞洁不容皓朝",应该并不在这十五人名单中。太康十年(289年),陆机兄弟应征入洛,开始了新的求仕历程。此后,顾荣、薛谦、纪瞻、贺循等人也相继入洛,而这时葛悌在北方已经担任过郎中和肥乡令两任官职,可能就在此年回到南方出任吴王晏的郎中令。据此推测葛悌的入洛,大致是在太康五年左右,应该是南人中较早出仕的。

据《晋书》卷六十八《顾荣传》说,当时吴人入洛例拜为郎中。据《褚陶传》载,褚陶是吴郡钱塘人,吴平,召补尚书郎。顾荣入洛后也是担任的尚书郎。所以,葛悌入洛后担任郎中符合当时的惯例。郎之为官,在西晋朝廷实为清选。葛悌由郎中而出任肥乡令。魏黄初二年(221年),析列人、邯沟县地,始置肥乡县,县境即今河北省邯郸市肥乡区。南人而做北地地方长官,在西晋时期并不多见。当时北方地区的士人对南人多有偏见,而南人也往往有激烈的言语和情绪反应,史料中类似的例子比比皆是。蔡洪吴郡人,太康中举秀才入洛。《世说新语·言语》载:

> 蔡洪赴洛,洛中人问曰:"幕府初开,群公辟命,求英奇于仄陋,采贤俊于岩穴。君吴楚之士,亡国之余,有何异才,而应斯举?"蔡答曰:"夜光之珠,不必出于孟津之河;盈握之璧,不必采于昆仑之山。大禹生于东夷,文王生于西羌,圣贤所出,何必常处。昔武王伐纣,迁顽民于洛邑,得无诸君是其苗裔乎?"①

陆机、陆云入洛之后的遭遇颇能说明问题。陆机兄弟进京后,态度一直谦卑,自称"蕞尔小臣,邈彼荒域"(《皇太子宴玄圃诗》)。但洛阳士人对他俩颇为轻慢,《世说新语·简傲》载:

> 陆士衡初入洛,咨张公所宜诣;刘道真是其一。陆既往,刘尚在哀制中。性嗜酒,礼毕,初无他言,唯问:"东吴有长柄壶卢,卿得

① (南朝宋)刘义庆著,(梁)刘孝标注,余嘉锡笺疏:《世说新语笺疏》,上海古籍出版社1993年版,第83—84页,下引同此本。

种来不?”陆兄弟殊失望,乃悔往。

《世说新语·方正》载:

> 卢志于众坐问陆士衡:“陆逊、陆抗,是君何物?”答曰:“如卿于卢毓、卢珽。”士龙失色。既出户,谓兄曰:“何至如此,彼容不相知也?”士衡正色曰:“我祖名播海内,宁有不知?鬼子敢尔!”议者疑二陆优劣,谢公以此定之。

孟超为小都督,领万人,而敢公然斥骂作为河北大都督全军统帅之陆机为“貉奴”。三国以来,北方即骂吴人为“貉子”,孙权、孙秀皆蒙此称,苻坚亦称寻阳周虓为“貉子”。孟超将“貉子”改为“貉奴”,益见其对陆机等南人之轻视。《晋书·陆机传》言其“好游权门,与贾谧亲善,以进趣获讥”。周一良说,陆机与贾谧亲善的原因,很有可能是贾谧敢于拔擢南人。陆机一生出处及其致祸之由,都应该联系其出身吴人考察。① 陆机、陆云名门之后,文才盖世,时称“二俊”,尚且如此为北方轻侮,其余南人的处境可想而知。《世说新语·雅量》:

> 张季鹰辟齐王东曹掾,在洛见秋风起,因思吴中菰菜羹、鲈鱼脍,曰:“人生贵得适意尔,何能羁宦数千里以要名爵!”遂命驾便归。俄而齐王败,时人皆谓为见机。

张翰的命驾而归,同样也是南人不适应北方官场所致。南人为北官殊为不易,所以葛悌的去官,未必真的是“以疾”,更有可能北方官场与士人对南方的歧视让南人觉得很难适应。

据《自叙》,葛悌以疾辞官后,“发诏见用为吴王郎中令。正色弼违,进可替不。举善弹枉,军国肃雍。迁邵陵太守,卒于官”。吴王司马晏是晋武帝司马炎第二十三子,晋惠帝司马衷、晋怀帝司马炽的异母兄弟,晋愍帝司马邺的父亲,以太康十年受封吴王。后与兄淮南王允共攻赵王伦,失败,在永康元年(300年)秋八月改封为宾徒县王。司马晏当时的食邑为丹阳、吴兴、吴三郡。据严耕望的研究,汉代地方官吏任用

① 周一良:《魏晋南北朝史札记》“西晋王朝对待吴人”条,中华书局1985年版,第74页。

有籍贯限制,但监官长吏自辟属吏必用本籍人。[①] 属吏用本籍人士似并不限于监官司长吏,也适用藩王僚佐。

西晋初期,因为吴地士人仕途阻塞,刘颂在上晋武帝表中建议藩王到吴地临国时,可任用当地士人:

> 又孙氏为国,文武众职,数拟天朝,一旦堙替,同于编户。不识所蒙更生之恩,而灾困逼身,自谓失地,用怀不靖。今得长王以临其国,随才授任,文武并叙,士卒百役不出其乡,求富贵者取之于国内。内兵得散,新邦又安,两获其所,于事为宜。[②]

看样子,晋武帝接受了刘颂的建议。府主得罪后,幕佐通常应该坐免、受黜乃至论罪,至少应该暂时还家,这同样是惯例。葛悌从幕佐身份迁升邵陵太守,应该是在吴王得罪以前的元康年间。《晋书·陆机传》载:"吴王晏出镇淮南,以机为郎中令。"陆机《皇太子清宴诗序》云:"元康四年(294 年)秋,余以太子洗马,出补吴王郎中。"可见陆机继任吴王郎中令的时间是在元康四年,也就是说葛悌迁升邵阳太守的时间当在元康四年或更前。邵陵原称昭陵,其地在今湖南省邵阳市西区。晋太康元年(280 年),武帝司马炎因避其父司马昭之讳,改昭陵郡为邵陵郡,改昭陵县、昭阳县为邵陵县、邵阳县,并移郡治于资江北岸。据葛洪《自叙》,其父卒于他十三岁之时,亦即元康五年(295 年),因此他担任邵陵太守的时间大概有两年。

三、句容望族

值得注意的是,无论在吴还是在晋,葛悌都担任过中正一职。据张旭华考察,至迟在孙权称帝前后的黄武(222—229 年)至嘉禾年间(232—238 年),东吴已经仿效曹魏,初步建立起州郡两级中正制度,其职能与曹魏没有明显差异。[③] 中正是郡里推举的,在中央任官且德品俱

---

① 严耕望:《汉代地方官吏之籍贯限制》,《中央研究院历史语言研究所集刊》第 22 本,1950 年,第 233—242 页。

② (唐)房玄龄等:《晋书》卷四十六《刘颂传》,中华书局 1974 年版,第 1294—1295 页。

③ 张旭华:《东吴九品中正制初探》,《郑州大学学报》2001 年第 1 期,第 76—82 页。

高者为郡中正。它是一个兼职，葛悌应该是以五官郎的中央官职兼领丹阳郡中正。葛洪声称他父亲入晋后担任过大中正，我觉得这不太可能。按照晋朝制度，如果是大中正的话，葛悌只可能担任扬州大中正。扬州包括吴郡、吴兴、会稽等一十八郡，顾、陆、朱、张等东吴大族均为扬州人，很难想象句容葛氏会担任扬州之大中正。最大的可能是西晋灭吴以后，基本保留了东吴的地方组织与官职，所以，葛悌保留了他在东吴的丹阳郡中正一职。所谓“大中正”只是美称，正如同鸿胪少卿被称为大鸿胪一样，都是虚饰之词。但由此我们可以看出句容葛氏的社会地位。因为当时的中正只能够由二品家族所担任，所以，句容葛氏至少无论在东吴还是在西晋，都属于二品甲族。

清人倪涛的《六艺之一录》卷五十七《石刻文字三十三》录有“晋平西将军广汉侯葛府君碑”，并云：“平西将军墓铭，王右军书，未详。在句容县西七里墓前。”严观《江宁金石待访目》卷一据《宝刻丛编》引《访碑录》同录此碑题。[①] 如果此碑实有，说明两晋时另有一位葛姓句容人曾担任过平西将军的官职，并有广汉侯之爵位。可惜此碑无从得见，此位葛府君史籍无征，无法考知。从年代上来讲，他应该是葛洪的同辈或父辈。由此也可知道，西晋早期，葛氏家族的社会地位并没有显著下降。

晋惠帝元康以降，政治渐坏，八王乱起，不少江东名士活跃于诸王幕府中，有的还转投多门，陆机、陆云、顾荣、张翰、纪瞻、孙惠、孙拯、戴若思等莫不如此。诸王纷纷援引南人入幕，出现了“不复计南北亲疏”的情况。究其原因，主要在于诸王相争，皆急于招揽士人，以壮声望，而江东士人则企图借此机会入仕求进，双方各取所需，从而形成了入晋以来江东士人前所未有的活跃状态。不过，这是一种历史的表象，当时险恶的政治环境并不能给江东人士带来荣耀和前程，他们非但无所作为，而且时刻有性命之虞。而随着中原贵族的大量南渡，南方士人的机会迅速被侵占，仕途日益狭窄。除顾、陆、张等少数高门外，很少有南人子弟能在南渡政权中占据一席之地。

① （清）倪涛：《六艺之一录》卷五十七《石刻文字三十三》，四库全书本，第831册，第394页；（清）严观：《江宁金石待访目》卷一，《丛书集成初编》第1528册，商务印书馆1936年版，第4页。

葛氏家族到葛洪这一辈，其政治地位远不如其祖、父辈。葛洪的历职是：参广州刺史嵇含军事；元帝为丞相，辟为掾；司徒王导召补州主簿，转司徒掾，迁谘议参军；后为句漏令。可见东晋以后，句容葛氏的社会地位下降了不止一个档次。

第四节　世事仙佛——葛洪的后代们

一、葛洪的侄子们

据《抱朴子外篇·弭讼》，葛洪曾与"姑子刘士由"讨论如何禁绝婚讼的问题，所以，葛洪至少有一位表兄弟，名叫刘士由。

葛洪之后，其子孙世代从事仙道及其他宗教活动。《晋书》本传载，葛洪晚年欲下勾漏寻求丹药，其时"遂将子侄俱行"。邓嶽曾以"洪兄子望为记室参军"，所以，葛洪有一个侄子名葛望。《云笈七签》卷六《三洞经教部·三洞并序》引《太玄都四极盟科》载："抱朴于建元二年（344年）三月三日，于罗浮山付弟子安海君望世等。至从孙葛巢甫，以晋隆安之末，传道士任延庆、徐灵期之徒。"①《道教义枢》卷二"三洞义第五"条引《真一自然经》与此同。② 有学者认为葛望即海安君望世。但此句亦可点作"于罗浮山付弟子安海君望、世等"，或"于罗浮山付弟子安海君、望、世等"。伯希和 2452 号敦煌残卷《灵宝威仪经诀上》载：

> 吾（葛玄）去世后，家门子孙若有好道思存仙度者，子（郑隐）可以吾今上清道业众经传之，当缘子度道，明识吾言。抱朴子君建元六（二）年三月三日，于罗浮山付世，世传好之子弟。③

最后一句似亦可点作于"世世传好之子弟"。据此，至少可以有以

① （宋）张君房著，李永晟点校，《云笈七签》卷六《三洞经教部·三洞并序》，中华书局 2003 年版，第 90 页。

② （唐）孟安排编：《道教义枢》，《道藏》第 24 册，第 813 页下。

③ 转引自王承文：《古灵宝经与晋唐道教》，中华书局 2002 年版，第 146 页。

下三种理解。第一，葛洪有三位学生：安海君、望、世，其中葛望、葛世是葛洪侄子。第二，葛洪有两位侄子或学生，安海君葛望、世。第三，葛洪有一位侄子，同时又是学生，安海君望世。我倾向于第二种理解。

另据《神仙传序》："洪著《内篇》，论神仙之事凡二十卷，弟子滕升问曰……"可知葛洪另有一学生名滕升。

二、葛洪的孙辈

《佛祖统纪》卷二十八引《冥祥记》：

> 葛济之，句容人，稚川之孙，故世事神仙。妻纪氏存诚佛法，旦夜不替。方织之次见云日开明，投梭仰望，见西方如来真形幡盖映天。心独喜曰："经说无量寿佛今得瞻见。"便头面作礼，及引济之同瞻。尚见半身，俄而隐没。厥后夫妇念佛相继而化。

由此我们可以知道，到了葛洪的孙辈葛济之应该已是佛道并信，从他"念佛而化"这个细节看来，是以佛教信仰为主。据上引《云笈七签》之文，可知葛洪有一位从孙葛巢甫，有可能是侄子葛望之子，是道教徒，也是《灵宝经》传授中的关键人物之一。

据《真诰》卷二十《翼真检第二》载："杨书《灵宝五符》一卷，本在句容葛粲间……杨书《王君传》一卷，本在句容葛永真间，中又在王文清家，后属茅山道士葛景仙。"这几位葛姓道书传授者，疑都是句容葛氏的后代。同卷《真胄世谱》记载：葛洪有侄孙名葛万安（葛洪二哥的孙子），官任西阳令。[①]

另外，据《景定建康志》卷四十三《风土志二·诸墓》载："西平将军杜陵侯葛府墓，在句容县西七里，有碑。"[②]《通志》卷七十三《金石略》录有《西平将军葛府君碑》。如此碑实有，表明句容葛氏在唐朝晚期依旧有政军人物产生，家族瓜瓞绵绵，代有传人。

① （梁）陶弘景著，赵益校点：《真诰》，中华书局 2011 年版，第 347、354 页。

② （宋）马光祖修，（宋）周应合纂：《景定建康志》卷四十三，《宋元方志丛刊》第 2 册，中华书局据清嘉庆六年金陵孙忠闵祠刻本影印，第 2033 页上。

第五节　秦晋之好——句容葛氏的婚姻家族

由于材料缺乏，我们对句容葛氏的婚姻关系所知不多，但从《真诰》中我们知道，他们与句容许氏家族世代通婚。句容许氏和葛氏可谓门当户对，两个家族有诸多相似之处。第一，他们不仅是同乡，还是同里，均居住于“句容县都乡吉阳里”。第二，他们也都是南渡家族；不过，葛氏家族的南渡时间是在东汉初年，而许氏则是在中平二年乙丑岁（185年），比葛家晚了一百多年。第三，他们都是官宦家庭，但许氏地位略高于葛氏。许氏历代担任官职如下：

许谧（305—367年）的七世祖许敬，字鸿卿，后汉安帝时为光禄，顺帝永建元年拜司徒，过江前担任蜀司徒。因正史缺载，我怀疑所谓光禄、司徒，并非主官，而是光禄寺、司徒府属官。

六世祖，许敬第五子许光，字少张，过江前为尚书郎、钜鹿太守、少府卿，过江后任吴国光禄勋。族祖许靖，字文休，蜀司徒。

五世祖，许阙，字季优，为吴尚书郎、长水校尉。族祖许劭，字子将，为汉征士。

四世祖，许休，字文烈。族祖许晏，字孝然，担任过吴丞相。

祖父，许尚，字元甫，以吴凤凰三年（274年）任中书郎。

父，许副，字仲先，晋元帝安东参军，又征北参军，带下邳太守。后为宁朔将军，封西城县侯，出为剡令，还拜奉车都尉。叔，许朝，历任襄阳、新野、南阳、浔阳太守。

长兄许奋，一名守，字孝方，出继叔父许朝，何次道参军。次兄许炤，字行明，何次道参军、南台侍御史，淮陵太守。三兄许群，字太和，虞谭参军。四兄许迈，字叔玄，一名映，后改名玄，字远游，隐士。许谧本人字思玄，任太学博士，出为余姚令，入为尚书郎、郡中正、护军长史、给事中、散骑常侍。六弟许茂玄，早亡。七弟许礭，字义玄，小名嗣伯，出继后伯父捷，任桓温通州参事、谢安卫军参军，封都乡侯、尚书仓部驾部郎、正员郎、通直常侍。八弟灵宝，早亡。①

相比葛氏家族的历代官宦，许氏家族的官位略高一筹；尤其从东晋开始，这种差距变得较为明显。门第差别的原因有一部分取决于渡江时机。如果葛洪的《自叙》与陶弘景《真胄世谱》所载均属实，那么在渡江前葛浦庐与许敬的官职大致相当。但许敬渡江时正逢孙吴政权建立，需要吸纳来自中原的官僚、贵族，其渡江适逢其时，这是许氏家族门第高于葛氏的重要原因。这种门第差别在婚姻中也可以看得出来。据《真胄世谱》记载：许谧第四祖许休，前妻晋陵华氏，后妻同县葛氏、侍中葛相（即葛奚）女；许谧之叔许朝，妻葛悌之女（也就是葛洪的姐姐）；许谧的曾孙许静泰妻同郡葛氏；许翙之子许黄民（即许谧之孙）妻西阳令葛万安女（葛万安是葛洪二哥的孙子）。

由于我们没有翔实的葛氏家谱，看到的全都是葛家女嫁许家男，不过，其中有葛家女做许家后妻的，这就可以看出，许氏家族在门第上略高于葛氏。

句容葛氏和许氏都是奉道家族，而且是道教史上极其重要的家族。葛氏家族创造了葛氏道，以及在此基础上形成了灵宝派；许氏家族积极参与创建了上清派，并最终形成了上清派的茅山宗，使得句容成为魏晋南北朝道教的核心地区。从一些蛛丝马迹中，可以看出两家关系似有一些龃龉。比如许劭（字子将）是句容许氏的五世族祖，但葛洪对他颇有微辞："汉末俗弊，朋党分部，许子将之徒，以口舌取戒，争讼论议，门宗成雠。"（《自叙》）而上清派在其叙事中，或明或暗地贬低葛氏道，这也或多或少反映出许氏家族对葛氏家族有一些轻视。

除句容许氏是葛氏重要的婚姻家族之外，我们所知道的另一个婚姻家族是东海鲍氏。《晋书·葛洪传》说：洪"后师事南海太守上党鲍玄。玄亦内学，逆占将来，见洪深重之，以女妻洪"。通常来说，婚姻家族有两大要素：门户地位相当，宗教信仰相同。东海鲍氏与丹阳葛氏应该也符合这两个条件。

① 见（梁）陶弘景著，赵益校点：《真诰》卷二十《真胄世谱》，中华书局 2011 年版，第 349—352 页。

第三章　傲世忘荣——葛洪的世俗生活

第一节　博收广览——葛洪早期的学习生活

葛洪是葛悌的第三个儿子。在他上面，除了两个哥哥，至少还有一个姐姐，她后来嫁给了同郡的许朝，并且生了两个儿子，许夷吾与许高子。[①] 许朝是上清派主要创始人许谧的叔叔。

绝大部分学者认为葛洪出生于太康四年(283年)[②]。这一年，竹林七贤之一山涛在司徒任上去世了；这一年，除兖州、河内及荆州、扬州分别发大水之外，并没有什么大事发生。真正的大事发生在四年之前，也就是太康元年(279年)。王浚的八万士兵，乘着相连百里的战船，擂鼓呐喊进入石头城。吴主孙皓反绑了手，带着棺材，向王浚投降。晋国接收了吴的地图、户籍，吴的四个州、四十三个郡、五十二万三千户、二十三万名士兵、二百三十万人口全部归晋。吴国灭亡了。晋国灭吴后的政策是"其牧守已下皆因吴所置，除其苛政，示之简易，吴人大悦……吴之旧望，随才擢叙"[③]。所以，吴人的日子并无太大变化，基本照常。

---

① 见(梁)陶弘景著，赵益校点：《真诰》卷二十《真胄世谱》，中华书局2011年版，第352页。

② 胡孚琛据《云笈七签》卷六所引与《道教义枢》等材料，认为葛洪卒于东晋建元二年(344年)三月三日，享年61岁，据此倒推，葛洪生于太康五年(284年)。(见胡孚琛：《葛洪年谱述略》，《上海道教》1991年第3期，第10—12页。)由于所据材料为教内文献，可信度不高，他的观点一般不为人信从。

③ (唐)房玄龄等：《晋书·武帝纪》，中华书局1974年版，第71—72页。

因为葛洪生得晚，父母非常宠爱，所以并没有督促其学习经史典籍。事实上，葛悌在葛洪出生前后就到了千里之外的洛阳担任郎中，他是最早在西晋担任官职的吴地士人之一。这以后，他又担任肥乡令。大致在葛洪七岁之后，葛悌回到吴郡，也就是现在的苏州担任吴王晏的郎中令。大致在元康三年左右(293年)，葛洪十一岁时，葛悌迁升为邵陵太守。所以，自葛洪出生后，其父亲一直在外地为官，与葛洪相处的时间并不多。葛洪到了十三岁，父亲就去世了。

一、艰苦的学习生活

据葛洪的《自叙》，他缺失父亲的教诲，家庭生活似乎也陷入了困顿，饥寒困苦，需要参加劳动，他经常披星戴月地在田地里耕作。因为连续遭受战乱，先人的典籍荡然无存。而他家又曾经遭受火灾，《太平御览》卷六百二十“文部十八”条引《抱朴子》曰：

> 余家遭火，典籍荡尽，困于无力，不能更得。故抄掇众书，撮其精要。①

遭火后典籍荡尽，葛洪只能到处抄掇。农闲时间无书可读，他就背着书箱步行去借，好不容易在一处人家差不多得到了全部书籍。他要用砍柴换来的钱满足纸笔之需。由于缺乏纸张，每张纸都要反反复复写上字。没有灯油，只能用柴点火照明写字读书。因为这个缘故，他不能早早涉猎经史典籍。葛洪十六岁时，才开始读《孝经》《论语》《诗经》《周易》。他自谦说：“贫乏无以远寻师友，孤陋寡闻，明浅思短，大义多所不通。”(《自叙》)也就是说，葛洪的知识主要得之于自学。

根据葛洪的《自叙》，终其一生，他的经济条件一直没有显著的改善。他居无仆人，贫无车马。“衣不辟寒，室不免漏，食不充虚，名不出户。”(《自叙》)屋宅前后长满了荒草荆棘，“篱落顿决，荆棘丛于庭宇，蓬莠塞乎阶溜”，居然要“披榛出门，排草入室”(《自叙》)。作为句容县的大族，拥有众多的部曲，居然贫困如此，不知道其中是不是有夸张的成

① (宋)李昉等编：《太平御览》卷六百二《文部十八·著书下》，中华书局1960年版，第2709页下。

分,但葛洪说他的经济条件无法炼制大药,应该是可信的。

二、广博的知识结构

这样的学习条件也成就了葛洪。与两汉时专治一经的纯儒不同,葛洪读书治学的特点就是广览博收。他说他年轻时,"但贪广览,于众书乃无不暗诵精持。曾所披涉,自正经、诸史、百家之言,下至短杂文章,近万卷"(《自叙》)。他采用的方法就是抄掇众书,摘取精华。葛洪说这种方法"用功少而所收多,思不烦而所见博"。有人对他说:"流无源则干,条离株则悴。吾恐玉屑盈车,不如金璧。"学习不系统,不学习经典文献,就像是装了一车玉屑,也不如金璧珍贵。葛洪回答说:"咏圆流者采珠而捐蚌,登荆岭者拾玉而弃石,余之抄略,譬犹摘翡翠之藻羽,脱犀象之角牙。"[1]也就是说,他所抄录的全是精华。

多识字,尤其是认识僻字、奇字是写作大赋的基本功,因此,西汉的赋家往往同时又是文字学家。司马相如编过字书《凡将》篇,扬雄编纂过《训纂》与《方言》。葛洪继承了这一传统,曾经编纂过《字苑》。据《颜氏家训》卷六《书证》记载:葛洪编撰的这本《字苑》很有价值,保留了很多文字发展变化的材料。影子的"影"一直作"景",直到葛洪《字苑》才出现"影"这个字。同书《音辞》篇中说,此书首先对"讨厌,憎恨"意的"恶"与"粗劣"意的"恶"用不同的注音。"焉"这个字,解释为"何""安"的时候,比如"于焉逍遥""于焉嘉客""焉用佞""焉得仁"之类,注音为"于愆反";在作句尾或语气词时,比如"故称龙焉""故称血焉""有民人焉""有社稷焉""托始焉尔""晋、郑焉依"之类,注音为"矣愆反"。可见葛洪之《字苑》首先用读音来区分同一个字的不同语义与词性,不仅是满足个人识字需要的读本,在文字学发展史上也有一定价值。

葛洪的知识结构丰富,知识面宽广。和当时的知识分子一样,他也接触过河洛图纬等诸种阴阳杂术(这是神仙家的必备知识),却不甚喜爱,只是有所了解:

> 其河洛图纬,一视便止,不得留意也。不喜星书及算术、九宫、

① (宋)李昉等编:《太平御览》卷六百二《文部十八·著书下》,中华书局1960年版,第2709页下。

三棋、太一、飞符之属，了不从焉，由其苦人而少气味也。晚学风角、望气、三元、遁甲、六壬、太一之法，粗知其旨，又不研精。亦计此辈率是为人用之事，同出身情，无急以此自劳役，不如省子书之有益，遂又废焉。(《自叙》)

葛洪的治学风格和知识结构不但与两汉经学传统不同，也与当时士林时尚完全不同。魏晋学术，所重在老、庄、《周易》，采用的方法则是名家的名理之学，擅长以辨名析理的方法谈论老庄哲学中一些抽象的话题，对汉朝以来的传统学术则不加重视。《抱朴子外篇·疾谬》载：

若问以坟、索之微言，鬼神之情状，万物之变化，殊方之奇怪，朝廷宗庙之大礼，郊祀禘袷之仪品，三正四始之原本，阴阳律历之道度，军国社稷之典式，古今因革之异同，则恍悸自失，喑呜俯仰，蒙蒙焉，莫莫焉，虽心觉面墙之困，而外护其短乏之病，不肯谥己，强张大谈曰："杂碎故事，盖是穷巷诸生，章句之士，吟咏而向枯简，匍匐以守黄卷者所宜识，不足以问吾徒也。"

诚知不学之弊，硕儒之贵，所祖习之非，所轻易之谬；然终于迷而不返者，由乎放诞者无损于进趋故也。若高人以格言弹而呵之，有不畏大人而长恶不悛者，下其名品，则宜必惧然，冰泮而革面，旋而东走之迹矣。

这里批评的是魏晋以来的学术风气，反映了魏晋名士对传统学术的轻视。唐长孺指出，葛洪在上文中列述的魏晋名士的知识缺陷主要体现在三方面，一是神仙谶纬之学，二是礼制典章之学，三是阴阳律历之学。这三类学术的结合正是董仲舒以降汉儒治学的特征，也是江南儒生自陆绩、虞翻、贺循以至葛洪自己治学的特征，我们完全有理由说葛洪是汉代遗风的继承人。①

① 唐长孺：《读〈抱朴子〉推论南北学风的异同》，《魏晋南北朝史论丛》，河北教育出版社 2000 年版，第 364 页。

三、阻塞的仕途

东汉的选官制度主要是察举，也就是依靠乡里豪绅的举荐，需要士子交游延誉。葛洪说他天生瘦弱多病，没有车马，又经不起步行，无法出门远游。另外本性不喜欢也不善于与人交际，又怕沾染上庸俗的毛病，几乎从不拜望有权有势的人，打小就不被权贵赏识。即便是在东汉，像葛洪这样不善甚至害怕交际的人，也很难有出头的机会；更何况吴亡后吴地士人失去了原本拥有的机会，江东子弟仕途严重受阻，不少江东人沉滞乡里。《陆云集》中搜集了陆云太康年间的书札，真实地反映了这一情况。陆云在《与戴季甫书》中说："江南初平，人物失叙。"《与杨彦明书》云："东人近复未有见叙者，公进屈久，恒为邑罔党。"《与陆典书》更云："吴国初祚，雄俊尤盛，今日虽衰，未皆下华夏也……愚以东国之士，进无所立，退无所守，明裂眦苦，皆未如意……至于绍季札之遐综，结离肝于中夏，光东州之幽昧，流荣勋于朝野，所谓窥管以瞻天，缘木而求鱼也。"[①]葛洪在《抱朴子外篇·审举》中也说：

> 江表虽远，密迩海隅，然染道化，率礼教，亦既千余载矣。往虽暂隔，不盈百年。而儒学之事，亦不偏废也。惟以其土宇褊于中州，故人士之数，不得钧其多少耳。及其德行才学之高者，子游、仲任之徒，亦未谢上国也。
>
> 昔吴土初附，其贡士见偃以不试。今太平已近四十年矣，犹复不试，所以使东南儒业衰于在昔也。此乃见同于左衽之类，非所以别之也。且夫君子犹爱人以礼，况为其恺悌之父母邪！法有招患，令有损化，其此之谓也。今贡士无复试者，则必皆修饰驰逐，以竞虚名，谁肯复开卷受书哉？所谓饶之适足以败之者也。

也就是说，平吴以后，西晋四十年中没有开设过科考。因此，在葛洪二十四岁之前，除有三年时间随郑隐学道之外，一直在乡里居家读书并写作。

---

① (晋)陆云著，黄葵点校：《陆云集》，中华书局1988年版，第165、168、171页。

第二节　将兵平乱——江南动乱时期的葛洪

一、张昌起义

《太平御览》卷三百二十八引《抱朴子》曰：

> 晋太康二年，京邑始乱，三国举兵攻长沙，王人小民张昌反于荆州，奉刘尼为汉主。乃遣石冰击定扬州，屯于建业。宋道衡说冰求为丹阳太守，到郡发兵以攻冰，召余为贮兵都尉。余年二十一，见军旅，不得已而就之。宋侯不用吾计，数败。吾令宋侯从月建住华盖下，遂收合余烬，从吾计，破石冰焉。[①]

上文我们说过，上引文中的"太康"当为"太元"之误。据《晋书·张昌传》记载：张昌是义阳蛮族，年轻时在平氏县担任县吏。太安二年(303年)，当时李流侵犯蜀地，张昌潜逃半年，聚集数千人，盗窃了旗帜仪仗，谎称自己接受朝廷的命令，招募兵士讨伐李流。荆州正根据朝廷颁布的壬午诏书，征发武士乡勇到益州讨伐李流，号称"壬午兵"。此次征调，百姓都不愿意西征。朝廷严促，耽搁五天，二千石官员就要罢免官职，因此郡县长官都亲自出去驱逐催促。征发的民众行军没有多远，便聚合成为新的强盗群体。当时江夏郡粮食大丰收，百姓到此求生的有几千人。张昌在距离江夏郡治所八十里的安陆县石岩山屯聚，招募百姓，各方流民和逃避戍守劳役的人大多前来投靠张昌。江夏太守弓钦、镇南大将军、新野王司马歆派兵攻打均告失败，张昌占据江夏郡。立原山都(治今湖北谷城东南)县吏丘沈为天子，更名刘尼，冒充汉朝皇室后代。张昌以相国掌实权，其兄弟皆领兵。长江、沔水地区起兵响应张昌，一月之间聚众达三万，江夏、义阳士庶大都追随。

朝廷让屯骑校尉刘乔任豫州刺史，宁朔将军刘弘任荆州刺史，又诏令河间王司马颙派雍州刺史刘沈带领一万州兵，加上在西府征发的五

① (宋)李昉等编：《太平御览》卷三二八《兵部五九·占侯》，中华书局1960年版，第1510页下。

千人从蓝田关出兵讨伐张昌，均没有成功。张昌攻打弋阳，弋阳失守；攻陷武昌，杀害武昌太守；西攻宛城；继而进攻襄阳，杀害新野王司马歆。太安二年（303年）七月，张昌部将石冰进犯扬州，打败扬州刺史陈徽，扬州各属郡全部陷落。石冰又攻陷江州，属将陈贞攻打武陵、零陵、豫章、武昌、长沙，并全部攻陷，临淮人封云也起兵进犯徐州，以响应石冰。于是荆、江、徐、扬、豫等五个州的辖境，大多被张昌、石冰占据。

二、平定石冰之乱

石冰攻入扬州后，驻扎在建业。十二月，扬州地区的地方官吏和豪强地主开始组织地方武装。扬州议郎周玘、前南平内史王矩、前吴兴内史顾祕组织义军以讨石冰。前侍御史贺循、庐江内史广陵华谭及丹阳葛洪、甘卓皆起兵以应祕。周玘是周处之子，贺循是贺邵之子，甘卓是甘宁的曾孙，周、贺、甘三家都是吴地的武力强宗。

当时到丹阳募兵的是宋道衡。宋道衡不见于史载，应该是顾祕部将。他邀请葛洪担任将兵都尉[1]，并多次敦促。葛洪害怕桑梓之地遭受流民侵扰，造成巨大灾祸，而军队行动以急疾捷先为第一要义，于是马上募集了几百人，与各路军队共同进兵。能够在短时间内迅速募兵数百人，这些人很可能是葛家的部曲佃户，由此我们可推测葛氏家族的经济实力和乡里地位。

一开始宋道衡没有采纳葛洪的计谋，接连败退。葛洪根据五行家的方术，建议宋道衡根据月建（在五行家看来，月建就是一个月的控制者，决定事物的盛衰），住在华盖之下。宋道衡依计而行，收合余众，击破了石冰。

在这场抗击流民起义的战争中，葛洪曾亲历过几次战斗。他率兵攻打过石冰的一个部将，破敌之日，钱帛山积，珍玩蔽地。各路军队都放任士兵收捡财物；车接车，担连担。葛洪约束自己的队伍不能随便离开队列，将不听命令去捡拾财物的兵士斩首示众，因此只有他治下的士兵没人敢扔下武器。后来果然有几百名埋伏的强盗来攻，其他军队想

---

①《太平御览》卷三二八引《抱朴子》佚文作“贮兵都尉”，有误。

要回击，但没有部伍行列，人马负重，军无斗志，战士们惊慌混乱，死伤狼藉。葛洪的军伍无所损伤，行列整齐，严阵以待，避免了大军的崩溃。这次战斗，葛洪起到了重要的作用。

后来葛洪另遇征战，斩杀了强盗的一个小帅，杀死很多敌人，缴获许多甲胄，献捷幕府。大都督顾祕加封葛洪为伏波将军。按照条例，大都督发给每位将领一百匹布帛。大多数人都收起来，或者送回家去，只有葛洪将其中的大部分分赐给手下的将士、送给贫困的故旧，剩下的十匹又换成酒肉犒劳军官。此事一时传为美谈。

在义军抵抗下，石冰退出扬州，自临淮向寿阳进发，征东将军刘准遣广陵度支陈敏击冰。永兴元年(304 年)三月，陈敏攻石冰，斩之，扬、徐二州平定。就在这次战争中，葛洪升迁为伏波将军。不过，这个称号似乎只是义军的私相授受，并不是朝廷的正式任命。

事平之后，葛洪投戈释甲，不论功赏，来到洛阳，欲搜求异书，以广其学。

第三节　北上求经——葛洪在各地的流离播越

葛洪在《自叙》中说，他决定北上，主要是出于求知的渴望。他说，按照《别录》和《汉书·艺文志》的记载，古籍有 13299 卷之数。而魏代以来，文章大量增长，比以前多了许多倍，这才知道自己没看过的书有那么多。这些书籍，长江以南全都没有，所以葛洪想到京城及北方去搜求。

从元康九年(299 年)，也就是八王之乱的第二阶段开始，诸王由于政治、军事斗争而矛盾迅速激化，开始大量辟引南方士人入幕。孙惠是吴国富阳人，吴豫章太守孙贲的曾孙，父祖皆仕吴，“口讷，好学有才识，州辟不就，寓居萧、沛之间，永宁初，赴齐王冏义，讨赵王伦，以功封晋兴县侯，辟大司马户曹掾，转东曹属”[①]。约略与孙惠同时，丹阳纪瞻、吴郡

① (唐)房玄龄等:《晋书》卷七一《孙惠传》，中华书局 1974 年版，第 1881 页。

张翰等人也投靠冏大司马府。在这种情势下，诸多南士辗转权门幕府。陆机历伦、颖二府，纪瞻历冏、越二府，孙惠历冏、颖、越三府，顾荣历伦子虔、冏、乂、颖、越五府。入晋以来扬州士人的政治活动从未如此活跃过。[①] 因此，葛洪至洛阳，未始没有寻找仕途机会的用意。

只不过他的运气不好，根据史书，从永兴元年四月到永兴二年十二月之间，北方可谓是战乱频仍；尤其是国家的中心地区洛阳、邺城两地，战端频起。

一、中原混战

永安元年三月，司马颖入洛阳后被增封二十郡，拜丞相，在河间王司马颙的提议下废除了皇太子司马覃，以司马颖为皇太弟。司马颖成为皇位继承者。

时任司空的东海王司马越、右卫将军陈眕、长沙王司马乂原先的部将上官巳等讨伐司马颖。七月初一，陈眕率兵攻入云龙门，司马颖部将石超逃奔邺城。己亥（初四），司马越担任大都督，侍奉惠帝，率众十余万向北征伐。司马颖派石超率五万人抵御作战。己未（二十四日），石超的军队忽然杀到，惠帝的兵马在荡阴失败，惠帝面颊负伤，中了三箭，百官和侍卫全部溃逃。侍中嵇绍被杀，鲜血溅到了惠帝的衣服上。此场战斗史称荡阴之战。司马越逃奔下邳，徐州都督东平王司马楙不肯接纳，司马越只能逃回东海。

在幽州，司马越败后，其亲弟、并州刺史东嬴公司马腾及王浚，杀死司马颖所置的幽州刺史和演。司马颖出兵反击。王浚与鲜卑人段务勿尘、乌桓人羯朱以及东嬴公司马腾共同讨伐司马颖，司马颖派北中郎将王斌以及石超迎击。王斌惨败。王浚让主簿祁弘担任前锋，在平棘县打败石超，乘胜进军。侦察骑兵到了邺城，邺城文武百官四处奔逃，士卒离散。司马颖奉帝入洛阳。王浚入邺，士众暴掠，死者无数。王浚回蓟后，因为鲜卑人抢掠了许多妇女，遂下令说："敢有挟藏者斩！"有八千人被沉于易水。

---

① 参见林校生：《西晋八王幕府合说》，《北大史学》第5辑，1998年，第153—169页。

在并州，匈奴推举刘渊为大单于，建都离石县，派刘宏带领五千精骑，会同司马颖的部将王粹阻击东嬴公司马腾。王粹被司马腾打败，刘宏无功而返。司马腾向拓跋猗㐌求兵攻打汉王刘渊，拓跋猗㐌与弟拓跋猗卢联合在西河进攻刘渊，把刘渊打败，与司马腾在汾东结盟后回师。这一年的十二月，司马腾再次派将军聂玄攻打刘渊，在大陵县交战，聂玄的军队惨败。

此时的洛阳已再次落入河间王司马颙部将张方手中，张方倚仗着兵权，独揽朝政，司马颖不再能参与政事。司马颙此时担任平西将军，镇守关中，准备奉帝迁都长安，张方挟持惠帝和皇太弟司马颖、豫章王司马炽等向长安进发。

公元304年这一年，光是年号就改换了四次，此年的正月，成都王司马颖掌政，改元为永安。七月，以东海王司马越为首的联军攻入洛阳，奉帝北征，再次改元为建武。十一月，司马颙迎惠帝于霸上，复改元为永安。十二月，废除司马颖皇太弟称号，改立豫章王炽，由司马越和司马颙夹辅惠帝，大赦天下，第四次改元为永元。惠帝兄弟共二十五人，当时在世的只剩下司马颖、司马炽和吴王司马晏，可见内斗之剧烈。

公元305年，天下没有平静的迹象，各地军阀之间的争斗愈演愈烈。张辅到秦州，杀了天水太守封尚，又要召陇西太守韩稚，韩稚的儿子韩朴带兵攻打张辅，张辅被杀死。张轨派中军督护氾瑗率领二万人征讨韩稚。随后鲜卑人若罗拔能进犯凉州，张轨派司马宋配阻击鲜卑人，杀了若罗拔能，俘虏十多万人。

司马颖被废黜后，河北人大多怜悯他。司马颖过去的部将公师藩等人自称将军，在赵、魏地区起兵，人数达到几万。赵魏地区战事不断。

此年的七月，因为张方劫迁车驾，东海王司马越又起兵讨伐，传檄山东征、镇、州、郡，试图组织各路军队，奉迎天子，还复旧都，战事又起。

而在幽并两州，从上年开始的匈奴和鲜卑之间的争斗再次兴起。六月，汉王刘渊攻打东嬴公司马腾，司马腾又向拓跋猗㐌求援助，卫操劝拓跋猗㐌帮助司马腾。拓跋猗㐌率领几千轻装的骑兵去救援司马腾，杀了汉将綦毋豚。

司马越奉制书让豫州刺史刘乔任冀州刺史，让范阳王司马虓兼任豫州刺史。刘乔发兵阻止司马虓,攻打许昌,一举攻克,并在萧县的灵璧阻击司马越。东平王司马楙则背叛了山东诸侯,与刘乔汇合,对抗司马越。

以上就是葛洪北上之后北方地区的形势,正所谓上国大乱,北道不通。原准备北上求经的葛洪在这样的乱世下,只能在徐豫荆襄江数州之间流离播越。

二、江南陈敏之乱

南方地区也不平静,除李雄在蜀地即帝位,建立蜀国之外,到了十二月,江东地区又发生了陈敏之乱。

陈敏是镇压石冰起义的功臣,战胜石冰后,就有了在江东割据的企图。他被司空司马越任用为右将军、前锋都督。司马越被刘舆打败后,陈敏请求收兵东归,顺势占据历阳反叛,派弟弟陈恢以及部将钱端等人向南攻打江州,弟弟陈斌向东攻打江东各郡。扬州刺史刘机、丹阳太守王旷弃城逃跑。陈敏占据了江东地区,任命顾荣为右将军、贺循为丹阳内史、周玘为安丰太守。他收揽江东地区的豪族,任命了四十多位江东土著担任将军、郡守,即便年老有病的,也封给一定的级别。

陈敏的割据使部分江东士人看到了恢复东吴故业的希望,面对他的笼络,江东大族的态度有所分化。葛洪的同乡甘卓是陈敏起事的主要参与者,他将自己的女儿嫁给陈敏的儿子陈景,并伪称皇太弟的命令,任命陈敏为扬州刺史。而江东首望顾荣则接受了陈敏的任命,表现出合作的意愿。但陈敏为庐江人,非江东土著,既不属于文化世家,又非武力豪族,声望并不足以号令江东大族,大部分江东大族对陈敏的割据表示了拒绝与反对。贺循假装疯病,得以逃脱;周玘也称病不到郡。寓居北方的南士华谭更是写信劝告顾荣:"吴会仁人并受国宠,或剖符名郡,或列为近臣,而便辱身奸人之朝,降节逆叛之党,稽颡屈膝,不亦羞乎!……今以陈敏仓部令史,七第顽冗,六品下才,欲蹑桓王之高踪,蹈大皇之绝轨,远度诸贤,犹当未许也……何为辱身小寇之手,以蹈逆乱之祸乎!"①希望顾荣等人能够像龚胜绝粒,如鲁连赴海,坚决不与陈

---

① (唐)房玄龄等:《晋书》卷一百《陈敏传》,中华书局 1974 年版,第 2626—2617 页。

敏合作。据说周玘、顾荣之徒得此书信皆有惭色。

陈敏起事之时，葛洪正在襄阳，由于这次变乱，他即便想回家乡也回不去了。

三、遇逢嵇含

在襄阳的时候，葛洪遇见一位故人，那就是嵇含。

嵇含是嵇绍的从子，祖父就是嵇康的哥哥嵇喜，担任过徐州刺史，父亲嵇蕃担任过太子舍人。嵇含家在巩县亳丘，其履历为：先任楚王玮掾吏。玮诛后坐免，举秀才，除郎中。再任齐王冏征西参军，而被长沙王乂召为骠骑记室督、尚书郎。怀帝担任抚军将军时，任命嵇含为从事中郎。惠帝北征邺城时，转中书侍郎。

葛洪称嵇含是"故人"，从两人的履历上，暂时看不出有什么交集。但在《抱朴子》的一些佚文中，好几次谈到他与嵇含的对话：

> 嵇君道曰："吾在洛，与二陆雕施如意，兄弟并能观，况身于泥蚌之中，识清意于未□之□，诸谈客与二陆言者，辞少理畅，言约事举，莫不豁然。若春日之泮薄冰，秋风之扫枯叶也。"(《北堂书钞》九十八)
>
> 嵇君道问二陆优劣，抱朴子曰："吾见二陆之文百许卷，似未尽也。朱淮南尝言二陆重规沓矩，无多少也。一手之中，不无利钝。方之他人，若江汉之与潢污。及其精处妙绝，汉魏之人也。"(《意林》,《北堂书钞》一百,《太平御览》六百二)。
>
> 嵇君道曰："每读二陆之文，未尝不废书而叹，恐其卷尽也。"陆子十篇，诚为快书。其辞之富者，虽覃思不可损也；其理之约者，虽鸿笔不可益也。观此二人，岂徒儒雅之士，文章之人也。"(《意林》,《北堂书钞》一百,《太平御览》六百二)。[1]

可见葛洪与嵇含是以文章结友，讨论的问题都有关文章，尤其是有关陆机。陆机是他俩共同的偶像。陆机与葛洪同样来自江东，与葛洪

---

① 以上佚文均见杨明照《抱朴子外篇・附录・佚文》，中华书局 1997 年版，第 750—751 页。

的父亲一前一后担任过吴王的幕僚，葛洪对陆机应该比较熟悉。

和葛洪一样，嵇含也是一位丹药信奉者。嵇含有《寒食散赋》，赋前之序说，他晚年得子，孩子十个月大时，得吐下积，一天比一天虚弱危殆，"决意与寒食散。未至三旬，几于平复"。因此作赋称颂道："伟斯药之入神，建殊功于今世。起孩孺于重困，还精爽于既继。"①正是这些共同的兴趣，才使得他们有了共同的话题。

荡阴之战后，嵇含行迹如下：先是走归荥阳。范阳王虓为征南将军，屯许昌，任命嵇含为从事中郎，于是来到许昌，不久便授为振威将军、襄城太守。司马虓为刘乔所破，嵇含来到襄阳，投奔镇南将军刘弘，刘弘待以上宾之礼。十二月后，"属陈敏作乱，江扬震荡，南越险远，而广州刺史王毅病卒，弘表含为平越中郎将、广州刺史、假节"②。

葛洪北上之后的行迹是，首先"径赴洛阳"，然后"周旋徐豫荆襄江广数州之间"③。他与嵇含的交集有可能是在洛阳、许昌和襄阳。考虑到范阳王虓八月进驻许昌，十月就被刘乔击溃，嵇含在许昌的时间应该是非常短暂的，他俩会面的地点很可能是在襄阳。

第四节　师从鲍靓——滞留广州的十年

一、初到广州

原广州刺史王机去世后，荆州刺史、征南大将军刘弘表请嵇含为广州刺史，获朝廷批准。嵇含开始组建自己的幕府班子，他表请同时在襄阳的葛洪为参军。葛洪正处于进退两难之际，进不能前往中原，退又不能回到江东。面对嵇含的邀请，葛洪"虽非所乐，然利可避地于南，故黾勉就焉"。嵇含派遣葛洪先行催兵，于是葛洪先行来到了广州。

---

① (唐)欧阳询等编，汪绍楹校：《艺文类聚》卷七五《方术部·医》，中华书局 1965 年版，第 1292 页。
② (唐)房玄龄等：《晋书》卷八十五《嵇绍传附嵇含传》，中华书局 1974 年版，第 2302—2303 页。
③ (晋)葛洪著，王明校点：《抱朴子内篇》卷四《金丹》，中华书局 1985 年版，第 70 页。

嵇含尚未出发，刘弘逝世了，当时有人想让嵇含留在荆州作刺史。嵇含性情刚躁，与刘弘的司马郭劢一向有矛盾，郭劢认为嵇含留在荆州将对自己不利，先下手为强，夜晚将嵇含掩杀。

这使得葛洪的处境变得异常尴尬：千里迢迢来到了广州，征召他的上司却死了，再也不能到广州应命，参军的官职当然无法落实。这以后，他滞留广州多年。据葛洪说，这期间，有好多将领邀请过他，他都没有应命。

葛洪到广州是他生活中的一个重大的转折，这个转折使他失去了加入东海王司马越幕府的机会，也失去了成为琅邪王司马睿早期幕僚的机会。尽管在多年以后，葛洪依然加入了司马睿的幕府，但这时，东晋朝廷已经建立，其意义与价值远不如南渡以前。

实际上，在怀愍之世，尽管中原的剧烈动荡阻止了南方名士向北方求取功名的步伐，但东海王司马越幕府却以前所未有的力度征辟扬州籍僚佐。当时东海王幕府辟召的扬州籍僚佐有十人左右，包括吴郡顾、孙二氏，丹阳纪、薛、甘三氏，吴兴沈氏，广陵戴、华二氏。而司马越幕府的俊异后来陆续归于司马睿幕府，成为司马睿幕府“百六缘”的主干，那些入司马越幕府的江东士人因此很早就与晋元帝司马睿建立起联系，这种联系在东晋建立后就是强有力的政治资本。而在司马睿南渡建立东晋政权的过程中，葛洪远在广州，游离于政治中心之外，不仅使其本人，也使句容葛氏在仕途上的竞争远远落后于地位相似的其他江东豪族。

二、师事鲍靓

葛洪来到广州后的生活经历我们所知甚少。北宋初年乐史《太平寰宇记》卷一百六十《博罗县·罗浮山》引袁宏《罗浮记》有云：

> 葛洪字稚川，句容人也。谯国人稽含尝为广州，乃请洪参广州军事。洪求先行到广州，而含于此遇害。洪还留广州，乃憩于此山。①

① (宋)乐史撰，王文楚等点校：《太平寰宇记》，中华书局2007年版，第3070页。

据《晋书·葛洪传》载：

后师事南海太守上党鲍玄。玄亦内学，逆占将来，见洪深重之，以女妻洪。洪传玄业，兼综练医术，凡所著撰，皆精核是非，而才章富赡。

西晋时，广州南海郡下辖番禺、四会、增城、博罗、龙川、平夷六县，今广东省的大部分地区属南海郡，治所在番禺县（广州城）。据《晋书》卷九十五《艺术·鲍靓传》载：

鲍靓字太玄，东海人也。年五岁，语父母云："本是曲阳李家儿，九岁坠井死。"其父母寻访得李氏，推问皆符验。靓学兼内外，明天文河洛书，稍迁南阳中部都尉，为南海太守。尝行部入海，遇风，饥甚，取白石煮食之以自济。王机时为广州刺史，入厕，忽见二人着乌衣，与机相捍，良久擒之，得二物似乌鸭。靓曰："此物不祥。"机焚之，径飞上天，机寻诛死。靓尝见仙人阴君，授道诀，百余岁卒。

据此，鲍靓任南海太守的某个时段，广州刺史为王机。《资治通鉴》将王机任广州刺史附于永嘉六年（312 年），其云：

王机闻澄死，惧祸，以其父毅、兄矩皆尝为广州刺史，就敦求广州，敦不许。会广州将温邵等叛刺史郭讷，迎机为刺史，机遂将奴客门生千余人入广州。讷遣兵拒之，将士皆机父兄时部曲，不战迎降；讷乃避位，以州授之。①

《考异》曰：

王澄死，周顗败，王敦镇豫章，机入广州，纪、传皆无年月。按卫玠传，玠依敦于豫章，以永嘉六年卒，故附于此。

建兴三年（315 年），陶侃进攻广州，"遣督护许高讨王机，走之。机病死于道，高掘其尸，斩之"②。也就是说，至少永嘉六年（312 年）至建

① （宋）司马光：《资治通鉴》卷八八《晋纪十》"怀帝永嘉六年"条，中华书局 1956 年版，第 2789—2790 页。

② （宋）司马光：《资治通鉴》卷八九《晋纪十一》"闵帝建兴三年"条，中华书局 1956 年版，第 2825 页。

兴三年这三年时间中的某个时间点，鲍靓在南海太守任上，而此时葛洪正滞留广州。因此，几乎所有的年谱作者都认为葛洪师事鲍玄并与其女儿结婚，是他滞留广州期间发生的事。然而，《晋书》本传将葛洪师从鲍靓，并以女妻洪之事序之于石冰作乱之前。考虑到鲍靓的居地，这种可能也是存在的。

三、东海鲍氏的居地

鲍靓的籍贯史料记载不一，《晋书·鲍靓传》说他是东海人，《真诰》卷一《运题象》云，"岱宗神侯领罗酆右禁司鲍元节"，陶弘景注曰，"东海人"。《晋书·葛洪传》及《太平御览》卷四十一所引《罗浮山记》、卷六百六十六引《神仙传》等材料称他为上党人。《太平御览》卷六百六十四所引《神仙传》称其为琅邪人。《云笈七签》卷八十五、《仙鉴》卷二十一《鲍靓传》称其为陈留人。吴士鑑、刘承幹之《晋书斠注》认为：

> 《洪传》与袁宏《罗浮山记》作"上党人"者，盖因本传所谓年五岁语父母云本是曲阳李家儿，遂以为上党人。上党与曲阳地相近也。惟本传作"东海"，恐误。①

显然，吴、刘认为这里的"曲阳"指的是西汉的上曲阳县，所以才有两地相近之说。

东海鲍氏籍贯往往有两说，比如鲍照也有东海人与上党人的不同记载。据曹道衡考证，鲍氏籍贯东海说与上党说并无矛盾。东海鲍氏为鲍宣之后，《太平御览》卷六百六十四引《神仙传》就说："靓，上党人，汉司隶鲍宣之后。"据《汉书·鲍宣传》载，鲍宣得罪孔光之后，"宣既被刑，乃徙之上党，以为其地宜田牧，又少豪俊，易长雄，遂家于长子"。《魏书·地形志上》载，上党郡长子县"有鲍宣墓"。鲍宣之子为鲍永，据《后汉书·鲍永传》，鲍永"字君长，上党屯留人"。屯留和长子是邻县，现在地图上屯留和长子之间还有一个村镇叫"鲍店"。可见鲍宣徙居上党后，家族在此定居。鲍永之子为鲍昱，《后汉书·鲍永传》所附《鲍昱

① (清)吴士鑑、刘承幹：《晋书斠注》卷九五《艺术·鲍靓传》，民国十七年(1928年)刻本，第18—19页。

传》载其子名鲍德。《元和姓纂》卷七"鲍"姓条记载："东海郯县。汉太尉昱子德，始居东海，永嘉乱，过江，居丹阳。"[①]

总之鲍宣在西汉年间徙居上党，其曾孙鲍德徙居东海郯县。所以，说鲍靓是上党人和东海人并无矛盾。[②] 前文述《晋书》载：

> 元帝渡江之后……是时，幽、冀、青、并、兖五州及徐州之淮北流人相帅过江淮，帝并侨立郡县以司牧之。割吴郡之海虞北境，立郯、朐、利城、祝其、原丘、西隰、襄贲七县，寄居曲阿。

可见当时南渡的东海七县之侨民寄居于曲阿（治今丹阳市）。曲阿晋朝时属毗陵郡（后改名为晋陵郡），但唐时则属润州丹阳郡丹阳县。[③] 所以，《元和姓纂》说鲍姓过江后居丹阳，与《晋书》所载正相合。《云笈七签》卷一百一十五《鲍姑传》载，鲍靓小女卒时，葬于罗浮山。"容色若生，人皆谓为尸解。靓还丹阳，卒葬于石子冈。"可证，鲍靓一家确实居住于丹阳（晋时称曲阿）。

更具体地说，鲍靓是东海曲阳人，曲阳是汉朝县名，据《汉书·地理志》记载，东海郡有曲阳县，治所在今江苏沭阳县东南。东汉为侯国，属下邳国。晋时废置，属地不明。他于永嘉初年过江，并寄居于曲阿（治今丹阳市），与葛洪家乡句容县相距不过八九十里。句容葛氏与上党鲍氏相比，地位相当而略低，宗教信仰相同、居地邻近，互通婚姻并不奇怪。《晋书》卷八十《许迈传》载：

> 许迈，字叔玄，一名映，丹阳句容人也。家世士族，而迈少恬静，不慕仕进。未弱冠，尝造郭璞，璞为之筮，遇《泰》之《大畜》，其上六爻发。璞谓曰："君元吉自天，宜学升遐之道。"时南海太守鲍靓隐迹潜遁，人莫之知。迈乃往候之，探其至要。

正因为鲍靓居地离句容不远，与葛洪同居一乡一里的许迈才能"候之，并探其至要"。

---

① （唐）林宝著，郁贤皓、陶敏整理：《元和姓纂》，中华书局 1994 年版，第 1025 页。

② 参见曹道衡：《关于鲍照的家世和籍贯》，《中古文学史论文集》，中华书局 2002 年版，第 393—396 页。

③《新唐书》卷四一《地理志五》"润州丹杨郡"条有丹杨县，注曰，"本曲阿"。

如果鲍靓如《元和姓纂》所言，是随同东海鲍氏整个家族在永嘉初年渡江，那渡江之时，葛洪已经到了广州，葛洪与鲍靓的初识应该还是在广州。但如果鲍靓比整个家族更早一些渡江，葛洪就有可能在到广州之前就与鲍靓相识，葛洪与鲍姑的婚姻也有可能在广州之前就已经建立。这样的话，葛洪远赴广州，不仅是因为嵇含的关系，还有一层原因是有岳父在广州任南海太守。这也有助于说明葛洪为什么在嵇含死后一直滞留不归，长达十年。

第五节　从相府到司徒府——葛洪的仕宦经历

一、荐名相府

永嘉元年（307 年）九月，司马睿与王导等人南渡至建邺。这段时期内，周顗、桓彝等中原贵族也相继南渡。实际上，随元帝南渡的琅邪移民首先是寄居在句容的土地上的。据乾隆《句容县志》卷三《山川志·渡》记载："下蜀渡在县治北七十五里琅邪乡（句容镇下蜀镇）。东阳渡在县治北八十里琅邪乡，白茅场渡在县治八十里东阳镇侧（今南京市栖霞区东阳社区）。"因此，句容往往是北渡移民的第一个落脚点。

南渡之初，东吴贵族心怀疑忌，并不归附。陈寅恪分析说，东吴和蜀地不一样，地方宗族势力非常强大。东吴本身就是由江淮地区的强宗大族在汉末动乱的背景下拥戴江东地域具有战斗力的豪族，以借其武力求得保全而组织起来的政权。所以，东吴的政治社会势力全操于地方豪族之手。西晋灭吴之后，此种地方势力并未因此消灭，并屡屡有反抗之举。[①] 要在这样一片土地上建立起一个北方移民政权，如何团结、笼络当地豪强是关键；主持政局的王导早就意识到既要维护北来统治阶级的统治地位，又要保证江东上层贵族的利益不受到侵犯。《资治

① 陈寅恪：《述东晋王导之功业》，《金明馆丛稿初编》，上海古籍出版社 1980 年版，第 49—50 页。

通鉴》卷八十六“永嘉元年”条记载，司马睿初渡江时，王导说睿：“谦以接士，俭以足用，以清静为政，抚绥新旧；故江东归心焉。”胡三省注云：“新，谓自中原来者；旧，谓江东人。”[①]但在实际执行上，还是更多地以新人为主。司马睿左右的用事者都是来自中原的亡官失守者，以他们驾驭吴人，吴人颇为怨恨，因而有周玘等人的谋叛。抚绥旧人，显得更为急迫。

王导笼络的首要对象当然是吴郡的顾、陆家族。吴郡号称顾陆朱张，但无论从哪方面来看，顾陆与朱张都不在一个层次上。《晋书·王导传》载，初渡江时，

> 导因进计曰：“古之王者，莫不宾礼故老，存问风俗，虚己倾心，以招俊乂……顾荣、贺循，此土之望，未若引之以结人心。二子既至，则无不来矣。”帝乃使导躬造循、荣，二人皆应命而至，由是吴会风靡，百姓归心焉。

除顾、陆之外，诸多南土之秀同样不能忽视。王导曾进言元帝：“愿深弘神虑，广择良能。顾荣、贺循、纪瞻、周玘，皆南土之秀，愿尽优礼，则天下安矣。”[②]为了结援吴人，王导可以说忍辱负重，《世说新语》有许多轶事对此都有反映。《世说新语·方正》载：

> 王丞相初在江左，欲结援吴人，请婚陆太尉。对曰：“培塿无松柏，薰莸不同器。玩虽不才，义不为乱伦之始。”

《世说新语·排调》载：

> 陆太尉诣王丞相，王公食以酪。陆还遂病。明日与王笺云：“昨食酪小过，通夜委顿。民虽吴人，几为伧鬼。”

为了结交吴人，王导还专门学习了吴语，以便更广泛地与吴人交往，赢得吴人的结纳与拥戴。

① (宋)司马光等:《资治通鉴》,中华书局 1956 年版,第 2731 页。
② (唐)房玄龄等:《晋书》卷六五《王导传》,中华书局 1974 年版,第 1746 页。

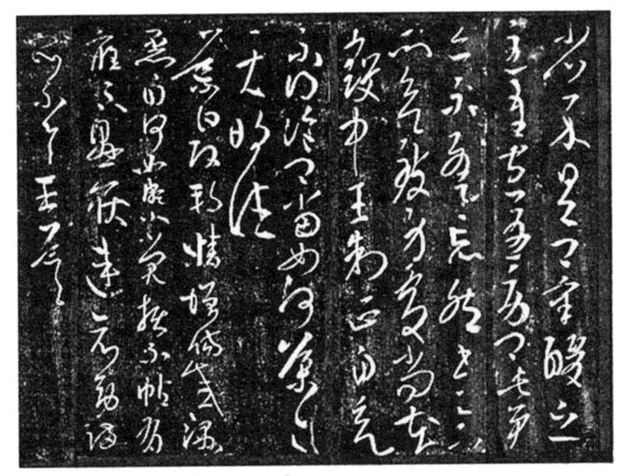

图 6　王导《省示帖》

永嘉七年(313 年)正月,怀帝被刘聪弑杀于平阳。闵帝于此年四月继位,五月就任命司马睿为左丞相、大都督,督陕东诸军事,南北分治局面已成。大致就在此年,葛洪从广州回到家乡。这时候,琅邪王司马睿渡江已经八年,大部分政府机构已经完备,重要的官职都已经满员。所以,回乡后的葛洪尽管有许多辟召,但都是低层幕僚的职位。

葛洪在《自叙》中说:“后州郡及车骑大将军辟,皆不就。荐名琅邪王丞相府。”具体是谁征辟的葛洪呢?所谓州郡,当然是指扬州刺史与丹阳太守。永嘉末年开始,丹阳太守一直是王导;扬州刺史一职,建兴三年(315 年)后由王导接任,因此,所谓州郡辟召实际上就是琅邪王氏的辟召。唯这一时间的车骑大将军不知何人。[①] 据《晋书》卷六十四《琅邪孝王裒传》记载,司马裒,初继叔父长乐亭侯浑,后徙封宣城郡公,拜后将军。及帝为晋王,更封裒琅邪,改食会稽、宣城邑五万二千户,拜散骑常侍、使持节、都督青徐兖三州诸军事、车骑将军。建武元年(317 年)死后,赠车骑大将军。我怀疑征辟葛洪的即是琅邪王司马裒。葛洪一概没有应命。

① 《惠帝纪》永兴二年(305 年)八月,“车骑大将军刘弘逐平南将军彭城王释于宛”。在当年十二月的诏令中,依然称“镇南大将军、荆州刺史刘弘”。此处记载应该有误,刘弘为车骑将军当从本传为永兴三年(306 年)。

随着中原地区的宗室诸王接连被杀，司马睿的地位不断迁升。此年，以琅邪王司马睿为丞相、大都督、督中外诸军事，地位进一步提高。司马睿招延人才，多辟府掾，就在这样的背景之下，葛洪被荐名丞相府，成为当时江东地区的最高统治者司马睿的幕僚。

回乡后，葛洪曾与余杭令顾飏一起拜访过当时的一位奇人隐士郭文。《晋书》卷九十四《郭文传》载：

> 郭文，字文举，河内轵人也……洛阳陷，乃步担入吴兴余杭大辟山中穷谷无人之地，倚木于树，苫覆其上而居焉，亦无壁障。时猛兽为暴，入屋害人，而文独宿十余年，卒无患害……余杭令顾飏与葛洪共造之，而携与俱归。飏以文山行或须皮衣，赠以韦裤褶一具，文不纳，辞归山中。飏追遣使者置衣室中而去，文亦无言，韦衣乃至烂于户内，竟不服用。王导闻其名，遣人迎之，文不肯就船车，荷担徒行。既至，导置之西园，园中果木成林，又有鸟兽麋鹿，因以居文焉……居导园七年，未尝出入。一旦忽求还山，导不听。后逃归临安，结庐舍于山中。临安令万宠迎至县中。及苏峻反，破余杭，而临安独全，人皆异之，以为知几。自后不复语，但举手指麾，以宣其意。病甚，求还山，欲枕石安尸，不令人殡葬，宠不听。不食二十余日，亦不瘦。宠问曰："先生复可得几日？"文三举手，果以十五日终。宠葬之于所居之处而祭哭之，葛洪、庾阐并为作传，赞颂其美云。

陈飞龙将葛洪造访郭文系于闵帝建兴二年(314 年)。他考证说：苏峻之反在成帝咸和二年(327 年)，此前郭文曾居王导西园七年之久。如是，葛洪与余杭令顾飏偕至余杭山中访郭文，当在太兴三年(320 年)以前。而郭文入余杭大辟山隐居，是在刘曜陷洛阳之后(永嘉五年，311 年)。故葛洪之造访郭文，绝不早于此时，必在其从广州回乡之后。《水经注》卷四十"浙江"条载："晋建武元年(317 年)，骠骑王导迎文，置之西园。"这说明葛洪拜访郭文是在 317 年之前。[①] 准确地说，葛洪拜访郭

① 陈飞龙：《葛洪之文论及其生平》，文史哲出版社 1980 年版，第 71、81 页。

文应该是在 314 年之后、317 年之前这三年时间内。《晋书·葛洪传》对此一事件的记载与《郭文传》略有不同，其云："于余杭山见何幼道、郭文举，目击而已，各无所言。"正因为有了这段经历，后世的余杭与杭州出现了众多葛洪遗迹。

二、庚寅赐爵考

建兴二年（314 年）二月辛巳，闵帝诏令琅邪王司马睿统摄万机。三月，司马睿即晋王位，大赦，改元建武。《自叙》称：

> 昔起义兵，贼平之后，了不修名诣府，论功主者，永无赏报之冀。晋王应天顺人，拨乱反正，结皇纲于垂绝，修宗庙之废祀，念先朝之滞赏，并无报以劝来，洪随例就彼。庚寅诏书赐爵关中侯[①]，食句容之邑二百户。

绝大部分学者都将"庚寅"理解为纪年，但从司马睿建兴元年（313 年）五月壬辰加左丞相开始，到建兴三年（315 年）二月十二日，进位丞相、大都督中外诸军事。建兴五年（317 年）四月六日即晋王位（尚未称帝）。太兴元年（318 年）三月丙辰登帝位。永昌元年（322 年）十一月卒。这九年中，并没有"庚寅"年。因此，学者都怀疑此处记载有误。陈国符《道藏源流考·葛洪事迹考证》云："按庚寅乃晋成帝咸和五年，当误。"[②]钱穆认为"庚寅"或是"庚辰"之讹[③]。但庚辰是太兴三年（320 年），时司马睿已登基，不当称晋王。胡孚琛则认为"庚寅"为"戊寅"之误。戊寅年是太兴元年（318 年），此年三月司马睿由晋王即皇帝位，"十二月癸巳，诏曰：汉高经大梁，美无忌之贤；齐师入普，修柳下惠之墓。其吴之高德名贤或未旌录者，具条列以闻"（《晋书·元帝纪》）。葛洪以此戊寅诏书封侯，因当时所封非一人，故其上书固辞，而"适有大

① "关中侯"，《晋书》本传作"关内侯"。由于关内侯更常见，所以钱穆等学者都取《晋书》本传之说。杨明照认为，关中侯与关内侯是两个不同的爵位。引王沈《魏书》说明关内侯为十六级，关中侯为十七级，本有差异。赐爵关中侯，当是实录。杨明照所说为是。晋朝赐爵关中侯很常见。《晋书·武帝纪》泰始二年二月下诏曰："本为县侯者传封次子为亭侯，为乡侯为关内侯，亭侯为关中侯。"可见关中侯比关内侯低一档。

② 陈国符：《道藏源流考》，中华书局 1963 年版，第 97 页。

③ 钱穆：《葛洪年谱》，杨明照：《抱朴子外篇校笺》附录，中华书局 1991 年版，第 804 页。

例，同不见许”。胡孚琛说：“论者以建武元年葛洪封侯，疑庚寅为日期，皆误。”[①]但戊寅诏书意在旌录高贤，与赐封前朝之滞赏者完全不是一回事。

陈飞龙则认为“庚寅”应为日期，晋元帝元年有“壬申诏曰”“癸巳诏曰”“庚申诏曰”为证。[②] 甚为有见。实际上，自东汉后期开始，诏书前面的干支都是指日期而不是纪年。比如《后汉书》卷九十九《祭祀下》注引蔡邕《表志》提及：“建武乙未、元和丙寅诏书。”元和元年（84 年）至四年分别是甲申、乙酉、丙戌、丁亥，所以“丙寅”无疑指的是日期。《三国志》卷八《公孙度传》注引《魏书》载：“大司马长史臣郭昕、参军臣柳浦等七百八十九人言：奉被今年七月己卯诏书……汉安帝建光元年（121 年），辽东属国都尉庞奋，受二月乙未诏书，曰收幽州刺史冯焕、玄菟太守姚光。”这里的“己卯诏书”“乙未诏书”无疑是指日期。《三国志》卷十一《魏书·官宁传》载管宁上书：“臣元年十一月被公车司马令所下州郡，八月甲申诏书征臣……奉今年二月被州郡所下三年十二月辛酉诏书。”同卷附《张踦传》载：“青龙四年（233 年）辛亥诏书。”这些都是用日期以指称诏书的显例。

晋朝以后，此类例子更多。《晋书·礼志上》载：“晋初从始异议。庚午诏书：明堂及南郊除五帝之位，惟祀天神，新礼奉而用之。”晋初至太康十年（289 年）以前并无庚午年。《晋书·礼志中》：“兴宁三年（365 年）……庚子诏书依太宰故事，同服大功。”兴宁三年是乙丑年。《晋书·王濬传》载：“太康元年（280 年）二月，初，诏书使濬下建平……濬上书自理曰：臣前被庚戌诏书。”太康元年是庚子年。《晋书·李重传》载：“（太康）八年（287 年）己巳诏书申明律令，诸士卒百工以上，所服乘皆不得违制。”太康八年是丁未年。同传又云：“太熙初，李重奏曰：‘案如癸酉诏书。’”太熙年号仅用一年，即太熙元年（290 年），此年为庚戌年。《晋书·张昌传》载：“会壬午诏书发武勇以赴益土，号曰‘壬午兵’。”此年为太安二年（303 年），癸亥年。《宋书·羊玄保传》载：“有司捡壬辰诏书

---

① 胡孚深：《葛洪年谱略述》，《上海道教》1991 年第 3 期，第 11 页；《魏晋神仙道教》，人民出版社 1989 年版，第 80 页注①。

② 陈飞龙：《葛洪之文论及其生平》，文史哲出版社 1980 年版，第 13 页。

云云。羊希以壬辰之制,其禁严刻,停除咸康二年(336 年)壬辰之科。”咸康二年是丙申年。

以上例证均可证明,诏书前面的干支绝非纪年,而是日期,以日期指称诏书是列朝惯例。

丁宏武认为“庚寅诏书”是一个专名,不光是葛洪《自叙》提及,在《晋书·刑法志》也两次提及。因此,他认为所谓“庚寅诏书”是司马睿于东晋建国之初颁发的一份比较重要的诏书,具体颁发时间在建武元年(317 年)三月初八(庚寅),目的主要是“备百官”“彰宪典”,为建立新的东晋王朝做必要的准备。[①] 事实上,《晋书·刑法志》提及的“庚寅诏书”与葛洪《自叙》中提到的“庚寅诏书”内容全不相干。前者涉及刑律,有“举家逃亡,家长斩”之内容,而后者是封赏赐爵之令。他们应该都是庚寅日发布,但绝非同年同月。

从《自叙》中称司马睿为晋王可以判断,此道诏书发布于建兴五年(317 年)三月辛卯(这天司马睿承制改元,即晋王位,但尚未称帝)前后,到太兴元年(318 年)三月丙辰之间(这天司马睿称帝)的一个庚寅日。我认为最有可能就是建兴五年三月庚寅日,这天是司马睿依魏晋故事称晋王的前一天,在此之前,他已经答应了司马羕等人共上尊号的请求。在改元建国的前一天采取大规模的优抚措施,对有旧功的江东人士赐爵,甚至不允许他们推辞,颇合情理。而此时尚是闵帝在位,史书的帝纪都是围绕闵帝来记载,因此丞相司马睿的诏书不见于史载。而称“先朝”云云,是因为葛洪写《自叙》时已入东晋。

据葛洪《自叙》,当时的爵位是关中侯。《晋书·葛洪传》则载:“元帝为丞相,辟为掾。以平贼功,赐爵关内侯。”由于关内侯更常见,所以钱穆等学者都取《晋书》本传之说。杨明照认为,关中侯与关内侯是两个不同的爵位,并引王沈《魏书》说明关内侯为十六级,关中侯为十七级,本有差异。

由于十四年前葛洪参与了平定石冰的战争,时为晋王的司马睿赐

① 丁宏武:《〈抱朴子外篇〉所载东晋初年〈庚寅诏书〉考》,《西北师大学报》2005 年第 5 期,第 93—96 页。

予葛洪关中侯的爵位，食句容之邑二百户。为十四年前的功劳颁赐爵位显然是司马睿南渡后对江东土著的优抚措施。当时应该有一大批人获得了爵位，比如干宝是因为“平杜弢有功，赐爵关内侯”。葛洪在《自叙》中说：讨伐强盗以救桑梓，其功劳不值得记录；金印紫绶，也并非我最初的愿望。本来想效仿鲁仲连与田畴，上书坚决推辞，但朝廷有统一的规定，全都不被批准。可见这是司马睿有意识举行的大规模优抚措施，专门下令，规定不得推辞。“国家方欲明赏必罚，以彰宪典。小子岂敢苟洁区区之懦志，而距弘通之大制。故遂息意而恭承诏命焉。”(《自叙》)

三、完成著作

经过近二十年不间断创作之后，大致在建武元年(317年)，葛洪基本上完成了他最重要的著作《抱朴子》内外篇和《神仙传》等。他在《自叙》中说：

> 洪年十五六时，所作诗赋杂文，当时自谓可行于代。至于弱冠，更详省之，殊多不称意。天才未必为增也，直所览差广，而觉妍媸之别。于是大有所制，弃十不存一。今除所作子书，但杂尚余百所卷，犹未尽损益之理，而多惨愦，不遑复料护之……洪年二十余，乃计作细碎小文，妨弃功日，未若立一家之言，乃草创子书。会遇兵乱，流离播越，有所亡失。连在道路，不复投笔十余年。至建武中，乃定。
>
> 凡著《内篇》二十卷，《外篇》五十卷，碑、颂、诗、赋百卷，军书、檄移、章表、笺记三十卷，又撰俗所不列者为《神仙传》十卷，又撰高尚不仕者为《隐逸传》十卷，又抄五经、七史、百家之言、兵事、方伎、短杂、奇要三百一十卷，别有目录。其《内篇》言神仙、方药、鬼怪、变化、养生、延年、禳邪、却祸之事，属道家；其《外篇》言人间得失，世事臧否，属儒家。

建武二年(318年)四月二十六日司马睿即皇帝位(“上尊号”)，改元太兴。司马睿登基后，并没有明言由谁接替其相位。直到永昌元年

(322 年)四月辛未王敦自为丞相,这四年间,一直没有确定丞相人选。元帝身兼丞相之职,葛洪依然担任丞相掾。

从建兴四年(316 年)开始,南方地区连年大旱。时任晋陵内史的张闿开筑新丰塘,葛洪为此作颂。《晋书》卷七十六《张闿传》载:

张闿,字名绪,丹杨人,吴辅吴将军昭之曾孙也……赐爵丹杨县侯……帝践阼,出补晋陵内史,在郡甚有威惠……时所部四县并以旱失田,闿乃立曲阿新丰塘,溉田八百余顷,每岁丰稔。葛洪为其颂。

张闿任晋陵内史,郡治在丹徒县(今江苏丹徒市东南丹徒镇)。丹阳县属晋陵郡,又是其封地,古称曲阿。《晋书·元帝纪》《五行中》记载,建兴四年(316 年)十二月、建武元年(317 年)、太兴元年(318 年)六月,扬州连年大旱。唐许嵩《建康实录》卷五云:"是岁(晋元帝建武元年),扬州大旱,晋陵内史张闿奏立曲阿新丰塘,溉田八百余顷。"《元和郡县志》卷二十五曰:

丹阳县新丰湖,在县东北三十里。晋元帝太兴四年(321 年),晋陵内史张闿所立。旧晋陵地广人稀,且少陂渠,田多恶秽,成灌溉之利。初以劳役免官,后追纪其功,超为大司农。

据此,张闿在建武元年奏请修筑新丰塘,最后完成于太兴四年,葛洪作颂当在太兴四年筑成之日。

《世说新语》记录了上百位东晋人物,在其正文中却从来没有出现过葛洪的名字。记载张闿佚事时,刘孝标在注中简单提了一下葛洪。《世说新语·规箴》第十三条刘孝标注引葛洪《富民塘颂》曰:"闿字敬绪,丹阳人,张昭孙也。"又引《中兴书》曰:"闿,晋陵内史,甚有威德。转至廷尉卿。"可见葛洪将曲阿新丰塘称为"富民塘",称颂意思明显。但其文不存,详情不得而知。我们上文说过,葛洪与张闿是同郡人,张闿又是邻县的长官,葛洪是曲阿的女婿。所以,张闿创湖,葛洪为其作颂也有其原因。

虽然葛洪在《自叙》中说,《抱朴子》内外篇在建武元年就已经定稿,但其中有许多文句表明在这以后又陆续有所订补。比如《嘉遁》中说："方今圣皇御运，世夷道泰。"《勖学》中有"冀群寇毕涤，中兴在今，七耀尊度，旧邦维新，振天彗以广扫，鼓九阳之洪炉，运大钧乎皇极，开玄模以轨物"。《崇教》有"今圣明在上，稽古济物"。《刺骄》有"今天下向平，中兴有征"。《省烦》有"余以为丧乱既平，朝野无为，王者所制，自君作古"。这些文句，很多人认为明显作于东晋司马睿称帝的太兴元年（318年）。《钧世》中有"而《清庙》《云汉》之辞，何如郭氏《南郊》之艳乎？"郭氏即郭璞。《魏晋世语》载："郭璞，太兴元年奏《南郊赋》，中宗嘉其才，以为著作佐郎。"[①]可见《钧世》的写作时间在太兴元年之后，《自叙》的写作更晚于此。《自叙》中涉及三种不同的时间表述：

今齿近不惑，素志衰颓。

洪自有识以逮将老，口不及人之非，不说人之私，乃自然也。

洪既著自叙之篇，或人难曰："昔王充年在耳顺，道穷望绝，惧身名之偕灭，故《自纪》终篇。先生以始立之盛，值乎有道之运，方将解申公之束帛，登穆生之蒲轮，耀藻九五，绝声昆吾，何憾芬芳之不扬，而务老生之彼务？"

通常认为，葛洪写作《自叙》的时间是在年近不惑，亦即永昌元年（322年）左右。而《抱朴子外篇》在建武元年定稿，在此之后的五六年中续有订补。[②]

另外，据《晋书·天文志》记载，"至于浑天理妙，学者多疑"。王充曾经据盖天之说批驳浑天说。为此，葛洪专门写作文章阐释浑天说，逐一批驳了王充的观点。这篇文章比较详细地记录了汉朝浑天说的基本主张，让后人了解当时有关宇宙结构的种种观点与争论，是中国天文学史的宝贵资料。可惜我们不知道其写作的时间，不过，此篇文章只针对王充的言论，并未提及虞喜所宣扬的宣夜说，所以它的写作应该是在咸康之前。

---

① （明）陶宗仪：《说郛》卷五十九上引郭颁《魏晋世语》，四库全书本，第879册，208页。

② 关于《抱朴子外篇》著述经过的相关讨论见武锋《葛洪〈抱朴子外篇〉研究》第一章第一节《〈抱朴子外篇〉著述动机及经过》，第64—72页。

四、入司徒府

因为王敦叛乱，自封丞相，就在永昌元年（322 年）十一月，元帝撤销了丞相这一职位。《晋书・元帝纪》载，永昌元年十一月，“以司徒荀组为太尉。己酉，太尉荀组薨。罢司徒并丞相”。明帝即位后，王导担任司徒，征辟葛洪进了自己的幕府。我们上文说过，早在葛洪担任丞相掾之前，就有过州郡辟召，而这时的州郡长官就是王敦、王导兄弟。据《晋书・葛洪传》载：“咸和初（成帝年号，326—334 年），司徒导召补州主簿，转司徒掾，迁谘议参军。”从建兴三年（315 年）开始到咸康五年（339 年），近二十五年的时间内，除太宁元年（323 年）、二年（324 年）王敦自领扬州牧之外，一直是王导担任扬州刺史①；而从永嘉末年开始，王导还是丹阳太守。王导无疑是葛洪的“父母官”，对当地的大族当然非常了解。在这种情况下，琅邪移民王导征召丹阳郡的大族子弟葛洪为自己的幕僚并不奇怪。

王导担任司徒是在太宁元年四月。就在此年，“导受遗诏辅政，解扬州，迁司徒”②。所以，葛洪转司徒掾的时间至少是在太宁元年四月以后。谘议参军是由司马睿首先设置的，原本为镇东大将军、丞相府的僚属，东晋以后各府都有设立，职掌顾问谏议之事，位在列曹参军之上。

五、与干宝的交往

葛洪在司徒府内的同事兼上司就是著名的历史家、小说家干宝，据《晋书・葛洪传》载：

> 干宝深相亲友，荐洪才堪国史，选为散骑常侍，领大著作，洪固辞不就。

《晋书》卷八十二《干宝传》载：

> 干宝，字令升，新蔡人也。祖统，吴奋武将军、都亭侯。父莹，

① 见（清）吴廷燮：《西晋方镇年表》（下），辽海出版社 1936 年版，第 110 页；《东晋方镇年表》（上），辽海出版社 1936 年版，第 1—2 页。

② （唐）房玄龄等：《晋书》卷六五《王导传》，中华书局 1974 年版，第 1750 页。

丹阳丞。宝少勤学，博览书记，以才器召为著作郎。平杜弢有功，赐爵关内侯。

干宝之里籍，诸书均谓新蔡。然汝南新蔡只是干宝祖籍。据后世方志记载，干莹、干宝父子之墓都在海盐，海宁有干宝故宅。南宋王象之《舆地纪胜》卷三《嘉兴府·古迹》载："干莹墓，干宝之父也。墓在海盐。"元代徐硕《至元嘉禾志》卷十三《冢墓·海盐县》载："干莹墓，在县西南四十里，高一丈二尺，周围四十步。"《考证》引《五行记》云："晋干宝，字令升，海盐人。"明董穀《碧里杂存》卷下《干宝》载："干宝者……海盐人也。按《武原古志》云其墓在县西南四十里。今海宁灵泉乡真如寺乃其宅基，载在县志，盖古地属海盐也。"现代学术界对干宝是海盐人并无疑义。不过，明朝海盐人徐泰所作《海盐县志》说干氏"南渡徙居实自莹始"，樊维城、胡震亨所作《海盐县图经》也说"典午南渡，徙自海盐"。李剑国力驳其非，指出干宝祖父已仕吴为奋武将军，封都亭侯，可见至晚在干宝祖辈已由新蔡徙吴，时间有可能在中平年间黄巾起义之时。①

据葛洪《自叙》，葛洪祖父历宰海盐等三县，而干宝之父干莹则担任过丹阳丞。在当地做官为吏，肯定要结识本地大族，因此，他们两家在祖、父辈就有结交的可能。据《晋书》卷五十二《华谭传》载：华谭在转丞相军谘祭酒后，向朝廷推荐干宝、范珧。史书并没有记载华谭推荐此二人任何官职、朝廷有没有接受，但按照华谭当时的身份，极有可能是为丞相府推荐僚佐。如果朝廷接受，那么干宝就与时任丞相掾的葛洪成为同事。这以后，葛洪是司徒掾，迁谘议参军；而干宝为司徒右长史，迁散骑常侍；都是司徒府属官，算是同僚，但干宝是葛洪的长官。葛、干两家三代都有来往，称得上是世交。干宝与葛洪深相亲友，推荐其出任散骑常侍、领大著作不是无缘无故的。

六、暴虎之害

《道藏》洞神部录有《洞神八帝妙精经》一卷，介绍了一些斋戒通神之法与符图咒文，为了证明符文之有效，在符后附了《抱朴密言》一文，

① 以上见李剑国：《新辑搜神记 新辑搜神后记·序言》，中华书局2007年版，第7—15页。

其云：

> 洪以咸和元年(328年)四月戊午，于所居西养特牛近二十头。时既有荒饥，家道迍否；又县多虎灾，不可防遏，虎来侵损群牛，前后百日，已六七头矣。尔乃出别止，告斋十日，按法召高山君，使断暴虎之害。夜乃行事。顷久，乃见一人，著黄单衣，戴进贤冠，冠上又有赤乌形，长短中人，手指可长一尺许，昂昂甚有威仪，自称为高山地主。吾因有言，令断虎害，见答："唯唯。"虎取牛时，此君皃球先射之，中髀，箭登时折在肉中。寻竹中死虎，果髀破，又得球、箭铁，益审明也。自后一里虎暴遂绝。[①]

此文不见于文献著录，王明根据《抱朴密言》中有"五浊之世"这样的佛教言论，断定此文为伪托。[②] 然而东晋早期的佛道对立并不如后世那样强烈，文中出现佛教术语并非不可能。文中叙述的时代背景与其他史料可相互印证。除我们上文所提到的建兴四年(316年)至太兴元年(318年)数年间旱灾频发之外，据《晋书·五行中》记载，元帝太兴四年(321年)五月，旱。永昌元年(322年)夏，大旱尤甚。闰十一月，京都大旱，川谷并竭。明帝太宁三年(325年)，自春不雨，至于六月。成帝咸和元年(326年)，夏秋旱。因此，文中说时有饥荒、家道困顿与此符合。文中所述用郑隐之符法使高山君断虎害之事，也符合葛洪的逻辑。说自己养牛近二十头，句容地区虎害严重，百天之内损失六七头等等，也不像是编造的细节。总之，《抱朴密言》的行文与葛洪事迹相对照并无破绽，应该是可信的第一手材料。由此可见，葛洪除司徒府幕僚的工作之外，同时还经营照顾着句容的农场庄园。

咸和三年(330年)，郭文在王导园中已居七年，在此年逃归临安。正逢苏峻叛乱，攻破余杭，而临安独全，时人都认为郭文预见到了事物隐微的萌芽。四十余日后，郭文病死。葛洪、庾阐为其作传赞颂之。

① 佚名：《洞神八帝妙精经》，《道藏》第11册，第395页上。

② 王明：《葛洪有无佛教思想的探讨》，《世界宗教研究》1990年第2期，第67—69页。

第六节　再赴广州——葛洪的晚年生涯

一、欲赴交趾

早在年轻时，葛洪就向往远登名山炼丹合药。他在《抱朴子内篇·金丹》中说："余所以绝庆吊于乡党，弃当世之荣华者，必欲远登名山，成所著子书，次则合神药，规长生故也。俗人莫不怪予之委桑梓，背清途，而躬耕林薮，手足胼胝，谓予有狂惑之疾也。然道与世事不并兴，若不废人间之务，何得修如此之志乎？"正因为他的毕生志向并不在人间事务，所以担任司徒掾、谘议参军数十年，一直没有迁升。而葛洪的祖师左慈晚年隐居于天柱山，不营禄利，不友诸侯，咏叹于蓬门之下；老师郑隐晚年时也东投霍山，遁世不出。两代导师的经历想必对葛洪有着巨大的影响。因此，在葛洪自感年老之时，也准备远赴交州，去实现他毕生的夙愿，入名山合丹炼药。

图 7　(明)陈洪绶《炼丹图轴》

葛洪为什么会选择交阯句漏？应该与交州地区浓郁的宗教氛围有关。东汉末年杜燮为交阯太守，据《三国志》卷四十九《士燮传》裴注引葛洪《神仙传》曰："燮尝病死，已三日，仙人董奉以一丸药与服，以水含之，捧其头，摇捎之。食顷，即开目动手，颜色渐复。半日，能起坐。四日，复能语，遂复常。奉，字君异，候官人也。”今本《神仙传》卷十《董奉传》也载：

> 杜燮为交州刺史，得毒病死，已三日，君异时在南方，乃往，以三丸药内死人口中，令人举死人头摇而消之，食顷，燮开目，动手足，颜色渐还。半日中，能起坐，遂治。后四日，乃能语。

“杜燮”实为“士燮”之误，士燮应为交趾太守，当时的交州刺史为张津，同样是一个道教信徒。《三国志》卷四十六《孙策传》裴注引《江表传》载孙策曰：“昔南阳张津为交州刺史，舍前圣典训，废汉家法律。常著绛帕头，鼓琴烧香，读邪俗道书，云以助化，卒为南夷所杀。”可见张津、士燮都信仰道术。士燮不但吸纳神仙方士，也接受信仰佛教的胡人，由此，交州成为中外方士云集的宗教热土。句漏山出丹的传闻大致上应该是葛洪第一次到广州以后听闻，数十年来一直没有忘怀。

二、留居罗浮

《晋书·葛洪传》载：

> 以年老，欲炼丹以祈遐寿，闻交阯出丹，求为句漏令。帝以洪资高，不许。洪曰：“非欲为荣，以有丹耳。”帝从之。洪遂将子侄俱行。至广州，刺史邓嶽留不听去，洪乃止罗浮山炼丹。嶽表补东官太守，又辞不就。嶽乃以洪兄子望为记室参军。在山积年，优游闲养，著述不辍。

葛洪第二次远赴广州的时间殊难确定，要之，是在邓嶽为广州刺史之时。据《晋书》卷八十二《邓嶽传》记载：

> 邓嶽字伯山，陈郡人……郭默之杀刘胤也，大司马陶侃使嶽率西阳之众讨之。默平，迁督交广二州军事、建武将军、领平越中郎将、广州刺史、假节，录前后勋，封宜城县伯。

据《晋书·成帝纪》载：咸和五年“乙卯，太尉陶侃擒郭默于寻阳，斩之”。据此，《资治通鉴》、吴廷燮《东晋方镇年表》、万斯同《东晋方镇年表》均认为邓嶽任广州刺史的时间系咸和五年（330 年）五月。

东官郡范围包括今广东省东部及福建省的一部分，郡治最初设在今深圳市南山区南头古城处，成立的时间为咸和六年（331 年）。《宋书》卷三十八《州郡四》中“东官太守”下引《广州记》云：“晋成帝咸和六年，分南海立。”所以，邓嶽上表请求补葛洪为东官太守的时间肯定在咸和六年（331 年）之后。

另外，据《晋书》卷十一《天文志上》载：成帝咸康中，会稽人虞喜写作《安天论》，宣扬“宣夜说”，认为：“天高穷于无穷，地深测于不测。天确乎在上，有常安之形；地魄焉在下，有居静之体。当相覆冒，方则俱方，员则俱员，无方员不同之义也。其光曜布列，各自运行，犹江海之有潮汐，万品之有行藏也。”因为宣夜说的核心主张是“日月众星，自然浮生于虚空之中”，星辰日月并不附着于天。葛洪一向信奉浑天说，听到当时颇为新异的“宣夜说”后，他讥嘲说：如果辰宿等星宿不附着于天，那天就毫无用处，就等于无，何必要说有之而不动？

陈飞龙认为葛洪是在留居罗浮山之后参与的讨论，而虞喜的理论从会稽传到罗浮山需要一定的时间，因此将此事系于咸康八年（342年）。[①] 窃以为此时葛洪尚在建康，所以能够对学界的热点话题很快做出回应，而且其回答能够为世人所知。如果葛洪是参与完讨论才来到的广州，那么，他第二次到广州的时间大致在咸康二、三年（336、337年）左右。

来到广州之后，因为邓嶽的热情挽留，葛洪并没有前往交阯句漏。罗浮山是《仙经》所说的可以精思合作仙药的名山，同样是炼丹的合适地点，于是，葛洪便留居于罗浮山。如果葛洪是在咸康二年（336 年）左右南下，那么他在罗浮前后居住了五六年的时间。

三、尸解得仙的传说

在此之后，葛洪的情况不见史载。关于葛洪的去世，诸书记录大同小异。北宋初年乐史《太平寰宇记》卷一百六十“罗浮山”引袁宏《罗浮记》有云：

---

① 陈飞龙：《葛洪之文论及其生平》，文史哲出版社 1980 年版，第 87—88 页。

（葛洪）以年老欲炼丹自卫，闻交趾出丹砂，乃求勾漏县，于是选焉。遂将子侄俱行，至广州，刺史邓岱以丹砂可致，请留之，洪遂复入此山炼神丹。在此山积年，忽与岱书云：当远行寻师药，刻期当去。岱疑其异，便狼狈往别。既至而洪已亡，时年六十一。观其颜色如平生，体亦柔软，举尸入棺甚轻，如空衣然也。①

《高僧传》卷九《神异上·晋罗浮山单道开传》载："晋兴宁元年（363年），陈郡袁宏为南海太守，与弟颖叔及沙门支法防，共登罗浮山。"《法苑珠林》卷二十七引王琰《冥祥记》也云："陈郡袁彦伯兴宁元年（363年）为南海太守，与弟颖叔登游此岳（罗浮）。"我们相信袁宏的《罗浮记》是在此次出游后不久所写。因此，这也成了记载葛洪辞世最早的材料。在这一条材料中，表明葛洪卒于六十一岁。

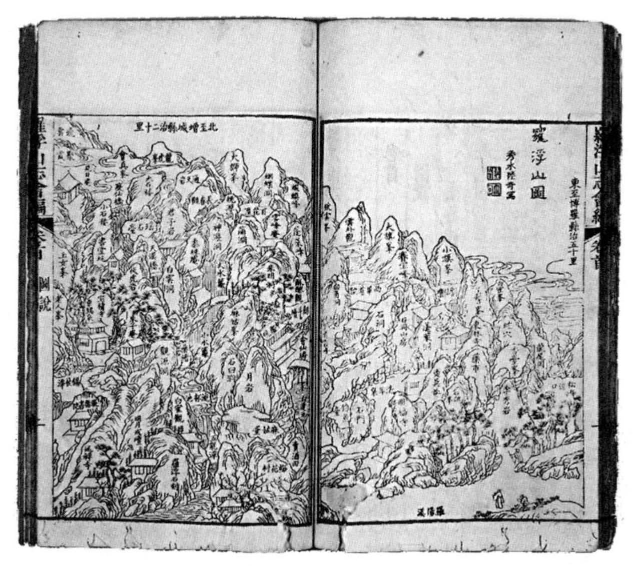

图8 《罗浮山图》

然而更多的材料却说葛洪卒于八十一岁。《晋书·葛洪传》载：

后忽与嶽疏云："当远行寻师，克期便发。"嶽得疏，狼狈往别。而洪坐至日中，兀然若睡而卒，嶽至，遂不及见。时年八十一。视

① （宋）乐史撰，王文楚等点校：《太平寰宇记》，中华书局2007年版，第3070—3071页。

其颜色如生，体亦柔软，举尸入棺，甚轻，如空衣，世以为尸解得仙云。

晋宋之际的何法盛《晋中兴书》记载：

葛洪赴岣嵝令，行至广州，其刺史邓岱留不听去。洪乃止罗浮山中炼丹。积年，忽与岱书云：当远行寻药，岱得书，径往别，而洪已亡，年八十一。颜色如平生，入棺轻如空衣，尸解而去。①

陈朝时马枢《道学传》、元代张天雨《玄品录》卷三、赵道一《历世真仙体道通鉴》卷二十四、明清以来所有的《罗浮山志》《广东通志》及《广州府志》等大量地方史志，均将葛洪卒年记为八十一岁。②

因此，现代学者在葛洪的享年问题上形成了两大派，即八十一岁派与六十一岁派。主张八十一岁说的有王明《抱朴子内篇校释》、张文勋《葛洪评传》、任继愈《中国道教史》、张可礼《东晋文艺系年》等。而主张六十一岁说的则有刘汝霖《东晋南北朝学术编年》，陈国符《道藏源流考》，大渊忍尔《葛洪年谱》，侯外庐等《中国思想通史》，杨明照《抱朴子外篇校笺》，程喜霖、曹道衡、沈玉成《中古文学史料丛考》，胡孚深《葛洪年谱略述》，王承文《葛洪晚年隐居罗浮山事迹释证——以东晋袁宏〈罗浮记〉为中心》，丁洪武《葛洪卒年考》等。

持八十一岁说的学者其主要证据有：(1)葛洪著《神仙传》卷十《平仲节传》云，晋穆帝永和元年(345 年)五月一日平仲节成仙，则葛洪之死当在永和元年之后；(2)据《道教义枢》卷二、《云笈七签》卷六等，葛洪于晋建元二年(344 年)三月三日以《灵宝经》等传付弟子海安君望世等，则他应卒于此年以后。但现存《神仙传》的成书非常复杂，经过了后世许多人的增补与改编，早已不是葛洪所著的原貌；而《道教义枢》《云笈七签》等教内文献，其可信度一直不高，两者都不能视之为坚强的证据。

---

① (宋)李昉等编：《太平御览》卷六六四《道部六 · 尸解》，中华书局 1960 年版，第 2964 页上。

② (唐)王松年：《仙苑编珠》卷上“葛洪兀然”条注引《道学传》，《道藏》第 11 册，第 23 页中；《玄品录》卷三，《道藏》第 18 册，第 113 页下；《历世真仙体道通鉴》卷二十四《葛洪传》，《道藏》第 5 册，第 237 页中；陈梿：《罗浮志》卷四；(明)郭棐：《广东通志》卷六十六《仙释 · 葛洪》；阮元《广东通志》卷三二九《释老 · 葛洪》。

无论是六十一岁说还是八十一岁说，有一点是共同的，那就是葛洪卒时，邓嶽尚为广州刺史。因此，考察邓嶽在广州刺史的任期就成为检验两说是否成立的关键。

如果葛洪卒时为八十一岁，那去世时间应该是哀帝兴宁元年（363年）。然而邓嶽绝无可能在此年为广州刺史。《真诰》卷十四《稽神枢第四》载："衡山中有学道者张礼正、冶明期二人……俱出广州为沙门，是滕含为刺史时也。"陶弘景注云："滕含以永和十年甲寅年（354年）为广州刺史。"据《晋书·南蛮·林邑传》载：升平（357—361年）末，广州刺史滕含率众伐林邑王范佛。《晋书·穆帝纪》载，升平五年（361年）二月，"平南将军、广州刺史、阳夏侯滕含卒"。由此，永和十年（354年）至升平五年，广州刺史是滕含。又据《世说新语》刘孝标注，谢奉曾任"安南将军、广州刺史"。综合考辨各种文献，谢奉任广州刺史的时间就在升平五年二月至兴宁元年之间。因此，吴廷燮《东晋方镇年表》载，建元二年（344年）后由邓嶽之弟邓逸担任广州刺史，直到永和二年（346年）。这以后不明空缺。永和十年为滕含接任。从升平五年到兴宁三年（365年），广州刺史为谢奉。[①] 既然如此，兴宁元年的广州刺史绝非邓嶽。

晋哀帝兴宁元年，时任南海太守的袁宏专程登临罗浮山并撰写《罗浮记》。而袁宏并未见到葛洪，《罗浮记》完全是把葛洪当作一位故去已有年月的先贤来记载的，这也能说明葛洪之卒远早于兴宁元年。

据《晋书·成帝纪》记载，咸康五年（339年）："三月乙丑，广州刺史邓嶽伐蜀，建宁人孟彦执李寿将霍彪以降。"这是邓嶽出现在史料中的最后时间。但有迹象表明，他一直活动到康帝即位以后。《晋书·邓嶽传》载："邓嶽，字伯山，陈郡人也。本名岳，以犯康帝讳，改为嶽，后竟改名为岱焉。"晋康帝即位是在咸康八年（342年）六月，至少此年邓嶽还活着，还为了避讳而改了名字。第二年改元为建元，此年葛洪逝世。万

① 分别见（清）吴廷燮：《历代方镇年表》第六册《东晋方镇年表》下"广州"条，辽海书社1936年版；（清）万斯同：《历代年表》卷十七《东晋方镇年表》，商书印书馆1937年版，第418—425页。

斯同、吴廷燮都认为康帝建元元年邓嶽还是广州刺史。[①] 所以,邓嶽能够在葛洪去世时前往罗浮山与其告别。

综上所述,我比较赞成六十一岁说。

第七节 扶南之行考——《神丹经》中关于日南的新知识

一、《太清金液神丹经》的真伪

《太清金液神丹经》收录于《正统道藏·洞神部众术类》"兴"字号,分为上中下三卷。[②] 上卷分三部分。前半部分题为"正一天师张道陵序"。中间为合丹法,并云"此《太清金液神丹经》文。本上古书,不可解,阴君作汉字显出之,合有五百四字",似为阴长生所作。后面介绍"六一泥法"。中卷题为"长生阴真人撰",分两部分。主要部分是介绍丹法,卷末的内容是以葛洪的口吻记录阴长生与鲍靓的交谈。下卷题为"抱朴子序述",主要内容是葛洪早年游历扶南等国的所见所闻和晚年求为句漏令的原因,并详述扶南等二十余国的地理方位、风俗特产,最关注的就是丹砂、香料的出产情况。

张君房《云笈七签》卷六十五《金丹诀》内载《太清金液神丹经》(并序),附"作六一泥法""合丹法""祭受法",即《道藏》本的上卷,但不题"张道陵序"。下为《太清金液神丹阴君歌》,至"诸有道者,可揽于进志也"止,与《道藏》本中卷的上半相同,也不题阴长生撰。饶宗颐疑张君房所见此书与《道藏》本不同,不认为此书卷上、卷中为张道陵与阴长生所作。《抱朴子》《神仙传》均未述及此经。事实上,《道藏》本《太清金液神丹经》的上卷并不是张道陵所作,中卷也不是阴长生所作,下卷是否葛洪所作则有争议。

1937年,马伯乐(Henri Maspero)曾经将《太清金液神丹经》中有关

---

① 分别见(清)吴廷燮:《历代方镇年表》第六册《东晋方镇年表》下"广州"条,辽海书社1936年版;(清)万斯同:《历代年表》卷十七《东晋方镇年表》,商书印书馆1937年版,第418—425页。

②《太清金液神丹经》,《道藏》第18册,第746下—765页。

大秦的材料译成法语，并附有考评，认为此经乃伪托葛洪所撰，间亦抄袭万震《南州异物志》之书，其记大秦事多不确，认为这是公元6世纪之作品。①

陈国符《道藏源流考》不能明确此经之真伪，但指出，东晋华侨所撰《周君内传》云，紫阳真人周义山登鹤鸣山时，受《太清金液神丹经》，说明至迟在东晋时，此经业已出世。尽管陈国符没有明指此经为葛洪作，但他认为葛洪在光熙元年（306年）前往广州，遂停南土，尝由日南前往扶南，这是间接采信了此经下卷序言中的说法。② 饶宗颐又引申陈说，谓《神丹经》记扶南、无伦、典逊、林邑、杜（社）薄五国，这些都是刘宋以前就已经出现在史料中的国度，而不记诃罗陁、婆皇、婆达、槃槃、丹丹、狼牙修这些刘宋以后才进入史料的国度，因此该书"并无屏入刘宋以来的南海事迹"；并且从书中用韵（指卷下四言韵语）观察，认为此书绝不会晚至宋梁以后。书中序言中提及"年已及西"，求"小县之爵"等语，如果是葛洪所作，时间当在咸和六年（331年）求为句漏令之后。③

《太清金液神丹经》下卷前有序言，其云：

> 余少欲学道，志游遐外，昔以少暇，因旅南行，初谓观交岭而已，有缘之便，遂到扶南。

如果此经为葛洪所作的话，表明葛洪曾到过扶南。只不过，陈国符认为是光熙元年（306年）葛洪第一次到广州以后去的扶南，饶宗熙认为是咸和六年（331年）葛洪第二次到广州以后去的扶南。冯汉镛则从葛氏现存著述中所提到的印支特产、扶南土俗、符篆变革、航海技术等方面证明葛洪曾到过印支。④ 丁宏武通过详细考辨此卷作时的各种文献，推断其作时必在三国后期至东晋初；在此基础上，结合当时丹经的

---

① "Un texte chinois sur le pays de Ta-t'sin(orient roman)", M'elanges Maspero, VoⅠ. Ⅱ(Le Caire, 1937)，后改题"Un texte taoiste sur l'Orient Romain"，收入《马伯乐遗书》第三集（Etudes Historique, Paris, 1950），转引自饶宗颐《太清金液神丹经卷下与南海地理》，《饶宗颐二十世纪学术文集》第七册，新文丰出版公司2003年版，第51页。

② 陈国符：《道藏源流考》，中华书局1963年版，第376—378页。

③ 饶宗颐：《太清金液神丹经（卷下）与南海地理》，《饶宗颐二十世纪学术文集》第七册，新文丰出版公司2003年版，第5—78页。

④ 冯汉镛：《葛洪曾去印支考》，《文史》第39辑，1994年，第59—69页。

传授方式、葛洪的生平事迹、《抱朴子外篇》的用韵等，断定《太清金液神丹经》卷下确系葛洪手笔，可作其扶南之行的内证。并且丁宏武认为葛洪的扶南之行与其早年的访道求仙活动及交州情结有关，时间当在306年至310年之间。[①] 而谭清华、袁名泽则进一步对葛洪扶南之行的时间、目的、路线和结果作了补充。[②]

我同意《太清金液神丹经》卷下应该是6世纪以前的作品。不过，正如我们上文所指出的，《太清金液神丹经》卷上署名张道陵、卷中署名阴长生，显见是托名之作，卷下署名抱朴子亦未必可信。道经中葛洪是一个常见的托名对象，如《抱朴子神仙金汋经》《抱朴子别旨》《大丹问答》《大清玉碑子》等都非葛洪自撰，而是后世道流利用葛洪言论进行推衍发挥。《太清金液神丹经》被《云笈七签》卷六十五收录，并无卷中后半葛洪所记鲍靓、阴长生事，也没有卷下产丹砂诸国之事。因此，不宜遽信是葛洪所作。

二、扶南之行的疑问

即便《太清金液神丹经》为葛洪所作，也不意味着葛洪曾亲至扶南。理由如下：

首先，《太清金液神丹经》的作者对海上航行并不熟悉，他对当时帆船速度的夸大表明他并没有长期海上航行的经验。其云：

> 典逊去日南二万里，扶南去林邑似不过三千七八百里也。何以知之？舶船发寿灵浦口，调风，昼夜不解帆，十五日乃到典逊。一日一夕，帆行二千里。
>
> 问曰："今长江舟船，高墙广帆，因流顺风而下，日才行三百里耳。吾子今陈海行，昼夜三千里，岂不虚哉！"答曰："余昔数曾问之，'舶船高张四帆斯作？'云：'当得行之日，试投物于水，俯仰一息之顷，以过百步。'推之而论，疾于逐鹿，其于走马，马有千里。以此知之，故由千里左右也。"

---

① 丁宏武：《葛洪扶南之行补正》，《宗教学研究》2005年第4期，第125—132页。

② 谭清华、袁名泽：《葛洪扶南之行再考》，此文首发于《山西师大学报》2017年第3期，继发于《社会科学论坛》2017年第10期，24—32页。

张燮《东西洋考》卷九《舟师考》说："准一昼夜风利所至为十更。"①黄省曾《西洋朝贡典录》卷上《占城国》引郑和时代之《鍼位》云："海行之法，以六十里为一更。"②明吕调阳校正张燮《东西洋考》卷九《西洋针路》附注云："每更五十里或六十里。"③这是南海最大季风之航速。明人所撰的《两种海道针经·顺风相送·行船更数法》说："每一更二点半约有一站，每站者计六十里。"④一更二点半行六十里，一更则行四十里左右。清初李元春《台湾志略》卷一有云："每一日夜共十更，每更舟行可四十余里。"也就是说，通常帆船昼夜能行四百多里，最大航速能达到一昼夜五六百里。这是明清时的帆船速度，应该比两晋帆船更快一些。此处说，"一日一夕，帆行二千里""昼夜三千里"，应该是因没有海上航行经验的夸大之言。

从中土出发到扶南，海上航行时间起码在一个月以上，一来一回，就是两三个月。有了两三个月的海上航行经验，航速是必须掌握的数据，而上文推测最大航速居然需要以走马比拟，可见作者并没有真正的航海经验。水手测速确实是投物于水并观其速度，但其测速方法与《太清金液神丹经》所述有明显不同。《两种海道针经·顺风相送·行船更数法》记录了具体的测速方法："将片柴从船头丢下与人齐到船尾，可准更数。"李元春在《台湾志略》卷一中将记更法说得更为清楚明白："以一人取木片赴船首投海中，即从船首疾行至船尾，木片与人行齐至为准；或人行先木片至，则为不上更；或木片先人行至，则为过更。计所差之尺寸，酌更数之多寡，便知所行远近。"⑤据此，《太清金液神丹经》作者并无长期海上航行的实际经验，但听人讲过海上航行的一些传闻，所以在转述中就会有所演绎。

其次，当年的海上航行，全凭季风，去了扶南并不能马上返回，只能在当地等待返程的季风，通常会在当地等待居住六个月左右。在这么长的时间内，作者应该能够亲至很多地方，有过很多的经历，但这篇文

---

① (明)张燮：《东西洋考》，中华书局 1981 年版，第 170 页。

② (明)黄省曾：《西洋朝贡典录》，中华书局 2000 年版，第 1 页。

③ 引自郑鹤声、郑一钧编：《郑和下西洋资料汇编》上册，齐鲁书社 1980 年版，第 281 页。

④ (明)佚名著，向达校注：《两种海道针经》，中华书局 1961 年版，第 25 页。

⑤ (清)李元春《台湾志略》，《台湾文献史料丛刊》第 2 辑第 22 种，大通书局 1984 年版，第 13 页。

章完全没有提供有关扶南新的知识，文中的地名、港名、物产、人物等等，全部都是此前文献上有过的记载。

冯汉镛说葛洪《抱朴子》提到过一些特产，如《仙药》对“万岁蟾蜍”的描绘与马来西亚所产的角蛙的形状完全相同，《论仙》中提到的川蛙翻飞与印支的泰国和柬埔寨边境出产的华莱士飞蛙善跳跃的特征符合。《仙药》中提到的“风生兽”实为大陆鼯鼠，栖息在亚洲南部森林中。通天犀产于占城、缅甸，而葛洪掌握其鉴别方法，说明他亲至其地。卢容玉来自日南、水晶碗来自埃及等等，这些物产非亲至其地不能知晓。

首先不说葛洪提到的动物是否就是冯先生所说的那些物产，即便是，这些物产的原产地分布是如此广泛，从马来西亚到越南、柬埔寨、缅甸，甚至到埃及，也就是说葛洪必须跑遍整个印支半岛；如果说不用亲至其地也能接触或听闻这些物产，那么，葛洪在国内也能了解上述知识，提及这些物产并不能说明葛洪到过印支半岛。

上述这些物产基本上出自《抱朴子内篇》的记载，表明在写作之前，葛洪就已经有了这次扶南之行，但有证据表明葛洪的《自叙》是写作于《抱朴子内篇》成书之后的，很难想象这么重大的一次人生经历，他在《自叙》中一字不提。

三、《太清金液神丹经》作者有可能亲至日南

我的看法是并无有力的证据表明葛洪是《太清金液神丹经》的作者，《太清金液神丹经》的作者似乎也不像是到过扶南；但这位作者应该到过日南，因为这篇经文提到了一些不为人所知的“冷知识”。

当时日南到扶南的通行航路是从卢容浦出发。《水经注》卷三十六引康泰《扶南记》曰：

> 从林邑至日南卢容浦口可二百余里，从日南发往扶南诸国，常从此口出也。

《晋书》卷九十七《四夷·南蛮传》云：“林邑国，本汉时象林县，则马援铸柱之处也。”《晋书》卷十五《地理下》“象林”条下注曰：“今有铜柱，亦是汉置此为界。”西汉时所设的象林县，通常认为在越南岘港以南武

嘉河之南。法国学者 L. 鄂卢梭、J. 卡柯斯和越南学者陶维英从考古发掘材料和地理形势，论证了象林县城的位置在今越南广南省维川县茶峤遗址。① 此地附近的海岸应该就是汉晋之际传说中的马援立铜柱处。东汉末年，区连在此起兵，建立了林邑国。据此，距林邑北二百余里的卢容浦，大致在今顺化市。从现代地图可得知，此地确有香江通往南海，由此出发前往扶南，是当时的通行航线。但《太清金液神丹经》曾两次提及从寿灵浦出发可前往扶南：

出日南寿灵浦，由海正南行，故背辰星，而向箕星也。昼夜不住十余日，乃到扶南。

这是一个一般人不知道的"冷知识"。"寿灵浦"即《水经注》卷三十六"温水注"条提到的寿泠浦。据载，寿泠水绕区粟城南后与城北的卢容水合。郦道元说：

应劭《地理风俗记》曰：日南故秦象郡，汉武元鼎六年开日南郡，治西卷县。《林邑记》曰："城去林邑步道四百余里。"《交州外域记》曰："从日南郡南去，到林邑国，四百余里。"准逕相符，然则城故西卷县也。

杨守敬解释说：二书一就区粟城言，去林邑四百余里。一就日南郡而言，去林邑里数同。日南治西卷县，故知区粟城即西卷县城。②

据此，寿泠水与寿泠浦应该在西卷县城附近。西卷县的所在地各国学者有争议。谭其骧主编的《中国历史地图集》将日南郡郡治西卷县(所治在区粟城)定位于今越南广治省广治县东河市附近。③ 因此，寿泠

① [越]陶维英：《越南古代史》上册，商务印书馆 1976 年版，第 503—504 页。

② (北魏)郦道元著，(清)杨守敬、熊会贞疏：《水经注疏》，江苏古籍出版社 1989 年版，第 2995 页。

③ 区粟城之位置有广治省明灵城、广平省广宁县边境和顺化附近、广平省的巴屯市、广平省高牢下村等各种说法。详见《越南古代史》上册对区粟城问题的相关讨论，第 518—535 页。饶宗颐等人则主张寿灵浦在沱瀼河地区。他引用陈荆和的观点："寿灵即寿泠。越读前者为 Tho-linh，后者为 Tho-lanh，两者与沱瀼(Da-nang=大南)之欧名 Tourane 甚近。"周钰森《郑和航路考》则谓："寿泠浦在今沱瀼河及河口地区，《武备志》所附《外国诸蕃国》交阯界之大灵胡山，《海国广记》作大琅湖山，俱为'沱瀼'之对音，而寿泠则其原音云。"按《水经注》之"顿郎湖"，与大琅湖亦应同为一名。见饶宗颐《太清金液神丹经(卷下)与南海地理》，《饶宗颐二十世纪学术文集》第七册，新文丰出版公司 2003 年版，第 18 页。如此说成立，那岘港应该就是西汉时的西卷县，象林县更在西卷南方数百里，这绝无可能。

浦大致在今越南的石瀚江流域。从现代地图上可看到，石瀚江由东南绕过东河市以后从东北出海，出海后确可南下扶南。而出海口之前的水道交错纵横处疑即《水经注》中的所谓“四会浦”。这条航线除《太清金液神丹经》外，并无其他文献提及。

> 象林，今日南县也。昔马援为汉开南境，立象林县，过日南四五百里，立两铜柱，为汉南界。后汉衰微，外夷内侵，没取象林国，铜柱所在海边，在林邑南可三百里，今则别为西图国，国至多丹砂，如土。

这段话看上去很含混，但它反映了林邑国不断向北扩张，象林县县治不断北迁的历史。西晋后复置的象林县，曾北迁寄治卢容（治今越南顺化附近）①。此处说“象林，今日南县也”，疑当时象林县的县治已继续北迁寄治至日南（“县”当作郡，日南郡首府即为西卷县区粟城，今东河市）；而林邑国的都城则北迁到了今顺化附近。② “昔马援为汉开南境，立象林县，过日南四五百里，立两铜柱，为汉南界。”法国和越南学者均认为林邑王范阳时的都城在今越南的维川茶峤，而林邑国是在汉时的象林县建立的，因此，汉时的象林县治即在今天的维川茶峤。从东河市步行到维川茶峤的距离大致是 202 千米，与“过日南四五百里”相合。引文里的“林邑”指的是晋时的林邑都城（汉朝卢容县，今越南顺化）。顺化步行到汉时象林的县城（维川县茶峤）是 132 千米，此处说从林邑（今顺化）到铜柱所在海边，“可三百里”，也可以说是非常精确了。而“今则别为西图国”，也提供了其他文献缺载的新知识，说明当时占据西汉时象林县的为西图（屠）国，这是从未有人提及的。

据此，我认为《太清金液神丹经》下卷的作者应该去过日南，才会掌握这些不为大众所知的知识。

---

①《晋书》卷十五《地理下》“卢容”条下注曰：“象郡所居。”

② 陶维英认为，有迹象表明，顺化、广治古城曾经做过林邑的都城。

第八节　葛洪的人格特点
——基于大五人格测试法的人格分析

在葛洪的《自叙》中，他以大量的篇幅非常翔实地介绍了自己的经历、性格与为人，这些自述，较为充分地反映其人格特点。我们根据现代心理学经常使用的大五人格（big five personality）的分析模式，通过其《自叙》并结合其生平来分析一下他的人格特点。

大五人格是目前比较流行的一种人格测试方法。它从神经质、外倾性、开放性、宜人性、责任心等五大维度综合分析对方的人格特征①，由此可以帮助我们更好地了解葛洪。

一、内向

从葛洪的《自叙》可以知道，葛洪人格特征中最明显的一点就是外向程度低。外向程度低的人通常是不好交际的、严肃的、感情含蓄的。此一维度得分越低，表示性格越内向。内向者往往安静、抑制、谨慎，对外部世界不太感兴趣。内向者喜欢独处，他们的独立和谨慎有时会被错认为不友好或傲慢。

在《自叙》中，葛洪反复强调他对社交，尤其与上层人物社交的厌恶：

> 又患弊（毙）俗舍本逐末，交游过差，故遂抚笔闲居，守静荜门，而无趋从之所。至于权豪之徒，虽在密迹，而莫或相识焉。
>
> 是以车马之迹，不经贵势之域；片字之书，不交在位之家。

闲居守静，不交权贵，一方面是出于对东汉末年以来世俗社会交游延誉风气的厌恶，对山林隐士价值观的坚守，但更为重要的原因是性格上的内向。葛洪是一个沉默的、严肃的、从不开玩笑的人，他说他“言则率实，杜绝嘲戏，不得其人，终日默然，故邦人咸称之为抱朴之士”。这

① [美]伯格著，陈会昌等译，《人格心理学》，中国轻工业出版社 2000 年版，第 131 页。

也是他自号抱朴子的原因。这样的性格使得他不仅不喜欢干谒官长，也不喜欢参与吊丧问疾这样一些通常的习俗礼仪，他说：

> 不晓谒以故初不修见官长。至于吊大丧，省困疾，乃心欲自勉强，令无不必至，而居疾少健，恒复不周，每见讥责于论者，洪引咎而不恤也。意苟无余，而病使心违，顾不愧己而已，亦何理于人之不见亮乎？唯明鉴之士，乃恕其信抱朴，非以养高也。

而论者的讥责使他更不喜欢与人交往，这就形成了恶性循环，使得葛洪一直没有朋友宾客：

> 由是俗人憎洪疾己，自然疏绝。故巷无车马之迹，堂无异志之宾。庭可设雀罗，而几筵积尘焉。

对此，葛洪把这一处境归因为：(1) 性格与生理因素。“性钝口讷，形貌丑陋”“洪禀性尪羸，兼之多疾……行亦性所不好”“居疾少健”“洪性深不好干烦官长”等。(2) 缺乏物质条件。“贫无车马，不堪徒行”“衣不辟寒，室不免漏、食不充虚，名不出户……贫无僮仆”等。(3) 价值观念。“汉末俗弊，朋党分部，许子将之徒，以口舌取戒，争讼论议，门宗成仇。”葛洪深以为戒。

这一人格特点对葛洪造成了非常大的困扰，大大影响了他的社会前程。《自叙》反复将其归因为自己无法克服的因素，实际上是一种自我宽解，以避免社会责备和自我责备对自我心理造成困扰。

二、尽责

葛洪人格的第二个特点是非常尽责，主要表现为高度自律。尽管他自谦说“意志不专”，但他十五六岁开始读经并写作诗赋杂文，二十年之后，所撰写的书籍有一百二十卷，抄录的书籍有三百一十卷，这还是早期作品“十不存一”后的数量。他在郑隐处求学三年，抄录的经文目录达二百多卷，如果考虑到古代的阅读、写作条件，考虑到葛洪长期处于流离播越之中，这绝对需要持之以恒的毅力和决心才能做到。我们知道，在没有利禄诱惑的情形下，在迁徙动荡的条件下，年复一年、日复一日的写作是需要高度的自律才能做到的。仅此即可说明，葛洪是一个非常自律、高度尽责的人。

三、神经质

就神经质的程度而言，葛洪应该是得分较高的，这主要表现在他的自我满意度低。神经质的人关心别人如何看待自己，害怕别人嘲笑自己，在社交场合容易感到害羞、焦虑、自卑和尴尬，葛洪完全符合这些特点。在葛洪的《自叙》中充斥着自我贬低，他说自己“孤陋寡闻，明浅思短……性闇（暗）善忘，又少文，意志不专，所识者甚薄，亦不免惑”。他又说：

> 洪之为人也而骙野，性钝口讷，形貌丑陋，而终不辩自矜饰也。冠履垢毙，衣或褴褛，而或不耻焉……洪禀性尪羸，兼之多疾，贫无车马，不堪徒行。

他说：“且自度性笃懒而才至短，以笃懒而御短才，虽翕肩屈膝，趋走风尘，犹必不办。”他排斥社交的重要原因是心理上的不安全感，在社交场合他会有严重的害羞和尴尬情绪体验。他在人群中会感到不舒服，对嘲弄敏感，容易产生自卑感。

四、保守

开放性这一维度有三个观察角度：(1) 富于想象对务实。(2) 寻求变化对遵守惯例。(3) 自主对顺从。得分越高，性格越开朗，态度越开放，越容易接受新事物。得分越低，性格越封闭，态度越保守。

葛洪在社会政治议题上，正如他自己所说的，“期于守常，不随世变”。他对魏晋以后新出现的学术旨趣、社会风气、通行习俗、流行时尚都持批判与反对的态度。无论是学习还是生活，他持守两汉以来的传统价值和方式，属于遵守惯例的人。就自主性而言，葛洪无疑是一个高度自主的人，完全不会因为流行的社会价值观而改变自己的生活选择。当时世俗最重要的评价标准当然是权力、财富与名誉，所以人人争趋仕途，只有做官才能做到三者皆得。但葛洪选择了隐居修炼之路。他说：“未若修松、乔之道，在我而已，不由于人焉。”又说：“将登名山，服食养性,非有废也。事不兼济,自非绝弃世务,则曷缘修习玄静哉!且知之诚难,亦不得惜问而与人议也。”所以,葛洪是一位高度自主的人。因为自主,就不会因为外界社会的变化而变化,因而显得越发保守。

五、随和

就随和(或译宜人性)这一维度而言,如果根据葛洪的自述,那他无疑是极其随和、宜人、受欢迎的人。他非常乐于助人,知恩图报:

> 至于粮用穷匮,急合汤药,则唤求朋类,或见济亦不让也。受人之施,必皆久久渐有以报之,不令觉也。非类,则不妄受其馈致焉。洪所食有旬日之储,则分以济人之乏,若殊自不足,亦不割己也。
>
> 不为皎皎之细行,不治察察之小廉。村里凡人之谓良守善者,用时或赍酒肴候洪,虽非俦匹,亦不拒也。后有以答之,亦不登时也。洪尝谓史云不食于昆弟,华生治洁于昵客,盖邀名之伪行,非廊庙之远量也。

在与别人交谈时,他往往站在对方的角度,设身处地为对方着想,不让对方下不来台。每和别人谈话,他总是估计对方知道什么就谈什么,不强拉着人聊他所没听说过的话题。至于和有识之士的辩论,他每次都举出大纲与要领。如果遇上护短的人,难于理解他的真心想法,就只大略说说自己的意思和倾向,能对人有所启发即可,不下功夫极力深究,使对方完全没有返身的余地。那些人如果过后能够静下心来审慎思考,多半就能理解并有所收获。估计不值得和他说话的人,即使有时提出问题,也总是以不知道推辞,免得浪费唇舌。

葛洪有一项基本的为人原则,就是口不及人之非,不臧否人物,不议论别人的短长,对仆人也加以尊重。如果一定要论人,那就尽量扬人所长,略其所短。他说从懂事一直到老,嘴上不谈别人的过失,不说别人的隐私。即使是侍从、仆人有短处或可羞之事,他也不拿来和他们开玩笑。他未曾议论品评过别人的优劣,也不喜欢批评别人的好坏。有的时候被位尊辈长的人逼问,无法推辞,那就仅仅列举此人的好事;谈论文章时,选人家写就的好文章,而不挑有毛病的地方加以指责。因此，葛洪没有因诽谤赞誉招致怨恨。有地位的人有时问及官员、部吏、百姓的情况，其中有清高的、能力不显露的人，葛洪就述说他们令人满意称心的事；其中有贪婪残暴、昏乱愚昧的人，就回答碰巧不认识、不熟悉。葛洪因此也受到讥诮责难，认为他照顾庇护的太多，不能黑白分明、明辨善恶，但葛洪始终不敢改变。

以上都是葛洪的自述。但我们从他的著作来看，葛洪并不是一个没有锋芒的人，他对前修先贤、世风时尚、社会陋俗及其宗教同行的批判非常尖锐，完全不怕得罪人。可见自我认知和公众认识并不完全一致。

六、性格即命运

综上所述，葛洪的人格特点是非常内向、高度尽责、极其宜人、略微自卑、相对保守。因此，他对自己的定位是："余才短德薄，干不适治。出处同归，行止一致；岂必达官乃可议政事，居否则不论治乱否？"（《抱朴子外篇·应嘲》）

不过，我们也必须看到，因为以上是葛洪本人的自陈，所以，他倾向于以社会赞许性高的方式来描述自己，有伪装的可能。但由此我们可以看出社会上的价值导向：当时受赞许的人格就是自谦、内向而不善社交，高度自律，尽责，乐于助人，人际关系融洽，遵守秩序规则，不追逐时尚。这种人格倾向更接近于儒家，而非道家。而魏晋名士的人格特点刚好相反，最大特点是不负责任（尽责性低），而且自大、喜称誉（外向性高），追逐时尚（开放性高）。因此，在两晋之交的社会环境中，葛洪"用不合时，行舛于世"，诸事不顺是可以想见的。

所谓性格即命运，葛洪的家庭出身和人格特点，决定了他在东晋的社会政治环境中，很难在仕途上有远大前程和充分作为，只能转而选择宗教领域求发展。但他显然不是一个具有克里斯玛（charisma）气质的人，他那高度内向、相对诚实的性格使他无法用自己的性格魅力和如簧之舌吸引信徒，也就无法成为教主。他的性格最适合做的就是学者的工作，事实上，他也是作为宗教理论家、宗教宣传者、宗教历史家、宗教文献学家和社会批判者而建立起其历史地位的。

第四章　纪化仙都——葛洪的宗教活动

第一节　全民信仰——汉晋时期的道教活动

一、出土文物中反映的东吴道教活动

葛洪生活的两晋时期，宗教氛围极其浓厚。上至王公贵族，下至底层平民，分别以不同的方式避灾求福，追求长生成仙。东汉末年时，太平道组织的起义被镇压，汉中天师道教民强行迁徙，系统的道教组织一度遭到了严重的打击，但他们的宗教活动并没有完全灭绝。魏晋以后，东迁的天师道教民在洛阳、邺城等迁徙之地渐渐恢复起他们的组织。考古资料则表明，东吴至东晋初年，原吴国境内依然存在着活跃的天师道活动。

三国西晋时期，东吴统治区域内与道教有关的墓葬大致有五座。其中湖北武昌黄武元年（222年）吴郡道士郑丑墓[①]和湖北鄂城东吴史绰墓（墓主是广陵高邮人）[②]这两座墓葬随葬的名刺上，墓主自称道士、童子，学者因此认为这是职业道士的墓葬。而江西南昌东吴高荣墓[③]、

---

① 武汉市文物委员会：《武昌任家湾六朝初期墓葬清理简报》，《文物考古资料》1955年第12期，第65—73页。

② 鄂城县博物馆：《湖北鄂城四座吴墓发掘报告》，《考古》1982年第3期，第257—269页。

③ 江西省历史博物馆：《江西南昌市东吴高荣墓的发掘》，《考古》1980年第3期，第219—228页。

安徽马鞍山东吴朱然墓[①]、江西南昌两晋之际吴应墓[②]，同是随葬的名刺，墓主自称“弟子”，因此被认为是信众墓。[③] 尤其值得我们重视的是湖北鄂城东吴史绰墓，墓主为广陵高邮人，自称童子。白彬根据张万福《传授三洞经戒法箓略说》《洞玄灵宝三洞奉道科戒营始》、唐朱法满《要修科仪戒律钞》等道书文献记载，指出“童子”乃史绰生前奉道受箓的阶名。正一派之出家为道，按年龄大小不同受箓，有童子箓、将军箓之异。“童子一将军箓”“童子三将军箓”“童子十将军箓”，乃 10—19 岁的儿童所受。所以，他推测墓主史绰是一名受过“童子箓”之类箓阶的道士。[④] 此墓虽然是在湖北鄂城出土，但通常来说，儿童时离开家乡的可能性较小，我们可以假定史绰是在家乡受的童子箓，那就说明东吴时期的广陵高邮是存在天师道组织的。

另一个道教活动非常活跃的地区是豫章郡。江西南昌出土的东吴高荣墓，墓主自称弟子。同是南昌出土的吴应墓随葬的名刺(原发掘报告称“木简”)有 5 枚，形制、大小均同，长 25.3 厘米、宽 3 厘米、厚 0.6 厘米，墨书。其中 3 枚内容相同，文曰：“弟子吴应再拜，问起居，南昌字子远。”此墓的年代，发掘报告说得很犹豫，说是“半圆方枚神兽镜、青瓷钵等，接近西晋的遗物。但带有褐彩斑的

图 9　安徽马鞍山朱然墓出土的漆器[⑤]

① 安徽省文物考古研究所、马鞍山市文化局：《安徽马鞍山东吴朱然墓发掘简报》，《文物》1986 年第 3 期，第 1—15 页。

② 江西省博物馆：《江西南昌晋墓》，《考古》1974 年第 6 期，第 373—378 页。

③ 王育成：《考古所见道教简牍考述》，《考古学报》2003 年第 4 期，第 483—509 页。

④ 白彬：《南方地区吴晋墓葬出土木刺研究》，《四川大学考古专业创建四十周年暨冯汉骥教授百年诞辰纪年文集》，四川大学出版社 2001 年版，第 408 页。

⑤ 安徽省文物考古研究所、马鞍山市文化局：《安徽马鞍山东吴朱然墓发掘简报》，《文物》1986 年第 3 期，彩色插页上。

青瓷器，又具有较迟一些的特征。”[1]这说明，大致在西晋末、东晋初年，豫章郡的道教信仰还是较为普遍的。

二、东吴地区的各种教派

在全国的大部分地区，道教主要还是以方仙道的形态存在，这里所说的方仙道，指的是以师徒制的方式存在的小型宗教集团，其以方术为核心吸引信徒。三国西晋时期，吴地有过形形色色的诸多方士。他们有的来自蜀地，有的来自北方，有的则是吴地土生土长，他们擅长不同的方术，多多少少能够吸引到信徒，有的还有非常大的社会影响。据《三国志》卷四十六《吴书一·孙策传》注引《江表传》载，当时来自琅邪的道士于吉在吴、会之间信徒甚众，影响颇大：

> 时有道士琅邪于吉，先寓居东方，往来吴会，立精舍，烧香读道书；制作符水以治病。吴会人多事之。策尝于郡城门楼上，集会诸将宾客。吉乃盛服杖小函，漆画之，名为仙人铧，趋度门下。诸将、宾客三分之二下楼迎拜之。掌宾者禁呵不能止。策即令收之。诸事之者，悉使妇女入见策母，请救之。母谓策曰："于先生亦助军作福，医护将士，不可杀之。"策曰："此子妖妄，能幻惑众心，远使诸将不复相顾君臣之礼，尽委策下楼拜之，不可不除也。"诸将复连名通白事陈乞之。策曰："昔南阳张津为交州刺史，舍前圣典训，废汉家法律。常著绛帕头，鼓琴烧香，读邪俗道书，云以助化，卒为南夷所杀。此甚无益，诸君但未悟耳。今此子已在鬼箓，勿复费纸笔也。"即催斩之，县首于市。诸事之者，尚不谓之死而云尸解焉，复祭祀求福。[2]

《搜神记》卷一亦载：

> 策欲渡江袭许，与吉俱行。时大旱，所在熇厉。策催诸将士，使速引船，或身自早出督切，见将吏多在吉许。策因此激怒，言：

---

① 江西省博物馆：《江西南昌晋墓》，《考古》1974 年第 6 期，第 378 页。

② （晋）陈寿著，（刘宋）裴松之注：《三国志》卷四七《吴志·孙权传》，中华书局 1982 年版，第 1110 页。

"我为不如于吉邪,而先趋务之?"便使收吉。至,呵问之曰:"天旱不雨,道路艰涩,不时得过,故自早出。而卿不同忧戚,安坐船中,作鬼物态,败吾部伍,今当相除。"令人缚置地上,暴之,使请雨。若能感天,日中雨者,当原赦;不尔,行诛。俄而云气上蒸,肤寸而合。比至日中,大雨总至,溪涧盈溢。将士喜悦,以为吉必见原,并往庆慰。策遂杀之。将士哀惜,共藏其尸。天夜,忽更兴云覆之。明旦往视,不知所在。策既杀吉,每独坐,仿佛见吉在左右,意深恶之,颇有失常。①

早在顺帝时,就有一位于吉,声称在曲阳泉水上得到神书,名为《太平清领书》,就是现存《太平经》的前身。后来,太平道的创始人张角颇有其书。也就是说,顺帝时琅邪人于吉是太平道的精神祖师,东吴时的于吉应当是托名前贤。从他托名的人物、活动的地域以及所持方术分析,这位于吉应该是一位笃信太平道的方士。这说明黄巾起义虽被镇压,但个别太平道方士的活动并没有灭绝。

据《神仙传》卷三所载:"李八伯者,蜀人也,莫知其名,历世见之,时人计之已年八百岁,因以号之。或隐山林,或在鄽市。知汉中唐公昉求道而不遇明师,欲教以至道,乃先往试之,为作傭客,公昉不知也。八伯驱使用意过于他人,公昉甚爱待之。"经过一系列考验之后,以丹经一卷授予唐公昉。② 洪适《隶释》卷三《仙人唐公房碑》释云:公房为王莽时人,东汉汉中太守郭芝为之立碑于兴元。又云:"盖隶法:'房'字其'户'字在侧,故人多不晓,或作'防',或作'昉',皆误也。"由此可知,唐公昉当作唐公房,西汉末年人。李八百应该与他同时或稍早。

这位西汉末年的李八百一再被后人托名。《抱朴子内篇·道意》载:吴国孙权时,蜀地有人名叫李阿,"穴居不食,传世见之,号为八百岁公"。每每问他问题,李阿并不答话,但通过他的表情就可占卜吉凶:如果脸色欣喜,事情就吉利;如果容颜悲戚,事情就凶险;如果含笑,就有大喜;如果微叹,就有深忧,从来没有失误过。后来他突然离去,不知所

① (晋)干宝撰,汪绍楹校点:《搜神记》,中华书局1979年版,第10页。
② (晋)葛洪著,胡守为校释:《神仙传校释》,中华书局2010年版,第81页。

在。后有一位名叫李宽的方士来到吴地，蜀地口音，能祝水治病，颇有愈者：

> 于是远近翕然，谓宽为李阿，因共呼之为“李八百”，而实非也。自公卿以下，莫不云集其门，后转骄贵，不复得常见，宾客但拜其外门而退，其怪异如此。于是避役之吏民，依宽为弟子者恒近千人。

这一派道教组织被称为李家道。据葛洪记述，其信徒上至公卿，下至贫民，人数颇众。成为其弟子而能避役，说明在西晋时期对职业教徒实行免役的优惠政策。

到了东晋初年，一位名叫李脱的道士也自名“李八百”，以此吸引信徒。据《晋书》卷五十八《周札传》载：

> 时有道士李脱者，妖术惑众，自言八百岁，故号“李八百”。自中州至建邺，以鬼道疗病，又署人官位，时人多信事之。弟子李弘养徒灊山，云应谶当王。①

这个自称“李八百”的“道士李脱”，从北方来到建康，假托李八百的名号，“以鬼道疗病”，并且还给信徒安排以教内官位，属于天师道传统。但此时已无法成立汉中时那种政教合一的宗教组织，只能以师徒制的方式吸引信徒。他的弟子名叫李弘，应该也是托名，目的是呼应“李弘当王”的政治预言，同时亦在“养徒”，应该是个野心更大的宗教人物。这个以李脱、李弘为核心的道教组织也有人称为李家道。

当时另有一个道派名为帛家道，创始者名帛和，其时代与籍贯有多种说法。《汉魏丛书》本《神仙传》卷七云：“帛和，字仲理，辽东人也。”《太平御览》卷六百六十三“地仙”条引《道学传》与此同。《水经注》卷十五“瀍水”条云：“(瀍水)东南流。水西南有帛仲理墓，墓前有碑，题云：真人帛君之表。仲理名护，益州巴郡人。晋永宁二年(302年)十一月立。”卷九“洹水”条则说：“(隆虑)县北有隆虑山，昔帛仲理之所游神也，县因山以取名。”②隆虑山，即林虑山，位于今河南林县西。但《太平御

---

① (唐)房玄龄等：《晋书》，中华书局1974年版，第1575页。

② (北魏)郦道元著，(清)杨守敬、熊会贞疏：《水经注疏》，江苏古籍出版社1989年版，第1354—1355、894页。

览》六百六十一“道部”条引《真人传》却说：“马明生者，齐国临淄人也，本姓帛，名和，字君贤。”据《抱朴子内篇·祛惑》载：

> 乃复有假托作前世有名之道士者，如白和者，传言已八千七百岁，时出俗间，忽然自去，不知其在。其洛中有道士，已博涉众事，洽炼术数者，以诸疑难咨问和，和皆寻声为论释，皆无疑碍，故为远识。人但不知其年寿，信能近千年不啻耳。后忽去，不知所在。有一人于河北自称为白和，于是远近竞往奉事之，大得致遗至富。而白和子弟，闻和再出，大喜，故往见之，乃定非也。此人因亡走矣。

“白和”在《遐览》篇中记作“帛和”。可见帛和在西晋时是一位非常著名的道士。上引材料可以相互印证：洛中曾有很高明的道士向他请益，《水经注》卷十五中所说的帛和碑志所立地域与洛中接近；后来河北有人假托其名传教，影响很大，而隆虑山正在黄河以北。这说明，西晋前期，帛家道主要是在北方地区流播。

两晋之际，信奉帛和的帛家道已流传到江浙一带。有材料表明，东晋以后有很多家族世代信奉帛家道。葛洪的同乡句容许氏原来事奉帛家道。《真诰》卷四《运题象第四》说：许映（即许迈）、许谧兄弟，“汝本属事帛家之道，血食生民，逋愆宿责，列在三官。而越幸网脱，奉隶真气”。《真诰》卷二十《翼真检·真胄世谱》又说：“华侨者，晋陵冠族，世事俗祷。”[①]华侨是许谧的姻亲。“俗祷”即“俗神祷”，亦系帛家道。陶弘景的弟子周子良家亦世代奉事帛家道。《周氏冥通记》卷一注谓：“周家本事俗神祷，俗称是帛家道。”陈国符因为帛家道曾传《三皇内文》和《五岳真形图》，而郑隐、葛洪拥有这两种道经，并对它们有高度评价，据此怀疑他们皆奉帛家道。[②] 陈先生怀疑的依据尚嫌薄弱，葛洪对帛家道血食祭祀是非常鄙薄的。

建安二十年（215 年）曹操征讨汉中，随着张鲁的投降，曹操开始了大规模的移民。《三国志》卷十五《张既传》云：“（张既）从征张鲁……鲁降，既说太祖拔汉中民数万户以实长安及三辅。”同书卷二十三《魏书·

① （梁）陶弘景著，赵益校点：《真诰》，中华书局 2011 年版，第 72、357 页。

② 陈国符：《道藏源流考》，中华书局 1963 年版，第 277 页。

和洽传》云："太祖克张鲁，洽陈便宜以时拔军徙民，可省置守之费。太祖未纳，其后竟徙民弃汉中。"卷二十三《杜袭传》云："(杜袭)随太祖到汉中讨张鲁。太祖还，拜袭驸马都尉，督汉中军事。绥怀开导，百姓自乐出徙洛、邺者八万余口。"《华阳国志》卷六《刘先主传》载："(建安)二十四年，先主定汉中，斩夏侯渊。张郃率吏民内徙。"《正一法文天师教戒科经·大道家令戒》说："至义国殒颠，流移死者以万为数，伤人心志。流徙以来，分布天下。"[①]由此可见，自建安二十年(215 年)十一月到建安二十四年(219 年)五月，汉中人民被迫北迁的至少有三次，数量非常巨大，地点主要集中在长安、三辅、洛阳和邺下等。[②]

被强制从汉中迁往邺城、洛阳的教民把天师道的组织和信仰带到了中原地区的政治中心，而这些移民聚居地又成为一个次级传播中心，通过仕宦、婚姻、迁居及其他方式将天师道传播到以琅邪为代表的东部濒海地区。随着永嘉时期大量北方士族的南渡，江南地区出现了很多著名的奉道家族。比如琅邪王氏、琅邪孙氏、高平郗氏、陈郡殷氏，都是很明确的天师道家族。另外一些家族，虽没有明确的证据表明其是天师道家族，但也是奉道家族。比如泰山羊氏、兰陵萧氏等，加上原居吴地的吴郡杜氏、丹阳许氏等。[③] 而经过我对琅邪王彬家族婚姻关系的分析，发现其姻族奉信道教的尚复不少，包括南渡的南阳刘氏、西河宋氏、长乐冯氏，以及本土的吴兴施氏等，都是奉道家族。所以说，道教在两晋时期几乎是全民信仰。

出土资料表明，两晋之交，服用金丹在上层贵族阶层似有风靡的迹象。南京象山是琅邪王氏的一支王彬(王正第三子)的家族墓地，目前为止已经出土了十一座墓葬，其中有九块墓志。在王彬长女王丹虎的墓中随葬了二百余粒丹药，放在一个圆形漆盒内。经南京医学院化验，

---

① 《正一法文天师教戒科经》，《道藏》第 18 册，文物出版社、上海书店、天津古籍出版社 1988 年影印版，第 236 页中。

② 唐长孺《魏晋期间北方天师道的传播》，载《魏晋南北朝史论拾遗》中华书局 1983 年版，第 218—232 页；卿希泰《中国道教史》第 1 卷，四川人民出版社 1996 年版，第 239—241 页，对此都有详细论述。

③ 相关研究可参见陈寅恪：《天师道与滨海地域之关系》，载《金明馆丛稿初编》，上海古籍出版社 1980 年版，第 1—40 页；李刚：《试论孙吴至东晋的江南家族道教》，《四川大学学报》2019 年第 1 期，第 51—62 页。

丹丸的主要成分为硫化汞。化验者初步肯定药丸很可能为当时士大夫阶级服食的丹砂、朱砂一类的丸剂。[①] 王丹虎将丹药作为随葬品，首先表明其珍贵，另有一个可能是指望死后服用此药后能够升仙。由此可知，服用金丹是上层贵族的风气。

图 10　南京象山王丹虎墓中出土的丹丸

第二节　转益多师——葛洪的宗教师承

葛洪不属于上述任何一个教派，就葛洪而言，其传承谱系如图：

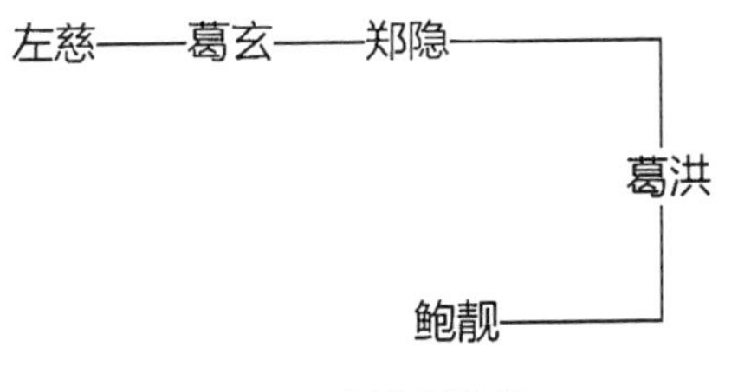

图 11　葛洪师承图

① 南京市文物保管委员会：《南京象山东晋王丹虎墓和二、四号墓发掘简报》，《文物》1965 年第 10 期，第 38—40 页。

一、左慈

左慈此人，曹丕与曹植都有提及。曹丕在《典论》中批评时人追逐时尚：

> 颍川郤俭能辟谷，饵伏(茯)苓。甘陵甘始亦善行气，老有少容。庐江左慈知补导之术。并为军吏。初，俭之至，市伏苓价暴数倍。议郎安平李覃学其辟谷，餐伏苓，饮寒水，中泄利，殆至殒命。后始来，众人无不鸟视狼顾，呼吸吐纳。军谋祭酒弘农董芬为之过差，气闭不通，良久乃苏。左慈到，又竞受其补导之术，至寺人严峻，往从问受。阉竖真无事于斯术也，人之逐声，乃至于是。(《三国志》卷二十九《方伎·华佗传》裴注引)

可见左慈擅长补导之术。曹植《辩道论》曰：

> 世有方士，吾王悉所招致，甘陵有甘始，庐江有左慈，阳城有郤俭。始能行气导引，慈晓房中之术，俭善辟谷，悉号三百岁。(《三国志》卷二十九《方伎·华佗传》裴注引)

据此，左慈擅长的补导之术实际上就是房中术，所以曹丕才说"阉竖真无事于斯术也"。《后汉书·方术下·左慈传》载：

> 左慈字元放，庐江人也。少有神道。尝在司空曹操坐，操从容顾众宾曰："今日高会，珍馐略备，所少吴松江鲈鱼耳。"放于下坐应曰："此可得也。"因求铜盘贮水，以竹竿饵钓于盘中，须臾引一鲈鱼出，操大拊掌笑，会者皆惊。操曰："一鱼不周坐席，可更得乎?"放乃更饵钩沈之，须臾复引出，皆长三尺余，生鲜可爱。操使目前脍之，周浃会者。操又谓曰："既已得鱼，恨无蜀中生姜耳。"放曰："亦可得也。"操恐其近即所取，因曰："吾前遣人到蜀买锦，可过敕使者，增市二端。"语顷，即得姜还，并获操使报命。后操使蜀反，验问增锦之状及时日早晚，若符契焉。
>
> 后操出近郊，士大夫从者百许人，慈乃为赍酒一升，脯一斤，手自斟酌，百官莫不醉饱。操怪之，使寻其故，行视诸炉，悉亡其酒脯

矣。操怀不喜，因坐上收，欲杀之，慈却入壁中，霍然不知所在。或见于市者，又捕之，而市人皆变形与慈同，莫知谁是。后人逢慈于阳城山头，因复逐之，遂入走羊群。操知不可得，乃令就羊中告之曰："不复相杀，本试君术耳。"忽有一老羝屈前两膝，人立而言曰："遽如许。"即竞往赴之，而群羊数百皆变为羝，并屈前膝人立，云"遽如许"，遂莫知所取焉。

《搜神记》卷一中的"左慈"条与此同。按照这篇传记，左慈更像是一个魔术师，其中记载的种种神迹，除了"变形为羊"现在可能已经失传之外，其余的巧变活鱼、远地购锦、酌酒不绝，至今还是魔术师表演中的常见节目。事实上，左慈除魔术技巧和房中之术之外，还掌握着金丹大法。《抱朴子内篇·金丹》说：

昔左元放于天柱山中精思，而神人授之金丹仙经，会汉末乱，不遑合作，而避地来渡江东，志欲投名山以修斯道。余从祖仙公，又从元放受之。凡受《太清丹经》三卷及《九鼎丹经》一卷、《金液丹经》一卷。

所以，这是葛洪金丹术的传承渊源。

二、葛玄

葛玄是葛洪的从祖，他的材料在不同时代的文献中差异较大。《御览》卷八百四十五引《抱朴子》载：

葛仙公每饮酒醉，常入门前陂中，竟日乃出。会从吴主到荆州，还大风，仙公船没。吴主谓其已死。须臾从水上来，衣履不湿，而有酒色，云昨为伍子胥召，设酒不能便归，以淹留也。

如果去除其中的神话性情节，我们所能知道的是葛玄好酒常醉，曾跟随吴主到过荆州。在不同版本的《神仙传》中，葛玄的传记截然不同。《四库》本《神仙传》卷八《葛玄传》载：

葛玄字孝先，丹阳人也。生而秀颖，性识英明，经传子史，无不该览。年十余，俱失怙恃，忽叹曰："天下有常不死之道，何不学焉！”因遁迹名山，参访异人，服饵芝术。从仙人左慈受《九丹金液仙经》。玄勤奉斋科，感老君与太极真人降于天台山，授玄《灵宝》等经三十六卷。久之，太上又与三真人项负圆光，乘八景玉舆，宝盖、幡幢、旌节，焕耀空中，从官千万。命侍经仙郎王思真披九光玉韫，出《洞元》《大洞》等经三十六卷，及上清斋二法：一，绝群独宴，静炁遗形，冥心之斋也；二，清坛肃侣，依太真之仪，先拔九祖，次及家门，后谢己身也。灵宝斋六法：一，金箓，调和阴阳，宝镇国祚；二，玉箓，保佑后妃公侯贵族；三，黄箓，卿相牧伯，拔度九祖罪原；四，明真，超度祖先，解诸冤对；五，三元，自谢犯戒之罪；六，八节，谢七祖及己身，请福谢罪也。及洞神、太一、涂炭等斋并戒法等件，悉遵太上之命，修炼勤苦不怠，尤长于治病、收劾鬼魅之术，能分形变化。

吴大帝要与相见，欲加荣位，玄不枉，求去不得，待以客礼。一日，语弟子张恭言：“吾为世主所逼留，不遑作大药，今当以八月十三日中时去矣。”至期，玄衣冠入室，卧而气绝，颜色不变。弟子烧香守之三日三夜，夜半，忽大风起，发屋折木，声响如雷，烛灭。良久，风止，燃烛，失玄所在，但见委衣床上，带无解者。明旦问邻人，邻人言：“了无大风。”风止在一宅内，篱落树木并败折也。①

这篇传记的内容集中于葛玄传授仙经与斋法，用语及相关描写完全不像葛洪那个时代的风格，应该是后世教士增饰改写过的，不能反映东晋时葛玄传说的原貌。汉魏丛书本《葛玄传》与《太平广记》卷七十一引《神仙传》所载基本相同，充斥着各种神异描写，重点则是葛玄使用符箓产生的神奇功能和各种变幻之术，集汉魏以来方士神术之大全，应该不是葛洪的原作。相对而言，通行本《搜神记》卷一“葛玄”条似较为原始：

葛玄，字孝先，从左元放受九丹液仙经。与客对食，言及变化之事，客曰：“事毕，先生作一事特戏者。”玄曰：“君得无即欲有所见乎？”乃嗽口中饭，尽变大蜂数百，皆集客身，亦不螫人。久之，玄乃

① (晋)葛洪著，胡守为校释：《神仙传校释》，中华书局2010年版，第269—270页。标点略有改动。

张口，蜂皆飞入，玄嚼食之，是故饭也。又指虾蟆及诸行虫燕雀之属，使舞，应节如人。冬为客设生瓜枣，夏致冰雪。又以数十钱使人散投井中，玄以一器于井上呼之，钱一一飞从井出。为客设酒，无人传杯，杯自至前，如或不尽，杯不去也。尝与吴主坐楼上，见作请雨土人，帝曰："百姓思雨，宁可得乎？"玄曰："雨易得耳！"乃书符著社中，顷刻间，天地晦冥，大雨流淹。帝曰："水中有鱼乎？"玄复书符掷水中，须臾，有大鱼数百头。使人治之。

汪绍楹校记说："本条未见各书引作《搜神记》，事亦见《神仙传》，文句大同。"[①]李剑国比对后说："本条所记皆见于《广记》，然非删略而成。《艺文类聚》卷七八引《神仙传》两节，文字与此大同，惟末无'帝曰水中有鱼乎'云云一节，而此节文字见于《广记》四六六、《太平御览》卷九三五引《神仙传》及《艺文类聚》卷九六引《汝南先贤传》。"[②]此条有可能反映了初唐时《神仙传》的面目，尚没有完全的神化增饰。除得左慈金丹之术与幻术技艺之外，另外尚有书符求雨与掷符得鱼的情节，反映了对符箓之术的重视。

陶弘景《吴太极左仙公葛公碑》的撰著年代比较确定：

吴初，左元放自洛而来，授公白虎七变、炉火九丹，于是五通具足，化遁无方。孙权虽爱赏仙异，而内怀猜害，翻、琰之徒，皆被挫斥，敬惮仙公，动相谘禀。公驰涉川岳，龙虎卫从，长山盖竹，尤多去来；天台兰风，是焉游憩。特还京邑，视人如戏，诡谲倜傥，纵倒山河，虽投凫履坠，叱羊石起，蔑以加焉。于时有人，漂海随风，眇济无垠。忽值神岛，见人授书一函，题曰"寄葛公"，令归吴达之。由是举代翕然，号为仙公。故抱朴著书，亦云"余从祖仙公"，乃抱朴三代从祖也。俗中经传所谈，云已被太极铨授，居左仙公之位。如《真诰》并《葛氏旧谱》，则事有未符，恐教迹参差，适时立说，犹如执戟侍陛，岂谓三摘灵桃，徒见接神役鬼，安知止在散职，一以权道推之，无所复论其异同矣。仙公赤乌七年(244年)太岁甲子八月

① (晋)干宝撰，汪绍楹校注：《搜神记》，中华书局1979年版，第12—13页。
② (晋)干宝撰，李剑国辑校：《新辑搜神记 新辑搜神后记》，中华书局2007年版，第612页。

十五日平旦升仙。[1]

在这篇碑文中可见齐梁年间葛玄事迹被进一步神化。除了谈及葛玄对左慈金丹之术的继承，孙权与葛玄的关系已经变成了“敬惮”，同时表明葛玄掌握“投舄履坠，叱羊石起”这样的幻术。关于“仙公”这一名称，也有了颇为神异的故事：说是当时有人随风漂海，遇一神岛，有人授书一封，封题上写明“寄葛公”，让他到吴地而送达。由是“举代翕然，号为仙公”。透过这些神话性的迷雾，我们可以推测葛玄大致和左慈一样，掌握了很多的幻术，并且拥有《九丹金液仙经》和“白虎七变、炉火九丹”这样的金丹大法。

三、郑隐

葛玄卒于赤乌七年（244年）太岁甲子八月十五日，也就是说他在葛洪出生之前四十年即已去世，因此葛玄的道术是通过他的弟子郑隐传授给葛洪的。葛洪在《抱朴子内篇》中言必称郑君，加上《抱朴子外篇》的两次，一共三十九次提及郑君，可见郑隐是对葛洪影响最大的人。

《晋书·葛洪传》载：“从祖玄，吴时学道得仙，号曰‘葛仙公’，以其炼丹秘术授弟子郑隐。洪就隐学，悉得其法焉。”所以，郑隐是葛玄的弟子。《抱朴子内篇·金丹》云：

> 余师郑君者，则余从祖仙公之弟子也，又于从祖受之，而家贫无用买药。余亲事之，洒扫积久，乃于马迹山中立坛盟受之，并诸口诀之不书者。江东先无此书，书出于左元放，元放以授余从祖，从祖以授郑君，郑君以授余，故他道士了无知者也。然余受之已二十余年矣，资无担石，无以为之，但有长叹耳。

据葛洪《自叙》，他在建武时（317年）写定《抱朴子》内外篇，时年三十五岁。据此陈飞龙认为葛洪师事郑隐是在葛洪十五岁那年或者更早。胡孚琛主张葛洪生于太康五年（284年），因此他将葛洪拜郑隐为

---

[1] （清）严可均编：《全梁文》卷四十七，《全上古三代秦汉三国六朝文》，中华书局1959年版，第3221页。

师之事系于十六岁之时。武锋指出，葛洪《自叙》明言："年十六，始读《孝经》《论语》《诗》《易》，贫乏无以远寻师友，孤陋寡闻，明浅思短，大义多所不通。"其中并无外出求师的经历。《抱朴子》内外篇虽大致在建武年间写定，但有种种迹象表明，这以后又陆续有所增补。因此，武锋将葛洪拜师之年定为元康九年（299年）其十七岁之时。① 武锋之说相对有理。

据葛洪说，郑隐原本习儒，晚而学道：

> 郑君本大儒士也，晚而好道，由以《礼记》《尚书》教授不绝。其体望高亮，风格方整，接见之者皆肃然。每有咨问，常待其温颜，不敢轻锐也。（《抱朴子内篇·遐览》）

除了儒家经典，郑隐也精通其他各种知识，葛洪说："郑君不徒明五经、知仙道而已，兼综九宫三棋、推步天文、河洛谶记，莫不精研。"（《抱朴子内篇·遐览》）葛洪成为他弟子时，他已经八十多岁了，但身体依然强健：

> 郑君时年出八十，先发鬓班白，数年间又黑，颜色丰悦，能引强弩射百步，步行日数百里，饮酒二斗不醉。每上山，体力轻便，登危越险，年少追之，多所不及。饮食与凡人不异，不见其绝谷。

据郑隐的门人黄章说：郑隐从豫章郡回来，在掘沟浦接连遇到大风，又听说前路多有劫贼，同伴们都挽留郑先生，让他等待后边的同路者。因为干粮太少，郑隐把米让出来救济各位同伴，自己五十天不吃饭，却并不饿。别人看不见他施行什么法术，也不知道他用了什么方法。他在灯下写小字，眼力超过年轻人。郑隐性通音律，善于弹琴，平时闲坐，侍座的有好几个弟子，他口中回答询问，耳朵却听着旁边弹琴的人，一弹错，马上指正，绝无差池。

不知道是因为葛洪是老师从孙的关系，还是葛洪本身聪慧勤勉的原因，郑隐对葛洪青睐有加。葛洪年纪小，入门晚，但郑隐对待他就像对待那些先入师门、学业优秀的弟子一样，甚至更好。其他的弟子从事

① 武锋：《葛洪〈抱朴子外篇〉研究》，光明日报出版社2010年版，第328—329页。

仆役劳动，或打柴，或种田，葛洪身体瘦弱，承担不了其他劳作，只能担任一些如擦拭床榻几案、磨墨执烛、抄写旧书那样的轻微事务。郑隐不让人抄写他的书，弟子们即使借阅时间很久，也不敢偷偷抄写一个字。葛洪最初连借书都不敢，慢慢地，郑隐允许他接触一些重要的经文秘籍。据葛洪说，在五十多个弟子当中，只有他看见并得到了炼制金丹的经书和《三皇内文》《枕中五行记》，很多弟子连这些书的标题都没有见过。其余的道书他虽然没有全部得到，但也都记下了它们的书名。

据《抱朴子内篇·遐览》说："太安元年（302 年），（郑隐）知季世之乱，江南将鼎沸，乃负笈持仙药之扑，将入室弟子，东投霍山，莫知所在。"因此，葛洪跟随郑隐学习了三年多以后回到句容。

洪从师郑隐的三年，正处于青春期，是世界观形成并开始稳定的时期。在《抱朴子内篇》中葛洪反复提到郑隐对他的教诲，看得出郑隐对他的影响远远大于别人。那么葛洪从郑隐那儿学到了什么呢？

首先是郑隐儒道兼综、旁通杂学的知识结构对葛洪有很深的影响。从葛洪身上，可以看到郑隐的影子。除了在宗教领域的教诲，郑隐也常常和葛洪谈论政治。葛洪生于晋世，没有亲见吴国晚期的黑暗，但郑隐对他讲述过吴国末年的种种弊端："贤者不用，滓秽充序，纪纲弛紊，吞舟多漏。贡举以厚货者在前，官人以党强者为右。匪富匪势，穷年无冀。德清行高者，怀英逸而抑沦；有才有力者，蹑云物以官跻。主昏于上，臣欺于下。不党不得，不竞不进。背公之俗弥剧，正直之道遂坏。"（《抱朴子外篇·吴失》）这些言论给葛洪留下了非常深刻的印象。在《抱朴子外篇》中，葛洪力主选拔贤才，完善贡举，严守法律，强烈反对结党营私，这些思想看来和郑隐的观点有着密切的联系。

其次是有关学习、辨识道书的方法。葛洪年轻时就喜好方术，到处搜求异书。他在《抱朴子内篇·金丹》中说："余少好方术，负步请问，不惮险远。每有异闻，则以为喜。虽见毁笑，不以为戚。"不过，他那时尚很年轻，"但贪广览，于众书乃无不暗诵精持"（《自叙》）。葛洪读书甚多，但收获不广。郑隐告诉他说：要道实际上特别简单，可以写在不超过一尺见方的丝帛上；了解这些要道就足以使人度世成仙，根本用不着许多道书。当然，广泛地阅读道书，远远地胜过没有博览的人。阅读道书既能明白人情世故，又能学到一些浅近的道术，可防止初学者的各种毛病。于是他就先把不太重要的道教训戒书籍拿给葛洪看，有将近一百卷。葛洪看书后有疑问，向他请教。郑隐说："你有辨别事物的才能，值得传授。但你知道的事情很多却不够精通，另外你意在外学，不能专注于仙道，还不适合学习研究深奥的修仙学问。今后我会把好书拿给你看的。"郑隐逐渐给葛洪看一些写在丝帛上的珍奇道书。几年之中，葛洪看了超过二百卷的书。因此，在郑隐门下，葛洪看到了以往难以看到的经籍，大大开阔了眼界。

郑隐对葛洪说：旁杂的道书里每卷都有好内容，只是要考校清楚其中的精华和糟粕，有选择地实施，不必全部去背诵，以免既浪费时光又耗费精力。金丹一旦炼成，这类东西统统都可以不用。有时也许需要用这些书籍进行教授，教授时应该懂得知识的本末，先从浅显的知识开始，以此来鼓励求学的人不断进步，不要希望一步登天，而要像上台阶那样一步步地提高。

正是这样的引导，使得葛洪循序渐进，慢慢能够辨识哪些是高层次的、重要的道经，哪些是精华，哪些是糟粕，从而建立起独特的宗教价值观。据葛洪记述，他曾经咨询过郑隐服食之法、辟兵之道、隐沦之道以及符箓之术，郑隐都详尽地回答，但在郑隐看来，最重要的仙药莫过于金丹，这是比宝精行炁更为重要的大术：

> 欲求神仙，唯当得其至要，至要者在于宝精行炁，服一大药便足，亦不用多也……余承师郑君之言，故记以示将来之信道者，非臆断之谈也。余实复未尽其诀矣。一途之道士，或欲专守交接之术，以规神仙，而不作金丹之大药者，此遇之甚也。

最重要的道书莫过于《三皇内文》与《五岳真形图》。《抱朴子内篇·遐览》载：

> 或问："仙药之大者，莫先于金丹，既闻命矣，敢问符书之属，不审最神乎？"抱朴子曰："余闻郑君言，道书之重者，莫过于《三皇内文》《五岳真形图》也。古者仙官至人，尊秘此道，非有仙名者，不可授也。受之四十年一传，传之歃血而盟，委质为约。诸名山五岳，

皆有此书，但藏之于石室幽隐之地，应得道者，入山精诚思之，则山神自开山，令人见之。如帛仲理者，于山中得之，自立坛委绢，常画一本而去也。”

正是这样的教诲，使得葛洪建立起金丹至上的仙道观。

第三，郑隐的生活态度与人生选择对葛洪后来的生活影响深远。郑隐一直对葛洪称道他的老师左慈，左慈晚年隐居天柱，不营禄利，不友诸侯；心愿太平，窃忧桑梓。左慈的生活态度通过郑隐的传述也深深地影响了葛洪。郑隐晚年东投霍山，不知所踪。葛洪晚年欲隐居勾漏炼丹，最后驻留罗浮，这明显是以左慈、郑隐两代导师的晚年生活为榜样而作出的选择。

二十年后，葛洪回忆起他的这段从师经历，深感那时年纪尚轻，才识短浅，没能充分学到郑隐学问的精髓，对此感到非常遗憾。他说：“昔者幸遇明师郑君，但恨弟子不慧，不足以钻至坚极弥高耳。于时虽充门人之洒扫，既才识短浅，又年尚少壮，意思不专，俗情未尽，不能大有所得，以为巨恨耳。”（《抱朴子内篇·遐览》）

四、鲍靓

光熙元年（306 年），镇南将军刘弘表嵇含为广州刺史，嵇含邀请葛洪出任他的参军。葛洪先行到达广州，刘弘死后，嵇含被刘弘的司马郭励杀害。葛洪进退两难，只能留居广州。永嘉元年（307 年），东海鲍氏南渡，定居曲阿（治今丹阳市），鲍靓远赴广州担任南海太守，两人在广州相识。鲍靓“见洪深重之，以女妻洪”。从此，洪传玄业，综练医术。因此鲍靓是葛洪成年后的导师。

鲍靓的传承来自阴长生，而阴长生的师傅为马鸣生，据说他俩曾偕赴蜀地之青城山，立坛盟誓，授以《太清金液神丹经》。阴长生得其术，归家后合丹，举门皆寿。据《道学传》《云笈七签》等书记载，鲍靓从阴长生得道诀。如此说不是后人附会伪造，那这一系同样是以金丹术见长。

不过，从其他材料来看，并无鲍靓授葛洪金丹术的记载，鲍靓传授的是《三皇经》《五岳真形图》。据《云笈七签》卷四《道教经法传授部》“三皇经说”条，葛洪的《三皇经》得自于鲍靓：

至于晋武皇帝时，有晋陵鲍靓官至南海太守。少好仙道，以晋元康二年二月二日登嵩高山，入石室清斋，忽见古《三皇文》，刻石为字。尔时未有师，靓乃依法以四百尺为信，自盟而受。后传葛稚川，枝孕相传，至于今日。①

同书卷一百六十的《鲍靓真人传》中说，鲍靓也是左慈的学生，所受经文除了《中部法》《三皇文》还有《五岳真形图》，其云：

鲍靓字太玄，陈留人也。……学明经术纬候，师左元放《中部法》及《三皇》《五岳》劾召之要。行之神验，能役使鬼神，封山制魔。②

在《真诰》一书中，杨羲假托紫阳真人向许谧介绍鲍靓"靓所受学，本自薄浅，质又挠滞，故不得多也"。陶弘景注曰："鲍亦神通，而敦尚房中之事，故云'挠滞'。"③

后世的广州地志中留下了许多葛洪、鲍靓的传说，都与罗浮山和仙道神迹有关。《太平御览》卷四十一引六朝人《罗浮山记》曰：

鲍靓，字子玄，上党人。博究仙道，为南海大守，昼临民政，夜来罗浮，腾空往返。

《太平御览》卷七百六十五引晋宋之际沈怀远《南越志》曰：

鲍靓为南海大守，尝夕飞往罗浮山，晓还。有少吏晨洒扫，忽见两鹊飞入小斋，吏帚掷之，坠于地，视乃靓之履也。

《历世真仙体道通鉴》卷二十三《鲍靓传》引宋代王胄《罗浮图志》称：

稚川居罗浮时，靓为南海大守，以道术见称，尝行部入海，遇风饥甚，取白石煮食之。与稚川常往来山中，或语论达旦，乃去。人见其来，门无车马，独双燕往还。或怪而问之，则双履也。

① (宋)张君房编，李永晟校点：《云笈七签》，中华书局2003年版，第57页。
② 同上注，第2318页。
③ (梁)陶弘景著，赵益校点：《真诰》卷十二《稽神枢第二》，中华书局2011年版，第211、212页。

唐杜光庭《墉城集仙录》称鲍姑为南海太守鲍靓之女，晋散骑常侍葛洪之妻也，“鲍靓以姑适葛稚川”。“太玄在南海，小女及笄，无病暴卒。太玄时对宾客，略无悲悼，葬于罗浮山，容色若生，人皆谓之尸解。”[①]宋人方信孺《南海百咏·鲍姑井》序云：“鲍姑即靓女，葛仙翁妻也，与洪偕隐罗浮山，行灸于南海。有神艾，唐崔炜尝得之疗疾，有奇效。其井在弥陀寺菖蒲寺。然皆湮废，未知二者孰是。”[②]南朝广州刺史萧誉《游罗浮山》称罗浮山“所谓耀真，仙灵攸集。鲍靓栖偃，葛洪饵丹”[③]。窃以为这些传说都是从《晋书·葛洪传》《鲍靓传》的相关记载中生发敷衍而成，不一定可靠。

我们曾经说过，东海鲍氏过江后，始住地为曲阿，离句容不远。鲍靓在曲阿的宗教活动应该对周边产生过很大的影响，他隐迹潜遁之时，句容人许迈“乃往候之，探其至要”。许家在杨羲之前所请的家族灵媒是曲阿人李东，李东“承用鲍南海法”[④]，许迈以师事之。所以，许迈和句容许氏家族原本对鲍靓是很崇敬的。

综合各种材料，鲍靓对葛洪极为器重，将女儿嫁给葛洪。因此，鲍靓是葛洪的第二导师，并且还是他的岳父，应该对葛洪的影响巨大。但从《抱朴子》来看，葛洪写成此书时结婚已十余年，却无一字提及鲍靓及鲍姑，不知何故。我以为，鲍靓对葛洪的影响主要是医术，葛洪《肘后备急方》中的医方来源，部分可能得自于鲍氏家族。

第三节　诋斥异端——葛洪对符水道教及同行的批判

葛洪在《黄白》中曾经谈到过他写作《抱朴子内篇》的心路历程：

> 俗人多讥余好攻异端，谓予为趣欲强通天下之不可通者。余

---

① (唐)杜光庭撰，罗争鸣辑校：《墉城集仙录》，《杜光庭记传十种辑校》，中华书局 2013 年版，第 670 页。

② (宋)方信孺：《南海百咏》，清光绪八年刻本，第 18 页。

③ (清)郝玉麟等：《广东通志》卷六一引，四库全书本，第 564 册，第 835 页。

④ (梁)陶弘景著，赵益校点：《真诰》卷十三《稽神枢第三》，中华书局 2011 年版，第 224 页。

亦何为然哉！余若欲以此辈事，骋辞章于来世，则余所著外篇及杂文二百余卷，足以寄意于后代，不复须此。且此内篇，皆直语耳，无藻饰也。余又知论此曹事，世人莫不呼为迂阔不急，未若论俗间切近之理，可以合众心也。然余所以不能已于斯事，知其不入世人之听，而犹论著之者，诚见其效验，又所承授之师非妄言者。

也就是说，他写作《抱朴子内篇》、批评异端并不着意于后代，他也知道，他的攻击不合众心，世人也不会听从。但是，他所掌握的道术与经方确有效验，其承授之师并非妄说，所以才苦口婆心，想快速推广自己掌握的道术经方。由此我们知道，《抱朴子内篇》的重要内容之一，就是对葛洪心目中道教异端的批判。

一、对符水道教的批判

诚如侯外庐所说，当廉价的符水道教随着农民起义的失败而终结时，高贵的金丹道教即代之而兴起。此后，神仙家便和巫祝分手，金丹派便和符水派分手，道教的一部分更变质而为统治阶级所御用，走上了朝廷。农民道教只是在生命无保障之下作幻想式的抗议，而贵族道教却是违反生死自然的辩证规律、颠倒一切人生的道理来寻求长生久视的世界。[①]

批判反叛的符水道教、民间巫术，提倡金丹道教的代表人物即为葛洪。我们在上文说过，葛洪生活的时代，就是各种民间宗教、各种方技术数盛行的时代，也是宗教骗子与骗术大行其道的时代。葛洪所批判的，首先是类似太平道黄巾军这样依靠方术吸引信徒，建立组织，对抗朝廷的犯上作乱者；或者欺诱百姓，成为教主，富逾王公、威倾邦君、势凌有司的野心家。他们都是现存社会秩序的破坏者：

曩者有张角、柳根、王歆、李申之徒，或称千岁，假托小术，坐在立亡，变形易貌，诳眩黎庶，纠合群愚，进不以延年益寿为务，退不以消灾治病为业，遂以招集奸党，称合逆乱，不纯自伏其辜，或至残

① 侯外庐等：《中国思想通史》第三卷，人民出版社 1957 年版，第 268 页。

> 灭良人，或欺诱百姓，以规财利，钱帛山积，富逾王公，纵肆奢淫，侈服玉食，妓妾盈室，管弦成列，刺客死士，为其致用，威倾邦君，势凌有司，亡命逋逃，因为窟薮。（《抱朴子内篇·道意》）

他认为，这种政治上有野心的宗教人物及组织的兴起，“皆由官不纠治，以臻斯患”，原其所由，首先就在于官长们对教士的宣扬半信半疑，恐怕禁止之后真会带来祸祟；官长亲近的愚妻顽子、左右小人往往就是这些教主的信徒，他们异口同声谏阻官长的禁绝，导致执行时面临极大的阻力：

> 临民官长，疑其有神，虑恐禁之，或致祸祟，假令颇有其怀，而见之不了，又非在职之要务，殿最之急事，而复是其愚妻顽子之所笃信，左右小人，并云不可，阻之者众，本无至心而谏，怖者异口同声，而谏怖者异口同声，于是疑惑，竟于莫敢，令人扼腕发愤者也。（《抱朴子内篇·道意》）

二、对民间宗教迷信的批判

葛洪批判的第二种对象是带有深厚巫术色彩的民间宗教与迷信。《抱朴子内篇·道意》说：

> 又诸妖道百余种，皆煞生血食，独有李家道无为为小差。然虽不屠宰，每供福食，无有限剂，市买所具，务于丰泰，精鲜之物，不得不买，或数十人厨，费亦多矣，复未纯为清省也，亦皆宜在禁绝之列。

葛洪详细叙述了迷信淫祀对百姓大众带来的危害。世俗所说的道士巫师，大都是一些弄虚作假的妖巫，所做的就是蒙蔽与欺骗。他们不学习药物针石一类的疗病方法，只是专注于错误的祭祀，祈祷不已，占卜不倦，胡言乱语。人们在疾病危急的时候，倾尽家产请他们作法，损失的费用难以计数。富人用尽了他们的积蓄，穷人只能借高利贷来支付他们的祭祀花费，花光了家庭的财产，最后变卖土地屋宅。疾病偶然自愈了，巫师就说是得到了神灵的恩赐；如果病人死亡了，就说这是因为鬼魂不予赦免。病人即便侥幸活了下来，但财产已经用光，要么是在饥寒交迫之中死去，连买棺材的钱也没有，甚至没有完整的裹尸衣被，尸体腐烂，蛆虫横流；要么铤而走险，抢劫偷盗无恶不作，有的死于刀锋箭镝，有的被抓受刑。这的确让人悲哀！

葛洪认为，凡夫俗子根本不可能被说服，无法期待他们醒悟，朝廷王者只有采取法律手段，通过严刑峻法禁绝这些妖邪淫祀：

> 淫祀妖邪，礼律所禁。然而凡夫，终不可悟。唯宜王者更峻其法制，犯无轻重，致之大辟，购募巫祝不肯止者，刑之无赦，肆之市路，不过少时，必当绝息，所以令百姓杜冻饥之源，塞盗贼之萌，非小惠也。(《抱朴子内篇·道意》)

三、对行骗方士的批判

葛洪批判的第三种对象就是那些行骗的方士，《抱朴子内篇·微旨》揭露那些夸大房中术功效的骗子，说：

> 此皆巫书妖妄过差之言，由于好事增加润色，至令失实。或亦奸伪造作虚妄，以欺诳世人，隐藏端绪，以求奉事，招集弟子，以规世利耳。

在《抱朴子内篇·祛惑》中，他以详尽具体的笔墨，生动地记录了行骗方士的言谈举止：

> 余昔数见杂散道士辈，走贵人之门，专令从者作为空名，云其已四五百岁矣。人适问之年纪，佯不闻也，含笑俯仰，云八九十。须臾自言，我曾在华阴山断谷五十年，复于嵩山少室四十年，复在泰山六十年，复与某人在箕山五十年，为同人遍说所历，正尔，欲令人计合之，已数百岁人也。于是彼好之家，莫不烟起雾合，辐辏其门矣。
>
> 又术士或有偶受体自然，见鬼神，颇能内占，知人将来及已过之事，而实不能有祸福之损益也。譬如蓍龟耳。凡人见其小验，便呼为神人，谓之必无所不知。不尔者，或长于符水禁祝之法，治邪

> 有效，而未必晓于不死之道也。或修行杂术，能见鬼怪，无益于年命。问之以金丹之道，则率皆不知也。因此细验之，多行欺诳世人，以收财利，无所不为矣。此等与彼穿窬之盗，异途而同归者也。

记述可谓栩栩如生。他在《抱朴子内篇·道意》中说："孝武尤信鬼神，咸秩无文，而不能免五柞之殂；孙主贵待华向，封以王爵，而不能延命尽之期。"并拈出当时盛极一时的李宽，揭露说：

> 余亲识多有见及宽者，皆云宽衰老羸悴，起止咳噫，目瞑耳聋，齿堕发白，渐又昏耗，或忘其子孙，与凡人无异也。然民复谓宽故作无异以欺人……宽亦得温病，托言入庐斋戒，遂死于庐中。而事宽者犹复谓之化形尸解之仙，非为真死也。

他又列举了鲍鱼神、李树神、古墓水、石人神、马太守等事例，让读者更清楚地了解民间宗教迷信活动的荒唐和欺骗性。在进行这些揭露和批判的时候，葛洪表现得常识充足、经验丰富、理智健全、识见高明、言辞犀利，与他宣扬各种神迹时的态度截然相反。他完全没有意识到，他所信任的导师、权威，他所宣扬的神仙事迹和宗教经籍，与他批判的对象一样，同样是一些有意或无意的骗子和骗术。由此可见，信仰是如何改变了人的认知。

葛洪不仅揭露下层道士迷信活动的荒唐和欺骗性，更揭示了这些活动带来的社会危害。从大的方面看，一些人打着神鬼的旗号，聚众谋反，搅得整个天下不得安宁；从小的方面看，迷信使一些百姓倾家荡产，死无葬身之财。葛洪提出了对那些巫师妖道的惩处方法："唯宜王者更峻其法制，犯无轻重，致之大辟，购募巫祝不肯止者，刑之无赦，肆之市路。"（《抱朴子内篇·道意》）从这里不难看出葛洪对骗人道士的深恶痛绝。

四、对低水平同行的批判

葛洪批判的对象中还有一类就是他的同行，那些低水平的方士。葛洪在《抱朴子内篇·金丹》中对他们的揭露非常尖锐，他说，他周旋于徐豫荆襄江广数州之间，遇到的道士有数百人之多，有的还素闻其名，声誉如在云日之表，但实际上却相似如一。他们的知识水平虽有高有低，但都不足以让自己倾慕。这些方士各自都有数十卷道书，但并不能完全理解，只是抄写下来蓄藏而已。有人知道一些诸如行气、断谷、服草木诸药之类的方法，掌握的方书都大同小异。他们人人都有一本《道机经》，并以此为至秘，声称是尹喜所写。葛洪告诉他们说，这实际上是魏时的督军王图所撰，并不是古人作品。这位王图根本不了解金丹大药，想要通过行气入室求仙，写作了这本《道机经》，声称道尽于此，实在是误人之甚。那些道士对神丹金液、《三皇内文》那样的召天神地祇之术，了无一人知之，只会自夸欺人。

所谓同行即冤家，事实上，那些方士是葛洪的有力竞争者，葛洪贬低他们也是为了宣传、抬高自己掌握的道经、方术与理念，本质上和那些道士并无不同。

第四节　遐览广记——道经录存与目录体系的建立

一、《遐览》中记录的道经

葛洪毕生从事宗教活动，他最重要的活动首先是对道经的搜集与抄录，这项工作为后世上清经、灵宝经、三皇经系的形成奠定了基础，并为后世留下了非常珍贵的道教史资料。

我们上文说过，葛洪年轻时就“不惮险远，负步请问”。他到处抄录书籍，这一时期的抄录中应该有一部分属于道经。他十七岁开始从郑隐学道，三年之中，接触过的道经超过了二百卷。这其中有的是正式的传授，葛洪能够全文抄录；大部分经卷，葛洪只是记录下题名。

永兴元年（304年）石冰事平之后，葛洪投戈释甲，寻搜异书。在这两三年中，葛洪周游各地，见识了不少方士，同时也接触、搜集了不少道经。后来留滞广州期间，他拜鲍靓为师。葛洪对此虽无详述，但据常理推测，以方术见长的鲍靓也当有一部分道经传授。经过近三十年的留心搜集与抄录，到《抱朴子内篇》写就时，也就是葛洪三十五岁时，他见过的道经已经异常丰富。《抱朴子内篇》中专门有一篇《遐览》，记录当时道教经籍的概况，想让那些“后生好书者，可以广索也”。吉冈义丰将其视为《道藏》编纂的开始。准确地说，《抱朴子内篇·遐览》是道经目录之始。姚名达在《中国目录学史》中论及《道经》目录的创始时说：“《道经》既晚出，故其目录亦迟至南北朝始完成。而葛洪之《遐览篇》则其大辂之椎轮也。”[①]

《抱朴子内篇·遐览》记录的道经据杨福程的统计为 261 种，1299 卷，但有一种一卷重复著录，可删去，所以一共是 260 种，1298 卷。其中经 137 种，434 卷；记 29 种，51 卷；文 3 种，9 卷；图 13 种，13 卷；法 5 种，15 卷；录 3 种，4 卷；集 2 种，2 卷；符 56 种，620 卷；其他 13 种，151 卷。[②]

这个数量意味着什么？刘宋陆修静（406—477 年）于明帝太始七年（471 年）呈上的《三洞经书目录》，其载道教经书并药方、符图等 1090 卷。在《三洞经书目录》之后五十年，即在梁武帝普通四年（523 年），《广弘明集》卷三载，阮孝绪撰《七录·仙道录》，列有经戒部 290 种，828 卷；服饵部 48 种，167 卷；房中部 13 种，38 卷；符图部 70 种，103 卷。原文称共 4 部，425 种，1138 卷（当为 421 种，1136 卷）。也就是说，过了二百多年后，道经目录与《抱朴子内篇·遐览》相比，道书并没有增加。《七录》没有反映出道书的增加，这与作者的知见有关，也与当时新书不易迅速流传的历史条件有关。又过了近五十年，在北周武帝天和五年（570 年），玄都观道士奏上道教经书目录，这就是著名的《玄都经目》，载书 2040 卷，比《抱朴子内篇·遐览》多出 742 卷。相比二百多年前葛洪用一人之力所抄录的道书目录，增长不多。由此我们可看出葛洪浏览之广泛，抄录之勤奋。

不过，以上道经只是目录，并不是每部道经都对后世产生了影响。葛洪抄录并传授的以下几部经典却对后世道教教派的产生和《道藏》体系的建立、三洞目录的分类产生了重要影响。我们首先要谈的是《灵宝五符》对灵宝派的影响。

---

① 姚名达：《中国目录学史》，吉林人民出版社 2014 年版，第 256 页。

② 杨福程：《谈〈抱朴子·遐览篇〉的道书数目——兼谈错误估计所造成的错误结论》，《社会科学战线》1988 年第 3 期，第 325—326 页。朱越利核对了杨富程的统计，认为重复著录的《中黄经》一卷似不必删去。见朱越利：《道经总论》，辽宁教育出版社 1991 年版，第 127 页。

二、《灵宝五符》的传承与灵宝派的建立

《古微书》卷三十二引《越绝书》，载有神人授夏禹《灵宝五符》经的神话故事，其谓：

> 禹治洪水至牧德之山，见神人焉，谓禹曰："劳子之形，役子之虑，以治洪水，无乃怠乎？"禹知其神人，再拜请诲，神人曰："我有《灵宝五符》，以役蛟龙水豹，子能得之，不日而就。"因授禹而诫之曰："事毕可秘之于灵山。"禹成功后，乃藏之于洞庭包山之穴。至吴王阖闾之时，有龙威丈人得符献之，吴王以示群臣，皆莫能识，乃令赍符以问孔子，孔子曰："昔禹治水于牧德之山，遇神人授以《灵宝五符》，后藏于洞庭之包山。君王所得无乃是乎？"①

葛洪叙述《灵宝经》的来源时，说法与《古微书》所引《越绝书》类似，其云：

> 吴王伐石以治宫室，而于合石之中，得紫文金简之书，不能读之，使使者持以问仲尼，而欺仲尼曰："吴王闲居，有赤雀衔书以置殿上，不知其义，故远咨呈。"仲尼以视之，曰："此乃灵宝之方，长生之法，禹之所服，隐在水邦，年齐天地，朝于紫庭者也。禹将仙化，封之名山石函之中，乃今赤雀衔之，殆天授也。"以此论之，是夏禹不死也，而仲尼又知之；安知仲尼不皆密修其道乎？（《抱朴子内篇·辨问》）

葛洪所见的《灵宝经》有经和符两类，他在《抱朴子内篇·辨问》中说："《灵宝经》有《正机》《平衡》《飞龟授袟》凡三篇，皆仙术也。"《抱朴子内篇·遐览》著录了《正机经》《平衡经》《飞龟振经》②，另有《灵宝皇子心经》。除此之外，又有灵宝符。在《抱朴子内篇·仙药》中，葛洪说想要采摘菌芝，"必以三月九月……须六阴之日，明堂之时，带灵宝符，牵白犬，

---

① （明）孙瑴：《古微书》卷三十二引《越绝书》，四库全书本。此条材料不见于今本《越绝书》。陈国符《道藏源流考》第63页、卿希泰《中国道教史》380页所引的《越绝书》原文实际出处是《广博物志》卷五引《吴越春秋》及《越绝书》。

② 王明注曰："所谓'飞龟振经'，疑有脱文误字。《神仙传》云：'华子期受仙隐灵宝方，一曰伊洛飞龟袟，二曰白禹正机，三曰平衡。'"

抱白鸡，以白盐一斗，及开山符檄，著大石上，执吴唐草一把以入山，山神喜，必得芝也”。可如果要采摘石芝，“及佩老子入山灵宝五符，亦不能得见此辈也”。可见灵宝符不像是道行很高的符箓。

《正统道藏》收《太上灵宝五符序》三卷。[①] 此经本名《灵宝五符天文》，可称《灵宝五符经》，简称《灵宝经》《五符经》。据刘师培《读道藏记》考证，经题中的“序”字为误增，应删去。所谓五符指东南西北中央五方之符命。上卷开始部分载《灵宝五符》之由来，应该就是所谓《太上灵宝五符序》，此序又称《灵宝要略》《灵宝略记》，乃是后世灵宝经系叙述传授史的源头。序文以下为正文，叙华子期遇角里先生授以“仙隐灵宝方，一曰《河图隐存符》，二曰《伊洛飞龟》，三曰《平衡》”，服此可以返老还少，白日升天。下列《仙人挹服五方诸天气经》《灵宝五帝官将号》《灵宝要诀》《太清五始法》《食日月之精之道》及中黄君语。

中卷记服食诸方，有《灵宝服食之精》《灵宝三天方》《延年益寿神方》《铒胡麻法》《胡麻膏》《真人绝谷方》等数十个单方，并有《灵宝太玄阴生符》一道。

下卷为符咒，有五方《灵宝符命》《九天太玄阳生符》《三天太玄阳生符》《三天太玄阴生符》《皇人太上真一经诸天名》等。[②]

刘师培考证，现《道藏》所存的《太上灵宝五符序》卷上序及文与北周甄鸾《笑道论》及《御览》所引《五符经》文合，证明它确是古《五符经》。又据卷上之《五帝官将号》，详析五方帝名及五色；在《太清五始法》中，以五藏、五常配五行，并及孤虚王相之法，据此认为此经“均汉人遗说，即出自汉季，亦未可知”。由此可见，在东汉末，至迟到汉、魏之际，已有“灵宝经”出世。

实际上，现存的《灵宝五符》三卷是一个大杂烩，包含了各种经、方、符、名、号、诀、法、咒等。刘师培的考证，只能证明其中的部分内容，尤其是序文部分可能是旧经。葛洪所见应该是《正机》《平衡》《飞龟授袟》三篇及《灵宝五符》，现存的其余内容大致上已非葛洪所见原貌。

---

① 《太上灵宝五符序》，《道藏》第 6 册，第 315 页上—343 页上。

② 参见任继愈主编：《道藏提要》，中国社会科学出版社 1991 年版，第 288 页。

根据教内材料，葛洪在《灵宝经》的传承中有很重要的角色。《云笈七签》卷六《三洞经教部》引《四极盟科》曰：

时太极真人徐来勒与三真人，以己卯年正月降天台山传《灵宝经》，以授葛玄。玄传郑思远，思远以《灵宝》及《三洞》诸经付玄从弟少傅奚，奚付子护军悌，悌付子洪，洪即抱朴子也。又于马迹山诣思远告盟奉受。洪又于晋建元二年(344 年)三月三日于罗浮山付弟子安海君望、世等。后从孙巢甫，晋隆安元年(397 年)传道士任延庆、徐灵期，遂行于世。

同卷引《太玄都四极盟科》所述与此大同小异：

徐来勒等三真，以己卯年(建安四年，199 年)正月一日日中时，于会稽上虞山传仙公葛玄。玄字孝先。后于天台山传郑思远、竺法兰、释道微。道微传吴主孙权等。仙公升化，令以所得三洞真经，一通传弟子，一通藏名山，一通付家门子孙，与从弟少傅奚。奚子护军悌，悌子洪。洪又于马迹山诣思远盟而授之。洪号曰抱朴子。抱朴以建元六年(当作二年)三月三日，于罗浮山隆安(397—401 年)之末传道士任延庆、徐灵期之徒。相传于世，于今不绝。①

《道教义枢》卷二《三洞义第五》引《真一自然经》则云：

徐来勒等三真，以己卯年正月一日日中时，于会稽上虞山传仙公葛玄。玄字孝先，于天台山传郑思远、吴主孙权等。仙公升天，合以所得三洞真经，一通传弟子，一通藏名山，一通付家门子孙。与从弟少传(当作傅)奚，奚子护军悌，悌子洪，洪又于马迹山诣思远盟受。洪号抱朴子，以晋建元二年三月三日于罗浮山付弟子海安君望、世等。至从孙巢甫，以晋隆安之末传道士任延庆、徐灵期之徒，相传于世，于今不绝。②

此条与《云笈七签》卷六引《太玄都四极盟科》几乎全同。说是三国时徐来勒等三真传葛玄，葛玄传郑思远、吴主孙权、家门子孙与从弟葛

① (宋)张君房编，李永晟校点：《云笈七签》，中华书局 2003 年版，第 90、94—95 页。
② (唐)孟安排编：《道教义枢》，《道藏》第 24 册，第 813 页下。

奚,葛奚传子葛悌,葛悌传子葛洪。另一系是郑思远直接传葛洪,然后由葛洪付弟子海安君望、世等。但道教教内的材料可信度较低,无法完全信从。

尽管灵宝经书出现的时间较早,但其卷帙一直较少,流传也不广。据《云笈七签》卷三《道教本始部·灵宝略记》说:"葛玄凡所受经二十三卷,并《语禀》《请问》十卷,合三十三卷。"①直到东晋中叶,继杨羲、许谧造作"上清经"之后,葛巢甫以古《灵宝经》为基础,加以附会引申,造作出大批灵宝类经书,才使其卷帙有所增加。也正是在葛巢甫等大量造作灵宝经的基础上,才逐渐形成以此经书命名的灵宝派。

葛巢甫是葛洪的从孙,生当东晋晚期。葛巢甫造作灵宝经的时间,大致在杨、许造经之后,到其以经书传弟子任延庆、徐灵期之前。杨、许造上清经始于晋哀帝兴宁二年(364 年),葛巢甫以经书传弟子任、徐在安帝隆安(397—401 年)末。

葛巢甫所造灵宝经在社会上很快流传。许黄民于元兴三年(404年)奉经入剡,王灵期诣许黄民求受上清经时,《灵宝经》已是"风教大行"。据日本学者小林正美考证,葛巢甫造作的灵宝经,主要有《灵宝赤书五篇真文》《灵宝赤书玉诀妙经》等。

葛巢甫及其后继者在造作灵宝经时,勾画出一个上自元始天尊,下至葛玄及其后嗣的传经谱系。但很显然,这其中大部分是后世造经者的伪托。严谨的道教史研究者认为,葛洪撰《抱朴子》和《神仙传·葛玄传》,以及《道藏》所引《抱朴子》佚文,皆未载其事,仅提到葛玄、郑思远等传授《太清丹经》及《三皇文》。陶弘景《吴太极左仙公葛公之碑》亦未记其事。因此,陈国符《道藏源流考》曰:"盖本无其事,因六朝吴、会间,盛传葛玄神迹,故造经者依托之耳。"有学者提出,既然汉末已经造出灵宝经,葛玄传授其中某些部分,并不是完全不可能的。这种推测不无道理,但即使这样,葛玄所得仅是古《灵宝经》的某些部分,绝不会有《灵宝略纪》所云三十三卷,这些经文只能是葛巢甫及其后继者所造作,如真有其事,葛洪《抱朴子内篇》是不会不载的。

---

① (宋)张君房编,李永晟校点:《云笈七签》,中华书局 2003 年版,第 41 页。

综上所述，葛洪在《抱朴子内篇》中记载并称道过的《灵宝经》《灵宝五符》，由他传授给后代与弟子，经过从孙葛巢甫的伪造、新增与宣扬，在东晋后期风行一时，形成道教中的一个宗派"灵宝派"和一个经系"灵宝经系"。作为一个宗派的灵宝派在后世并没有兴盛并发展，很快就消歇了；但作为一个经系，它成为洞神部的主要经典而长期流传。

三、《三皇经》的传承

葛洪传授的另一部重要道经就是《三皇经》。《三皇经》即《三皇文》，以三国帛和所得者最古。《抱朴子内篇·遐览》云：

> 余闻郑君言，道书之重者，莫过于《三皇内文》《五岳真形图》也……如帛仲理者，于山中得之，自立坛委绢，常画一本而去也。有此书，常置清洁之处。每有所为，必先白之，如奉君父。

《抱朴子内篇·地真》则云："昔黄帝东到青丘，过风山，见紫府先生，受《三皇内文》，以劾召万神。"今本《神仙传》卷七载：

> 帛和，字仲理。师董先生行炁断谷术，又诣西城山师王君，君谓曰："大道之诀，非可卒得，吾暂往瀛洲，汝于此石室中，可熟视石壁，久久当见文字，见则读之，得道矣。"和乃视之，一年了无所见，二年视有文字，三年了然见《太清中经》《神丹方》《三皇文》《五岳图》。

所以按照葛洪本人的说法，《三皇内文》乃黄帝创制，由西城王君传帛和，帛和传郑隐，郑隐传葛洪。另据《洞神八帝妙精经》所附《抱朴密言》云：

> 《三皇文》及大字，皆仙人王君所集撰、抄撮，次第为一卷，可按而用之。往闻鲍南海说："天文《三皇》大字，有四万言。"洪所见者疑少。鲍云："是三天八会郡方文也，随其所用，按而集之。此所撰立成，当不尽也。"……鲍君不以洪浅薄，乃见授《三文》要道，但才极凡流，遂不能究洞神鬼之幽耳……洪尝闻：李先生道经之宗。李先生自说：往在瀛州，诣董仲君。仲君有九天《大有经》四卷，《小有经》四卷，字方二寸，落落疏秀，卷大如五寸竹。按《目录》云有百万

言。先生疑其文少字多。仲君言:“此文非世上文也,乃三天八会之大章也。一字有三十三字,东西上下,随形所用,分集之。”指擿《大有》上数字见授,真上宿之奥典也。以此方《三皇内文》天文大字,何缘四卷无四万言也。又鲍先生节解说:“三皇大字,抄出大小有文,而别名之耳。”如是而论,益了了也。[①]

鲍靓手头有《三皇天文》,声称以大字书写,有四万言之多,但传授给葛洪的并无那么多文字。葛洪用董仲君之说解释:因为《三皇天文》用的是天文大字,一字含三十三字,他所看到的《三皇文》相当于人间四万字。也就是说,葛洪手里另有一个《三皇文》版本是鲍靓所传,名为《三皇天文》。《云笈七签》卷六《三洞经教部》引《玉纬》曰:

> 《小有三皇文》本出《大有》,皆上古三皇所受之书,亦诸仙人所受,以藏名山。昔黄帝东到青丘,过风山,见紫府真人,受《三皇内文》……又鲍说于晋惠帝永康年中,于嵩山刘君石室,清斋思道,忽有刻石《三皇天文》出于石壁,靓以绢四百尺告玄而受。后授葛洪。又壶公授费长房,亦有洞神之文。石室所得,与今《三皇文》小异。陆修静先生得之,传孙游岳。游岳传陶隐居。其天中十二部经未尽出世。今传者是黄帝、黄卢子、西岳公、鲍说、抱朴子所授者也。[②]

《道教义枢》卷二《三洞义第五》所述与此大同小异。综上所述,《小有三皇文》又称《三皇内文》,简称《小有经》,由郑隐传葛洪。又有《三皇天文》,或称石壁《三皇经》,即《大有三皇文》,由鲍靓传葛洪。两个版本的《三皇文》同时汇聚于葛洪,葛洪显然是洞神部《三皇经》传授中的中心人物。

四、葛洪对上清派的影响

除洞玄部《灵宝经》、洞神部《三皇经》之外,葛洪及其葛氏道对洞神部《上清经》及其上清派也有很大的影响。上清派与葛氏道是一种互相

---

① 佚名:《洞神八帝妙精经》,《道藏》第 11 册,第 395 页上、中、下。

② (宋)张君房编,李永晟校点:《云笈七签》,中华书局 2003 年版,第 90—91 页。

竞争的关系。他们的创始人同居一乡一里，门第相当，还是世代通婚的姻亲，但在宗教领域，这种竞争关系却非常明显。在上清派的论述中，我们处处可以看到对葛氏道祖师们的贬低。《真诰》卷十二《稽神枢第二》中杨羲假托紫阳真人诰语，对葛氏道几位祖师一一评价：

鲍靓，靓及妹，并是其七世祖李湛、张虑，本杜陵北乡人也……今并作地下主者，在洞中。靓所受学，本自薄浅，质又挠滞，故不得多也。

问葛玄。玄善于变幻，而拙于用身。今正得不死而已，非仙人也。初在长山，近入盖竹，亦能乘虎使鬼，无所不至，但几于未得受职耳。亦恒与谢稚坚、黄子阳、郭声子相随。

左慈今在小括山，常行来数在此下，寻更受职也。慈颜色甚少，正得炉火九华之益。

陶弘景注曰：

左慈字元放，李仲甫弟子。即葛玄之师也……凡此诸人（鲍靓、许肇、葛玄、左慈），术解甚多，而仙第犹下者，并是不闻三品高业故也。许先生所以兴叹。①

小林正美分析说，《真诰》诰语表面是赞美左慈，说他得炉火九华这种金丹术之益，颜色慈少，直到东晋中还活着。但实际上是说左慈不能升仙，只能留在地上为地仙。② 葛玄正得不死，连仙人都算不上。鲍靓及妹妹只得作为冥界的下级官吏的地下主者的地位。由此可见对葛氏道祖师们的贬低。《真诰》卷十三《稽神枢第三》介绍地下主者等级时说："李东等今在一等中。"陶弘景注曰："李东，曲阿人，乃领户为祭酒，今犹有其章本，亦承用鲍南海法。东才乃凡劣，而心行清直，故得为再下主者使，是许家常所使。"③李东与杨羲同为职业灵媒，但门派不同，杨羲似受之于魏夫人、刘璞一系，而李东则接受的是以鲍靓为代表的东

① （梁）陶弘景著，赵益校点：《真诰》卷十二《稽神枢第二》，中华书局 2011 年版，第 212 页。
② ［日］小林正美著，李庆译：《六朝道教史研究》，四川人民出版社 2001 年版，第 29 页。
③ （梁）陶弘景著，赵益校点：《真诰》卷十三《稽神枢第三》，中华书局 2011 年版，第 224、225 页。

海系。

总之，上清派与葛氏道是宗教领域的同行兼竞争对手。葛、许两家身为同乡同里，自然互相知道真实身份，不便拆穿，但也不肯神化。不过，竞争是影响的一种，甚至是更重要的一种。实际上，在上清派草创的初期，就有可能接受了葛氏道的影响。《真诰》卷二十《翼真检第二·真胄世谱》说："（永和）六年庚戌又就魏夫人长子刘璞受《灵宝五符》，时年二十一。"我们上文说过，《灵宝五符》是葛洪搜集得来的道经，刘璞的《灵宝五符》不知来自何处，但许谧求受此经，可能是受到葛氏道宣传的影响。

当葛氏道的影响开始风靡的时候，上清派的经典创制工作才开始起步。正是葛氏道的创制道经，刺激了王灵期之流造作上清经。而在造作道经的过程中，上清派也不可避免地运用到葛洪所记录和传授的古道经，这其中有一本重要的经典是《黄庭经》。《黄庭经》来源甚古，研究者甚众，但它同样是葛洪引用和记录过的道经。上清派将《抱朴子》所引的《黄庭经》改造为上清派道典《黄庭内景经》。

上清派也很明显接受了葛氏道的思想影响。《抱朴子内篇》言："余闻郑君言，道书之重者，莫过于《三皇文》《五岳真形图》也。"《真诰》卷五《甄命授》中就有"君曰：仙道有《三皇内文》，以召天地神灵"，并有一段仙人裴清灵的告谕：

> 君曰：食草木之药，不知房中之法及行炁、导引，服药无益也，终不得道。若至志感灵，所存必至者，亦不须草药之益也。若但知行房中、导引、行炁，不知神丹之法，亦不得仙也。若得金多神丹，不须其他术也，立便仙矣……若得《大洞真经》者，复不须金丹之道也，读之万过毕，便仙也。①

以上观点很明显是继承了葛洪的宗教价值观，最后对《大洞真经》的推崇则是对葛氏道思想的改造与发展。② 由此我们可以知道，上清派在以葛氏道的思想为依据的同时，在其中加上新的要素以形成独立的有别于葛氏道的上清派宗教传统。

① （梁）陶弘景著，赵益校点：《真诰》卷五《甄命授》，中华书局2011年版，第82、88页。

② 参见［日］小林正美著，李庆译：《六朝道教史研究》，四川人民出版社2001年版，第27—28页。

第五节　为仙道列传——《神仙传》与宗教宣传活动

葛洪对道教发展的另一大贡献在于他对道教信仰，尤其是金丹方术的宣传。《抱朴子内篇》是对神仙实有、修仙可为最翔实、最全面的论证，它从宇宙论、自然论、经验论各个方面驳斥了对神仙信仰的种种怀疑，并加以论证，对此我们会有专章论述。大致在《抱朴子》内外篇定稿的同时，葛洪也完成了《神仙传》，这同样是宣传神仙实有的大型著作。

一、葛洪之前的神仙传记

葛洪之前，汉时阮仓有《列仙图》，刘向作《列仙传》，除此之外，尚还流传着各种各样的仙人传记乃至口头传说。汉末应劭《风俗通义·姓氏篇》佚文有三处引《神仙传》片段，在“沃氏”条下云“《神仙传》：沃焦，吴人”。在“东陵氏”条下云“《神仙传》有东陵圣母”。在“帛氏”下云“《神仙传》有帛和”。西晋张华《博物志》卷四《药物》曰：“《神仙传》云，松柏脂入地化为千年，化为茯苓，茯苓化为琥珀。”卷九《杂说上》曰：“《神仙传》曰：说上据辰尾为宿，岁星降为东方朔。傅说死后有此宿，东方生无岁星。”这表明，在葛洪《神仙传》之前，另有撰人不详的同名《神仙传》在流传[1]，可能还不止一本。《博物志》卷五《服食》引《仙传》曰：“虽食者，百病妖邪之所钟焉。”李剑国认为所谓“仙传”盖指《神仙传》，不无可能，但也有可能是另一本仙人传记。西晋道士王浮撰写的《神异记》可能主要也是记神仙之事。总之，葛洪之前，有各种仙人传记。

二、《神仙传》的创作

葛洪《神仙传》的写作在《抱朴子内篇》之后，他在《神仙传·序》中说：

> 洪著《内篇》，论神仙之事，凡二十卷。弟子滕升问曰：“先生曰

① 见李剑国：《唐前志怪小说史》，南开大学出版社 1984 年版，第 197—198 页。

神仙可得不死，可学，古之神仙者，岂有其人乎？”答曰：“昔秦大夫阮仓，所记有数百人，刘向所撰又七十一人。盖神仙幽隐，与世异流，世之所闻者，尤千不及一者也……余今复抄集古之仙者，见于《仙经》、服食方及百家之书，先师所说，耆儒所论，以为十卷，以传知真识远之士，其系俗之徒思不经微者，亦不强以示之矣。则知刘向所述殊甚简要，美事不举。此传虽深妙奇异，不可尽载，尤存大体，窃谓有愈于向多所遗弃也。”

为了回答弟子的疑问，有感于刘向《列仙传》“殊甚简略，美事不举”“多所遗弃”的遗憾，葛洪广泛取材于仙经道书、百家之说和当世所传仙人故事，搜集了世俗神仙传记中没有列入的仙人事迹，作一个全面的拾遗补阙，他将此记录、编辑、整理，从而形成了十卷本《神仙传》。

据唐人梁萧《神仙传论》，《神仙传》所收人物数量有一百九十多人：

予尝览葛洪所记……《神仙传》凡一百九十多人，予所尚者唯柱史、广成二人而已，余皆生死之徒也。

五代天台道士王松年《仙苑编珠序》则云有一百一十七人：

《抱朴子》云：“秦大夫阮仓所记有数百人，刘向撰《列仙传》止于七十一人。葛洪更撰《神仙传》一百一十七人。”

据胡守为考证，梁肃与王松年所见的《神仙传》均非葛洪原本。事实上，从刘宋开始，《神仙传》即不断被引用，而且已经开始了对其的增删改写，且已有不同的版本。至迟至隋唐，葛洪《神仙传》原本已不存，出现了各种传写本，而增删改写的不知凡几。① 现存《增订汉魏丛书》本《神仙传》尚有九十二人，《四库全书》采用的是毛晋辑本，只剩下八十四人。余嘉锡说，两个版本皆出于后人掇拾，相对而言，毛本（即四库本）辑者用心较为周密耳。②

小南一郎将东汉末年以后兴起的神仙思想称为“新神仙思想”。他认为，在此以前的神仙思想是帝王的神仙术，当时的仙人是为帝王服务

---

① 胡守为：《神仙传校释·前言》，中华书局2010年版，第2—6页。

② 余嘉锡：《四库提要辨证》卷一九《神仙传十卷》，中华书局1980年版，第1219页。

的。而魏晋文人开始强调神仙可以学得，借助自力，平凡人也可以成仙，所以，这是带有鲜明民众色彩的神仙说。新神仙说的代表就是《抱朴子》《神仙传》。[①] 魏晋时期不见得存在所谓帝王神仙术到平民神仙思想的转变，但《神仙传》确实有很强的大众化色彩。它所记录的人物分布于各个阶层、各种职业：有皇室后裔、高门贵族、低级官吏，也有牧羊人、门客、地主、学者、职业方士等，他们通常都有神奇的际遇，经受了严峻的考验，度过了种种的磨难，最后升仙而去，或者拥有特殊的能力。他们的事迹传达了一个信念，成仙的关键不在于富贵而在于志向；长生成仙不只是秦皇汉武这样的君主的特权，也不仅是高门贵族才能达成的人生目标，只要有坚定的信仰、坚韧的意志，人人可以成仙。

这样大规模的神仙传记，使得后世许多人对神仙实有、仙道可成信以为真，对仙人生活充满向往，对长生成仙抱有更加确定的信仰。齐梁时期的名道士陶弘景就是阅读了《神仙传》之后，才有悠然出世之意，一辈子走上学道求仙之路，可见此书影响之大。

① ［日］小南一郎著，孙昌武译：《〈神仙传〉——新神仙思想》，《中国的神话传说与古小说》，中华书局1993年版，第166—231页。

第五章　神仙可致
——葛洪的宗教哲学思想

第一节　神仙可致——长生成仙的哲学论证

西方中世纪经院哲学家们最重大的任务就是要证明上帝的存在，不同的经院哲学家通过各种途径构造了上帝必然存在的种种证明，其中最著名的是安瑟伦的本体论证明，以及托马斯·阿奎那的因果论证明与目的论证明。[①] 在中国也是如此，神仙不死之"道"，是道教哲学的中心范畴，神仙存在和人能成仙不死是其基本命题，论证人有无成仙的内外根据、人成仙取何途径是其最主要的任务。在葛洪的《抱朴子内篇》中，这同样是一个核心命题，葛洪也采用了各种不同的方法来论证神仙的存在，论证人长生不死的可能性。

一、玄道合一——神仙实有的本体论论证

《抱朴子内篇》开宗明义，第一篇就是《畅玄》，详细阐述玄妙的大道，其云：

玄者，自然之始祖，而万殊之大宗也。眇昧乎其深也，故称微

① 托马斯·阿奎那在《神学大全》中一口气提出了五种后天证明上帝存在的方法，后世学者把前三种方式称为因果论证明(康德称之为宇宙论证明)，后两种称为目的论证明。见吕大吉：《西方宗教学说史》，中国社会科学出版社 1994 年版，第 95—97、103—105 页。

> 焉。绵邈乎其远也，故称妙焉。其高则冠盖乎九霄，其旷则笼罩乎八隅。光乎日月，迅乎电驰。或倏烁而景逝，或飘滭而星流，或滉漾于渊澄，或雰霏而云浮。因兆类而为有，托潜寂而为无。沦大幽而下沉，凌辰极而上游。金石不能比其刚，湛露不能等其柔。方而不矩，圆而不规。来焉莫见，往焉莫追。乾以之高，坤以之卑，云以之行，雨以之施。胞胎元一，范铸两仪，吐纳大始，鼓冶亿类，佪旋四七，匠成草昧，辔策灵机，吹嘘四气，幽括冲默，舒阐粲尉，抑浊扬清，斟酌河渭，增之不溢，挹之不匮，与之不荣，夺之不瘁。

玄道是自然的始祖，是万物的大宗。它深邃得渺渺茫茫，所以被称为“微”；它悠远得绵绵邈邈，所以被称为“妙”。它的崇高，就像冠盖覆戴在九霄之上；它的旷远，就像巨笼环罩于八荒之外。它比光耀的日月更明亮，比飞驰的闪电更迅疾。它时而闪现，像影子浮动；时而飘移，像流星疾行；时而在澄澈的深渊荡漾；时而在浮游的云彩上飘扬。它附着于亿兆物类之上便呈现为“有”，寄寓在幽暗清寂之中就转化为“无”；沦落在大地就往下沉潜，凌越过北极星，就向上游移。坚硬的金石不如它刚劲，清澈的露珠比不上它柔和。说它方，却不能用矩尺来衡量；说它圆，又不能用圆规来测度。它来时看不见，去时追不上。昊天因为它而高旷，大地因为它而深厚，云彩因为它而飘行，霖雨因为它而降临。它孕育元一，铸造天地，吐纳太始，冶炼万物，旋转星宿，造就宇宙开辟时的混沌世界，驾驭着神妙之机，吹呼着四时之气，函括冲默，抒发湮郁。它抑浊扬清，增损河渭。添加不会使其盈溢，耗损不会使其贫乏；给予不会使其繁盛，夺取不会使其凋悴。

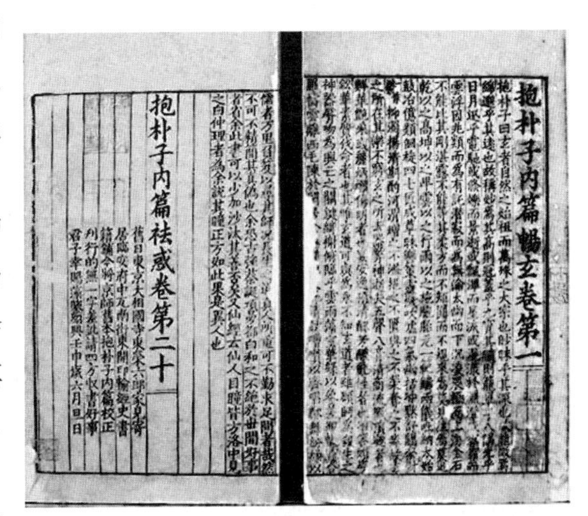
抱朴子内篇袪惑卷第二十

抱朴子内篇畅玄卷第一

图 12　东京大阁寺所藏葛洪《抱朴子内篇》

诚如王明所说，葛洪这里所描述的这个“玄”，

"原自汉代扬雄之《太玄》,非魏晋玄学之玄。此论玄为宇宙之本体,尤着重于玄道。玄道亦即玄一之道。下文所谓得之乎内,守之者外,用之者神,忘之者器,此思玄之要言也。由此可见《抱朴子》所谓玄,实为神秘主义之本体论"[1]。

在《抱朴子》中,这个本体有时又称为"道":

道者涵乾括坤,其本无名。论其无,则影响犹为有焉;论其有,则万物尚为无焉。隶首不能计其多少,离朱不能察其仿佛,吴札晋野竭聪,不能寻其音声乎窈冥之内,猬貐犲猪疾走,不能迹其兆朕乎宇宙之外。以言乎迩,则周流秋毫而有余焉;以言乎远,则弥纶太虚而不足焉。为声之声,为响之响,为形之形,为影之影,方者得之而静,员者得之而动,降者得之而俯,升者得之以仰,强名为道,已失其真,况复乃千割百判,亿分万析,使其姓号至于无垠,去道辽辽,不亦远哉?(《抱朴子内篇·道意》)

并称则为"玄道":

冶容媚姿,铅华素质,伐命者也。其唯玄道,可与为永。不知玄道者……夫玄道者,得之乎内,守之者外,用之者神,忘之者器,此思玄道之要言也。(《抱朴子内篇·畅玄》)

除了"玄""道"与"玄道",葛洪经常提及的另一个类似本体的概念是"一":

余闻之师云,人能知一,万事毕。知一者,无一之不知也。不知一者,无一之能知也。道起于一,其贵无偶,各居一处,以象天地人,故曰三一也。天得一以清,地得一以宁,人得一以生,神得一以灵。金沈羽浮,山峙川流,视之不见,听之不闻,存之则在,忽之则亡,向之则吉,背之则凶,保之则遐祚罔极,失之则命雕气穷。老君曰:忽兮恍兮,其中有象;恍兮忽兮,其中有物。一之谓也。(《抱朴子内篇·地真》)

---

[1] 王明:《抱朴子内篇校释》,中华书局1985年,第4页。

以往研究者多将葛洪的“玄”“道”“一”看作同一概念，如许抗生说，葛洪“还把‘玄’或‘道’也叫作‘一’”①。任继愈等亦谓：“‘玄’‘道’‘一’都是指神仙道教的神秘本体。”②不过，戢斗勇认为，葛洪的“玄”“道”同义，但与“一”不是一回事。③ 董恩林进一步认为，不仅葛洪的“玄”“道”与“一”难以等同，而且“玄”与“道”也非同一概念。

董恩林仔细分析了《畅玄》中对玄的论述，指出，“玄者，自然之始祖，而万殊之大宗也”，这是说“玄”孕育了宇宙形成之前的元气，锻铸了天地两仪，吐纳成宇宙万物元素，创造了宇宙的万事万物，故称得上自然始祖、万类大宗。这就勾勒出一个以“玄”为本原的宇宙生成论。葛洪还较为详细地描述了“玄”的特征与神奇力量，如微、妙、高、旷、莫见、莫追、不匮、不瘁、不穷等，这些特征归纳起来，不外无形无象、变化莫测两大方面，而这正是道家之“道”的特征。可见，“玄”在葛洪心目中似乎是“玄道”“玄之道”。“玄”与“玄道”为同一概念，它直接来自扬雄的《太玄》，有着至上神圣的地位，具有宇宙本原、本体的性质。

“道”则是葛洪常用的另一个概念，既可用来概括天地之道，也可用来代表万事万物之道。但在其使用过程中，比较接近《周易》之道，即百道之和，兼有形上与形下之义，但更多地包含着形下普遍之义。

至于“一”，葛洪之前的道家道教理论基本上都把“一”视为“道”的次一级的概念，是元气混沌未分时的状态，是“道”所生之“元气”。但是，葛洪心目中的“一”并不是老子之“道”，而是《太平经》等道教早期经典中所谓“元气”。道家学者使用抽象的“一”概念，用以解释宇宙起源与本体命题；道教学者与信徒则使用具象的“一”，并化为身体内的专一精神，用以引导修身守一之法，内涵是很不一样的，并不能混用。而葛洪既使用“一”的抽象内涵，引用道教经典，论断“一”为道之根、数之始，又引先师和经典语录，将“一”描绘成活灵活现的具象实体，逻辑上颇为混乱。

总之，葛洪思想中的“玄”“玄道”是形而上的概念，具有宇宙本体、

① 许抗生：《葛洪道家思想研究》，《北京大学学报》1981 年第 3 期，第 88 页。

② 任继愈：《中国哲学史》第 2 册，人民出版社 1979 年版，第 234 页。

③ 戢斗勇：《葛洪的“玄”“道”与“一”不是一回事》，《江西社会科学》1984 年第 5 期，第 123—126 页。

本原性,类似于老子之"道";其心目中的"道"始自老庄之抽象,落脚于具象,是百道之和,更多地具有形下色彩;"一"或"真一"则是凌驾于其所理解的"道"之上的宇宙万物之"元气",由此而导出"守真一"的修仙理论。故其所谓"玄""道""一"看似同一,实则有别。①

我认为,董恩林可能拔高了葛洪的哲学素养和思辨水平,葛洪显然不会对这些概念的细微差异有如此自觉的认识。葛洪是两晋时期一位注重辞藻的文章家,文章中所使用的这些术语实际上都是变换修辞而已,并不能视之为深入思考的哲学概念。葛洪和中国其他的思想家一样,对宇宙本体的描绘是文学性的,并非有意营造与前人不同的概念与理念。这些概念并非葛洪的首创,前人曾反复用过,在前人使用时,这些概念的侧重点容有不同。尤其是"一""真一""玄一"这三个概念,在《太平经》中,更多地是指作为身体中的"元气"、支配人身小宇宙的人格神。葛洪显然继承了这种人格化的"一",他在《抱朴子内篇·地真》中说:

> 一有姓字服色,男长九分,女长六分,或在脐下二寸四分下丹田中,或在心下绛宫金阙中丹田也,或在人两眉间,却行一寸为明堂,二寸为洞房,三寸为上丹田也。

并且处于北极大渊的华贵宫殿中:

> 一在北极大渊之中,前有明堂,后有绛宫;巍巍华盖,金楼穹隆;左罡右魁,激波扬空;玄芝被崖,朱草蒙珑;白玉嵯峨,日月垂光;历火过水,经玄涉黄;城阙交错,帷帐琳琅;龙虎列卫,神人在傍。

长生的关键就是守护住这一人格化的"一":

> 故《仙经》曰:子欲长生,守一当明;思一至饥,一与之粮;思一至渴,一与之浆。

另有所谓"真一",同样是人格化的,有"有姓字长短服色目",它与"一"的区别似乎在于守一的目的是长生,守护"真一"的目的是"却恶":

---

① 董恩林:《葛洪道论辨析:与诸家道论比较》,《哲学研究》2006年第5期,第61—66页。

请问真一之道。皇人曰：……夫长生仙方，则唯有金丹；守形却恶，则独有真一，故古人尤重也。

另有“玄一”，与“真一”功用相同，但守“玄一”比守“真一”容易：

玄一之道，亦要法也。无所不辟，与真一同功……守玄一复易于守真一。

尽管葛洪努力说了很多，但我怀疑葛洪是否真正能够区分这三个概念。很有可能这三个名词是前代道家分别运用的，葛洪把它们凑在一起，努力使它们有一些不同，但实际上并无本质的区别。我们可将它们视为一类，即“一”类本体。我认为：诚如戢斗勇、董恩林所说，“一”类本体（包括“真一”“玄一”）与“玄”“道”类本体是有较大的区别的。“玄”“道”类本体是大宇宙的本体，而“一”类本体是小宇宙的本体，具有鲜明的人格化特征。

葛洪如此详尽地描绘大宇宙的本体，其目的是很明确的，那就是为了证明神仙实有；他将宇宙本体与神联系在一起，互相等同。世间万物都是有限的，“其唯玄道，可与为永”。他论证“玄”“道”“玄道”的无限、伟大与万能，为的是论证世界上存在无限、伟大、万能的神灵；描述“玄”“道”“玄道”的神奇与神秘，为的是论证彼岸世界的崇高和神秘。我们来看一下他对掌握了“玄道”的得道者的描绘：

夫玄道者，得之乎内，守之者外，用之者神，忘之者器，此思玄道之要言也。得之者贵，不待黄钺之威。体之者富，不须难得之货。高不可登，深不可测。乘流光，策飞景，凌六虚，贯涵溶。出乎无上，入乎无下。经乎汗漫之门，游乎窈眇之野。逍遥恍惚之中，倘佯仿佛之表。咽九华于云端，咀六气于丹霞。俳徊茫昧，翱翔希微，履略蜿虹，践跚旋玑。（《抱朴子内篇·畅玄》）

这显然就是一位升仙的藐姑射之神人。其次就是所谓知足者：

知足者则能肥遁勿用，颐光山林。纡鸾龙之翼于细介之伍，养浩然之气于蓬荜之中……含醇守朴，无欲无忧，全真虚器，居平味澹。恢恢荡荡，与浑成等其自然。浩浩茫茫，与造化钧其符契。

（《抱朴子内篇·畅玄》）

这分明是一位隐居的长生者。所以，葛洪建构大宇宙本体论的目的是宗教性的，就是为了证明神仙的存在，这是对神仙实有的本体论证明。而葛洪对小宇宙本体的论述与描绘，其目的就更为直接，那就是为长生、辟恶提供方法。也就是说，葛洪的哲学是为宗教服务的。

二、以自然推人事——神仙实有的自然论证明

事实上，以当时的认知水平而言，很少有人否认神灵的存在，人们怀疑的是普通的、一般的人是否能够通过后天的修炼成为神仙。东汉以来的唯物主义思想家对长生可致、神仙可成的批判通常是自然论的，即以自然万物均有生死，说明人类不可能超越自然。比如桓谭《新论·祛蔽》就说：

> 草木五谷，以阴阳气生于土，及其长大成实，实复入土，而后能生。犹人与禽兽昆虫，皆以雄雌交接相生，生之有长，长之有老，老之有死，若四时之代谢矣。而欲变易其性，求为异道，惑之不解者也。①

所以桓谭认为，世上并无仙道，所谓仙道，乃是“好奇者为之”。对于方士们津津乐道的龟寿一千、鹤寿三千，他问难道：“谁当久与龟鹤同居，而知其年岁耳？”（《新论·辨惑》）这是一种“眼见为实”的朴素经验论。王充继承了桓谭的思想，认为有生便有死，世上并无事实可以证明长生术的正确。他说：“世无得道之效，而有有寿之人。”（《论衡·道虚篇》）王充之后，应劭也认为自然万物变化有其规律，因此他完全不相信方士们盛传的王阳作金一事，说：“夫物之变化，固自有极。王阳何人，独能乎哉！语曰：‘金不可作，世不可度。’”（《风俗通义·正失》）后来的向秀、郭象也都明确反对神仙说和长生不老的观念。

对于自然论层面上的反对意见，葛洪同样采取的是自然论的证明。他所依据的是自然现象，采用的基本方法则是类比论证。所谓类比论

① （清）严可均编：《全后汉文》卷十四，《全上三代秦汉三国六朝文》，中华书局 1965 年版，第 545 页下。

证，就是两类(个)事物在性质、功能、结构和关系等属性上相同或相似，其中一类(个)事物具有某些属性，从而推出另一类(个)事物也具有某些属性。葛洪的类比论证，是将自然世界与人类社会相类比，用诸多自然现象来论证人类长生成仙是可能的，并从自然现象来揭示、推导出长生成仙的种种方法。

在这种论证方法中，首先有一个先设的普遍性的大前提，那就是“天地万物为一”，自然万物和人类是同类事物；基本出发点是推天道以明人事，以类比的方式从自然的规律中揭示并证明社会人类的基本准则。这也是《周易》、道家的基本思维方式，《四库全书总目提要》说：“夫《易》者，推天道以明人事者也。”甚至可以说是中国式思维最习见的方法。

首先，葛洪认为自然界存在着无数长寿之物，他引《玉策记》及《昌宇经》加以说明：比如千岁之龟、千岁之鹤、千岁松树，有的甚至寿达万岁。“蛇有无穷之寿，猕猴寿八百岁变为猿，猿寿五百岁变为玃。玃寿千岁。蟾蜍寿三千岁，骐驎寿二千岁。腾黄之马，吉光之兽，皆寿三千岁。千岁之鸟，万岁之禽，皆人面而鸟身，寿亦如其名。”(《抱朴子内篇·对俗》)既然自然界如此，类推至人类社会，人要获得长生并非不可能。

葛洪以张广定女儿作为例证。陈寔撰写的《异闻记》中说：颍川人张广定为了避难，将自己四岁的女儿放到墓底。三年之后，张广定返回故园，想去古墓收拾尸骨重新殡葬，发现女儿仍然安坐在墓穴中。原来女儿是模仿乌龟伸长脖子吞咽空气的动作，又活了三年。“此又足以知龟有不死之法，及为道者效之，可与龟同年之验也。”(《抱朴子内篇·对俗》)长寿的动植物有自己的生存之道、长寿之法，人只要学习动物之道仿生之学，也能做到长寿。

事实上，很多动物在许多能力上都远超人类，龙、蛇、蛟、螭、猿猴、刺猬、鳄鱼、蠡虫，都能做到整个冬天不进食却更加肥壮，神兽归终能预知有人将离去，喜鹊知道客人将要到来，鱼伯能够预测水旱的气候，蜉蝣知晓哪里有泉水，白狼可以预知殷王朝的兴起，鸑鷟能够预见周王室的兴盛。人类可以从万物的特异功能和一技之长中得到启示，效仿它们，学其所长而补己之短。历史上的圣贤明君就是效仿自然而创制了许多事物：太昊师法蜘蛛创制了网罟，金天依据不同鳫鸟的叫声校正季节，轩辕黄帝根据凤凰的鸣叫调整音律，唐尧观察蓂荚的生长了解月份。仙人向上可以立身于云霄之间，向下能够潜游于江海之中，萧史能够骑凤凰畅游于天空，琴高可以乘赤鲤遨游于深渊，这就是得道者具有神奇本领的明证，而这都是模仿自然、向自然学习的结果。如果我们学习灵龟、仙鹤的方法，就能做到导引养生。

其次，葛洪认为自然规律存在着诸多例外。当时最常见的主张，是认为有始必有终，有生必有死。葛洪反驳说有始有终是一般规律，但规律是可以有例外的。葛洪反复强调，特殊事例的存在是不能简单以普遍概括加以排斥的。他承认一般认识或普遍概况的重要性，但特别强调了与之相对的另一面，即个体性、特殊性、变化和超自然的一面。他说："夫存亡始终，诚是大体。其异同参差，或然或否，变化万品，奇怪无方，物是事非，本钧末乖，未可一也。夫言始者必有终者多矣，混而齐之，非通理矣。"（《抱朴子内篇·论仙》）有起始就一定会结束，的确是普遍现象，但混淆所有事物，将它们看得一模一样，就不是通达之理了。

这里最值得注意的是，葛洪指出了"大体"并非"通理"，也就是说，经验概括不等于普遍必然的原则。葛洪列举了大量不在普遍现象之中的特殊事例，说明世上任何事情的发生、出现和变化都是可能的："谓夏必长，而荠菱枯焉；谓冬必凋，而竹柏茂焉；谓始必终，而天地无穷焉；谓生必死，而龟鹤长存焉。盛阳宜暑，而夏天未必无凉日也；极阴宜寒，而严冬未必无暂温也。百川东注，而有北流之活活；坤道至静，而或震动而崩弛；水性纯冷，而有温谷之汤泉；火体宜炽，而有萧丘之寒焰；重类应沈，而南海有浮石之山；轻物当浮，而牂柯有沈羽之流。万殊之类，不可以一概断之，正如此也久矣。"（《抱朴子内篇·论仙》）既然有这么多特殊事例不在普遍概括之内，神仙长生为什么不可能超越于普遍概括之外呢？人类是各种生命中最聪慧的，拥有可贵品性的人类理应完全相同，但是，人与人之间，贤愚邪正、好丑修短、清浊贞淫、缓急迟速、趋舍所尚、耳目所欲，种种不同，有如天壤之别、冰炭之乖，为什么唯独要怀疑仙人的特异呢？"乃知天下之事，不可尽知，而以臆断之，不可任也。"（《抱朴子内篇·论仙》）神仙之事本来就是超越俗情常理的，因此，不能拘俗守常，依据对一般事例和日常经验所作的概括来否认神仙的存在。

为了强调并不存在恒常的自然规律，葛洪经常诉诸神迹：

> 余数见人以方诸求水于夕月，阳燧引火于朝日，隐形以沦于无象，易貌以成于异物，结巾投地而兔走，针缀丹带而蛇行，瓜果结实于须臾，龙鱼瀺灂于盘盂，皆如说焉。按汉书栾太初见武帝，试令斗棋，棋自相触。而后汉书又载魏尚能坐在立亡，张楷能兴云起雾，皆良史所记，信而有征，而此术事，皆在神仙之部，其非妄作可知矣。小既有验，则长生之道，何独不然乎！”（《抱朴子内篇·对俗》）

他以神迹（主要是幻术）证明自然规律之不可信从。无独有偶，在西方世界，宗教界人士也乐于通过神迹证明上帝的存在。为此，休谟在《人类理解研究》中设立专章对此进行批判。休谟认为，所谓神迹，本质上是违反和破坏自然法则出现的奇特事件。任何符合自然法则的事件，既符合自然，就不再是神迹。判断神迹是否存在只能依赖我们的经验。当某种事实是否存在有互相冲突的两种证据时，人类总是选择证据较多的一方，证据越多，我们给予确信的程度就越大。对于从无例外的事件和证据，我们就视为自然法则而予以最大的确信。既然所谓神迹是违反自然法则的、独特的、奇异的事件，而我们的经验却使我们确信自然的齐一性或自然法则，因此，任何人类的经验和证据都不能证明神迹的存在，并使它成为任何宗教体系的正当基础。他指出，全部历史上没有任何一种神迹得到过足够权威的人士的证实。任何神迹都被揭穿过，而且各种宗教所奉的神迹常常互相反对。关于神迹的传闻，主要来源于野蛮民族，文明越发达，神迹就越少。休谟还从人的本性和爱好论证了神迹产生和流传的心理根源。一般人之所以容易相信神迹，是因为神怪的传闻会给人带来惊诧、快乐的情绪。有些人则由于充当先知的虚荣心而存心编造神迹，听众的轻信增加了他的厚颜，他的厚颜也征服了听众的轻信。所以休谟的结论是，所谓神迹无非是“轻信”加上“欺骗”的结果。[①] 葛洪所说恰好证明了休谟的观点，上述“神迹”中有的

① [英]休谟著，关文运译：《人类理解研究》第十章《神迹》，商务印书馆 1981 年版，第 97—116 页。在此参考吕大吉的归纳，见吕大吉：《西方宗教学说史》，中国社会科学出版社 1994 年版，第 429—430 页。

如"以方诸求水于夕月，阳燧引火于朝日"完全可以用科学解释，符合自然法则。而其他种种现象，无一不是方士使用幻术手法的骗人伎俩，由于葛洪的轻信才被认为是违背自然法则的神迹。方士的欺骗加上葛洪的轻信才造就了这些神迹。

第三，葛洪认为万物是可以转化的，那些大家以为死去的事物并没有死亡，而是转化成了另一种生命。人类个个不同，一切充满可能。他在《抱朴子内篇·论仙》中说：如果说禀性都有一定之规，那么野鸡变为大蛤，鸟雀变为蛤蜊，树中壤虫凭借翅膀翱翔，河里青蛙变为鹌鹑飞腾，水蛋化为蜻蜓，荇苓化为马陆，田鼠化为鹌鹑鸟，腐草化为萤火虫，鼍龙变成老虎，长蛇变成蛟龙，这些事就不应该发生。如果说人类禀受着纯正的天性，不同于凡俗的动物，上天赋予人类生命，就不会厚此薄彼，那公牛哀变成老虎，楚妪化成大鼋，枝离叔肘上长出柳树，秦女化为石人，死者能够复活，男女变性，又是什么原因？老子彭祖如此长寿，而很多婴儿却会夭折，既然人与人之间有所不同，那么这种差异又有什么限制呢？

这些关于变形的神话，实际上反映了古代人的生命观念，认为生命是一个可以连续转化的过程。人由一种生物变为另外一种生物，由一种事物转化为另外一种事物，这种形体的变化实质上即为生命的延续。因此，在神仙方士们看来，变形无疑成了一种生命延续的方法。葛洪从神话中找出这些材料，来论证长生成仙的可能。

变化观更重要的作用是论证服食金丹能够帮助人类长生。时人认为服用药物无法助人长寿，其云：

> 或曰："生死有命，修短素定，非彼药物，所能损益。夫指既斩而连之，不可续也；血既洒而吞之，无所益也。岂况服彼异类之松柏，以延短促之年命，甚不然也。"（《抱朴子内篇·对俗》）

葛洪反驳说：照这样说来，必须是同类的事物，才能够带来益处。那么断掉的手指、流出的鲜血，原本属于同一躯体，并非不同的种类，为什么断了以后就不能再接上存活？血流出来之后就不能再淌回去？事实上，自然界存在着无数异类相济的事实：

> 余数见人以蛇衔（膏）连已斩之指，桑豆易鸡鸭之足，异物之

益，不可诬也。若子言不恃他物，则宜捣肉冶骨，以为金疮之药，煎皮熬发，以治秃鬓之疾耶？夫水土不与百卉同体，而百卉仰之以植焉。五谷非生人之类，而生人须之以为命焉。脂非火种，水非鱼属，然脂竭则火灭，水竭则鱼死，伐木而寄生枯，芟草而兔丝萎，川蟹不归而蛣败，桑树见断而蠹殄，触类而长之，斯可悟矣。金玉在九窍，则死人为之不朽。盐卤沾于肌髓，则脯腊为之不烂，况于以宜身益命之物，纳之于己，何怪其令人长生乎？（《抱朴子内篇·对俗》）

“蛇衔”是一种草，“膏”字为误增。此段意思是：我多次看到过人用蛇衔草接连已经断离的手指，用桑豆治愈鸡鸭的脚。可见，不同的物类能相互补益，并不是捏造出来的。如果像您所说，人类不能依恃其他物种，那么岂不是应该捣碎肉膏、炼冶骨骼，把它们作为治疗金疮的药物；煎煮皮肤、熬制头发，去治疗秃头的疾病吗？水土不与百花属同一物体，但百花仰恃它们而培植；五谷与人不属一类，但人类却须靠它们来维生；油与火并非同类，水与鱼更非一族，但油枯火即灭，水干鱼就死。砍断树木，寄生就会干枯；割断野草，菟丝就会颓萎。小蟹不归，瓅蛣就会死去；桑树砍断，蛀虫就会灭亡。由此推论，触类旁通，就可以明白。用金玉塞住九窍，死人因此就不朽烂，用盐卤腌制肉类，肉干因此不腐败，更何况将宜身益命之物用于自己的身体呢？服用异类之物，完全有可能帮助人类延长生命。

而在这些能帮助人类的外物中，最有效果的就是金丹。葛洪称还丹金液是“仙道之极”。在葛洪看来，“夫金丹之为物，烧之逾久，变化逾妙；黄金入火，百炼不消，埋之，毕天不朽，服此二药，炼人身体，故能令人不老不死。此盖假求于外物以自坚固，有如脂之养火而可不灭，铜青涂脚，入水不腐”（《抱朴子内篇·金丹》）。可见，葛洪金丹服食思想的基础观念是“假外物以自坚固”，这种观念固然把人体复杂的生命运动规律与自然界无机物的化学运动规律混淆起来了，但凸显了人与自然的同质性、互通性，以及万物变化的普遍性。葛洪认为，变化是客观的、绝对的，《抱朴子内篇·黄白》把物类变化的范围推得很广。在葛洪看来，变化是没有极限、没有范围的，事物会自然地从一种类型转变为另一种类型，如高山变为深渊，深谷变为丘陵，等等。变化可以为人所掌握、控制,人发挥主观能动性干预自然的变化,就能让这些变化为人所用,可以促使事物按照自己的愿望发生改变,如铅性为白,可使它变赤而为丹;丹性为赤,可以让它变白而为铅,此即金丹术。一切在变,一切能变,这就是葛洪的物类变化观。

> 变化者,乃天地之自然,何为嫌金银之不可以异物作乎?譬诸阳燧所得之火,方诺所得之水,与水火岂有别哉?(《抱朴子内篇·黄白》)
>
> 外国作水精椀,实是合五种灰以作之。今交、广多有得其法而铸作之者。今此语俗人,俗人殊不可信,乃云水精本自然之物,玉石之类。况于世间幸有自然之金,俗人当何信其有可作之理哉?愚人乃不信黄丹及胡粉,是化铅所作。又不信骡及駏驉是驴马所生,云物各自有种,况乎难知之事哉?夫所见少,则所怪多,世之常也。(《抱朴子内篇·论仙》)

葛洪相信,由于变化乃自然之理,故人得道成仙后也会变化无穷,他说:

> 若道术不可学得,则变易形貌,吞刀吐火,坐在立亡,兴云起雾,召致虫蛇,合聚鱼鳖,三十六石立化为水,消玉为粭,溃金为浆,入渊不沾,蹴刃不伤,幻化之事,九百有余,按而行之,无不皆效,何为独不肯信仙之可得乎!(《抱朴子内篇·对俗》)

从自然现象比附的类比论证其缺陷是非常明显的,最粗糙的推理也应该以类同关系为基础,遵守“同类相推,异类不比”的原则。自然与人类分属两个完全不同的种类,没有类比的基础。类比推理以两事物属性间的相似为基础,但这种相似是有条件的、相对的,世界上没有两片完全相同的叶子。而事物间的差异性有时候是其本质属性,有时是非本质属性,事物之间的差异性就限制了推理的可靠性。

三、个体经验有限论——神仙实有的经验论证明

经验论的论证可分正论与驳论两种方式。我们先来谈驳论。当时人对长生可致、神仙可学的批评主要是建立在经验论之上,葛洪则对这些基于经验论的批评一一加以反驳。

反对者最常见的主张是，从人类经验来看，从未有过不死成仙之人。曹丕在《折杨柳行》中说："彭祖称七百，悠悠安可原。老聃适西戎，于今竟不还。王乔假虚辞，赤松垂空言。达人识真伪，愚夫好妄传。追念往古事，愦愦千万端。百家多迂怪，圣道我所观。"[①]曹植《赠白马王彪》则说："虚无求列仙，松子久吾欺。"当时的人们，尤其是精英阶层中持此立场的人也还有不少。葛洪的驳论分以下几个层次：

首先，人类的经验是有限的，有限认识不能够否认神仙存在的可能性。人的见识和思维是有限的，但事物存在的可能性却是无限的，"天地之间，无外之大，其中殊奇，岂遽有限"(《抱朴子内篇·论仙》)。若以人们的有限认识来否认神仙的存在，就好比以分寸之瑕，弃盈尺之夜光；以蚁鼻之缺，损无价之淳钧。"世人若以思所能得谓之有，所不能及则谓之无，则天下之事亦鲜矣。"(《抱朴子内篇·对俗》)自己能想到的事物就认为存在，想不到的就认为不存在，那天下存在的事情就很少了。"况乎神仙之远理，道德之幽玄，仗其短浅之耳目，以断微妙之有无，岂不悲哉?"(《抱朴子内篇·论仙》)人们到老一直头顶青天，但还不知道天的高度；一辈子都脚踩大地，却仍不了解地的厚度。形体本来是人们自己所拥有的，却有谁了解自身的心理？显然，葛洪已经看到了人的认识的局限性、事物存在的无限性以及思维与存在的非同一性，他的上述论述，正是从有限与无限的矛盾关系来为神仙的存在进行辩护的。

其次，人的经验可能是错误的。人的眼睛所看到的东西，哪里能作论断的凭据呢？葛洪举了曹丕与曹植两个例子。曹丕观览殆尽，见闻广博，自称对事物无所不晓，他在撰写《典论》时曾认为天下没有切玉之刀与火浣之布。不到一年，这两样东西都被献了上来，他这才叹息着放弃了自己的观点。这说明凡事不可固执。曹植在《释疑论》中说：最初谈到神仙方术，他一直以为是下民诈伪，空言撒谎，等见到曹操将左慈禁闭，不食谷物将近一年，但左慈脸色不减，气力自若，又见到了其他种种奇特的现象，才意识到神仙方术本来存在，没有什么可怀疑的。曹氏二兄弟论学问，可谓无书不读；论才华，可算一代精英，但当初都认为神

① 逯钦立编：《先秦汉魏晋南北朝诗·魏诗》卷四《魏文帝曹丕》，中华书局1983年版，第394页。

异之事不存在，至晚年才穷尽事理，彻悟物性。赶不上这些精英的人，不相信神仙也就不足为奇了。

第三，超常之事不能够依靠感官经验来判断。人们常以自己的所见所闻为依据来判定真伪有无，由于没见过神仙，也就不相信神仙的存在。葛洪却认为，人的感官能力和实际经验只在很窄的范围内起作用，对于判定神仙是否存在这类超常之事，感官经验是无能为力的。“欲以所见为有，所不见为无，则天下之所无者亦必多矣。”（《抱朴子内篇·论仙》）世间之有无，并不以感官经验为依据来判定。“虽有至明，而有形者不可毕见焉。虽禀极聪，而有声者不可尽闻焉。虽有大章、竖亥之足，而所常履者，未若所不履之多。虽有禹、益、齐谐之智，而所常识者未若所不识之众也。”（《抱朴子内篇·论仙》）仙人并不能一望而知。并不是所有的仙人都有正方形的瞳子；也不一定像邛疏，双耳直接从头顶长出；或者像马师皇那样驾着蛟龙，王子乔那样骑着白鹤；或者身体长着鳞片，躯干如同长蛇，或者乘坐金车，穿着羽服。他们往往外表平凡，隐藏起耀眼的光芒，掩盖华美的文饰，废除人为的努力，抛弃私心杂念，在最纯正的环境中，保持着最淳朴的品质，因此，一般人根本无从区分他们。

另外，仙人往往居高处远，登遐遂往。他们鼓动双翅，翱翔于清静虚无，以风为马，驾驭着云霓彩车。对上，凌越了紫宫星座；往下，栖身在昆仑山岳。他们与人清浊异流，如果不回到人世，不是得道者的话，又安能见闻？即令他们偶尔遨游，或许会历经人寰，但藏匿真容、隐翳奇异，外表平凡，即便与人们擦肩而过、并足而行，又有谁能察觉他们？所以，“不见仙人，不可谓世间无仙人也”（《抱朴子内篇·论仙》）。

以上属于驳论，如何正面论证神仙实有，长生可致？葛洪主要是诉诸文献：仙人和方术是有文献记载的，因而是完全可信的。这种方法实际上也是葛洪之前的神仙家采取的基本论证方式。《文选》卷五十三嵇叔夜《养生论》说：

> 世或有谓神仙可以学得，不死可以力致者；或云上寿百二十，古今所同，过此以往，莫非妖妄者。此皆两失其情，请试粗论之。
>
> 夫神仙虽不目见，然记籍所载，前史所传，较角而论之，其有必矣。似特受异气，禀之自然，非积学所能致也。至于导养得理，以

尽性命，上获千余岁，下可数百年，可有之耳。而世皆不精，故莫能得之。

葛洪采取的是同样的论证方式。我们上文说过，像桓谭这样的唯物主义思想家曾经近乎刁难地问道："龟鹤长寿，盖世间之空言耳，谁与二物终始相随而得知之也？"(《抱朴子内篇·对俗》)葛洪是这样回答的：

苟得其要，则八极之外，如在指掌，百代之远，有若同时，不必在乎庭宇之左右，俟乎瞻视之所及，然后知之也。《玉策记》曰，千岁之龟，五色具焉，其额上两骨起似角，解人之言，浮于莲叶之上，或在丛蓍之下，其上时有白云蟠蛇。千岁之鹤，随时而鸣，能登于木，其未千载者，终不集于树上也，色纯白而脑尽成丹。如此则见，便可知也。(《抱朴子内篇·对俗》)

证明方式就是用《玉策记》《昌宇经》《史记·龟策传》等文献中的记载，不一定要亲耳所听、亲眼所见然后知之。同理，仙人的存在，"前哲所记，近将千人，皆有姓字，及有施为本末，非虚言也"(《抱朴子内篇·对俗》)。另外，又曰：

若谓世无仙人乎，按《汉书》及《太史公记》皆云齐人少翁，武帝以为文成将军。武帝所幸李夫人死，少翁能令武帝见之如生人状。又令武帝见灶神，此史籍之明文也。夫方术既令鬼见其形，又令本不见鬼者见鬼，推此而言，其余亦何所不有也。(《抱朴子内篇·论仙》)

这是用前哲所记与《汉书》《史记》这样的经典著作为神鬼实有背书。除诉诸文献之外，就是诉诸名人，葛洪说：

刘向博学则究微极妙，经深涉远，思理则清澄真伪，研核有无，其所撰《列仙传》，仙人七十有余，诚无其事，妄造何为乎？邃古之事，何可亲见，皆赖记籍传闻于往耳。列仙传炳然其必有矣。然书不出周公之门，事不经仲尼之手，世人终于不信。然则古史所记，一切皆无，何但一事哉？俗人贪荣好利，汲汲名利，以己之心，远忖昔人，乃复不信古者有逃帝王之禅授，薄卿相之贵任，巢许之辈，老莱庄周之徒，以为不然也。况于神仙，又难知于斯，亦何可求今世皆信之哉？多谓刘向非圣人，其所撰录，不可孤据，尤所以使人叹息者也。夫鲁史不能与天地合德，而仲尼因之以著经。子长不能与日月并明，而扬雄称之为实录。刘向为汉世之名儒贤人，其所记述，庸可弃哉？（《抱朴子内篇·论仙》）

老子是名人，刘向也是名人，他们的说法当然应该信从。无论是诉诸文献，还是诉诸名人，本质上都是诉诸权威。在具有文字崇拜的古代社会，文献天然地具有权威的地位。在早期社会，文字只为社会上的特权者所掌握。因为文字是属于特权者的，与特权结合在了一起，使它具有了和特权者一样的崇高地位和尊严。因此，凡是用文字记录下来的事件就有了不证自明的权威性与可靠性。

另外，不能因为秦皇汉武求仙不获、个别方士造假而否认成仙的真实性：如果因为李少君、栾大的奸邪作假，就认为仙道本来就不存在，就好比出现了赵高、董卓之类奸雄，就认为古代没有伊尹、周公、霍光等忠臣；看见了商臣、冒顿之类逆子，就认为古代没有伯奇、孝己等孝子。这些个例不足以推翻文献名人的记载与传述。

四、星宿决定寿命——对命定论的改造

长生成仙理论受到的另一个挑战来自命定论者。王充是葛洪钦佩的古代作家，但王充是个命定论者。他认为一个人的寿命长短与人生际遇，归根到底是由“命”决定的。这里的命包含寿命（即生命）和命运这两种意义。当然，“命”的实现还有待于满足外在的偶然条件，即“时”。至于决定“命”的，则是天地星宿这种物质实体在不断的运动中自然而然地释放出来的物质性的气，而不是神秘的、有意志的“天”。“夫禀气渥则其体强，体强则其命长；气薄则其体弱，体弱则命短，命短则多病，寿短……人之禀气，或充实而坚强，或虚劣而软弱。充实坚强，其年寿；虚劣软弱，失弃其身。”（《论衡·气寿》）在他看来，人的寿命长短，取决于其在母体时偶尔禀气的薄厚，生死寿夭、富贵贫贱，甚至性善性恶都决定于所禀之气（《论衡·偶会篇》）。他说：

人禀元气于天，各受寿夭之命，以立长短之形，犹陶者用土为

篮廉，冶者用铜为柈杅矣，器形已成，不可小大；人体已定，不可减增。用气为性，性成命定。(《论衡·无形》)

人从上天那儿秉承了元气，各自接受了自己的寿命，形成了高矮不同的形体，就像制陶工人用黏土做成篮和瓶，冶炼工人用铜铸成盘和盂。器皿的形体已经形成，不能再缩小与扩大；人的身体已经定型，也不能再变矮与增高。人秉气形成生命，生命一旦形成，寿命就不会改变。按照这种观点，后天的行为完全无法改变人的生死与寿夭。所以当时有人认为："生死有命，修短素定，非彼药物，所能损益。"(《抱朴子内篇·对俗》)

葛洪似乎是继承了王充的上天决定论，只不过他把王充的"上天"改造成了"星宿"。他说：

命之修短，实由所值，受气结胎，各有星宿。天道无为，任物自然，无亲无疏，无彼无此也。命属生星，则其人必好仙道。好仙道者，求之亦必得也。命属死星，则其人亦不信仙道。不信仙道，则亦不自修其事也。(《抱朴子内篇·塞难》)

寿命的长短，实在是由于个人自身的逢遇所至，禀受生气，结为胚胎时，就各自对应着自己的星宿。上天之道无所作为，一任事物自然发生，无所谓亲近，也无所谓疏远，没有彼此的分别。寿命属于长生的星宿，那么这个人一定爱好神仙道术，而爱好神仙道术的人，追求仙道也一定能成功；寿命属于死亡的星宿，那么这个人也不会相信神仙道术，而不相信神仙道术，也就不会自己去修炼仙道。然而，人禀受生气、结为胚胎时逢遇什么星宿，却不是天地所能决定的：

所乐善否，判于所禀，移易予夺，非天所能。譬犹金石之消于炉冶，瓦器之甄于陶灶，虽由之以成形，而铜铁之利钝，瓮罂之邪正，适遇所遭，非复炉灶之事也。(《抱朴子内篇·塞难》)

有人乐善，有人爱恶，区别决定于所禀持的天性，祸福的转移、变易、给予、弃去，并非上天所能决定的。譬如金石在炉中销熔，瓦器在陶灶中制成，虽然都由于火才成形，但铜铁器皿或利或钝，缸碗的正圆歪斜，是由于恰好遭遇到的因素，并不由于炉灶。葛洪详细论述了天地不能掌控人类命运的原因：

> 天地虽含囊万物，而万物非天地之所为也。譬犹草木之因山林以萌秀，而山林非有事焉。鱼鳖之托水泽以产育，而水泽非有为焉。俗人见天地之大也，以万物之小也，因曰天地为万物之父母，万物为天地之子孙。夫虱生于我，岂我之所作？故虱非我不生，而我非虱之父母，属非我之子孙。(《抱朴子内篇·塞难》)

首先，天地并不是万能的。就如同人们并不能知道他们身体衰老痛痒是什么缘故，上天也不能知道自己盈满亏损、祸灾吉祥的道理。人们不能使耳目保持聪明，荣卫不被阻隔，上天也不能使得日月不食，四时从不失序。

其次，与通常的认知不同，我们人类并非天地所生。我们确实生于天地之间，但不能说天地主动生养了我们。虱子长在我们身上，难道是我们愿意的吗？虽然虱子非我不能生长，但我绝不是虱子的父母。

再次，即便是天地所生，天地也不能决定你的寿命。生我的是父亲，怀我的是母亲，但他们不能使我的形体一定适中，姿态容貌一定妖艳美丽，性格一定平和，智慧一定高远，给我更多的力量，延续我的寿命。因此，有的人矮小瘦弱，有的人黝黑丑陋，有的人耳聋目瞎、愚笨顽固，有的人形体支离、佝偻跛行。人所生的孩子尚不是所希望的那样，所希望的不是所得到的，何况是在辽阔的天地中所生的万物呢？父母的比方还算是远的，身体是自己的，你却并不能控制它永壮不老，喜怒有常，谋虑无悔。父母与自己尚且不能控制驾驭自己，那天地又怎么能知道、掌控我们的命运呢？如果人类都是天地所制作的，那么人人都应该美好而没有邪恶，都应该成功而没有失败，各种生物没有不遂心的，没有春日凋零的草木，没有童年夭折的项托、杨乌。如果认为上天不能使孔孟有长享人世的福分，更应该知道人所禀持是自然而然的，并非天地所能决定的。由此而论，长寿夭折的事情，结果不在于天地。

显然，葛洪所说的“天”与前代思想家所说的“天”并不是一回事。葛洪所说的“天”是自然之天，就是天地之间的自然空间，是万物生长的处所。王充所说的“天”是命运之天，是能够赋予万物性状、决定万物命运的至高存在。在这些论述中，葛洪更多地继承了荀子的天道自然论，他否认天有意志，将天看成普通的自然界。

但葛洪绝不是一个彻底的唯物论者，他只是一个不彻底的决定论者。寿命虽然不决定于上天，却决定于你出生时所逢遇的星宿。葛洪引述不知名的仙经所言：那些得道成仙的人，都是在获得生命之时偶尔遇到了神仙的星气，这是天然的禀赋。当他们还在胚胎之中时，就已经具备了相信仙道的天性；等到他们有了意识之后，自然地就喜好仙道，也一定会遇到圣明的老师，从而获得修仙的方法。如果没有遇到神仙星气，他就不会相信和追求仙道，即使追求也追求不到。

《玉钤经》主命原曰：人之吉凶，制在结胎受气之日，皆上得列宿之精。其值圣宿则圣，值贤宿则贤，值文宿则文，值武宿则武，值贵宿则贵，值富宿则富，值贱宿则贱，值贫宿则贫，值寿宿则寿，值仙宿则仙。又有神仙圣人之宿，有治世圣人之宿，有兼二圣之宿，有贵而不富之宿，有富而不贵之宿，有兼富贵之宿，有先富后贫之宿，有先贵后贱之宿，有兼贫贱之宿，有富贵不终之宿，有忠孝之宿，有凶恶之宿。如此不可具载，其较略如此。为人生本有定命，张车子之说是也。(《抱朴子内篇·辨问》)

如果仅看以上引文，就会觉得星宿决定论与上天决定论没有什么区别。但是，以上是葛洪引述《玉钤经》与张车子之说，并不代表葛洪的全部，如果结合葛洪在其他地方的论述，可以认为，星宿决定论是一种有条件的决定论。星宿决定论强调的是你所值的星宿决定了你今后成仙的可能，但这不能保证你成仙的结果，仍然需要后天的努力才能真正成仙。在《抱朴子内篇·极言》中，有人问葛洪："古之仙人者，皆由学以得之，将特禀异气耶？"葛洪的回答相当肯定：

是何言欤？彼莫不负笈随师，积其功勤，蒙霜冒险，栉风沐雨，而躬亲洒扫，契阔劳艺，始见之以信行，终被试以危困，性笃行贞，心无怨贰，乃得升堂以入于室。或有怠厌而中止，或有怨恚而造退，或有诱于荣利，而还修流俗之事，或有败于邪说，而失其淡泊之志，或朝为而夕欲其成，或坐修而立望其效。若夫睹财色而心不

战，闻俗言而志不沮者，万夫之中，有一人为多矣。故为者如牛毛，获者如麟角也。（《抱朴子内篇·极言》）

只有经过艰苦的学习、严峻的考验和持续的努力才能成仙。那为什么还要提倡星宿决定论呢？星宿决定论有以下几个功能：

首先是要解释“周孔之所以无缘得知仙道”，以及有人勤求而无功的原因。它能够很好地解释圣人命短、坏人命长这一现象，也能够说明为什么有的人能够成仙，而有的人难以成仙：

自古至今，有高才明达，而不信有仙者，有平平许人学而得仙者，甲虽多所鉴识而或蔽于仙，乙则多所不通而偏达其理，此岂非天命之所使然乎？（《抱朴子内篇·辨问》）

认为养生之术无用的人通常都会质疑如俞附、扁鹊、医和、医缓、仓公这些医术高明的著名神医：人为什么不能免于死亡？不缺医术的富贵人家为什么比常人还要短寿？星宿决定论能够圆满地回答这一问题。

第二，星宿决定论能够解释为什么社会上存在着信神仙与不信神仙两种截然不同的态度。在他看来，不信神仙者是天生的，无法改变的，因此，对于不信不求者的态度，非但不必勉强，而且应该疏远之：

盛阳不能荣枯朽，上智不能移下愚，书为晓者传，事为识者贵……夫示知者，何可强哉？（《抱朴子内篇·金丹》）

至理之未易明，神仙之不见信，其来久矣，岂独今哉？太上自然知之，其次告而后悟，若夫闻而大笑者，则悠悠皆是矣……实理有所不通，善言有所不行……彼诚以天下之必无仙，而我独以实有而与之诤，诤之弥久，而彼执之弥固，是虚长此纷纭，而无救于不解，果当从连环之义乎？（《抱朴子内篇·塞难》）

第三，得以否定祭祀祈祷的效用。人既有定命，天亦无法予夺，故祭祀无益于寿。所谓“人生各有所值，非彼苍昊所能匠成”（《抱朴子内篇·塞难》），因此就不需要祈祷祭祀。①

① 参见林丽雪：《抱朴子内外篇思想析论》，学生书局 1980 年版，第 70—71 页。

星宿决定论的第四重意义与作用，是对于信徒们的激励作用。只要你相信神仙实有，就意味着你结胎受气之时，逢遇了仙宿，因此命定会长生成仙。哪怕你资质平平，哪怕你多所不通，哪怕你贫困不遇，你都有可能就是成仙的种子。这是比上述三点更有实用价值的意义。

五、学仙无损于担当责任——隐居学道的伦理学证明

时人批评神仙理论的另一个角度是从社会伦理出发，认为人人隐居求仙，就没有人承担社会与家庭的责任。

> 或问曰："人道多端，求仙至难，非有废也，则事不兼济。"
>
> 或曰："圣明御世，唯贤是宝，而学仙之士，不肯进宦，人皆修道，谁复佐政事哉？"（《抱朴子内篇·释滞》）

葛洪用一系列历史事实，证明隐居不仕是被先贤称赞鼓励的正面行为。他说，巢父、许由是背弃圣主到山林隐居的人，被称为高士；庄伯逢遇有道却遁世远避，反而被世人看重。轩辕氏君临天下的时候，可算是大治了，广成子却不参与；唐尧拥有四海的时候，可以算是太平了，偓佺却不辅佐，但德泽教化不因此而减损，有才华的人不因此而缺乏。成汤革命，推翻夏代，务光却负石投河；周武翦灭商朝，伯夷、叔齐却绝食于西山；齐桓公兴盛时，小臣稷却在穷街陋巷高枕而卧；魏文侯发达了，段干木却在西河散发而游。商山四皓如凤凰栖息于商洛，不影响大汉人才济济；周党像麒麟隐居于林薮，不损害光武帝的法制。

葛洪指出，真正的隐士实际上人数不多。有的人出于个人独特的价值与兴趣，"宠贵不能动其心，极富不能移其好，濯缨沧浪，不降不辱。以芳林为台榭，峻岫为大厦，翠兰为细床，绿叶为帏幙，被褐代衮衣，薇藿当嘉膳，非躬耕不以充饥，非妻织不以蔽身"。这样的人，千载之中，偶尔会出现几个。他们"委六亲于邦族，捐室家而不顾，背荣华如弃迹，绝私俗于胸心，凌嵩岳以独往，侣影响于名山，内视于无形之域，反听乎至寂之中"（《抱朴子内篇·释滞》）。这种人在宇宙之中又有多少？竟然担心君主会没有大臣，不是太多虑了吗？

又有人说，"学仙之士，独洁其身而忘大伦之乱，背世主而有不臣之

慢,余恐长生无成功,而罪罟将见及也”(《抱朴子内篇·释滞》)。葛洪回答说,您看,北人、石户、善卷、子州,都具有大才,但他们都没有为国效力,而是隐居放逸,养其浩然之气,但朝廷的升降制度与国家大道并没有因此而受损害。况且,学习仙道的士人,未必有经营国家的才华、立身朝廷的价值。得到他们,不会增加尘露那样小的好处;放弃他们,也不觉得有毫厘之失。当今九州同一,幽荒之地的人士都来做官,英才委积,无处使用。士人有长期等待的阻滞,官吏没有暂缺的职位;劳苦者有进职太慢的感叹,功高者有论资排辈的委屈;没有哪个时代比现在人才更多,因此,国家不缺少一两个人才。以前王子晋放弃了太子的重任,但周灵王并没有责备他不孝;尹喜放弃了关令的职守,但周朝并没有惩治他不忠。原因就在于他们确实不是鄙薄国家、轻视君主,而是喜好有异。他们的兴趣与价值,即便只是匹夫之志,也是不可强制改变的。现在是盛平时代,马放南山,刀枪入库,没有战争的危险。学习仙道的士人,万未有一,国家为什么要限制他们?他们的事业在于少思寡欲,他们的目标在于全身久寿,没有争名逐利的丑行,没有伤风败俗的过错,他们又有什么罪过呢?一代人不过有几个仙人,哪里会减损繁多的人才呢?

以上的答辩是回应隐居之士对国家不忠的指责,对隐居求仙的另一个指责是认为这样做是不孝:

> 或曰:“审其神仙可以学致,翻然凌霄,背俗弃世,烝尝之礼,莫之修奉,先鬼有知,其不饿乎!”(《抱朴子内篇·对俗》)

有人说,如果神仙真的可以学致,你凌霄远举,对祖先的烝尝祭祀就无人执行,祖先的鬼魂就会感到饥饿。葛洪对此回答说,身体不伤,是最大的孝道,何况是修得仙道,长生久视,和天地同寿,这与保全身体,差距可不是一点点。如果真的能够“登虚蹑景,云轝霓盖,餐朝霞之沆瀣,吸玄黄之醇精,饮则玉醴金浆,食则翠芝朱英,居则瑶堂瑰室,行则逍遥太清”(《抱朴子内篇·对俗》),过上神仙的生活,祖先的鬼魂知晓的话,必将因此而感到荣耀。一旦得道,可以辅助光大三皇五帝,可以监临驾驭各种神灵,地位可以不求而自致,能够吃香喝辣,有统管鬼都的权势，有叱咤鬼圣的威风。如果真的获得了仙道，尽管难于尽识其间奥妙，但肯定不会让祖先挨饿。

那么，得道者自己会不会得不到后人的祭祀呢？葛洪说，完全不用担心。你看，得道者中，没有谁能超过老聃吧？老聃有个儿子名叫宗，在魏国出仕当了将军，有了功勋被策封在段干。也就是说，老子的儿孙都绵延不绝，生活优越，那么，现今学习仙道的人，当然也都可以拥有子孙来承继祭祀。祭祀的事务，怎么会断绝呢！

就这样，葛洪强有力地回应了隐居求仙者不忠不孝的伦理指责，并消除了他们得不到后世祭祀的担忧。

在葛洪论证神仙存在、仙可学致的过程中，涉及不少重要的认识论问题，如思维与存在的关系问题、感官和经验的局限性问题、日常经验与超常现象的关系问题、普遍概括能否涵盖一切特殊的问题、有限认识能否把握无限存在的问题、判断有无的依据和是非的标准问题、知与行的关系问题等等。[①] 因此，他的论述是哲学史上的宝贵材料，是思想史上的珍贵遗存。

第二节　重生恶死——葛洪的宗教人生观

一、对轻生重死思想的批判

葛洪思想中最基本的信仰是长生可致，神仙可学，这就决定了他的人生哲学是重生的哲学。他说："天地之大德曰生，生，好物者也。是以道家之所至秘而重者，莫过乎长生之方也。"（《抱朴子内篇·勤求》）。

事实上，道家思想，尤其在庄子哲学中，对待生命的态度是两极分化的。有时显得很消极，认为生不如死，他们"以生为附赘县疣，以死为决疣溃痈"（《庄子·大宗师》），更多时则倡导重生保身。这两种看似矛盾的思想反映了庄子后学的分化。

① 罗中枢：《论葛洪的修道思想和方法》，《世界宗教研究》2004 年第 4 期，第 69—75 页。

葛洪明确反对庄子后学中轻生重死的消极人生观，他说，庄子“或复齐死生，谓无异以存活为徭役，以殂殁为休息，其去神仙，已千亿里矣，岂足耽玩哉？其寓言譬喻，犹有可采，以供给碎用，充御卒乏，至使末世利口之奸佞，无行之弊子，得以老庄为窟薮，不亦惜乎”（《抱朴子内篇·释滞》）？庄子的这些说法作为寓言譬喻，尚有可采，但作为一种人生观念，为后世那些利口奸佞、无行弊子提供了口实，实在可惜。更进一步，葛洪认为老庄本质上也是重生恶死，后学认为他是生死齐一，重死轻生，乃是偏据一义。他说：“老子以长生久视为业，而庄周贵于摇尾涂中，不为被网之龟，被绣之牛，饿而求粟于河侯，以此知其不能齐死生也。晚学不能考校虚实，偏据一句，不亦谬乎？”（《抱朴子内篇·勤求》）

重生恶死的人生观必然是积极进取的，这是葛洪与老庄思想的不同之处。道家思想不认为靠人为能够改变自然规律，尤其是改变生死规律。庄子说：“死生，命也，其有夜旦之常，天也。人之有所不得与，皆物之情也。”（《庄子·大宗师》）这是说人有死生，就像有白天和黑夜一样自然，自然规律是人力无法干预的。《庄子·天地篇》中有一个寓言，说一个灌园者不肯用桔槔提水，说“有机械者必有机事，有机事者必有机心。机心存于胸中，则纯白不备，则神生不定，神生不定者，道之所不载也”。这个故事典型地表明了先秦道家消极无为的特点。而道教要长生不死，必须超越人类有生必有死的自然规律，用方术夺天地之造化，干预甚至改变自然规律。葛洪强调形神相须，天道合一，肯定人类的世俗欲望，是一种积极有为的哲学。葛洪说：“《龟甲文》曰：我命在我不在天，还丹成金亿万年。古人岂欺我哉！”（《抱朴子内篇·黄白》）“我命在我不在天”的思想不仅一反儒家“生死有命，富贵在天”的天命观，而且同老庄听任自然、消极无为的哲学截然不同。葛洪提倡大家要为追求长生而积极与自然作斗争，为此，他指导人们寻求仙药、炼制金丹，想尽一切办法保命延生，这些都显露了其人生观中积极有为的特色。

总之，葛洪与东汉以来《太平经》《老子想尔注》中的思想一脉相承，吸收的是老庄思想中的重生说，尤其是被后世道教学者所改造过的养生思想。他的人生观是重生恶死的人生观，这也是道教哲学的一个主要特征。

二、重生恶死的人生观

为了说明人生之可贵，葛洪对人一生的年月算了一笔细账："百年之寿，三万余日耳。幼弱则未有所知，衰迈则欢乐并废，童蒙昏耄，除数十年，而险隘忧病，相寻代有，居世之年，略消其半，计定得百年者，喜笑平和，则不过五六十年，咄嗟灭尽，哀忧昏耄，六七千日耳，顾眄已尽矣，况于全百年者，万未有一乎？谛而念之，亦无以笑彼夏虫朝菌也。盖不知道者之所至悲矣。里语有之：人在世间，日失一日，如牵牛羊以诣屠所，每进一步，而去死转近。此譬虽丑，而实理也。"(《抱朴子内篇・勤求》)人很少有活到一百岁的，即便是百年之寿，除去老年和童年，减去生病和忧伤的日子，喜笑平和时间不过五六十年，况且每活一天就接近死亡一日，因此人没有不重生恶死的。

他进一步说："古人有言曰，生之于我，利亦大焉。论其贵贱，虽爵为帝王，不足以此法比焉，论其轻重，虽富有天下，不足以此术易焉。故有死王乐为生鼠之喻也。"(《抱朴子内篇・勤求》)葛洪文中的"法"和"术"是指金丹大法和长生之术。生命对于自己，利益实在太大了。比较价值轻重，即便贵为帝王，也不足以与长生之术相提并论；评判重要与否，虽然财富多得拥有天下，也不足以与不老之法交换。所以有"死去的国君甘愿当活着的老鼠"这样的比喻。

生命不仅意味着活着，还意味着对权力、声色、财富等一切人所追求事物的占有与享受。葛洪说："凡人之所汲汲者，势利嗜欲也。苟我身之不全，虽高官重权，金玉成山，妍艳万计，非我有也，是以上士先营长生之事，长生定可以任意。若未升玄去世，可且地仙人间。"(《抱朴子内篇・勤求》)如果我们身体不全，不能长寿，即使拥有高官重权、如山金玉、妍艳美色，你也无法享用。所以，营求长生才是万事之先。然而比长生更进一步的是升玄离世，成为地仙，那不仅拥有长生，也自然拥有上文所说的一切。

三、安贫乐道的人生价值观

如何才能长生成仙，首先必须建立正确的人生价值观。世俗社会通常看重权力、财富与名誉这三个基本价值，要实现三个价值目标，最通畅的途径就是出仕做官，官位越高，就越具价值。但如果要达成长生成仙的目标，做官就不是一种理想的选择，隐居反而是更为合宜的途径。为了选择、适应隐居这一种生活方式，首先就要建立安贫乐道的人生观念。葛洪反复强调说：

且夫安贫者以无财为富，甘卑者以不仕为荣。（《抱朴子外篇·嘉遁》）

凡所谓志人者，不必在乎禄位，不必须乎勋伐也。太上无己，其次无名，能振翼以绝群，骋迹以绝轨，为常人所不能为，割近才所不能割，少多不为凡俗所量，恬粹不为名位所染，淳风足以濯百代之秽，高操足以激将来之浊。何必纡朱曳紫，服冕乘轺，被牺牛之文绣，吞詹何之香饵，朝为张天之炎热，夕成冰冷之委灰！（《抱朴子外篇·逸民》）

这是说要放弃世俗对禄位、财富与勋伐（荣誉）的追求。纡朱曳紫、服冕乘轺的荣华富贵通常是短暂的，就像是披了文绣的牺牛马上要成为太庙的祭品，吞下了香饵的大鱼即将成为人们的菜肴一样。早晨还是张天的炎热，晚上就变成冰冷的灰烬。

在《抱朴子外篇》的《守塉》《安贫》两篇中，葛洪以人物对话的方式，系统地表达了安贫乐道的人生观。他假托潜居先生与乐天先生，描绘两人的生活境遇：

余友人有潜居先生者，慕寝丘之莫争，简塉土以葺宇，锐精艺文，意忽学稼，屡失有年，饥色在颜。（《抱朴子外篇·守塉》）

而乐天先生的生活就更为困窘：

有乐天先生者，避地蓬转，播流岷、益，始处昵于文休，末见知于孔明，而言高行方，独立不群，时人惮焉，莫之或与。时二公之力，不能违众，遂令斯生沉抑衡荜。齿渐桑榆，而韦布不改。而时主思贤，不闻不知；当途之士，莫举莫贡。潜侧武之陋巷，窜绳枢之蓬屋，进废经世之务，退忘治生之事，藜餐屡空，朝不谋夕。（《抱朴子外篇·安贫》）

但他们两人的共同特点是对自己的处境非常满意，潜居先生说：

> 余虽藜餐之不充，而足于鼎食矣！故列子不以其乏，而贪郑阳之禄；曾参不以其贫，而易晋楚之富……且又处堉则劳，劳则不学清而清至矣；居沃则逸，逸则不学奢而奢来矣。清者，福之所集也；奢者，祸之所赴也。福集，则虽微可著，虽衰可兴焉；祸赴，则虽强可弱，虽存可亡焉。此不期而必会，不招而自来者也。（《抱朴子外篇·守堉》）

我虽然野菜都吃不饱，但是比列鼎而食的人还要充实。列子不会因为贫乏而贪图郑阳送来的粮俸；曾参不会因为穷困而改易为如晋楚富豪一般的生活。身处贫苦就会劳苦，劳苦就不用追求高洁，高洁自然来到；身处富有就会安逸，安逸后不学奢侈，奢侈也会到来。高洁，就会使福气聚集；奢侈，就会使灾祸俱至。福气聚集，即使微小也可以变得显著，即便衰败也可以兴起；灾祸俱至，即使强大也会变得弱小，即便存在也会灭亡。这都是不用预约必然相会、不用招致自然到来的。

有偶俗公子劝告安贫乐道的乐天先生应该寻找机会谋取荣华富贵。乐天先生对富贵作出了自己的解释：

> 六艺备研，八索必该，斯则富矣；振翰摛藻，德音无穷，斯则贵矣。求仁仁至，舍旃焉如？夫栖重渊以颐灵，外万物而自得；遗纷埃于险涂，澄精神于玄默；不窥牖以遐览，判微言而靡惑。虽复设之以台鼎，犹确尔而弗革也，曷肯忧贫而与贾竖争利，戚穷而与凡琐竞达哉！（《抱朴子外篇·安贫》）

他说，研究六经，遍读八索，这就是富有了；奋笔写作，美名传于无穷，这就是高贵了。求仁而得仁，除此之外还有什么可追求的？栖身于深渊仍然颐养精神，置万物于度外而自得其乐；将俗世的纷扰遗忘在险途，在静默玄想中澄清精神。不窥视窗外遥望远方，以免被纷扰的尘世吸引；辨别隐微的言谈而消除疑惑。即使让他位列高位，态度仍然坚定不移。怎会因忧贫而与商贾争利，因愁苦而和猥琐之徒竞达呢？

有大智慧的人轻视珍贵的财物，所以唐尧、虞舜抛弃了黄金和玉璧。哲人在祸患到来之前就要消除它，智者听到利益就会顾虑灾害。现在您要我学范蠡泛舟，努力去追求富有，不珍惜父母给予自己的躯

图 13 （元）王蒙《葛稚川移居图》（收藏于国家博物馆）

体，冒着重重危险远游四方，这是以珍珠打鸟、去虎口夺肉。

葛洪历述了历史上穷困却德高名显、好利而身死名灭的例子。颜回和原宪因为清苦而被称为高尚，陈平因没有钱财而免于危难，袁广汉因好利而丧生，牛缺因车载宝物而遭杀害，匹夫因怀揣玉璧而冤死，狐狸因皮毛美丽而招致灾祸。因此，让人追求财富就如同催督盗窃，招引强贼，就像敬饮鸩酒，并不是怡养长生的有益忠告。对于士人来讲，“三坟”就是金玉，“五典”即为琴筝，学习就是他们的钟鼓，诸子百家便是笙簧管乐，他们在文词上获得满足，从道理中体验享受，怎么能让财富玷污了他们的感情呢？

要做到安贫乐道，在心理上的必要条件是知足知止。葛洪说：

> 祸莫大于无足，福莫厚乎知止。抱盈居冲者，必全之算也；宴安盛满者，难保之危也。
>
> 情不可极，欲不可满。达人以道制情，以计遣欲。为谋者犹宜使忠，况自为策而不详哉！盖知足者，常足也；不知足者，无足也。常足者，福之所赴也；无足者，祸之所钟也。生生之厚，杀哉生矣。宋氏引苗，郢人张革，诚欲其快，而实速萎裂。知进忘退，斯之以乎？（《抱朴子外篇·知止》）

而要知足知止，首先要节制欲望，有清心寡欲的心态，只有清心寡欲，才不会遭遇侮辱与损害：

盖至人无为，栖神冲漠，不役志于禄利，故害辱不能加也；不踌躇于险途，故倾坠不能为患也。藜藿不供，而意佚于方丈；齐编庸民，而心欢于有土。寝宜僚之舍，闭干木之间，携庄、莱之友，治陋巷之居。确岳峙而不拔，岂有怀于卷舒乎？以欲广则浊和，故委世务而不纡眄；以位极者忧深，故背势利而无余疑。其贵不以爵也，富不以财也。侣云鹏以高逝，故不萦翮于腐鼠；以蕃、武为厚诫，故不改乐于箪瓢。(《抱朴子外篇·嘉遁》)

然后要乐天知命。所谓“乐天知命，何虑何忧？安时处顺，何怨何尤哉！”(《抱朴子外篇·名实》)所以，葛洪理想中的生活状态是：

夫七尺之骸，禀之以所生，不可受全而归残也；方寸之心，制之在我，不可放之于流遁也。躬耕以食之，穿井以饮之，短褐以蔽之，蓬庐以覆之，弹咏以娱之，呼吸以延之，逍遥竹素，寄情玄毫，守常待终，斯亦足矣。且夫道存则尊，德胜则贵，隋珠弹雀，知者不为。何必须权而显，俟禄而饱哉！(《抱朴子外篇·嘉遁》)

所以体道合真，嶷然特立，才远量逸，怀霜履冰，思绵天地，器兼元凯，执经衡门，渊渟岳立。宁洁身以守滞，耻胁肩以苟合。乐饥陋巷，以励高尚之节；藏器全真，以待天年之尽。非时不出，非礼不动，结褐嚼蔬，而不悒悒也；黄发终否，而不悢悢也。(《抱朴子外篇·名实》)

安贫乐道、知足知止、不慕利禄并非一种消极的人生态度，在追求长生成仙之道时，葛洪非常强调积极、进取的生活态度。

四、长生成仙的要求

要长生成仙，首先在于立志：“夫求长生，修至道，诀在于志，不在于富贵也。”(《抱朴子内篇·论仙》)

其次要有意志力，能够克制自己。第一要克制欲望。第二要克制情感，静寂无为，忘其形骸。放弃人世间享乐的欲望，不能贪恋老妻弱子。“爱习之情卒难遣，而绝俗之志未易果也。”(《抱朴子内篇·论仙》)世俗社会中存在着诸多诱惑，“荣华势利诱其意，素颜玉肤惑其目，清商流徵乱其耳，爱恶利害搅其神，功名声誉束其体”（《抱朴子内篇·至理》）。面对这些诱惑，尤其需要强大的意志来克制自己。

第三是要勤求。

> 先师不敢以轻行授人，须人求之至勤者，犹当拣选至精者乃教之，况乎不好不求，求之不笃者，安可炫其沽以告之哉？……然时颇有识信者，复患于不能勤求明师。（《抱朴子内篇·勤求》）
>
> 帝王之贵，犹自卑降以敬事之。世间或有欲试修长生之道者，而不肯谦下于堪师者，直尔蹴迮，从求至要，宁可得乎？夫学者之恭逊驱走，何益于师之分寸乎？然不尔，则是彼心不尽；彼心不尽，则令人告之不力；告之不力，则秘诀何可悉得邪？不得已当以浮浅示之，岂足以成不死之功哉？（《抱朴子内篇·勤求》）

最后是专一、持续的坚守。所谓“持守”，首先是要不疑、坚信。“凡学道当阶浅以涉深，由易以及难，志诚坚果，无所不济，疑则无功，非一事也。”（《抱朴子内篇·微旨》）“其信之者，复患于俗情之不荡尽，而不能专以养生为意，而营世务之余暇而为之，所以或有为之者，恒病晚而多不成也。”（《抱朴子内篇·勤求》）凡是学习道术的人，都应当循序渐进地由浅入深，由易到难。如果意志虔诚、坚定果敢，就没有什么做不到的；疑惑迟缓，就没有成功的希望。这个道理适用于每件事。

第三节　积善立德——葛洪的宗教道德论

一、儒道兼综的道德观

在围绕长生这一根本目的之下，葛洪建立起他的道德论。通常来说，宗教首先必须顺应主流道德观，所以，葛洪的道德观基本上是传统的儒家伦理道德。葛洪自言：“要当以忠孝和顺仁信为本。”（《抱朴子内篇·对俗》）忠孝、仁信是儒家道德的两大支柱，和顺也是社会提倡的道德，因此，葛洪的道德观与社会主流道德观并无差别。

不过，葛洪推崇的道德模范并不是那些历代以来的立德者或立功者，而是隐逸修道者。在葛洪笔下，那些寻求长生神仙之术的隐逸修道者身上更多地体现出儒家道德。修道成仙的老子，便是"兼综礼教"(《抱朴子内篇·明本》)的人格典范。再如"游神典文，吐故纳新"的"逸民"(《抱朴子外篇·逸民》)"游精坟诰，乐以忘忧"的"居冷先生"(《抱朴子外篇·任命》)"六艺备研，八索必该"的"乐天先生"、大儒郑隐等，无一不是德高行洁之士。在葛洪看来，一方面，修道者追随明师，务必磨砺德性，勤求苦学；另一方面，为师者对弟子心性涵养也要反复考验，只有确信其性笃行贞，心无怨贰，才会授以秘诀，否则，"苟非其人，虽裂地连城，金璧满堂，不妄以示之"(《抱朴子内篇·明本》)。于是，德行善举成为修仙证道之途，是登堂入室、撷取道法、修成仙果的关键。儒家的忠孝仁恕信义和顺等伦理思想，就这样和道教的长生成仙思想结合在了一起。

葛洪进一步指出：

> 然览诸道戒，无不云欲求长生者，必欲积善立功，慈心于物，恕己及人，仁逮昆虫，乐人之吉，愍人之苦，赒人之急，救人之穷，手不伤生，口不劝祸，见人之得如己之得，见人之失如己之失，不自贵，不自誉，不嫉妒胜己，不佞谄阴贼，如此乃为有德，受福于天，所作必成，求仙可冀也。(《抱朴子内篇·微旨》)

上述一切，是超越学派的社会基本道德与行为准则，也可以说是普世道德。所以，我们可以说葛洪的宗教道德观，是社会道德观的顺应与延续。

二、长生信仰对道德的强化作用

不过，宗教又是道德的保证，强烈的宗教信仰有助于人们接受与遵循道德。吕大吉分析说：人的道德行为符合于其赖于产生和存在的社会关系的性质和需要的时候，就会受到社会舆论的肯定，否则就会受到谴责。所以，人的道德行为本身依靠社会舆论以及个人与他人、个人与集体、个人与整个社会在社会关系上的互相制约发挥监督作用。但是，在旧时代的社会结构中，人的社会关系对道德的监督和保证常常是自发的、不充分的，宗教便因之有了在道德领域发挥其作用和影响的余地。它把社会首先宣布为神圣的诫命和死后奖罚的标准，用宗教神秘主义的恐惧心加强了善男信女尊奉道德诫命的必要感。而遵行这些维系社会基本秩序所必需的道德规范，特别是普遍性的社会公德，对于社会是必不可少的。在这个特定的意义上，宗教客观上对道德有“保证”作用。[①]

葛洪的宗教学说利用长生成仙的信仰来吸引信徒遵守道德。在他看来，遵奉社会公德是长生的必要条件。他说，修德积善有助于延年益寿，得道成仙立足于善功累积。《抱朴子》论述了“德”“善”与“长生”的正向关联，如《抱朴子内篇·对俗》云：“若德行不修，而但务方术，皆不得长生。”“积善事未满，虽服仙药，亦无益也。若不服仙药，并行好事，虽未便得仙，亦可无卒死之祸矣。”他倡导人们体道修德，积善立功，渐次长生成仙。

葛洪将社会公德与养生实践对接起来。葛洪指出：“为道者以救人危使免祸，护人疾病，令不枉死，为上功也。”(《抱朴子内篇·对俗》)同时，他又借重鬼神的威力，利用人们对死后审判的恐惧来加强善男信女遵守公德的自觉性。他在《抱朴子内篇·微旨》中说：

> 按《易内戒》及《赤松子经》及《河图记命符》皆云，天地有司过之神，随人所犯轻重，以夺其算，算减则人贫耗疾病，屡逢忧患，算尽则人死，诸应夺算者有数百事，不可具论。

也就是说，天地之间有司过之神，你在人间犯的一切过错，天地之神都记在账上，到死后一并算总账。不仅天地有司过之神，身上也有“三尸”，他们每到庚申之日，就会向上天汇报人所犯的过失：

> 又言身中有三尸，三尸之为物，虽无形而实魂灵鬼神之属也。欲使人早死，此尸当得作鬼，自放纵游行，享人祭酹。是以每到庚申之日，辄上天白司命，道人所为过失。

除了三尸，还有灶神，也是一个爱打小报告的小人：

---

① 吕大吉：《宗教学通论新编》，中国社会科学出版社2010年版，第600页。

又月晦之夜，灶神亦上天白人罪状。大者夺纪。纪者，三百日也。小者夺算。算者，三日也。

葛洪很诚实地说，他并不了解上述情形是否真的存在，但是“天道邈远，鬼神难明”，赵简子、秦穆公都从上帝那儿亲自接受了黄金制作的简策，作为拥有国土的明确证据。山川草木，井灶池塘，都还有精灵之气；人们的体内也有魂魄；何况天地作为万物中最大的事物，按道理也应该有自己精神意识，有了精神意识，那么就应该能够赏善罚恶。只是“其体大而网疏”，不一定能做到立时响应，马上报复而已。所以，你在犯过错的时候千万要注意，司过之神、灶神、三尸神等都在盯着你。

葛洪罗列了长长一串人品卑劣、道德败坏、不讲公德、破坏秩序、损人利己的行为：

若乃憎善好杀，口是心非，背向异辞，反戾直正，虐害其下，欺罔其上，叛其所事，受恩不感，弄法受赂，纵曲枉直，废公为私，刑加无辜，破人之家，收人之宝，害人之身，取人之位，侵克贤者，诛戮降伏，谤讪仙圣，伤残道士，弹射飞鸟，刳胎破卵，春夏燎猎，骂詈神灵，教人为恶，蔽人之善，危人自安，佻人自功，坏人佳事，夺人所爱，离人骨肉，辱人求胜，取人长钱，还人短陌，决放水火，以术害人，迫胁尪弱，以恶易好，强取强求，掳掠致富，不公不平，淫佚倾邪，凌孤暴寡，拾遗取施，欺绐诳诈，好说人私，持人短长，牵天援地，詋诅求直，假借不还，换贷不偿，求欲无已，憎拒忠信，不顺上命，不敬所师，笑人作善，败人苗稼，损人器物，以穷人用，以不清洁饮饲他人，轻秤小斗，狭幅短度，以伪杂真，采取奸利，诱人取物，越井跨灶，晦歌朔哭。凡有一事，辄是一罪，随事轻重，司命夺其算纪，算尽则死。但有恶心而无恶迹者夺算，若恶事而损于人者夺纪，若算纪未尽而自死者，皆殃及子孙也。诸横夺人财物者，或计其妻子家口以当填之，以致死丧，但不即至耳。其恶行若不足以煞其家人者，久久终遭水火劫盗，及遗失器物，或遇县官疾病，自营医药，烹牲祭祀所用之费，要当令足以尽其所取之直也。故道家言枉煞人者，是以兵刃而更相杀。其取非义之财，不避怨恨，譬若以漏脯救饥，鸩酒解渴，非不暂饱而死亦及之矣。其有曾行诸恶事，后自改悔者，若曾枉煞人，则当思荐达贤人以解之。皆一倍于所为，则可便受吉利，转祸为福之道也。能尽不犯之，则必延年益寿，学道速成也。（《抱朴子内篇·微旨》）

在葛洪的思想中，长生是核心价值，能够长寿是最大的奖赏，减寿则是最大的惩罚，通过这样的奖惩来保证儒家为主的道德伦理能够得到实施。他说："夫天高而听卑，物无不鉴，行善不怠，必得吉报。"（《抱朴子内篇·微旨》）

葛洪要求遵守的绝大多数都是世俗道德，尤其是儒家的伦理道德，几乎没有独创宗教道德。如果一定要拈出一点的话，葛洪强调的宗教道德就是"相信"——相信神灵的存在，相信神仙可学，相信师说，相信有关神仙的记载与传闻，这是长生成仙的必要条件。

第四节　仙有三品——道教神仙品级说的建立

早在葛洪之前，太平道、天师道各有自己的神仙品级说，在《抱朴子内篇·遐览》著录的道书中，《九仙经》《道家地行仙经》《水仙经》《尸解经》《中遁经》《举形道成经》各有对神仙三品说的论述。在葛洪之后的上清派，也有自己的神仙品级说。可见认为神仙有品级是当时的通论，这与汉晋以来品第万物的社会风气有关。①

一、葛洪的神仙三品说

在《抱朴子内篇》中，葛洪将神仙分成三等。其中，《论仙》引《仙经》云："上士举形升虚，谓之天仙。中士游于名山，谓之地仙。下士先死后蜕，谓之尸解仙。"三者难度不同。《对俗》说："人欲地仙，当立三百善；欲天仙，立千二百善。若有千一百九十九善，而忽复中行一恶，则尽失前善，乃当复更起善数耳。故善不在大，恶不在小也。"《黄白》则曰："朱

① 参见李丰楙：《抱朴子——不死的探求》，海南出版社、三环出版社 1999 年版，第 177 页。

砂为金，服之升仙者，上士也；茹芝导引，咽气长生者，中士也；餐食草木，千岁以还者，下士也。又曰，金银可自作，自然之性也，长生可学得者也。”《神仙传》卷八《刘根传》也说：

夫仙道有升天蹑云者，有游行五岳者，有食谷不死者，有尸解而仙者，要在于服药，服药有上下，故仙有数品也。药之上者，唯有九转还丹及太乙金液，服之，皆立便登天，不积日月矣；其次云母雄黄之属，能使人乘云驾龙，亦可使役鬼神，变化长生者；草木之药，唯能治病补虚，驻年返白，断谷益气，不能使人不死也，高可数百年，下才全其所禀而已，不足久赖矣。

升天住地可各从所好，欲升天，服整剂还丹金液；想留地，则服半剂，非常自由：

闻之先师云，仙人或升天，或住地，要于俱长生，去留各从其所好耳。又服还丹金液之法，若且欲留在世间者，但服半剂而录其半。若后求升天，便尽服之。（《抱朴子内篇·对俗》）

图 14　九原岗北朝墓壁画中的《升仙图》

但相对于升天，葛洪似乎更主张住地，住地一样能够长生不死，而升天之后会碰到种种麻烦：

不死之事已定，无复奄忽之虑。正复且游地上，或入名山，亦何所复忧乎？彭祖言，天上多尊官大神，新仙者位卑，所奉事者非一，但更劳苦，故不足役役于登天，而止人间八百余年也。又云，古

之得仙者，或身生羽翼，变化飞行，失人之本，更受异形，有似雀之为蛤，雉之为蜃，非人道也。(《抱朴子内篇·对俗》)

天上老资格的大神太多，新仙位级低，需要尊奉侍候的神太多，太劳苦；而且成仙之后就变成与人不同的异形，这当然是很难适应与习惯的。人们追求的应该是现世的各种幸福享乐：

人道当食甘旨，服轻暖，通阴阳，处官秩，耳目聪明，骨节坚强，颜色悦怿，老而不衰，延年久视，出处任意，寒温风湿不能伤，鬼神众精不能犯，五兵百毒不能中，忧喜毁誉不为累，乃为贵耳。若委弃妻子，独处山泽，邈然断绝人理，块然与木石为邻，不足多也。(《抱朴子内篇·对俗》)

追求长生的人，本来珍惜的就是今天的幸福与享受，如果能够做到居家而不死，又何必追求尽快升仙呢？要知道，一旦得仙就不能再居住于人间了。在此之前，安期生、龙眉山上的宁先生、修羊公、阴长生等人，都是只服金液半剂，在世间住了近千年后才升仙。在《神仙传》卷一《彭祖传》中，采女问彭祖，“青精先生是何许人也？”彭祖回答说：

得道者耳，非仙人也。仙人者，或竦身入云，无翅而飞；或驾龙乘云，上造太堦；或化为鸟兽，浮游青云；或潜行江海，翱翔名山；或食元气；或茹芝草；或出入人间则不可识；或隐其身草野之间，面生异骨，体有奇毛，恋好深僻，不交流俗，然有此等，虽有不亡之寿，皆去人情、离荣乐。有若雀之化蛤，雉之为蜃，失其本真，更守异器。今之愚心未之愿也。人道当食甘旨，服轻丽，通阴阳，处官秩，耳目聪明，骨节坚强，颜色和泽，老而不衰，延年久视，长在世间，寒温风湿不能伤，鬼神众精莫敢犯，五兵百虫不能近，忧喜毁誉不为累，乃可贵耳。人之受气，虽不知方术，但养之得宜，当至百二十岁。不及此者，皆伤之也。小复晓道，可得二百四十岁，能加之，可至四百八十岁。尽其理者，可以不死，但不成仙人耳。

也就是说，宁愿做一个保有人情、享受荣乐的健康长寿者，也不愿成为具有神奇能力，但远离人情、人形的仙者。同卷《白石生传》载，彭祖问白石生:“何以不服药升天乎?”白石生的回答是:“天上无复能乐于此间耶,但莫能使老死耳。天上多有至尊相奉事,更苦人间耳。”这似乎也是后世道流与社会大众的共识。

小南一郎认为地仙思想是“新神仙思想”的典型代表,反映了当时的方士并不追求超越现世的崇高目标,相反是最大限度地追求现世欲望的满足。他认为把面向现世的欲望反映到神仙之术这种思想必然不是葛洪的思想,也不是覆盖《神仙传》的全部基调,而是与修习房中术的集团相关联的。[①] 中国的神仙思想本来就是强烈追求满足现世欲望,也不见得只是房中术集团的个别主张,小南一郎的说法不一定成立。但是,地仙思想的出现与风靡确实表明神仙思想缺乏超越性,他们甚至认为天仙的生活远不如地仙舒适顺意,这清楚地表明了以葛洪为代表的魏晋神仙思想世俗化的特征。

二、神仙三品说对后世的影响

地仙这种长生想象,乃是为迎合特定信徒而设计的。信奉金丹术的人群主要是以贵族为主的上层信徒,平日过的就是富贵享乐的生活。他们追求成仙,并不是出于对现实的不满,想要远举逃避,过一种出世的生活,而是希望永远保留今生的富贵享乐。长生而不升天,并且又不失现世欢娱的地仙,完全迎合了他们的需要,所以就极受欢迎,在后世也有极大的影响,产生了许多修炼成为地仙的经籍。

据《云笈七签》卷九《三洞经教部·经释》记载,当时“又有《地仙八素经》,论服王气吐纳之道也”。卷二十五《日月星辰部三》“飞登火星之道”条载:“地仙自复有《八素经》,论服王炁吐纳之道也……此是地仙之秘书也。”卷二十七《洞天福地部道教》说七十二福地中,有八处是由地仙在掌管。卷三十八《说戒部第一》引《上品经》太极真人曰:“立三百善功,可得长存地仙。”卷八十六《尸解部三》引《太微金简玉字经》云:“先世有功在三官,流逮后嗣。或易世炼化,改氏更生者,此七世阴德,根叶

① [日]小南一郎著,孙昌武译:《〈神仙传〉——新神仙思想》,《中国的神话传说与古小说》,中华书局1993年版,第166—231页。

相及也。既终当遗脚一骨，以归三官，余骨随身而迁也。男留左骨，女留右骨，皆受书为地下主者。二百八十年乃得进受地仙之道矣。”司马承祯在《天隐子·神解》中说：“生死动静邪真，皆以神而解之。在人谓之人仙，在天曰天仙，在地曰地仙，在水曰水仙。能通变曰神仙。故神仙之道有五，其渐学之门则一焉。”[1]明确地将“仙”分为了“天仙”和“地仙”。后来的道经，如《墉城集仙录》《秘要经》等都对“地仙”观念进行了进一步解说。《墉城集仙录》卷一《金母元君》中对“地仙”的描述是：“虽不能长享无期，上升青天，亦可以身生光泽，还返童颜，役使群鬼，得为地仙。求道之者，要先凭此阶，渐而能致远胜也。”[2]《太平御览》卷六百六十三《道部五·地仙》引《秘要经》认为：“立三百善功，可得存为地仙，居五岳洞府之中。”而杜光庭在《墉城集仙录序》中说：

> 夫神仙之上者，云车羽盖，形神俱飞。其次牝谷幽林，隐景潜化。其次解形托象，蛇蜕蝉飞。然而冲天者为优，尸解者为劣。又有积功未备，累德未彰，或至孝至忠，至贞至烈；或心不忘道，功未及人，寒栖独炼于己身，善行不加于幽显者，太上以其有志，太极以其推诚，限尽而终，魂神受福者，得为善爽之鬼。地司不制，鬼录不书，逍遥福乡，逸乐遂志，年充数足，得为鬼仙。[3]

他将神仙品级进一步细化，最上层是形神俱飞的神仙之上者，第二层是隐景潜化者，第三层是蛇蜕蝉飞者，第四层是鬼仙，这是在葛洪地仙基础上增设的新层级。到唐末五代时钟吕内丹学崛起，提出神仙分五个层次，并对每个层级的仙品细加阐释：

> 钟曰：仙非一也。纯阴而无阳者，鬼也；纯阳而无阴者，仙也；阴阳相杂者，人也。惟人可以为鬼，可以为仙。少年不修，恣情纵意，病死而为鬼也。知之修炼，超凡入圣，脱质而为仙也。仙有五等，法有三成……仙有五等者，鬼仙、人仙、地仙、神仙、天仙之不等，皆是仙也。鬼仙不离于鬼，人仙不离于人，地仙不离于地，神仙

① (唐)司马承祯：《天隐子》，王云五主编：《丛书集成初编》第573册，商务印书馆1937年版，第10页。
② (唐)杜光庭撰，罗争鸣辑校：《墉城集仙录》，《杜光庭记传十种辑校》，中华书局2013年版，第580页。
③ 同上注，第566—567页。

不离于神，天仙不离于天。

修持之人，始也不悟大道，而欲于速成。形如槁木，心若死灰，神识内守，一志不散。定中以出阴神，乃清灵之鬼，非纯阳之仙。以其一志阴灵不散，故曰鬼仙。虽曰仙，其实鬼也……人仙者，五仙之下二也。修真之士，不悟大道，道中得一法，法中得一术，信心苦志，终世不移。五行之气，误交误会，形质且固，八邪之疫不能为害，多安少病，乃曰人仙……地仙者，天地之半，神仙之才。不悟大道，止于小成之法。不可见功，唯以长生住世，而不死于人间者也……

神仙者，以地仙厌居尘世，用功不已，关节相连，抽铅添汞而金精炼顶。玉液还丹，炼形成气而五气朝元，三阳聚顶。功满忘形，胎仙自化。阴尽阳纯，身外有身。脱质升仙，超凡入圣。谢绝尘俗以返三山，乃曰神仙。

所谓天仙就是道上有功，而人间有行，功行满足，受天书以返洞天，是曰天仙。既为天仙，若以厌居洞天，效职以为仙官：下曰水官，中曰地官，上曰天官。于天地有大功，于今古有大行。官官升迁，历任三十六洞天，而返八十一阳天，而返三清虚无自然之界。①

尽管后人对神仙层级的区分越来越细密，但在宋代，影响最大的还是《抱朴子内篇》所提出的“地仙”观念。不过，这一时期的地仙从出世的长生者慢慢转变为救世的活菩萨，为人疗病，度人成仙，十分关心世俗苦难。形成于北宋时期的吕洞宾信仰，就是新的地仙观念的形象化反映。吕洞宾是一位可以历世现化的地仙，他之所以为地仙，并非由于功德不圆满，修行不到家，而是他自愿放弃了成为上仙的机会，立誓度尽天下众生才上升。很显然，吕洞宾神话受到了大乘菩萨思想的影响。

与魏晋一样，地仙生活同样也是宋代文人向往的生活方式，宋代文人往往在作品中自称或称他人为“地仙”。事实上，从先秦到现代，中国知识分子的人生追求是一以贯之的，那就是能够最大程度地享受现世生活，并没有超越性的、基于精神层面的彼岸追求。

① (五代)施肩吾整理:《修真十书钟李传道集·真仙》,《道藏》第 4 册,第 657—658 页。

第六章　九丹秘术
——金丹术的理论与技术

葛洪不仅为长生可致、神仙可求提供了理论上的证明，还介绍了各种各样的长生成仙法术。这些方法归纳起来有三类，第一类是积极的长生神仙之术，比如金丹、草药、存思、行气、房中等等。第二类是消极的辟邪消灾法，比如符箓、禁咒、剑器等等，第三类是所谓神通之法，比如乘蹻飞行①、坐在立亡、隐沦变化、坐致行厨等等，这些都属于超自然的能力，通常只有得道之人才能拥有，因此是成仙得道者的表征。在诸多方法中，葛洪最为看重的无疑是金丹术。

第一节　千年幻梦——金丹术的历史

所谓炼丹术，就是试图以自然界的金石矿物为原料，在丹釜中修炼出可服饵长生，甚至羽化成仙的金丹大药；古人同样相信矿物可以冶炼出金银，所以，炼丹术一般可分为炼丹与炼金两部分。按照中国早期炼丹家的信念，丹一旦炼成，既可服饵长生，又可点化汞、铜、铅等金属为黄金、白银；而人工以药剂点化成的金、银，则又可作为长生药，古代又将其称为黄白术。由此可知，中国古代的炼丹术与炼金术是密切联系的，或者说是一个统一体，其初期时的目的是相同的。葛洪的《抱朴子内篇》中，《金丹》专门谈论制作长生成仙的药丹，《黄白》则讨论的是点

---

① 乘蹻，道家所谓飞行之术。

化金银的方法。

一、金丹术的萌芽

服食金石矿物能够长生这种信仰在我国有着非常悠久的历史。在上古人民的观念中，玉石是神仙的食物。有很多材料表明，在古人心目中，神是靠食玉为生的。《山海经·西次三经》云："又西北四百三十里，曰峚山……其中多白玉，是有玉膏，其原沸沸汤汤，黄帝是食是飨。"黄帝所食是玉膏。《列仙传》卷一载仙人赤松子"服水玉，以教神农"。赤松子所服是水玉。屈原在飞升时，要"折琼枝以为羞兮，精琼靡以为粻"(《离骚》)，以表明即将开始神仙的生活。《史记》卷三《殷本纪》记载武王伐纣时写，"纣兵败。纣走入，登鹿台，衣其宝玉衣赴火而死"。《正义》引《周书》曰："纣取天智玉琰五，环身以自焚。"自焚是登遐升天的一种手段，以玉环身则是为死后准备的食物。《左传》"昭公二十四年"条载王子朝用成周之宝珪于河；定公二年，蔡侯执玉而沉于汉；襄公十八年，晋侯伐齐，献子沉玉而济于河；僖公二十八年，子玉梦河神求琼弁玉缨。河神需要玉显然不是为了把玩，古人是把玉作为河神的食物而供献给河神的。

从《列仙传》所记载的仙人事迹中，可约略窥见自先秦到西汉期间中国方士们的服食长生之术。此书卷上记载了多个服用矿物类药物的神仙。比如，"赤松子者，神农时雨师也。服水玉，以教神农，能入火自烧"。"方回者，尧时隐人也。尧聘以为闾士。练食云母。"吕尚"服泽芝地髓，且二百年而告亡"[①]。邛疏，"周封史也，煮石髓而服之，谓之石钟乳，至数百年"。任光与赵简子同时，"善饵丹，卖于都市里间……晋人常服其丹也"。崔文子曾学仙于王子侨，当是先秦时人，"后作黄散赤丸，成石父祠，卖药都市"。所谓食水玉、云母、石髓，应该是从矿物中提取丹药，并认为如此便能长生。任光与崔文子的丹药与丸药不知原料为何，大概也是矿物类药剂。

① 《艺文类聚》卷七十八引作"地衣石髓"。

二、西汉时期的金丹活动

正史中有关金丹术的记载大致出现在秦朝。据《史记·封禅书》记载，秦始皇曾四次派方士入海寻求仙药，同时“方士欲练（炼）奇药”。有学者相信所谓奇药即是丹药。到了汉文帝时期，社会上已出现制造伪黄金的活动。据《汉书·景帝纪》载，景帝中元六年（前144年）十二月，“改诸官名。定铸钱伪黄金弃市律”。应劭注曰：“文帝五年，听民放铸，律尚未除。先时多作伪金，伪金终不可成，而徒损费，转相诳耀，穷则起为盗贼，故定其律也。”[①]这表明文帝时已有伪黄金在市上流通，当时伪黄金的制作在概念与目的上与早期炼丹术固然并不相同，但其中的某些技艺肯定为方士们所借鉴，某些方士可能也直接参与了伪造黄金的活动。[②]

汉武帝相信神仙方术之说，寻仙求药的心愿更加强烈，这时的神仙方术活动出现了一个高潮。据《史记·封禅书》记载：

> 是时，李少君亦以祠灶、谷道、却老方见上，上尊之。少君者，故深泽侯舍人。主方。匿其年及其生长，常自谓七十，能使物，却老。其游以方遍诸侯……少君言上曰：“祠灶则致物，致物而丹沙可化为黄金，黄金成以为饮食器则益寿，益寿而海中蓬莱仙者乃可见，见之以封禅则不死，黄帝是也。臣尝游海上，见安期生，安期生食巨枣，大如瓜。安期生仙者，通蓬莱中，合则见人，不合则隐。”于是天子始亲祠灶，遣方士入海求蓬莱安期生之属，而事化丹沙诸药齐为黄金矣。居久之，李少君病死。天子以为化去不死，而使黄锤

---

① （汉）班固著，（唐）颜师古注：《汉书》卷二八《地理志》，中华书局1962年版，第148页。

② 两汉时铸造伪金的活动可能长期存在。后人往往惊叹汉时黄金之多。《文献通考》卷十八《征榷五·坑冶》引东坡《仇池笔记》曰：“王莽败时，省中黄金六十万斤，陈平四万斤间楚，董卓郿坞金亦多。其余三五十斤者，不可胜数……何古多而今少也？”又引叶梦得之语：“汉时赐臣下黄金每百斤、二百斤，少亦三十斤；虽燕王刘泽以诸侯赐田生金亦二百斤。梁孝王死，有金四十余万斤。盖币轻，故米贱金多也。”明末顾炎武在《日知录》中说：“汉时黄金，上下通行。”清人赵翼在《廿二史札记》卷三“汉多黄金”条列举数十例，两汉时赏赐动辄五百斤、千斤甚至四万斤，以此可见古时黄金之多也。这些赏赐的黄金不一定是足金，也有可能是黄铜，更有可能是伪金。

史宽舒受其方。[①]

据《资治通鉴》卷十八“汉元光二年”条胡三省注曰：所谓“祠灶”，即“祭灶以致鬼物，化丹砂以为黄金，以为饮食器，可以延年。”应该是一种炼丹方术。司马迁又在《封禅书》中写道：“余从巡祭天地诸神名山川而封禅焉。入寿官侍祠神语，究观方士祠官之意。”有学者认为，这证明武帝确曾依少君等的话祭天地，祠神灶，欲变炼丹砂为黄金，并为司马迁所亲见。因此，这是有关中国炼丹术活动的最早记录。由于李少君、栾大等人深受宠信，暴得高位，以致这一时期“齐人之上疏言神怪奇方者以万数，然无验者”。可见，这是中国炼丹史上的一个高潮期，但没有成功的例证。《史记》对当时炼丹活动的具体内容基本阙载，传为班固所撰的《汉武帝外传》说：“（少君）乃以方上武帝，言臣能凝汞成白银，飞丹砂成黄金，金成服之，白日升天，神仙无穷。”[②]但《汉武帝外传》的成书年代颇难考知，《道藏》本《汉武帝外传》大致上应该是六朝甚至更后的作品，其中的记载不能视为可信的史料。

除了围绕汉武帝周围而开展的种种炼丹实验，另外一个炼丹的中心在淮南王刘安门下。据《汉书·淮南王安传》记载，刘安“招致宾客方术之士数千人，作为《内书》二十一篇，《外书》甚众，又有《中篇》八卷，言神仙黄白之术，亦二十余万言”。其中《内书》二十一篇，即现存《淮南子》二十一卷。《中篇》八卷有二十余万言，内容是“言神仙黄白之术”。所谓黄白之术，张晏注曰：“黄，黄金；白，白银也。”就是人造黄金、白银的方技。除此之外，还撰著了《外书》多篇。又据《汉书·刘向传》记载，宣帝时，“上复兴神仙方术之事，而淮南有枕中《鸿宝苑秘书》，书言神仙使鬼物为金之术，及驺衍《重道延命方》，世人莫见”。颜师古注曰：“《鸿宝苑秘书》，并道术篇名，臧在枕中，言常存录之不漏泄也。”葛洪《抱朴子内篇·论仙》说：“夫作金皆在神仙集中，淮南王抄出，以作《鸿宝枕中书》。”《神仙传》又说：“又《中篇》八卷，言神仙黄白之事，名为《鸿宝》。”

① （汉）司马迁著，（刘宋）裴骃集解，（唐）司马贞索隐，（唐）张守节正义：《史记》，中华书局 1982 年版，第 1385—1386 页。

② 佚名：《汉武帝外传》，《道藏》第 5 册，第 60 页下。

可见刘向所得《鸿宝苑秘书》大概就是所谓的《中篇》八卷，当是一本绝密的早期炼丹术实录，可惜早已亡佚，不知其中具体内容。又据《晋书》著录，其时还有《淮南万毕经》《淮南万毕术》，及至《唐书》，则只称有《淮南万毕书》，但也早已失传，究竟是否即《鸿宝》，已难考证，但其内容在一些古籍中尚可查到只言片语。清人孙冯翼、茆泮林从《初学记》《艺文类聚》《太平御览》等类书中辑录了原《淮南万毕术》的残稿断语。其中没有炼丹术的活动，只是略有一些与长生及长生术有关的文字，例如"云母入地，千年不朽""取曾青十斤，浇以水，灌其地，云起如山云矣。曾青为药，令人不老""白青得铁，即化为铜"等等。大部分内容则是属于占卜、辟鬼、幻术及精灵怪异之事。

刘安"招致宾客之士数千人"中最著名的有所谓"淮南八公"。据葛洪《神仙传》记载，所谓八公应该属于颇有"神通"的方士。他们当中有能"坐致风雨，立起云雾"者；有能"崩高塞渊，致龙蛇，役神鬼"者；有能"分形易貌，坐在立亡"者；有能"乘虚步空，起海凌烟"者；有能"入火不焦，入水不濡，刀之不伤，射之不中"者；有能"千变万化，恣意所为"者；有能"防灾度厄，辟却众害，延年益寿，长生久视"者；有能"煎泥成金，锻铅为银，水炼八石，飞腾流珠，乘龙驾云，浮游太清"者。这第八位方士正是炼丹术士。葛洪并说他们曾授刘安以"丹经及三十六水等方"。不过，《神仙传》的记载大多出自后人附会，不可尽信，应该是炼丹术兴盛之后的产物。

西汉宣帝也是一个笃信神仙方术的人，对淮南王所言神仙、使鬼物、为金之术以及驺衍的《重道延命方》十分羡慕，然而道术失传，书稿亡佚，终未得一睹。据《汉书·刘向传》记载："是时，宣帝循武帝故事，招选名儒俊材置左右。更生（按刘向字子政、本名更生）以通达能属文辞，与王褒、张子侨等并进对，献赋颂凡数十篇。"更生（刘向）的父亲刘德，武帝时主治淮南狱，得到《鸿宝苑秘书》，"更生幼而读诵，以为奇，献之。言黄金可成。上令典上方铸作事，费甚多，方不验。上乃下更生吏。吏劾更生铸伪黄金，系当死。更生兄阳城侯安民上书，入国户半，赎更生罪。上亦奇其才，得逾冬减死论"。这表明《鸿宝》所载方术确为伪黄金制造术。

这一时期，除见于正史的、围绕皇室宗王的炼丹活动之外，炼丹术也在民间广泛兴起。《列仙传》中有多例服食矿物长生成仙者，比如：

> 主柱者，不知何所人也。与道士共上宕山，言此有丹砂，可得数万斤……乃听柱取。为邑令章君明饵砂，三年，得神砂飞雪。服之，五年，能飞行，遂与柱俱去云。①
>
> 赤斧者，巴戎人也，为碧鸡祠主簿，能作水澒，炼丹，与消石服之。三十年反如童子，毛发皆生赤。后数十年，上华山取禹余粮饵，卖之于苍梧、湘江之间。
>
> 陵阳子明者，铚乡人也……采五石脂，沸水而服之。

王莽篡汉后又大兴神仙之事，据《汉书·郊祀志下》记载：

> 王莽以方士苏乐言，起八风台于宫中。合成万金，作乐其上。顺风作《液汤》，又种五粱禾于殿中。各顺色置其方面。先煮鹤髓、毒冒、犀玉二十余物渍种，计粟斛成一金，言此黄帝榖仙之术也。以乐为黄门郎，令主之。

将鹤髓、毒冒、犀玉二十余物渍种，说是能种成黄金，显然是一种粗浅伪劣的炼丹术。

三、东汉时期的炼丹活动

从西汉末到东汉初期，丹鼎派的活动似乎明显活跃起来，数以万计的方士选择名山幽谷、穷乡旷野等罕人居住的地方，进行了各种金丹实验活动，留下了不少的实验记录，并以经文的方式流传后世。东汉末年魏伯阳所撰的《周易参同契》提道："古记题《龙虎》，黄帝美金华。"东汉时期已经产生了托名黄帝所写的《龙虎经》。又云："火记六百篇，所趣等不殊。"可见当时的炼丹术著作已有六百篇之多。

① 王叔岷《列仙传校笺》此句标点作"乃听柱取为邑令。章君明饵沙，三年得神沙飞雪服之，五年能飞行"。不可从。

图 15 (南宋)李晞《古炼丹图》

据陈国符考证，在现存的丹经中，汉代问世的有《太清金液神丹经》、《黄帝九鼎神丹经》(收录于今本《黄帝九鼎神丹经诀》卷一)、《太清金液神气经》(即今本《太清金液神气经》卷上)、《太上八景四蕊紫浆五珠绛生神丹方(经)》(收入《上清太上帝君九真中经》卷下)，以及《三十六水法》[①]。《三十六水法》是公元前 2 世纪以前的著作，其中记述有溶解三十四种矿物和两种非矿物的五十四个方子。从这些方子可以看出，当时人们已经知道利用硝石和醋的混合液(有时加石胆)来溶解金属或矿物。[②]

东汉年间魏伯阳创作的《周易参同契》主要以阴阳五行理论等阐述炼丹过程。《周易参同契》是一部将《周易》卦爻、黄老养性与方士炼丹三者参合的炼丹修仙著作。魏伯阳认为炼丹、修身与天地造化是同一个道理，易道与丹道是相通的，所以可以用说明天地造化的易理来解释炼丹、内养的道理。它用非常隐晦的语言介绍了炼丹的鼎器、药物、火候、效果等问题，最主要的贡献是将炼丹、内养这些延命长寿之道提升到天地造化的高度，并用易理和阴阳交结之道加以说明，而批评了存思养气的内养法、房中术、昼夜运动的疲劳战、祭祀鬼神、祈求福佑的祭祀术，认为这些都是邪道，只有服食还丹才是使寿命长久、返老还童的正

---

① 陈国符:《〈道藏经〉中外丹黄白法经诀出世朝代考》，赵匡华主编:《中国古代化学史研究》，北京大学出版社 1985 年版，第 211—224 页。

② 周嘉华、曾敬民、王扬宗:《中国古代化学史略》，河北科学技术出版社 1992 年版，第 194 页。

确道路。[①]

如果说魏伯阳是在理论上论证了炼丹术的崇高地位的话，那么狐刚子在实践中大大发展了炼丹术的方法与成果。据赵匡华考证，狐刚子名丘，又作胡罡子、狐罡子。他是东汉末年炼丹黄白术的杰出代表。魏伯阳似为其师，三国吴人葛玄似为其弟子。他是一位卓越的化学发明家，其著述代表了汉末中国炼丹术所达到的高度，可惜其著述未能完整地保存下来，以致他的名字长期湮没无闻。但其著述尚有零散的存留，如《五金粉图诀》（又称《粉图经》《粉图》《五金诀》，又名《狐刚子万金诀》）《出金矿图录》《河车经》《玄珠经》等。成书于唐初的《黄帝九鼎神丹经诀》及唐代黄白术专著《龙虎还丹诀》《太古土兑经》中，保留了他在黄白术方面的一些重要佚文。在《出金矿图录》中，狐刚子首次记录了冶炼金银的"吹灰法"、金银分离法、金银粉制作法以及用胆矾干馏制取硫酸的方法；在《五金粉图诀》中，有中国古代炼汞法和制铅丹法的最早记录，还有关于古代合金学方面的篇章。[②]

葛洪就是在这样的基础上建立了他的金丹理论。

第二节　仙道之极——葛洪的金丹理论

葛洪对道教最重要的影响之一就是对金丹的提倡和对炼丹经籍的保存与留传。

葛洪《抱朴子内篇》是对炼丹术早期活动和成就的基本反映与全面总结，他着重宣扬了金丹仙道，在炼丹术史上起到了承前启后的重要作用。这部书对西晋时期炼丹术活动的各个方面都有翔实的记载，可以说是中国炼丹术著作中内容最丰富、影响最广的一部。概括而言，葛洪对金丹术的贡献有以下几个方面。

① 参见卿希泰等：《中国道教史》第一卷中有关《周易参同契》的相关论述，第 141—156 页。

② 赵匡华：《狐刚子及其对中国古代化学的卓越贡献》，《中国古代化学史研究》，北京大学出版社 1985 年版，第 184—210 页。

一、炼丹经籍的保存与留传

葛洪在《抱朴子内篇》中保留了许多汉代以来的炼丹文献。东汉魏伯阳的《周易参同契》虽被道教奉为"丹经王",但他对炼丹方术只着重于理论上的叙述,缺乏具体的方法和实验记载。而葛洪在《抱朴子内篇》中的《金丹》《黄白》等篇里,则系统总结了晋代以前的炼丹成就,具体介绍了一些炼丹的方法。在《金丹》篇中,记载了古代的丹经、丹法,如《黄帝九鼎神丹经》《太清观天经》《金液丹经》《五灵丹经》《岷山丹法》《太乙招魂魄丹法》《务成子丹法》《羡门子丹法》《稷丘子丹法》《金液为威喜巨胜之法》等,共有三十三种。在《黄白》篇中,介绍了制取金银的各种文献,共有九种。这些炼丹文献都已失传,通过他的记载,使我们能够窥见古代炼丹术的梗概,弥补了《周易参同契》的不足。其中叙述的许多炼丹药物的品种和炼制金丹的方法,为我们提供了原始实验化学的可靠史料,并将许多古代的化学实验方法保留了下来。

二、金丹至上的价值观

葛洪建立起金丹至上的价值观。从《列仙传》我们可以看出,西汉以前,有关炼丹术的活动仍极有限,只有"神砂飞雪"算得上丹鼎烧炼,那些服饵长生者主要仍是采食松实、茯苓、菊花、兰草、桂附、芷实、地黄、当归、羌活、独活、苦参、天门冬等自然界之草木为主,只间或服食一些矿物。其时火法炼丹似还处于襁褓之中。东汉以后,开始流行以各种矿物合成的神丹。事实上,当时社会上流行各种长生成仙之术。葛洪博览群书,勤求方术,对当时社会上流行的各种方技术数和仙道流派有全面的了解,在此基础上,葛洪认为,最高的仙术是金丹法。他说:

> 余考览养性之书,鸠集久视之方,曾所披涉篇卷,以千计矣,莫不皆以还丹金液为大要者焉。然则此二事,盖仙道之极也。服此而不仙,则古来无仙矣(《抱朴子内篇·金丹》)

因此,"升仙之要,在神丹也"(《抱朴子内篇·金丹》)。在《抱朴子内篇·仙药》中,葛洪引用各种文献,更具体地介绍了各种仙药的排名:

《神农四经》曰，上药令人身安命延，升为天神，遨游上下，使役万灵，体生毛羽，行厨立至。又曰，五芝及饵丹砂、玉札、曾青、雄黄、雌黄、云母、太乙禹余粮，各可单服之，皆令人飞行长生。又曰，中药养性，下药除病，能令毒虫不加，猛兽不犯，恶气不行，众妖并辟。又《孝经援神契》曰，椒姜御湿，菖蒲益聪，巨胜延年，威喜辟兵。皆上圣之至言，方术之实录也，明文炳然，而世人终于不信，可叹息者也。仙药之上者丹砂，次则黄金，次则白银，次则诸芝，次则五玉，次则云母，次则明珠，次则雄黄，次则太乙禹余粮，次则石中黄子，次则石桂，次则石英，次则石脑，次则石硫黄，次则石粭，次则曾青，次则松柏脂、茯苓、地黄、麦门冬、木巨胜、重楼、黄连、石韦、楮实、象柴，一名托卢是也。或云仙人杖，或云西王母杖，或名天精，或名却老，或名地骨，或名苟杞也。天门冬，或名地门冬，或名莚门冬，或名颠棘，或名淫羊食，或名管松，其生高地，根短而味甜，气香者善。其生水侧下地者，叶细似蕴而微黄，根长而味多苦，气臭者下，亦可服食。然喜令人下气，为益尤迟也。服之百日，皆丁壮倍駛于术及黄精也，入山便可蒸，若煮啖之，取足可以断谷。若有力可饵之，亦可作散，并及绞其汁作酒，以服散尤佳。

见仙药的排序是草木之药、小丹、大药。小丹只能令人长寿，而无法使人成仙。“不得金丹，但服草木之药及修小术者，可以延年迟死耳，不得仙也。”(《抱朴子内篇·极言》)由此可见金丹在多种仙术中的地位。“夫饮玉粭则知浆荇之薄味，睹昆仑则觉丘垤之至卑。既览金丹之道，则使人不欲复视小小方书。”(《抱朴子内篇·金丹》)就像饮用琼浆玉液后才知道米浆荇菜的滋味淡薄；看到昆仑山才觉察土堆的卑下；阅览了金丹的道术，就会使人不想再读小术碎方。

然而，炼制金丹需要大量的资金。葛洪说，他之所以尚未得道，就是因为经济原因无法炼丹：“余受之已二十余年矣，资无担石，无以为之，但有长叹耳。”金丹类仙药仓促间难以备办，暂且只能服食小的药物，用以自我支持。不过，即使服食一万斛其他药物，也只能有小小的补益，终不能直接获得长寿，所以老子的口诀说：“子不得还丹金液，虚自苦耳。”

> 又诸小饵丹方甚多，然作之有浅深，故力势不同，虽有优劣，转不相及，犹一酘之酒，不可以方九醖之醇耳。然小丹之下者，犹自远胜草木之上者也。凡草木烧之即烬，而丹砂烧之成水银，积变又还成丹砂，其去凡草木亦远矣。故能令人长生，神仙独见此理矣，其去俗人，亦何缅邈之无限乎？（《抱朴子内篇·金丹》）

各种小饵丹方很多，制作的水平有浅有深，功力效果不同，虽然各有优劣，却依然不及金丹大方。就好比一次酿制的酒浆，肯定不如反复酿造的纯酒芳醇。然而，即便是中下等的小丹药，也远胜过草木中的上等药物。但凡草木燃烧后就化作灰烬，而丹砂燃烧后却变成水银，积聚变化又成了丹砂，与草木是如此的不同，所以能使人长生不老。只有神仙看清了这个道理。

三、借外物以自固

葛洪从理论上系统地论证了金丹能够保命长生的原因，建立了“藉外物以自坚固”的指导思想。

黄金何以有致人长生的神效？这种想法主要来自黄金的强抗蚀性。魏伯阳在其《周易参同契》中说：“以金入猛火，色不夺精光；自开辟以来，日月不亏明，金不失其重，日月形如常。”又说：“金性不败朽，故为万物宝，术士服食之，寿命得长久。”他强调“欲作服食仙，宜用同类者……以类辅自然，物成易陶冶”。葛洪对此则作了更明白的阐述，他解释说：

> 夫五谷犹能活人，人得之则生，绝之则死，又况于上品之神药，其益人岂不万倍于五谷耶？夫金丹之为物，烧之愈久，变化愈妙。黄金入火，百炼不消，埋之，毕天不朽。服此二物，炼人身体，故能令人不老不死。此盖假求于外物以自坚固，有如脂之养火而不可灭，铜青涂脚，入水不腐，此是借铜之劲以捍其肉也。金丹入身中，沾洽荣卫，非但铜青之外傅矣。（《抱朴子内篇·金丹》）

金丹烧得越久，变化就越妙。黄金入火中，千百次熔炼后也不会消失；埋在地下，直至上天消亡，它也不会腐朽。服食这两种物质，能使人不老不死，道理就是借助外物来使自我坚固，如同用油脂育火，火就不会熄灭。用铜青涂脚，入水就不会腐烂，这是借助于铜的功力来保卫自己的肉体。金丹进入人体中，就会润泽散布全身的荣卫之气，不只是保护铜青之外的身体。服食云母可令人长生的原理与此相同。

希图把黄金、云母的抗蚀性机械地移植到人体中以求长生的天真想法，今天看来是一种笑谈。古代帝王贵族与方士常有饵黄金而丧生者，吞金致死是当时流行的一种处罚，与葛洪同时代的贾后就是被处饮金屑酒而死。于是他们转而炼制神丹或点化药金（人造黄金），想把黄金的精气引进神丹或点化药金，再饵服以修长生。葛洪说："化作之金，乃是诸药之精，胜于自然者也。"（《抱朴子内篇·黄白》）这种观念我们现在看来很是荒谬，但当时却很有说服力，因此非常流行，正是在此基础上，以丹砂、硫磺为主要原料的金丹术才得以出现。

四、金石自然进化论

葛洪系统地解释了通过人工来加速金石自然进化的炼丹观念。古人认为，天然的金石物质随着时间的推移会更加精美完善，时间越久就越有神效，赵匡华将其称为"金石自然进化论"。而方士们认为，有些物质可以逐步完成向黄金的转变，甚至生成自然之仙丹，只是时间非常漫长。"黄埃五百岁生黄澒，黄澒五百岁生黄金……白礜九百岁生白澒，白澒九百岁生白金。"（《淮南子·地形》）。炼丹家们认为，丹鼎就如同一个缩微的宇宙，在其中靠着其他药物的作用，依照着天地阴阳造化的原理，辅之于水火相济的促进，再加上祈祝上仙的护佑和符箓的作用，就可以加快这些进化过程，就能够用人工修炼神丹，当然更可加速水银、铅、铜等转变为黄金。这就是金丹术的指导思想。[①] 丹药烧制的转数（次数）则象征了进化的时间，转数越多，表明进化的时间越长，就越接近完满，越有奇效。葛洪解释说："夫金丹之为物，烧之越久，变化愈妙。"

① 赵匡华：《中国炼丹术的丹药观及药性论》，《中国古代化学史研究》，北京大学出版社 1985 年版，第 305 页。

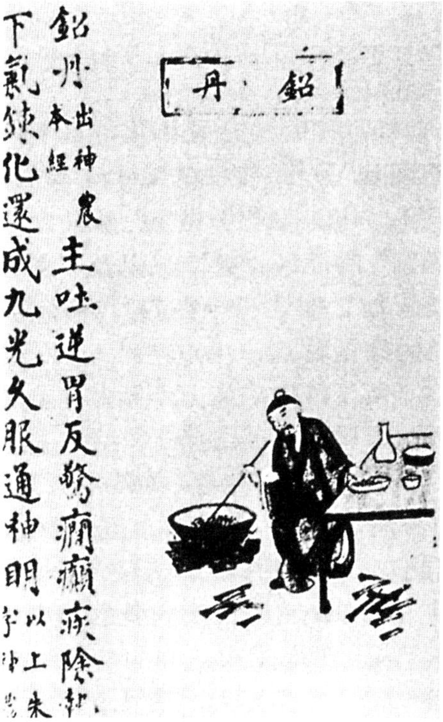

一转之丹，服之三年得仙。二转之丹，服之二年得仙。三转之丹，服之一年得仙。四转之丹，服之半年得仙。五转之丹，服之百日得仙。六转之丹，服之四十日得仙。七转之丹，服之三十日得仙。八转之丹，服之十日得仙。九转之丹，服之三日得仙。若取九转之丹，内神鼎中，夏至之后，爆之鼎热，内朱儿一斤于盖下。伏伺之，候日精照之。须臾翕然俱起，煌煌辉辉，神光五色，即化为还丹。取而服之一刀圭，即白日升天。又九转之丹者，封涂之于土釜中，糠火，先文后武，其一转至九转，迟速各有日数多少，以此知之耳。其转数少，其药力不足，故服之用日多，得仙迟也。其转数多，药力盛，故服之用日少，而得仙速也。(《抱朴子内篇·金丹》)

图 16 《铅丹图》(《本草品汇精要》)

这种思想观念在后世引起了广泛的共鸣。

第三节 神圣的作业——炼制金丹的仪式与禁忌

炼丹一事，在道士的观念中就是神圣的作业，常与宗教与巫术结合在一起，有烦琐的仪式与禁忌，《抱朴子内篇·对俗》说："仙道迟成，多所禁忌。"葛洪在《抱朴子内篇·金丹》中具体罗列了各种禁忌和要求，主要有以下几个方面。

一、远离俗人

炼丹最要紧的是远离俗人，《抱朴子内篇·金丹》说：

> 第一禁，勿令俗人之不信道者，谤毁讪毁之，必不成也。郑君言所以当尔者，合此大药皆当祭，祭则太乙元君、老君、玄女皆来鉴省。作药者若不绝迹幽僻之地，令俗间愚人得经过闻见之，则诸神便责作药者之不遵承经戒，致令恶人有毁谤之言，则不复佑助人，而邪气得进，药不成也。

葛洪说，上古的人淳朴，巧伪未萌，相信道术的人，勤奋学道，不信道术的人，也就默不作声而已，"谤毁之言，不吐乎口，中伤之心，不存乎胸也"(《抱朴子内篇·明本》)。因此，真人就能从容生活于人间，不必匆忙升遐远离。现今到了末世，风俗变得轻佻刻薄，虚伪作假越来越严重，玄谈的教化被废弃了，邪恶庸俗之徒越来越多，他们既不相信道术，又喜欢讥讽诋毁别人，把真实的事情说成妖孽谎言，把修道成仙的事情说成是荒诞虚妄，有的说提倡修仙是迷惑百姓，有的说是扰乱群众，上等的修仙者认为与这些世俗之人生活在一起是耻辱。俗人的议论毁谤如果让各种神灵听见了，神灵会责怪炼丹者，并不再佑助他。如此，邪气侵入，会使大药不成，所以要远离俗人。

二、选择名山

为了避免俗人的毁谤，炼药必须选择名山，幽隐山林。《抱朴子内篇·明本》说：

> 山林之中非有道也，而为道者必入山林，诚欲远彼腥膻，而即此清静也。夫入九室以精思，存真一以招神者，既不喜喧哗而合污秽，而合金丹之火药，炼八石之飞精者，尤忌利口之愚人，凡俗所闻见，明灵为之不降，仙药为之不成，非小禁也。止于人中，或有浅见毁之有司，加之罪福；或有亲旧之往来，牵之以庆吊，莫若幽隐一切，免于如此之臭鼠矣。

修仙者如果留在人间，可能有见识短浅的人到官府去诽谤他们，把罪行强加在他们身上;可能会有亲朋旧友的交往,用庆贺吊唁之类的应酬去牵累他们。所以还不如脱身离开这一切,避免这些世俗杂事。不过,也不是只要幽静就可炼丹制药,小山同样不能成为炼丹的场所。葛洪引用左慈告诫郑思远的话:

左君告之,言诸小小山,皆不可于其中作金液神丹也。凡小山皆无正神为主,多是木石之精,千岁老物,血食之鬼,此辈皆邪炁,不念为人作福,但能作祸,善试道士。道士须当以术辟身,及将从弟子,然或能坏人药也。(《抱朴子内篇·金丹》)

小山中没有正神,却有太多邪气的精灵鬼物,只会作祸,因此要避免在小山中炼丹。哪些是“可以精思合作仙药者”?葛洪根据《仙经》开列了一个名单:

精思合作仙药者,有华山,泰山、霍山、恒山、嵩山、少室山、长山、太白山、终南山、女几山、地肺山、王屋山、抱犊山、安丘山、潜山、青城山、娥眉山、绥山、云台山、罗浮山、阳驾山、黄金山、鳖祖山、大小天台山、四望山、盖竹山、括苍山,此皆是正神在其山中,其中或有地仙之人。上皆生芝草,可以避大兵大难,不但于中以合药也。若有道者登之,则此山神必助之为福,药必成。(《抱朴子内篇·金丹》)

中原地区的传统名山如华山、泰山之类,无法前往,因此葛洪补充了一批所谓“江东名山”,“有霍山,在晋安;长山、太白,在东阳;四望山、大小天台山、盖竹山、括苍山,并在会稽”。除了名山,远离人世的州岛同样是合药的理想处所:

海中大岛屿,亦可合药。若会稽之东翁洲、亶洲、纻屿,及徐州之莘莒洲、泰光洲、郁洲,皆其次也。(《抱朴子内篇·金丹》)

其创造这种有地仙、可合药、有芝草、能辟兵难的名山,实质上是在丰富、发展、改造先秦时期的蓬莱仙山传说,把古代山丘信仰仙道化。

东晋时期,宗教上的一个重要的变化就是宗教中心的转移。以前的名山集中在中原地区,仙山集中于齐地的濒海地区,随着中原动荡,永嘉南渡，会稽郡(也就是现在的浙东地区)成为新的宗教中心。有意思的是，南渡以后的政治中心——扬州丹阳郡(此地是葛洪的家乡)，没有一座山入围名山。这似乎表明距离感是保持神圣或神秘的必备要素，过于熟悉的事物很难产生神圣或神秘感。

三、斋戒与祷祭

在炼丹过程中，需要有一些仪式性的行为，一为斋戒，二为祷祭：

> 合丹当于名山之中，无人之地，结伴不过三人，先斋百日，沐浴五香，致加精洁，勿近秽污，及与俗人往来，又不令不信道者知之，谤毁神药，药不成矣。成则可以举家皆仙，不但一身耳。(《抱朴子内篇・金丹》)

类似的说法多次出现：斋戒百日，不食五辛生鱼，不与俗人相见，尔后可作大药，作药须成乃解斋。斋戒是一种洁净的过渡仪式，从俗转圣的阶段，因此要净化身心，肃穆从事。《抱朴子内篇・黄白》说：

> 又黄白术亦如合神丹，皆须斋洁百日已上，又当得闲解方书，意合者乃可为之，非浊秽之人，及不聪明人，希涉术数者所辨作也。其中或有须口诀者，皆宜师授。又宜入于深山之中、清洁之地，不欲令凡俗愚人知之。

汉武帝不能长斋久洁，躬亲炉火，所以无法成功；刘向虽得丹书，却也是“止宫中作之，使宫人供给其事，必非斋洁者”。这两人尽管一为君主，一为宗室，拥有巨大的财富和常人不及的权力，但没有遵守斋戒的戒律，因此失败。早期炼丹有非人力所能控制的因素，需借助宗教仪式，这种情形与原始社会的巫术思维方式相近，就是借用巫术的超自然力辅助技术。

除斋戒之外，合大药还必须祭祀。“祭则太乙元君、老君、玄女皆来鉴省。”(《抱朴子内篇・金丹》)炼金银时，“皆立太乙、玄女、老子坐醮祭，如作九丹法，常烧五香，香不绝”(《抱朴子内篇・黄白》)。因为太乙元君是太清神丹法的创造者与传授者，“炼太清神丹，其法出于元君。元君者老子之师也……元君者大神仙之人，能调和阴阳，役使鬼神风雨,骖驾九龙十二虎,天下众仙皆隶焉"(《抱朴子内篇·金丹》),所以需要祭祀。

玄女是黄帝神话中役使神力消除风伯雨师的大风雨的女魃。《隋志》中有《玄女战经》《黄帝问玄女兵法》《玄女式经要法》,为传授战法者。李丰楙认为,炼丹时醮请玄女,大概是因其具有消除风雨的神力,在深山烧炼,这是亟需的法力。在我看来,祭拜玄女是因为宇宙万物各有阴阳属性;合丹的原料中既有阳药,也有阴药,需要阴阳合抱相配,以阳制阴,以阴制阳,方得成大药,所以需要一位代表阴的主神。

据《抱朴子内篇·金丹》介绍,黄金炼成以后,先取出一百斤去祭祀天地神灵。与九鼎神丹的祭祀方法不同。祭祀九鼎神丹时应当另外称出黄金,各自查验安排妥当。祭天要用黄金二十斤,祭日月要用五斤,祭北斗要用八斤,祭太乙要用八斤,祭井要用五斤,祭灶要用五斤,祭河伯要用十二斤,祭土地神要用五斤,祭门、户、里巷的鬼神和清君要各用五斤。剩下的,要用质量好的皮口袋装着,待吉日良辰在都市中市场最热闹的时候,把皮袋放置在人多的地方,然后径直离开,不要回头去看。一共使用一百斤黄金以后,才能够自己随意使用。如果不事先用黄金祭祀鬼神,就一定会遭受灾祸。这些规定虽是宗教行为,但体现了有恩必报、有福同享的世俗伦理。①

① 以上参见李丰楙:《不死的探求——抱朴子》,海南出版社、三环出版社1998年版,第278—280页。

第七章 不伤为本——葛洪的养生理论

第一节 不伤为本——养生的基本原则

在葛洪生活的两晋时期，社会上流传着各种养生方法，主张者往往偏执一端，葛洪批评说：

> 又患好事之徒，各仗其所长，知玄素之术者，则曰唯房中之术，可以度世矣；明吐纳之道者，则曰唯行气可以延年矣；知屈伸之法者，则曰唯导引可以难老矣；知草木之方者，则曰唯药饵可以无穷矣；学道之不成就，由乎偏枯之若此也。（《抱朴子内篇·微旨》）

浅薄的人偶然掌握了一种技巧，就认为已经足够，不再寻求真道。也有的人，明明已经得到善方，依然更求无已，没有定见。正确的养生方法是博综诸家，择善而从。葛洪说："凡养生者欲令多闻而体要，博见而善择，偏修一事，不足必赖也。"（《抱朴子内篇·微旨》）

> 今道引行气，还精补脑，食饮有度，兴居有节，将服药物，思神守一，柱天禁戒，带佩符印，伤生之徒，一切远之，如此则通，可以免此六害。（《抱朴子内篇·至理》）

上述养生法包括内养、外养及法术三个方面。葛洪养生论的基本原则是以不伤为本。《抱朴子内篇·微旨》云：

或曰："敢问欲修长生之道，何所禁忌？"抱朴子曰："禁忌之至急，在不伤不损而已。"

当时人的一般观念中，所谓"伤"，往往指男女之间的过度淫欲。葛洪认为，伤身之事远不止此，他列举了不利于养生的各种伤身之举：

且又才所不逮，而困思之，伤也；力所不胜，而强举之，伤也；悲哀憔悴，伤也；喜乐过差，伤也；汲汲所欲，伤也；久谈言笑，伤也；寝息失时，伤也；挽弓引弩，伤也；沉醉呕吐，伤也；饱食即卧，伤也；跳走喘乏，伤也；欢呼哭泣，伤也；阴阳不交，伤也；积伤至尽则早亡，早亡非道也。（《抱朴子内篇·极言》）

于是，他介绍了诸多日常生活中的禁忌与保养之事。最基本的，是要"忍怒以全阴气，抑喜以养阳气"。情绪变化不能过于激烈。最好能够做到淡默恬愉，用没有私欲的品性来修养心灵，用纯粹朴素的品质来涵养精神，扫除一切虚荣的诱惑，用正确的原则来约束自己，放弃难以追求的志愿，排除危害真性的累赘，消除欢喜与发怒这些不正确的感情，灭掉嗜好和憎恶这些不恰当的情感，"则不请福而福来，不禳祸而祸去矣"（《抱朴子内篇·道意》）。

除此之外，还要注意日常生活中的一些细节。比如：吐唾沫时不要用力吐到远处，走路时步子不要太快；耳朵不要听得太累，眼睛不看得太久；坐的时间不要太长，在感到疲倦之前就要躺下休息；在感到寒冷之前就要增加衣服，在感到热燥之前就要解开衣裳；不要在感到很饿的时候才去吃饭，吃饭也不要吃得过饱；不要在感到太渴的时候才去喝水，喝水也不要喝得太多。吃得过多就会造成积食，喝得过多就会引起疾病。不要太疲劳、太安逸，不要很晚起床，不要大汗淋漓，不要睡眠过多，不要乘着车马狂奔，不要极目远望，不要多吃生冷食物，不要对着风口饮酒，不要频繁洗头洗澡，不要志愿过于远大，不要考虑制造精巧奇异的器具。冬季不宜太温暖，夏天不宜太凉快，不要在星空下露天躺卧，不要在睡眠时露出肩头，大寒大热，大风大雾，都不要去承受它们。进食五味食品时，不宜偏好于某一种味道，因为酸味太重会伤害脾脏，苦味太重会伤害肺部，辣味太重会伤害肝脏，咸味太重会伤害心脏，甜味太重会伤害肾脏，这是五行相克的自然道理。

他说，上述种种伤害，也不是立即就能够被察觉到，但积累久了就会损害寿命。因此那些善于养生的人，睡觉起床的早晚时间依照四季不同而各有差异。起居生活都要遵守最为中和的常规；调养保护自己的筋骨，用一俯一仰的健身方法；杜绝疾病、防止邪气，有吐故纳新的道术；想要气血畅通，有补充已泄气血的技巧。总之，要节制劳逸，活动气血。

第二节　内修之术——守一、存思之法

一、形神兼修

金丹、草药是外服之方。养生除了外服之方，还需内修之术。葛洪的养生思想大致可区分为养形与养神。在葛洪之前，嵇康曾经提倡过形神双修的养生之法，葛洪继承了这种观念，也很看重养神。《抱朴子内篇·至理》谈及形与神之关系时说：

> 夫有因无而生焉，形须神而立焉。有者，无之宫也。形者，神之宅也。故譬之于堤，堤坏则水不留矣。方之于烛，烛糜则火不居矣。身劳则神散，气竭则命终。根竭枝繁，则青青去木矣。气疲欲胜，则精灵离身矣。夫逝者无反期，既朽无生理。

“有”依靠“无”而生存；“形”凭借“神”才成立。“有”是“无”的宫舍；“形”是“神”的住宅。拿堤岸打比方，只要堤岸崩坏，水就不会留驻；拿蜡烛作为例子，只要蜡烛燃尽，火就不会存在。身体疲劳，神志就会飞散；元气衰竭，性命就会终结；根柢枯萎，而枝干还繁茂，那树木就没有青葱之色；元气疲竭，但欲望旺盛，精灵就会离开身体。凡是逝去的就不能回返，已经枯朽的再没有复生的道理。所以，要延年益寿，首先需要养形，保护好身体。“仙经曰：服丹守一，与天相毕，还精胎息，延寿无极。”（《抱朴子内篇·对俗》）但更重要的功夫是养神。如何才能养形与养神呢？

是以遐栖幽遁，韬鳞掩藻，遏欲视之目，遣损明之色，杜思音之耳，远乱听之声，涤除玄览，守雌抱一，专气致柔，镇以恬素，遣欢戚之邪情，外得失之荣辱，割厚生之腊毒，谧多言于枢机，反听而后所闻彻，内视而后见无朕，养灵根于冥钧，除诱慕于接物，削斥浅务，御以愉慔，为乎无为，以全天理尔。（《抱朴子内篇·至理》）

首先要选择好生活的地点，要栖身高远，隐遁幽深，深藏龙鳞，掩盖文藻。只有这样，才能减少甚至杜绝各种繁杂的颜色、声音的干扰，使得视力与听力不受损伤，保护身体不受声色犬马的侵扰。这是养生的第一步。

光是减少外界的干扰远远不够，根本的是要“涤除玄览，守雌抱一，专气致柔，镇以恬素”。排除杂念，静观深照，专精固志，不失其道。专心致意，以柔弱的态度处世，用恬静清素来镇守。排除欢喜悲伤的情怀，将得失荣辱看成身外之物，割舍美味却有害的食物。缄默少言，往内心听闻，所听才会透彻；朝心底观察，才能看到没有形迹的事物。在造化中培养灵根，不受外物的诱惑。减少浅薄的事务，控制自己，保持恬愉淡泊；在无为的境界中驰骋，保全天然的性理。“欲得恬愉淡泊，涤除嗜欲，内视反听，尸居无心……仙法欲静寂无为，忘其形骸”（《抱朴子内篇·论仙》）。这里葛洪已经提出了思神守一的养生方法。

二、守一之法

“守一”是道家一直强调的养生之法。《老子》讲“守雌抱一”，《庄子》讲“守一”“坐忘”，魏晋养生家讲“外物以累心不存，神气以醇白独著，旷然无忧虑，寂然无思虑，又守之以一、养之以和，和理日济，同乎大顺”（嵇康《养生论》）。道家的养生观念与方法被后世的宗教思想家吸收，由此建立起带有宗教方术色彩的修炼方法。《太平经》也竭力强调“一”的本体地位。《太平经钞》乙部（《太平经合校》卷十八至三十四）“修一却邪法”载：“夫一者，乃道之根也，气之始也，命之所系属，众心之主也。”《太平经合校》卷三十七“五事承负法”说：“一者，数之始也；一者，生之道也；一者，元气所起也；一者，天之纲纪也。”《太平经》卷九十二“万二千国始火始气诀”载：“子知守一，万事毕。”《黄庭外景经》也说

“子能守一万事毕”。务成子注曰:“一为大神,天地之根,人之本命。”

葛洪所讲的守一之法,更多的承袭自《太平经》和《黄庭外景经》,与先秦朴素的道家养生法不同,他所讲的“守一”被神秘化,属“外攘邪恶,使祸害不干”的宗教修炼道术。这里,“守一”的“一”已经被人格化了。葛洪在《抱朴子内篇·地真》中说:

> 一有姓字服色,男长九分,女长六分,或在脐下二寸四分下丹田中,或在心下绛宫金阙中丹田也,或在人两眉间,却行一寸为明堂,二寸为洞房,三寸为上丹田也。此乃是道家所重,世世歃血口传其姓名耳。

而葛洪的先师向他描绘了“真一”所处的环境:

> 一在北极大渊之中,前有明堂,后有绛宫;巍巍华盖,金楼穹隆;左罡右魁,激波扬空;玄芝被崖,朱草蒙珑;白玉嵯峨,日月垂光;历火过水,经玄涉黄;城阙交错,帷帐琳琅;龙虎列卫,神人在傍。(《抱朴子内篇·地真》)

董恩林指出,这个居住于北极大渊的“真一”很有可能继承了西汉以前对于“太一”神的想象与职能。秦汉时代最为崇拜的最高天神是太一、泰一,即北极星。关于太一、泰一,秦汉文献中多有记载。《吕氏春秋·大乐》:“万物所出,造于太一。”《史记》卷二十七《天官书》:“中宫天极星,其一明者,太一常居也。”张守节《史记正义》:“泰一,天帝之别名也。”“太一,北极大星也”。司马贞《史记索隐》:“太一者,天地之本也。”道家道教经典中对此也有许多描述。如《庄子·天下篇》:“建之以常无有,主之以太一。”《淮南子·诠言》:“洞同天地,浑沌为朴,未造而成物,谓之太一。同出于一,所为各异,有鸟有鱼有兽,谓之分物。”《太平经合校》卷九十八“包天裹地守气不绝诀”:“乃上从天太一也,朝于中极,受符而行,周流洞达六方八远,无穷时也。”我们似乎可以肯定,葛洪所谓在北极大渊中的“一”“真一”,就是指处于天文分野中紫微宫的北极星“太一”。[①]

① 董恩林:《葛洪道论辨析——与诸家道论比较》,《哲学研究》2006年第1期,第65页。

葛洪以骈偶化的华丽辞藻和铺陈的笔法强调“真一”关键的核心作用，如前文所引：

人能知一，万事毕。知一者，无一之不知也。不知一者，无一之能知也。道起于一，其贵无偶，各居一处，以象天地人，故曰三一也。天得一以清，地得一以宁，人得一以生，神得一以灵。金沈羽浮，山峙川流，视之不见，听之不闻，存之则在，忽之则亡，向之则吉，背之则凶，保之则遐祚罔极，失之则命凋气穷。老君曰：忽兮恍兮，其中有象；恍兮忽兮，其中有物。一之谓也。（《抱朴子内篇·地真》）

只有做到“少欲约食”“不施不与”“不迟不疾”“能暇能豫”，“真一”才能不离开自身，才能“安其所”“安其室”。不光是不让“真一”离开自身，人还要时时存想、思见“真一”。如能守住、思见“真一”，其功效极大：

白刃临颈，思一得生；知一不难，难在于终；守之不失，可以无穷；陆辟恶兽，水却蛟龙；不畏魍魉，挟毒之虫；鬼不敢近，刃不敢中。此真一之大略也。（《抱朴子内篇·地真》）

除了“守真一”，“守玄一”也是要法，与“真一”同功，但“守玄一”要比“守真一”容易一些：

守玄一复易于守真一。真一有姓字长短服色，此玄一但自见之。初求之于日中，所谓知白守黑，欲死不得者也。然先当百日洁斋，乃可候求得之耳，亦不过三四日得之，得之守之，则不复去矣。（《抱朴子内篇·地真》）①

三、存思之术

从上述引文可知，“守一”之法，实际上是一套存思之术。存思，一名“存想”，简称“存”，它是道教修炼方术之一。要求闭合双眼或微闭双

① 任继愈等：《中国道教史》，上海人民出版社1990年版，第87—89页。

眼，存想内观某一物体或神真的形貌、活动状态等，以期集中思想、去除杂念，进入冥想的境界。存思对象很广泛，包括存思天象（日、月、五星，云雾）、景物（气、炎火）、人体（五脏、丹田）及神真（身内神和身外神）等。单存思身内、身外诸神者名"存神"。存思术起源很早，《太平经》已多论述。《太平经钞》戊部五至十七（《太平经合校》卷七十三至八十五）称："入室思存，五官转移，随阴阳孟仲季为兄弟，应气而动，顺四时五行天道变化以为常矣。"《太平经》乙部有"以乐治身守形顺念致思却灾"的方法，说明人神生内而返游于外，故需追还之，其方法是："使空室内傍无人，画像随其藏色与四时气相应，悬之窗光之中而思之。上有藏象，下有十乡，卧即念以近悬象，思之不止，五脏神能报二十四时气孔，五行神且来救助之，万疾皆愈。"[①]说明存思时需要在一个密闭的空间内，悬挂图像以帮助想象。《太平经钞》乙部（《太平经》卷十八至三十四）"以乐却灾法"中描述靖室悬象，极为详尽：

> 男思男，女思女，皆以一尺为法，随四时转移：春，青童子十；夏，赤童子十；秋，白童子十；冬，黑童子十；四季，黄童子十二。

童子各按季节、方色，共有五十二幅；而"二十五神人、真人共是道德、正行法"，则是各季各方为五人。其法大约是将五位神人、真人悬为主神；旁有各方色童子依其数侍立，依男思男、女思女，画成一尺长的神像，悬挂于靖室窗光之中。在空室安静的情形下思之不止，按照近世研究巫师（童乩）的修习情况，自会产生恍惚状态，而有见神的经验。

存思法实际上是古巫与神交通的进一步发展。李丰楙说：所谓存思法术，大多本于冥想的原则，运用各种辅助性的法器，达到特殊的宗教体验。这是传承巫师、方士的长远传统而来，将萨满的神秘体验，如交通神人的通灵能力、预知能力等，加以深化，使巫者具有的"第二视觉"（second sight）有更精致化的表现。严格言之，高明的道士都可以说是道教化的神媒（spirit medium）。在仙道文化的熏陶下，或明师的开导之下，修习道业，经过一段时间的修炼和学习之后，就会有精神恍惚

① 王明校注：《太平经合校》，中华书局 1979 年版，第 14 页。

的状态。在迷幻中，出现各种相关的幻视、幻听等，因此存思、守一等法术，可以说是古巫所操持的巫术的精致化。①

魏晋之时流行的存思法，种类颇多。《抱朴子内篇·地真》说：

> 吾闻之于师云，道术诸经，所思存念作，可以却恶防身者，乃有数千法。如含影藏形，及守形无生，九变十二化二十四生等，思见身中诸神，而内视令见之法，不可胜计，亦各有效也。然或乃思作数千物以自卫。

但这些方法“率多烦难，足以大劳人意……若知守一之道，则一切除弃此辈，故曰能知一则万事毕者也”。所以，“守一”是最关键、最核心的存思法。

除了“守一”这种存思之术，葛洪还介绍了其他存思术。在《杂应》篇中，葛洪具体记载了存思老君的方法：

> 但谛念老君真形。老君真形见，则起再拜也。老君真形者，思之，姓李名聃，字伯阳，身长九尺，黄色，鸟喙，隆鼻，秀眉长五寸，耳长七寸，额有三理上下彻，足有八卦，以神龟为床，金楼玉堂，白银为阶，五色云为衣，重叠之冠，锋铤之剑，从黄童百二十人，左有十二青龙，右有二十六白虎，前有二十四朱雀，后有七十二玄武，前道十二穷奇，后从三十六辟邪，雷电在上，晃晃昱昱，此事出于《仙经》中也。见老君则年命延长，心如日月，无事不知也。

道教用训练谛念的真形，尤其是老君真形，应与《想尔注》所说“一散形为气，聚形为太上老君”有密切的关系。道教发展的初期必有悬挂老君图像的习惯，而且老君的相好及侍从，降真的排场，也多有定制。从两汉神化老子，至天师道崇拜老君，已经逐渐发展出颇具规模的老君信仰。所以存思法中，老君一见具有震压众神的作用。

同篇还记载了存思身、心、发及五脏的方法。在存思身体各器官之前，首先要将人体器官、部位神格化，据纬书《龙鱼河图》说：“发神名寿长，耳神名娇女，目神名珠映，鼻神名勇庐，齿神名丹朱。夜卧三呼之，

---

① 李丰懋：《抱朴子——不死的探求》，海南出版社、三环出版社1998年版，第331页。

有患亦便呼之九过，恶鬼自却。”[①]然后想象自己身体的变化：

> 思其身为五玉。五玉者，随四时之色，春色青，夏赤，四季月黄，秋白，冬黑。又思冠金巾，思心如炎火，大如斗，则无所畏也。又一法，思其发散以被身，一发端，辄有一大星缀之。又思作七星北斗，以魁覆其头，以罡指前。又思五脏之气，从两目出，周身如云雾，肝青气，肺白气，脾黄气，肾黑气，心赤气，五色纷错，则可与疫病者同床也。（《抱朴子内篇·杂应》）

据说如此存思过后，便能辟瘟疫。

第三节 配合之术——行炁、房中与辟谷

除了存思守一，还有三种方法较为重要，第一是行炁，第二是房中，第三是辟谷。

一、行炁之术

所谓行炁，亦称“服炁”“食炁”“炼炁”。据马保平说：古语中共有三个气字：一是“气”，指自然空气与人类及动物的呼吸之气。二是“炁”，指代表人类及动植物生命能量的生命之炁，通常称作“真炁”或“元炁”；三是“氛”，指天体日、月、星通过光线、射线与折线透射到大地上的具有能量性质的“氛”能，它对大地生命产生直接、间接和潜在的影响作用。[②]行炁就是关于体内元炁的新陈代谢的理论。

葛洪重视行炁是有理论依据的，因为他禀持元气论的宇宙观：

> 夫人在气中，气在人中，自天地至于万物，无不须气以生者也。善行气者，内以养身，外以却恶，然百姓日用而不知焉。（《抱朴子内篇·至理》）

① （宋）李昉等编：《太平御览》卷八百八十一引《龙鱼河图》，中华书局1960年版，第3914页下。

② 马保平：《古方术研究导引》，甘肃人民出版社2009年版，第14页。

葛洪在各种行炁方式中，最重视胎息，他说："其大要者，胎息而已。得胎息者，能不以鼻口嘘吸，如在胞胎之中，则道成矣。"葛洪详细介绍了行炁的方法：

> 初学行炁，鼻中引炁而闭之，阴以心数至一百二十，乃以口微吐之，及引之，皆不欲令己耳闻其炁出入之声，常令入多出少，以鸿毛着鼻口之上，吐炁而鸿毛不动为候也。渐习转增其心数，久久可以至千，至千则老者更少，日还一日矣。夫行炁当以生炁之时，勿以死炁之时也。故曰仙人服六炁，此之谓也。一日一夜有十二时，其从半夜以至日中六时为生炁，从日中至夜半六时为死炁，死炁之时，行炁无益也。(《抱朴子内篇·释滞》)

和所有方术一样，学习行炁也有诸多禁忌：

> 又行炁大要，不欲多食，及食生菜肥鲜之物，令人炁强难闭。又禁恚怒，多恚怒则炁乱，既不得溢，或令人发欬，故鲜有能为者也。(《抱朴子内篇·释滞》)

学成之后，体内之炁外发能够产生巨大的能量。"善用炁者，嘘水，水为之逆流数步；嘘火，火为之灭；嘘虎狼，虎狼伏而不得动起；嘘蛇虺，蛇虺蟠而不能去。"而且还能疗伤治病："若他人为兵刃所伤，嘘之血即止；闻有为毒虫所中，虽不见其人，遥为嘘祝我之手，男嘘我左，女嘘我右，而彼人虽在百里之外，即时皆愈矣。又中恶急疾，但吞三九之炁，亦登时差也。"(《抱朴子内篇·释滞》)这就是后世气功效能的神奇传说与想象的渊源。"故行炁或可以治百病，或可以入瘟疫，或可以禁蛇虎，或可以止疮血，或可以居水中，或可以行水上，或可以辟饥渴，或可以延年命。"(《抱朴子内篇·释滞》)

据说葛洪的祖师与老师都擅长行炁。他的从祖父葛仙公每次大醉或夏天酷暑之时，入深渊之底，一日许乃出，就是因为他会闭炁胎息。左慈、赵明等，能以炁禁水，水为之逆流一二丈。而他的老师郑隐对他说："但习闭气至千息，久久则能居水中一日许。"(《抱朴子内篇·释滞》)所以，葛洪重视行炁也是得自师门传承。只不过，从郑隐开始，这一技艺似乎已经失传，郑隐和葛洪本人并没有"闭息居水中一日许"或"以炁让水逆流一二丈”的能力。

二、房中之术

除了行炁，还有一种重要的养神之术就是房中之术。

葛洪说：“宜知房中之术，屡为劳损，则行炁难得力也。”（《抱朴子内篇·至理》）又说：“凡服药千种，三牲之养，而不知房中之术，亦无所益也。”（《抱朴子内篇·微旨》）说明房中术对于修炼至关重要。他指出：“房中之法十余家，或以补救伤损，或以攻治众病，或以采阴益阳，或以增年益寿。”但“其大要在于还精补脑之一事耳。此法乃真人口耳相传，本不书也，虽服名药，而复不知此要，亦不得长生也”。但葛洪对房中术效果的评价非常有节制，不像对行炁术那样无限夸大。《抱朴子内篇·微旨》说：

> 或曰：“闻房中之事，能尽其道者，可单行致神仙，并可以移灾解罪，转祸为福，居官高迁，商贾倍利，信乎？”抱朴子曰：“此皆巫书妖妄过差之言，由于好事增加润色，至令失实。或亦奸伪造作虚妄，以欺诳世人，隐藏端绪，以求奉事，招集弟子，以规世利耳。夫阴阳之术，高可以治小疾，次可以免虚耗而已。其理自有极，安能致神仙而却祸致福乎？人不可以阴阳不交，坐致疾患。若欲纵情恣欲，不能节宣，则伐年命。善其术者，则能却走马以补脑，还阴丹以朱肠，采玉液于金池，引三五于华梁，令人老有美色，终其所禀之天年。而俗人闻黄帝以千二百女升天，便谓黄帝单以此事致长生，而不知黄帝于荆山之下，鼎湖之上，飞九丹成，乃乘龙登天也。黄帝自可有千二百女耳，而非单行之所由也。凡服药千种，三牲之养，而不知房中之术，亦无所益也。是以古人恐人轻恣情性，故美为之说，亦不可尽信也。”

在葛洪看来，房中术，高超一些的可以治疗小病，次一等的只能避免体能的耗损而已。它的效用本来就很有限，怎么能够修行成仙甚至避祸得福呢？人不能不进行阴阳交合，不然会带来疾病；但如果放纵性欲，不能有所节制和正确疏导，则又会减损寿命。擅长房中术的人，能够阻止泄精以补益大脑，把精液收回而使肠胃更加红润，并从对方身体中采回肾精，把精气引向脑部，使老人具有美好的面容，享尽自己应有的寿命。所以，房中术只是配合金丹术的小法术而已，它最大的功能是在禁欲与纵欲之间找到平衡。

葛洪反对以下几种错误见解：一是认为御女数多则可成仙，而不作金丹大药。传说中黄帝御女一千二百而仙去，有人就因此而认为修房中术可成不死真仙。葛洪批驳说这是很愚蠢的见解。黄帝曾问道于广成子，最后是服仙丹才得以仙去。第二种错误见解是以为绝欲能够长寿。实际上，绝欲可致阴阳不交，导致壅塞淤闭之病。幽居独处的怨女旷男大多不能长寿。当然，恣意纵欲，不能节欲保精就要损身伤命，也会使人短寿。

修炼房中术有一定的风险："若不得口诀之术，万无一人为之而不以自伤煞者也。"（《抱朴子内篇·释滞》）玄女、素女把男女交合比作水火，水火既能杀人，也能救人，在于能够正确使用和不能正确使用而已。所以，房中术有技巧与方法。大体上懂得了房中术的主要方法，男女交合就越多越好；如果不懂这种道术而胡乱使用，那么仅仅与一两人交合也足以招致死亡。彭祖的房中术是最重要的，其他经书介绍的房中术大都烦琐难以实行，带来的好处也未必像书中写的那样。人们很少有能够施行这些房中术的，仅仅口诀就有好几千字。但不懂得房中术的人，即使服用各种药物，仍然不能求得长生不死。

三、辟谷之术

所谓辟谷，即不食五谷杂粮，通过吸收自然精华之气，进行排毒、养生的方法。早在葛洪之前，就一直有人在实行这种养生法。葛洪对此并不反对。他说，人之所以会死，是由多种原因引发的，比如，各种欲望造成的损耗、衰老、疾病、毒恶所中、邪气所伤、风冷侵犯等，因此，除了导引行气、还精补脑，还必须"食饮有度，兴居有节，将服药物，思神守一"，凡"伤生之徒，一切远之"，方"可以免此六害"（《抱朴子内篇·至理》）。他认为，"仙法欲止绝臭腥，休粮清肠"（《抱朴子内篇·论仙》）。也就是不能食用荤腥，有时还要断食休粮，以清洁肠胃。在葛洪看来，辟谷并不是长生之法，但能节省生活费用，减少身体病痛，所以是一种经济的养生法。“断谷人止可息肴粮之费，不能独令人长生也。问诸曾断谷积久者云，差少病痛，胜于食谷时”（《抱朴子内篇·杂应》）。他详细介绍了辟谷的方法与效果：

辟谷方法有一百多种，有的服食守中石药数十丸，就能辟谷四五十天而不感到饥饿。如果炼制、服用松柏和白术，也可以保持腹中不饿，但效果不如金丹大药，坚持不过十年。有的能够避食一百天或两百天，有的则必须天天服食，才不会饥饿。有的人先烹调美食吃得极饱，然后服食药物用以护养吃进去的美食，使这些美食不再消化，可以辟谷三年。如果又想吃粮食了，就应当服用葵籽和猪油把它们泻下来，而这些泻下的美食就如同吃进时一样，并没有腐烂。

洛阳有个道士名叫董威辇，经常住在白社里，一点儿也不进食，陈子叙追随着他，跟着他学道，很久之后才学到了他的道术。据说是用甘草、防风、苋实之类的药物共十几种捣碎做成散末，先服食方寸大小的一勺，再吞服大小如同鸟雀蛋的石子十二粒，能够断食一百天，接着再服食这些药物，气力脸色就会像过去一样。如果还想吃粮食的话，就服食葵菜籽汤泻下石头，这样就可以进食了。

还有赤龙血和青龙膏，制作的方法是用丹砂水和曾青水，然后把石头放在这些水之中，只需要一会儿的时间，石头就柔软得可以食用了。如果不马上取出来，这些石头很快就会全部溶解掉。吃这种石头要凭口感吃个饱，能够使人强壮。又有一种引石散，把一勺子方寸大小的药物投放在一斗白石子中，用水混合起来烹煮，也能够立即煮熟，如同羊头一样，可以当作粮食来食用。张太元全家和弟子几十个人，隐居在林虑山中，用这种方法吃了十几年的石头，个个都很肥硕健壮。这种方法必须找到白石子，不如赤龙血和青龙膏那样，找到任何石头都可以使用，而且还需要烹煮，有打柴生火的麻烦。

有的人服用符篆，有的人服用水，有的人把符篆和水放在一起服用。有的人服用干枣，每天吃九颗，混合着一二升酒一起吃下。有的人服食十二个时辰的元气，从夜半的时候开始，历经九九鸡鸣（又叫丑）时、八八平旦（又叫寅）时、七七日出（又叫卯）时、六六食时（又叫辰）时，到五五隅中(又叫巳)时停止。有的人春天面向东方服食岁星的青气,让它进入肝脏;夏天服食荧惑星的红气,让它进入心脏;四季服食镇星的黄气,让它进入脾脏;秋天服食太白星的白气,让它进入肺部;冬日服食辰星的黑气,让它进入肾脏。另外中岳嵩山的道士都元节服食六戊的精华之气,也大见成效。比如在甲子日以后的十天里,就有戊辰的精华之气,那么在这整个十天里,都要经常向着辰地的方位吸进精华之气,到了后一个甲戌至癸未的十天里,又要面向戊寅的方位吸入精华之气了。

那些服术以及饵黄精和禹余粮丸的人,每天服两次,三天之后,气力增加,能够负担远行,身体轻盈,不感到疲惫。不过,辟服石药,吸气、食符篆、喝神水的人,也只能做到不饥饿而已,体力上则不堪劳累。尽管道书上说"欲得长生,肠中当清;欲得不死,肠中无滓",又说"食草者善走而愚,食肉者多力而悍,食谷者智而不寿,食气者神明不死",都只是行气者的一面之词而已,不能据此便单独用食气的方法求仙。如果想要服食金丹大药,先做到一百来天不吃东西为好。如果不能断食,就这样直接服食金丹也行,只是成仙的时间稍微迟一些而已,没有大的妨碍。如果遇到大的灾荒,隐匿到深山老林之中,懂得了这种法术,就可以凭着它而不会饿死。不是这种情况,就不要急切地突然绝食,突然绝食对自己没有好处。另外,生活于俗世而断肉,一旦闻到肥美鲜嫩的肉香,不可能不在心中产生吃肉的欲望。如果不能马上与世隔绝、离开家庭,到深山中去生活,本来就不太可能断绝各种美味,也没有必要自寻苦恼,不如不辟谷断粮,只是根据饥饱节制饮食就可以了。

据葛洪说,他看到过很多辟谷两三年的人,一个个身体轻盈,肤色健康,经得起风寒暑湿,没有胖子。但尚未见过辟谷几十年的人。经过询问得知,辟谷者开始时也都少气无力,然后月胜一月,岁胜一岁,一天比一天健壮。只服用符水,或者单是服气者,都有四十天的疲瘦期,过了四十天才慢慢强健起来。冯生据说已辟谷三年,每天仅靠吞炁存活,但跋涉登山,挑一斛重的担子,终日不倦。吴景帝时有道士石春,行气为人治病,行气时辄不食,等病人病愈才进食,有时百日,有时一月。吴景帝说,这是时间不够长,时间长了一定饿死,便让人把石春关起来。

石春只要求二三升水，一年多后，颜色更加鲜悦，气力如故。石春声称这样的断谷可持续数十年，不担忧饥饿，只是会老死。葛洪说，由此可见辟谷不能延年。

就现代认知而言，理论上能够绝食不死的极限是1—3个月，这期间会严重损害健康，声称长期绝食并且保持健康的无一例外都是骗子。葛洪当然不可能有这样的认识，但他对辟谷术还是有很大的保留意见的。

第八章　格物疗疾
——葛洪传述的科技知识

在葛洪近乎包罗万象的知识结构中，有一部分内容在现代知识体系中属于自然科学。他对日月星辰等天体运动的解释属于天文学，对部分物质的提炼、合成、变化的认识属于化学，对各种医方的搜集记录属于医学。这些内容直到现代依然是科学研究的对象。

古人在认识这些对象时，体现出来的精神部分符合现代科学精神。比如说，不断试错的炼丹术与尝试各种新的医方医法，体现了探索的精神，而大胆探索是现代科学的基本精神之一。古人采用的方法也有一些与现代科学方法暗合。在对宇宙结构的认知上，发现传统假设的错误，在观察的基础上提出新的假说，这也是现代科学采用的方法。而对某些物质提炼、合成、变化的认识建立在炼丹的实践之上，炼丹是对自然界变化的模拟，这与现代科学的实验方法有些接近。但严格来讲，这些认识尚不是科学，它们与科学有着诸多不同。首先，受制于观察的目的、手段，很多观察是不准确、不全面的，因此，其结论当然也不可能准确。其次，尽管在观察的基础上提出了假说，但都没有经过严格的验证或证伪，无论是宇宙结构论还是诸多医方医术，都是未经可靠验证的理论与主张。再次，尽管做了类似受控实验的炼丹实践，但由于有强烈的主观意愿，并没有尊重实验的客观结果，只能是反复失败，或伪装成功。这些都是科学产生以前古人认识世界时的通病，葛洪思想中的这些内容尚处于前科学或拟科学的阶段，但以历史的眼光来看待的话，这些认知无疑是那个时代最接近科学的知识。

第一节　浑天说——葛洪传述的宇宙结构论

一、盖天说的几种主张

葛洪之前，对宇宙的结构有三种理论，分别是盖天说、浑天说与宣夜说。最早的盖天说是天圆地方说，认为“天圆如张盖，地方如棋局”。这种说法大致始于商周时代，认为天是固体，形状像盖子，在上空每天旋转一周。不过，这种说法经不起推敲，好多人对此都有疑虑。他们认为，天地应是形状相同的，如果是方的，天地都应该是方的，如果是圆的，天地都应该是圆的。如果天是圆的，地是方的，那么天就盖不上地的四角。有人曾经就此问过曾子，曾子回答说：天圆地方，指的是天道为圆，地道为方。曾子将一个自然科学问题哲学化，把原本是描绘形状的“圆”“方”理解为天与地的属性规律，巧妙地弥补了这一古老说法的缺陷。不过，这也说明，“天圆地方”这一体系是存在致命缺陷的。

到了汉代，为了更好地说明天象，回答有关责难，盖天说的理论又经历了重大修改。修改后的盖天说主张也不完全一样，据《晋书·天文志》说，《周髀算经》中记载的宇宙结构如下：

> 天似盖笠，地法覆槃，天地各中高外下。北极之下为天地之中，其地最高，而滂沲四隤，三光隐映，以为昼夜……日丽天而平转，分冬夏之间日前行道为七衡六间。

即天像一顶头戴的斗笠，大地像一个倒扣的盘子，北极是天的最高点，四面倾斜而下，天穹上的日月星辰交替出没，在大地上形成昼夜。

第二种是《周髀》家的主张，他们的观点与《周髀算经》中的主张并不一致：

> 天员如张盖，地方如棋局。天旁转如推磨而左行，日月右行，随天左转，故日月实东行，而牵之以西没时。譬之于蚁行磨石之上，磨左旋而蚁右去，磨疾而蚁迟，故不得不随磨以左回焉。天形南高而北下，日出高，故见；日入下，故不见。天之居如倚盖，故极

在人北，是其证也。极在天之中，而今在人北，所以知天之形如倚盖也。日朝出阳中，暮入阴中，阴气暗冥，故没不见也。夏时阳气多，阴气少，阳气光明，与日同辉，故日出即见，无蔽之者，故夏日长也。冬天阴气多，阳气少，阴气暗冥，掩日之光，虽出锋不见，故冬日短也。

钱宝琮认为《周髀》家说与《周髀算经》说完全不同。

二、浑天说与平天说

浑天说的观点，葛洪引《浑天仪注》有过介绍：

天如鸡子，地如鸡中黄，孤居于天内，天大而地小。天表里有水，天地各乘气而立，载水而行。周天三百六十五度四分度之一，又中分之，则半覆地上，半绕地下，故二十八宿半见半隐，天转如车毂之运也。

事实上，浑天说提出以后，学者也多有疑惑。《晋书·天文志》记载了王充的一段驳斥：

旧说天转从地下过。今掘地一丈辄有水，天何得从水中行乎？甚不然也。日随天而转，非入地。夫人目所望，不过十里，天地合矣；实非合也，远使然耳。今视日入，非入也，亦远耳。当日入西方之时，其下之人亦将谓之为中也。四方之人，各以其近者为出，远者为入矣。何以明之？今试使一人把大炬火，夜行于平地，去人十里，火光灭矣；非灭也，远使然耳。今日西转不复见，是火灭之类也。日月不员也，望视之所以员者，去人远也。夫日，火之精也；月，水之精也。水火在地不员，在天何故员？①

事实上，如果我们结合《论衡·说日》就会发现，王充不但对浑天说有批判，对盖天说也有批判。王充认为：天地都是平正的，天与地上下相距六万里，四方中央高下皆同。日月星辰都附着在天上，随天四时

① 以上引文分别见(唐)房玄龄等：《晋书》，中华书局1974年版，第278—279、281页。

转行。日月入地、天地相合，都是因为遥远造成的视错觉。日月看起来是球状，这也是错觉。因此，也有人把王充的宇宙结构论称为“平天论”。

三、葛洪的宇宙观念

《晋书·天文志》载，为了回答王充的批判，葛洪专门写了篇文章以释浑天，葛洪的宇宙观念主要就表现在这篇文章中。实际上，葛洪《释浑天》并不完全针对王充的那些议论，他也针对盖天说的一些常见主张加以解释或驳斥。

首先，葛洪指出，张衡制作浑天仪之后，将其置于密室中，通过漏水使其转动，并让一个观察者在密室中观察浑天仪的运转，高声告知观天者：“浑天仪上显现的是：某星始见、某星已中、某星今没。”结果与实际天象如出一辙，表明浑天仪是经过了实验证明的。也就是说，天地浑圆是经过实验证明，符合天象实际的。

然后他引《黄帝书》“天在地外，水在天外”说明天确实出入于水中。又说《周易》中阳爻称龙，天是阳物；以龙喻天，龙者居水之物；说明天与龙一样，也是出入水中的东西。显然，这一论证非常牵强。

葛洪引用了桓谭对盖天说的批判。原始盖天说认为天圆如盖，北极在天的正中顶点。他说：春分这天太阳出于卯时（相当于现在早上5点到7点）而落于酉时（相当于傍晚5点到7点），代表了太阳是从卯位升起到酉位落下，走的是正东正西线，这天，北斗星和北极星应该在天的正中。现在看来却在北面，并不正在人们的头上。春分秋分之时，太阳的升起没落在北斗北极的南面。如果天像磨盘似的带动太阳向右转，[①]那么北方路远而南方路近，白昼和黑夜的漏刻数目不应该相等。不过，后来的盖天说对此说法进行了修正，认为天体是一把倾斜的大伞，因此伞的顶点是在靠北的位置。

桓谭曾和一位信奉盖天说的学者一起去奏事（这位学者很可能就

① 桓谭、葛洪批评的盖天说似乎认为天是右转的，但《晋书·天文志》引述的《周髀》则说天是左转的，两者似有不同。

是扬雄),在皇宫门外等待皇帝召见。他俩都坐在白虎殿的西廊庑下晒太阳。一会儿,日光移走,他们晒不着太阳了。桓谭便对同伴说,天体如果像推磨那样右转而日西行的话,那阳光应当照在走廊然后往东转,不应该像现在这样向上消失。这种情形跟浑天仪的说法才是相应的。

葛洪接下去的驳斥是针对天像磨盘一样带着日月星辰往右转这一观点的。如果这样的话,日月众星应该最初在东方,再经南、次到西,又到北,复还于东。而实际上日月星辰的运转轨迹是先从东方升起,最初只是离开地面一点距离,而后渐渐向西运行,先经过人头顶上,再转向运行直到落下,并不向旁边旋转。那些原先就在西方的星宿,也稍稍下落而没,没有向北转的。

针对王充说的"今视日入,非入也,亦远耳"这一观点,葛洪指出,现今太阳的直径有一千里,周长三千里,足以顶数十个星星。如果因为太阳越来越远的缘故,应当只是光不能再照到人们身上而已,但能望得见它,不应该全都消失不见。日光很盛,体积又比星宿大得多,现在能看见最北面的小星星,却看不见在北边的太阳,可见太阳并没有向北运行。如果太阳因为遥远的缘故不再能看见,那它在将落的时候,应当稍小一点,现在非但没有变小反而更大,这不是太阳变远了的样子。王充用火炬比喻太阳,手持火炬的人离人越远,火光越微弱,葛洪针对此喻说,日月从升起到降落,光亮并不渐渐变小,将日月比成火很荒谬。

再者,太阳落入西方的时候,看上去是一点一点降落的,开始还有一半,好像一个横放着的破镜的形状,一会儿就全落下去了。如果太阳向北转,先没一半的话,应该先呈现竖立的破镜的形状,不应该像横放着的破镜。再说月亮的光芒微弱,远远比不上太阳。月光强烈时,虽有浓云掩蔽着,看不见月亮的本体,但夜晚仍然很明亮,光线仍然从云里照射到外面。太阳如果绕过西方转到北边,它的光线就应当像月亮在浓云中的情况,不能一到夜里就非常黑暗了。另外,太阳一落下,星宿月亮就出现了。分明是天以日月分别主掌白昼和黑夜,相互更替而照耀着。如果太阳总是出现,就不应该有太阳隐没而星宿月亮出现了。

针对王充"日月不员也,望视之所以员者,去人远也"这一观点,葛洪质问:若果然是这样,月亮初升之时,以及已然不圆之后,为什么看着不圆呢？而日食也有时在上、有时在下，从侧面亏起，慢慢变得像钩子一样，直到看不见。如果远远地看就显得圆，那就不应当看见它残缺的样子。

为了论证日月实际上并不圆，王充说："夫日，火之精也；月，水之精也。水火在地不员，在天何故员？"葛洪回应：首先，水火不完全等同于日月。《河图》《洛书》都说水火是阴阳的余气。既然只是余气，那么显然水火是不能生于日月的，只能说是日精生火，月精生水。阳燧（凹面铜镜）能够生火，阳燧圆而火不圆；方诸能够取水，方诸方而水不方。也就是说，不能将日月与水火等同，水火不圆不等于日月不圆，王充的论证不成立。

至于宣夜说，保留下来的材料不多。据说虞喜写作《安天论》主张宣夜说，葛洪出言嘲讽，表明葛洪自始至终主张的是浑天说。他对浑天说的介绍是天文学史上的珍贵材料，由此我们能够较为详细地知道古代这一重要的宇宙理论。

从上面的材料我们可以看出，葛洪非常善于论辩，能够发现别人理论的弱点与矛盾之处。他论辩时经常采用的证据很多是自身经验，以及经观测自然现象所得，因此，显得很有说服力。

如果我们看了《晋书·天文志》中引述的葛洪驳论，就会非常疑惑，写作《释浑天》的葛洪与《抱朴子内篇》的作者真的是同一个人？像葛洪那样具有极其丰富的知识、很高的思维水平，又非常重视观察与经验的学者，怎么会一辈子抱持神仙实有、长生可致这一明显反经验、反常识的信念？

但我们仔细分析葛洪批驳盖天说时的思路，就会发现他具有反经验的信念并不偶然。葛洪的思维中有先天的弱点，导致他对经验、自然现象的漠视。因为在经验与自然现象之外，葛洪也崇信文献与权威。当观点无法用经验证明，无法以实践检验时，他选择相信文献知识、信赖权威。比如浑天说主张天出于水中，这无法用经验验证，与实际观察并不符合，面对这种情况，葛洪并不是根据实际观察去修正传统的理论，而是用《黄帝书》《周易》这两本经典著作中的言论曲为之说。葛洪的这一思维特点为他相信神仙实有、长生可致留下了伏笔。一旦信念确立，他丰富的知识与雄辩的才能非但不能使其审视并改变信念，反而为巩固错误的观念提供了武器。

第二节　拟科学中的真知识
——金丹术中反映的古代化学成就

炼丹不是真正的科学，最多只能称之为拟科学，它所依据的理论是原始并且错误的，它的信仰是荒谬的，但是，由于采取了受控的实验方式（尽管这些方法中有很多的巫术成分），辅之以有目的的观察，暗合了近代的科学方法，因此，在不断试错的过程中，能够偶然地获得零散却真实的知识。葛洪比较详实地记载了炼丹术的实验工作，根据他的记载，我们相信葛洪以前的炼丹家已经有了下列化学成就与知识。

一、新的化学物质的提炼与合成

第一类成就有关新的化学物质的提炼与合成，大致有以下三点：

1. 单质砷的分离。《抱朴子内篇·仙药》中有以下一段记载：

> （又雄黄）饵服之法：或以蒸煮之；或以酒饵；或先以硝石化为水乃凝之；或以玄胴肠裹蒸之于赤土下；或以松脂和之；或以三物炼之，引之如布，白如冰……

葛洪用五十一个字列举了六种处理雄黄的方法：一是蒸煮，即用沸水或水蒸气使之分解，生成氧化砷；二是制成雄黄酒；三是用硝石的水溶液去溶解它，生成砷酸钾（K_3AsO_4）；四是在玄胴肠和赤土（含铁陶土）存在的条件下，用水蒸气去分解它；五是制成雄黄和松脂的混合剂；六是用上文所说的三物与之共炼，以提取精华。

其中的第六法经王奎克、朱晟、郑同、袁书玉的实验研究，即用硝石、玄胴肠和松脂与雄黄合炼。他们分析了古人可能有三种实际可用的方法：甲，用三物分别与雄黄合炼；乙，按照先氧化后还原的顺序，用三物先合与雄黄（和反应后生成物）合炼；丙，按照先还原后氧化的顺序，用三物先后与雄黄（和反应后生成物）合炼。他们对三种方法的主要环节进行了模拟实验，三种炼法所得的生成物都是单质砷和氧化砷。[①] 赵匡华、骆萌对此作了进一步的实验研究，他们细细推敲葛洪文意，认为其更可能是按“三物一起与雄黄合炼”进行的，但无论葛洪怎么安排“以三物炼雄黄”，客观上他都分离出过单质砷，更全面地确证了王奎克等人的结论。[②]

单质砷的提炼能够充分说明我国古代化学的水平。西方的化学史家一般都认为最早从化学物中分离出单质砷的是 13 世纪的德国罗马教修道会学者、炼金术士大阿尔伯特（Albertus Magnus，约 1200—1280 年）。他曾用一分雌黄与两分肥皂共热，游离出了所谓“金属雌黄”（arsenicum metallinum），但他对这种物质的性质没有更多的描述。直到 16 世纪，瑞士的医药学家帕拉塞斯（P. A. Paracelsus，1493—1541 年）才说明将古代砷（砷的硫化物）与蛋壳共热而得到的“色白如银”的物质，即现在所谓的单质砷。[③]《抱朴子内篇》的记载表明，我国至少在公元 3 世纪末或 4 世纪初，就提炼出了单质砷，比西方记录

图 17　银复生珠（《开工开物》卷下）

① 王奎克等：《砷的历史在中国》，赵匡华主编：《中国古代化学史研究》，北京大学出版社 1985 年版，第 24—27 页。

② 赵匡华、骆萌：《关于我国取得单质砷的进一步确证和实验研究》，赵匡华主编：《中国古代化学史研究》，北京大学出版社 1985 年版，第 46—52 页。

③ 赵匡华、骆萌：《关于我国取得单质砷的进一步确证和实验研究》，赵匡华主编：《中国古代化学史研究》，北京大学出版社 1985 年版，第 45 页。

早了800年。

据王奎克等人说：单质砷的提取还启发了火药的发明。我国古代炼丹家之所以能发明火药，是因为他们在长期炼丹实践中发现了一种化学现象，即某些药物放在一起加热会起火燃烧。葛洪的记载给我们一种暗示，对这一现象的认识从西晋末年就已经开始了。早期火药的成分是三黄（雄黄、雌黄、硫黄）、硝石、松脂（或松香）和各种油脂。古代炼丹家认识到某些物质易于燃烧，可以配成火药，是从用三物炼雄黄开始的；因此可以肯定，火药的发明导源于古代炼丹家以三物炼雄黄的实践。①

2.铜砷合金和银砷合金的制作。《抱朴子内篇·黄白》提到了很多用丹砂、雄黄等化锡、铅、汞为"金""银"的方法。在较晚的炼丹或医药著作中，也保存了不少有关冶金的知识。其中有制造铜砷合金和银砷合金的方法。《抱朴子内篇·黄白》载：

> 当先取武都雄黄，丹色如鸡冠，而光明无夹石者，多少任意，不可令减五斤也。捣之如粉，以牛胆和之，煮之令燥。以赤土釜容一斗者，先以戎盐石胆末荐釜中，令厚三分，乃内雄黄末，令厚五分，复加戎盐于上。如此，相似至尽。又加碎炭火如枣核者，令厚二寸。以蚓蝼土及戎盐为泥，泥釜外，以一釜覆之，皆泥令厚三寸，勿泄。阴干一月，乃以马粪火煴之，三日三夜，寒，发出，鼓下其铜，铜流如冶铜铁也。乃令铸此铜以为筩，筩成以盛丹砂水。又以马屎火煴之，三十日发炉，鼓之得其金，即以为筩，又以盛丹砂水。又以马通火煴三十日，发取捣治之。取其二分生丹砂，一分并汞，汞者，水银也，立凝成黄金矣。光明美色，可中钉也。

大意是：雄黄（硫化坤）、石胆（硫酸铜），能在高温中被还原为铜砷混合熔体。再以此混合物与丹砂起作用，可以得出黄色的铜、砷、汞混合物。这种混合物颜色金黄，被视为宝丹。袁瀚清说：这段文字虽不易

---

① 王奎克等：《砷的历史在中国》，赵匡华主编：《中国古代化学史研究》，北京大学出版社1985年版，第29页。

完全理解，但很显然，葛洪做过类似的化学实验工作。[1] 王奎克等人进一步分析说，此法第一步，先制成混有牛胆汁的雄黄粉，然后再在两个赤土釜构成的“上下釜”中，加雄黄粉，石胆、炭末和戎盐（氯化钠）的混合物，戎盐起助熔剂的作用，雄黄和石胆被还原而生成铜砷黄金。第二步，使此合金与丹砂水（硫化汞在醋和硝石的混合液中溶解而成）作用，捣碎，加入生丹砂和汞，再加冶炼，即凝成一种金黄色的合金。关于第二步所起的作用，我们还不很了解，因为铜砷合金的熔点仅略低于铜的熔点，在达到这一温度之前汞和丹砂已经先后气化，最后所得当然仍是铜砷合金。葛洪这一段话，大概是文献上关于制作黄色铜砷合金最早的记载。[2] 而雄黄（硫化砷）、石胆（硫酸铜）能在高温条件下被炭还原为铜砷混合熔体，表明葛洪已经认识到“炭”在高温条件下的还原作用。

3. 袁瀚青认为，葛洪大概制得过外表像黄金和白银的几种合金，可能里面有不同比例的铜、铅、汞、镍等元素。《抱朴子内篇》的《黄白》一篇，讲得那样有声有色，不能完全是凭空虚造的。[3] 王奎克也说，葛洪在《黄白》篇中讲到道士李根用锡、铅炼“银”的事，说李根“以少许药如大豆者投鼎中，冷即成银”。这位炼丹家所炼的“银”是否如此成功，我们无从悬想，但此事可以说明，西晋时已有人研究化锡、铅为“银”的方法。[4]

二、对物质化学特性的新认识

第二类成就是对重要物质化学特性的认识达到了新的高度，《抱朴子内篇》中的相关记载表明葛洪已具备下列化学知识：

1. 正确认识了丹砂的化学特性。《抱朴子·金丹》篇中有“丹砂烧之成水银，积变又成丹砂”的记载，这是对丹砂化学特性的正确概括。葛洪的前辈们大概做过这样的实验，就是将红色的硫化汞（丹砂）加热，使它分解出汞，而汞加硫黄又能生成黑色的硫化汞，再变化红色。胡乎

---

① 袁瀚青：《推进了炼丹术的葛洪和他的著作》，《中国化学史论文集》，三联书店 1981 年版，第 189 页。

② 王奎克等：《砷的历史在中国》，赵匡华主编：《中国古代化学史研究》，北京大学出版社 1985 年版，第 31 页。

③ 袁瀚青：《推进了炼丹术的葛洪和他的著作》，《中国化学史论文集》，三联书店 1981 年版，第 189—190 页。

④ 王奎克等：《砷的历史在中国》，赵匡华主编：《中国古代化学史研究》，北京大学出版社 1985 年版，第 34 页。

琛对这两句话作如下解释：天然丹砂在赤土釜中加热灼烧，主要变化是硫化汞的升华。积变还成丹砂，实为升华的产物。其中一部分丹砂氧化，游离出单质汞，进一步氧化为红色氧化汞，升华到上釜。化学方程式为：

$$HgS(\text{丹砂})+O_2(\text{空气})=\!=\!=SO_2\uparrow(\text{石气})+Hg\downarrow(\text{水银})$$
$$2Hg+O_2(\text{空气})=\!=\!=2HgO(\text{红色三仙丹})$$

晋代炼丹士不能区分 HgS 与 HgO，因此将灼烧后生成的 HgO 认为是积变还原而成的 HgS，称为“还丹”。如果温度较高，火候适当，在密封的赤土釜中也会发生 HgS 的分解反应，生成水银和硫磺。当冷却后，水银和硫磺的蒸汽又相化合，再生成 HgS。化学方程式为：

$$HgS\overset{\triangle}{=\!=\!=}Hg+S=\!=\!=HgS$$ ①

这种人造赤色琉化汞，有的科学家认为可能是人类最早用化学合成法制成的产品之一，是古代炼丹术的一大成就。袁瀚青指出：由硫化汞制水银，我国至晚在公元前 2 世纪就知道了，而葛洪却是较详细地记录这些反应的最早的人。阿拉伯到 8 世纪才有炼丹术，也是以丹砂和水银的变化为主。我们有理由相信，西方的炼丹术与葛洪的著作大概有关系，否则不可能那样巧合的。②

2. 正确地认识了铅的可逆特性。在《黄白》篇中，葛洪指出：“铅性白也，而赤之以为丹。丹性赤也，而白之而为铅。”我们知道，这是古代用以制作胡粉（一名粉锡，铅粉）的白色碱性碳酸盐［$Pb(OH)_2 \cdot 2PbCO_3$］，但它经过加热后，可以变成红色的铅丹，即四氧化三铅（Pb_3O_4），而四氧化三铅又能分解出铅。

3. 观察并记录了化学反应中的升华现象。《金丹》篇中，葛洪介绍“立成丹”时说：“取雌黄（即三硫化二砷 As_2S_3）、雄黄（即二硫化二砷 As_2S_2），烧下，其中铜铸以为器，覆之……百日，此器皆生赤乳，长数分，或有五色琅玕。”雌黄、雄黄均为硫化砷的化合物，经加热后，皆有升华

① 胡孚琛：《魏晋神仙道教》，人民出版社 1989 年版，第 241—242 页。
② 袁瀚青：《推进了炼丹术的葛洪和他的著作》，《中国化学史论文集》，三联书店 1981 年版，第 189 页。

的特性。这里所称的“赤乳”“五色琅玕”，均指升华之结晶。

4.《黄白》篇记载：“以曾青涂铁，铁赤色如铜。”对于这句话，化学史研究者的理解不同。袁瀚青说，曾青大概是指的蓝铜矿[$Cu(OH)_2$·$2CuCO_3$]或孔雀石[$Cu(OH)_2$·$CuCO_3$]。这表示，葛洪已经实验过铁与铜盐的取代作用。有的学者则认为曾青即硫酸铜（$CuSO_4$），其反应式为：

$$Fe + CuSO_4 = FeSO_4 + Cu$$

曾青涂铁，铁和硫酸铜发生化学反应，铁取代了铜，生成硫酸亚铁（$FeSO_4$），而铜被置换出来。由于“涂”铁，硫酸铜仅在铁的表面发生反应，故“外变而内不化也”。[①]

5. 除 Hg、S、HgS、Pb、Pb_3O_4、As_2S_3、As_2S_2 等以外，许多不纯的无机物，如硫酸铜（石胆）、硝酸钾（消石）、石膏（寒羽涅）、赤铁矿（赤石脂）、白明矾（矾石）等等，均曾用来作为炼丹的原料，这扩大了人们应用自然矿产的范围。

第三节 《肘后备急方》——葛洪搜集记录的古代医方

一、《肘后备急方》的成书与体例

魏晋时期的方士大都是通过为人治病向社会布道的，下层民间道教则专以治病去灾为教旨，甚得百姓大众的欢迎。医术是道教传播的有力工具，又是养生修行的基础，道教的发展是不能脱离医药术的。一直以来，葛洪对各种医方勤加收集，他说：

> 余见戴霸、华他所集《金匮》《绿囊》《崔中书黄素》及百家杂方五百许卷。甘胡吕傅周始甘唐通阮南河等，各撰集《暴卒备急方》，或一百十，或九十四，或八十五，或四十六，世人皆为精悉，不可加

① 卿希泰等：《中国道教史》第一卷，四川人民出版社 1996 年版，第 334 页。

也。余究而观之，殊多不备，诸急病甚尚未尽，又浑漫杂错，无其条贯，有所寻按，不即可得。而治卒暴之候，皆用贵药，动数十种，自非富室而居京都者，不能素储，不可卒办也。又多令人以针治病，其灸法又不明处所分寸，而但说身中孔穴荣输之名。自非旧医备览明堂流注偃侧图者，安能晓之哉？余所撰百卷，名曰《玉函方》，皆分别病名，以类相续，不相杂错，其救卒参卷，皆单行径易，约而易验，篱陌之间，顾眄皆药，众急之病，无不毕备，家有此方，可不用医。医多承袭世业，有名无实，但养虚声，以图财利。寒白退士，所不得使，使之者乃多误人，未若自间其要，胜于所迎无知之医。医又不可卒得，得又不肯即为人使，使腠理之微疾，成膏肓之深祸，乃至不救。且暴急之病，而远行借问，率多枉死矣。（《抱朴子内篇·杂应》）

可见葛洪在考察前人医方时发现了诸多弊端。第一是不详备，很多急病并没有相应的医方。第二是编排没有条理，找寻相应的医方不方便。第三是药价太贵，尤其是治疗急病暴病，皆用贵药，不适合一般百姓。第四是记录针灸之法不标明所处分寸，让医者无处下针。针对这些弊端，葛洪自己编制了《玉函方》一百卷。编成后，又觉得此书篇幅太大，应用不便，于是摘其主要内容，采其"单行轻易、约而易验""率多易得之药"，编撰成《肘后卒救方》三卷。"肘后"是说此书可以挂在肘上随时携带，与急症临床袖珍手册相类。后由梁代陶弘景整理补阙，将原书 86 篇整合为 79 篇，并且又增加 22 篇，共 101 篇，名为《肘后百一方》。陶弘景大约于公元 500 年完成修订工作。目前单行本《肘后备急方》全书 8 卷，共 73 篇，缺第 44、45、46 篇。

关于《肘后备急方》，刘小斌、魏永明对它作了如下的介绍：首先在编写体例上，此书有明显的优点，它因病检方，对于每一病候，重在突出主症，详列多种治法治方，以备临时应急，切合临床实际，十分方便临床应用，符合当时的社会背景，同时体现了葛洪体恤劳苦大众、医者仁心的高尚医德。

二、丰富翔实的病种纪录

全书除了附方及治牲畜诸病方外共计 546 条病症，涉及的疾病上百种。一至四卷以内科病为多，五至六卷为外科病，七卷为虫兽、中毒等，八卷为百病备急丸散及牲畜病。全书所论疾病以急性病为主，如猝死、卒心腹痛、伤寒时气、温病、疫疠、疟疾、卒中、各种猝发的痈疽恶疮、蛇虫走兽咬伤，以及中蛊毒、卒中溪毒、卒中沙虱毒等，也包括一部分慢性病，如虚损、咳嗽、积聚、症瘕、身面肿满、不能饮食等。很多疾病在现存中医古籍中未见，不仅丰富了疾病的病种，而且书中对其认识深刻。比如对脚气病、虏疮（天花）、尸注（结核）、中溪毒、沙虱毒，以及“治痈疽妬乳诸毒肿方第三十六”篇中提出的恶脉病、恶核病的临床表现及防治都是现存中医古籍中最早且具有较深刻认识的，在世界医学史上处于领先地位，且与现代医学认识基本吻合。①

《肘后备急方》卷二《治伤寒时气温病方第十三》载：

> 比岁有病时行，仍发疮，头面及身，须臾周匝，状如火疮，皆戴白浆，随决随生，不即治，剧者多死，治得差后，疮瘢紫黑，弥岁方灭。此恶毒之气。世人云：永徽四年（653 年），此疮从西东流，遍于海中……以建武中于南阳击虏所得，仍呼为虏疮。②

此处详细记载了天花的症状、体征、病程以及传播源头。如果此条是葛洪所记，那它就是世界上最早的有关天花病的医学记录。欧洲地区的基督教神父在葛洪之后两个世纪才对天花病有模模糊糊的认识。不过，永徽四年（653 年）是唐高宗年号，此条一定有后人文本羼入。

从这一记载中，我们也可以推测天花病的传播途径。已知最早的天花病例是三千多年前埃及国王拉美西斯（Rameses）五世的木乃伊，他的身上有天花的瘢痕，他在四十岁时患天花去世。而后天花经红海传入印度。但何时传入中国？此条言“以建武中于南阳击虏所得”，学者

① （晋）葛洪原撰，（梁）陶弘景补阙，（金）杨用道附广，刘小斌、魏永明校注，《〈肘后备急方〉全本校注与研究》，广东科技出版社 2018 年版，第 2 页。

② 同上注，第 52 页。

们解读有争议。建武这个年号有七位中国皇帝使用过。分别是东汉光武帝刘秀，使用时间为25年6月—56年4月，近32年；西晋惠帝司马衷，使用时间304年7月—304年11月，共计5个月；东晋元帝司马睿的第一个年号，317年3月—318年3月，共计2年；十六国后赵武帝石虎的第一个年号，335—349年，共计14年；西燕君主慕容忠的年号，386年3月—386年9月，共计7个月；南朝齐明帝萧鸾的年号，494年10月到498年4月，共5年。经现代学者考证，建武年间，在南阳郡有过征虏行动的大致应该是东晋元帝建武年间。因此，学者推测天花大概是在西晋时期传入我国。

又如恙虫病的记载，亦最早见于《抱朴子内篇》和《肘后备急方》。《抱朴子内篇·登涉》说：

> 又有沙虱，水陆皆有，其新雨后及辰暮前，跋涉必著人，唯烈日草燥时，差稀耳。其大如毛发之端，初著人，便入其皮里，其所在如芒刺之状，小犯大痛，可以针挑取之，正赤如丹，著爪上行动也。

《肘后备急方》卷七《治卒中沙虱毒方第六十六》云：

> 山水间多有沙虱，甚细，略不可见，人入水浴及以水澡浴，此虫在水中着人身。及阴天雨行草中，亦着人，便钻入皮里。其诊法：初得之皮上正赤，如小豆、黍米、粟粒，以手摩赤上，痛如刺。三日之后，令百节强，疼痛寒热，赤上发疮，此虫渐入至骨则杀人。自有山涧浴毕，当以布拭身数遍，以故帛拭之一度，乃傅粉之也。①

沙虱就是恙虫，其幼虫叫恙螨，有数百种，仅有颜色发红的红恙螨传染恙虫病。这种恙虫病是以东方立克次体(Rickettsia orteintalis)为病原体的急性传染病，恙螨是这种病原体传染的媒介。医学史上一向认为是日本人桥木伯寿在1810年首先发现恙虫病的，但葛洪在一千七百多年以前就对恙虫病的传染媒介、传播方式和症状有如此详细的认识，不能不说是一个奇迹。

---

①（晋）葛洪原撰，（梁）陶弘景补阙，（金）杨用道附广，刘小斌、魏永明校注，《〈肘后备急方〉全本校注与研究》，广东科技出版社2018年版，第213—214页。

《肘后备急方》卷七《治卒毒及狐溺棘所毒方第五十五》载：

人体上先有疮而乘马，马汗若马毛入疮中，或但为马气所蒸，皆致，肿痛烦热，入腹则杀人。

这应该是对马鼻疽的记录。马算疽是由鼻疽伯氏菌(Burkholderia mallei)引起的一种人畜共患病，主要流行于马、骡、驴等马属动物中，也能传染给人。葛洪对马鼻疽的传染途径及预后都有很精当的记述。

该书卷七《治卒中射工水弩毒方第六十五》详细描述了射工毒虫所致疾病的发病过程，其云：

江南有射工毒虫，一名短狐，一名蜮，常在山间水中，人行及水浴，此虫口中横骨角弩，唧以射人形影则病。其诊法：初得或如伤寒，或似中恶，或口不能语，或恶寒热，四肢拘急，旦可暮剧，困者三日，齿间血出，不疗即死。其中人有四种，初觉则遍身体视之，其一种正黑如墨子，而绕四边□□□犯之，如刺状。其一种作疮，疮久即穿陷。一种突起如石。其一种如火灼人肉，熛起作疮，此种最急，并皆煞人。居溪旁湿地，天大雨，或逐人行潦，流入人家而射人。

有的学者认为射工是恙虫；有学者认为射工毒虫应该包括了吸血虫；也有的学者认为，射工可能即半翅目昆虫田鳖，[①]田鳖在咬人的时候会分泌一种唾液到体内，这种唾液会让人的肌肉液化，造成非常大的危害。

同卷《治卒中溪毒方第六十四》载：

水毒中人，一名中溪，一名中洒，一名水病，似射工而无物。其诊法：初得之恶寒，头微痛，目注疼，心中烦懊，四肢振淅，骨节皆强，筋急，但欲睡，旦醒暮剧，手逆冷，三日则复生虫，食下疮，不痛不痒不冷，人觉视之乃知。不即疗，过六七日，下部脓溃，虫食五脏，热极烦毒，注下不禁。八九日，良医不能疗。觉得，急当深视下

① 见江凤枝、袁文武：《〈诸病源候论〉血吸虫病文献考述》，《湖北中医杂志》1997年第2期，第11—12页；胡孚琛：《魏晋神仙道教》，人民出版社1990年版，第281页。

部。若有疮,正赤如截肉者,为阳毒,最急。若疮如蠡鱼齿者,为阴毒,犹小缓。要皆煞人,不过二十日。欲知是中水毒,当作数升汤,以小蒜五寸,㕮咀,投汤中,莫令大热,热即无力,捩起滓,适寒温以浴,若身体发赤斑纹者是也。又无异证,当以他病疗之也。

今东间诸山县,无不病溪毒,春月皆得,亦如伤寒,呼为溪温,未必是射工辈,亦尽患疮痢,但寒热烦疼不解,便致死耳。

以上对两种病症、过程及预后的记录极其详备。何云鹤、陈树森、王翘楚根据葛洪的记载,认为所谓中水毒、中溪毒的原体最有可能就是吸血虫的尾蚴。江凤枝、袁文武进一步指出,这类病可能也包含了其他病原体:疟原虫、沙螨及其他寄生虫,如肝吸虫、肺吸虫、部分肠寄生虫。而李仁众则认为射工、沙虱、水毒都不是血吸虫病,而是恙虫病。[①]

葛洪也是世界上最早把脚气病作为一个独立的疾病来认识的学者。《肘后备急方》卷三《治风毒脚弱痹满上气方第二十一》云:

脚气之病,先起岭南,稍来江东,得之无渐,或微觉疼痹,或两胫小满,或行起忽弱,或小腹不仁,或时冷时热,皆其候也。不即治,转入上腹,便发气,则杀人。

自永嘉南渡,北方来的士族多患脚气。目前学者多认为与维生素B1缺乏导致的脚气相似。也有学者认为许多中枢性感染、脊神经疾病、神经肌肉疾病均可产生相似之症。其中称为“风毒”的,多是“丝虫病”所致。相对于其他医家而言,葛洪的记录较早而且详尽。

有的病症虽非葛洪首次记录,但他的观察更为翔实、准确。比如《肘后备急方》卷二《治伤寒时气温病方第十三》载:

比岁又有虏黄病,初唯觉四体沉沉不快,须臾见眼中黄渐至面黄,及举身皆黄。急令溺白纸,纸即如檗染者,此热毒已入内,急治之。

很显然,这是急性黄疸性肝炎的记录。黄疸最早见于《黄帝内经》,

---

① 何云鹤:《治疗血吸虫病的中医文献研究》《上海中医药杂志》1956年第2期,第52—58页;陈树森、王翘楚:《谈谈祖国医学文献中类似血吸虫病的记载》,《上海中医药杂志》1956年第9期,第31—33页;江凤枝、袁文武:《〈诸病源候论〉血吸虫病文献考述》,《湖北中医杂志》1997年第2期,第11—12页;李仁众:《射工、沙虱、水毒不是日本血吸虫病》,《江西中医药》1956年第11期,第17—19页。

《素问·平人气象论》和《灵枢·论疾诊尺》中已经记录了黄疸的主要特征。葛洪除了记录黄疸的病症，在卷四《治卒发黄疸诸黄病方第三十一》中，又将疸病分成五种，即黄疸、谷疸、酒疸、女疸、劳疸，共同特点都是眼睛、身体以及小便发黄，大致也属于肝胆系统的炎症及其他出现黄疸体征的疾病。其对黄疸的分类、病因病机、治法用药等方面进行简述，治疗上体现了中医辨证论治的精髓。通过"溺白纸"验尿来诊断黄疸的方法，接近于现代的"尿常规"检查，这也是医学史上的创新。

尸注（尸痉）或称鬼注，这类疫病即今天人们所熟知的肺结核。《金匮要略》卷上《肺痿肺痈咳嗽上气病脉证治》对此类似病症就有描述。[①]最早出现鬼注之名的文献是三国时期《神农本草经》，此书还记录了多种防治鬼注的药物。如该书《蚯蚓》载："味咸寒，主蛇瘕，去三虫，伏尸、鬼注。"[②]这说明三国时期对于鬼注的认识已较汉代进步。但对于尸注、鬼注最早有明确并且系统阐述的，是《肘后备急方》。葛氏在该书卷一中专列《治尸注鬼注方》，最早明确了尸注、鬼注的病症，其云：

> 尸注、鬼注病者，葛云即是五尸之中尸注，又挟诸鬼邪为害也。其病变动，乃有三十六种至九十九种，大约使人寒热、淋沥，恍恍、默默，不得知其所苦，而无处不恶，累年积月，渐就顿滞，以至于死。死后复传之旁人，乃至灭门。觉知此候者，便宜急治之。

这段描述把肺结核的症状和预后讲得很清楚，尤其重要的是指出了此类疾病具有强烈的传染性。我们无法判断上述引文中哪些是葛洪的记录，哪些是陶弘景的补充，可以将其视为他们两个人的共同贡献。结核病又称"骨蒸""传尸"。唐武德中，关中流行骨蒸病，因此产生了苏游的《玄感传尸方》和崔知悌的《骨蒸病灸方》。正是历代医家长期的观察与记录，使得我们对此病症的认识越来越深入，其在医学史上的贡献是无法否认的。

葛洪还注意到了狂犬病的潜伏期，《肘后备急方》卷七《治卒有独猘犬凡所咬毒方第五十四》载：

① （汉）张仲景著，何任整理：《金匮要略》，人民卫生出版社2005年版，第25—29页。

② （魏）吴普等述，（清）孙星衍、孙冯翼辑：《神农本草经》，人民卫生出版社1963年版，第122页。

凡猘犬咬人，七日一发，过三七日不发，则脱也。要过百日，乃为大免耳。

现代医学认为狂犬病的潜伏期可从12天起至半年，而60%多在20至60天内发病。葛洪的观察和现代医学的说法比较接近。

三、多样化的治方治法

《肘后备急方》的第二大贡献是丰富了治法治方。此书搜集了1302条治法治方，其中内治方761方，外治则包括针灸、敷、涂、熨等500余条。有些疗法颇为新颖。比如卷七《治卒有独猘犬凡所咬毒方第五十四》载疗方之一是："仍杀所咬犬，取脑敷之，后不复发。"也就是说把狂犬杀掉，以含有狂犬病毒的犬脑敷于伤口。有的学者认为这种以毒攻毒的疗法，和巴斯德取狂犬脑制成疫苗的接种法在原则上相同，是世界上以免疫法治病的先驱。当然，这两种疗法只是看上去有些类似，本质上是不同的。

葛洪记述了治疗骨折的小夹板疗法。《外台秘要》卷二十九《筋骨俱伤方》引《肘后方》载："疗腕折、四技骨破碎，及筋伤蹉跌方：烂捣生地黄，熬之，以裹折伤处，以竹编夹裹之，令遍病上，急缚，勿令转动，一日可十度易，三日即瘥。"[1]这种小夹板固定骨折的方法对我国骨伤科的意义深远，也是小夹板固定骨折法最早的记载。另外他还记录了疮痈引流术。《肘后备急方》卷二《治伤寒时气温病方第十三》记载如何治疗"毒病下部生疮者"，其中一方是，"生漆涂之，绵导之"。另有一方是"煮桃皮，煎如饴，以绵合导之"。这种方法与今之外阴脓肿引流术有异曲同工之处，可以说是疮痈引流术的最早记载。

葛洪在《肘后备急方》中首次记载了下颌关节脱位的复位方法，还记载了各种止血法、腹壁破裂肠突出的缝合术、唇缺修补手术等等，反映了中国东晋时期的外科治疗水平。

《肘后备急方》中有许多简易疗法。例如，其记录了捏脊疗法，就是用两手在脊背上离脊柱中线的两旁抓捏其皮肤，由下往上。据说对于

---

① (唐)王焘:《外台秘要》，中国医药科技出版社2011年版，第503页。

治疗因病后脾胃虚弱、消化不良而引起的病症很有功效，现代常用来治小儿疳积病。另外，葛洪记录了拔火罐疗法。器皿内的空气燃烧并冷却后，会变成负压，从而很容易吸附于皮肤上，拔火罐就是利用此一特点来治疗疾病。现在常用的器皿有玻璃的、陶瓷的，也有用竹筒的，而在《肘后备急方》中所用的器皿则是牛角，称为角法。拔罐有解除脓疱胀痛、治疗风湿劳损疼痛之功，至今仍在临床上广泛应用。

《肘后备急方》搜集了许多针灸疗法。共有针灸处方109条，其中针10条，灸方99条，大多是晋以前医籍及民间治疗经验中用于临床且卓有实效的针灸处方，也有新创的针灸治疗方法。历代论述腧穴的文献较多，但因取穴方法的不同、穴位命名的不一致性，同一名称的穴位可能在不同的文献记载中差异较大。葛氏主张“灸言分寸，不名孔穴”，方便平民百姓救急应用，避免了以穴名对号入座，不至于横生祸端。他指出应把针灸穴名与人体分寸同时介绍，才有利于一般人掌握针灸技术。另外，尚有推拿、热熨、蜡疗等治疗方法。此外，《肘后备急方》中还有用药物灌肠和腹腔穿刺等方法疗病的记载，以及大量对中风、猝死、中毒、缢死、急腹症的急救经验。

《肘后备急方》保存了大量的医方。初步统计全书除了附方及治牲畜诸病方外共计546条病症、1302条治法治方，其中内治方761条，外治包括针灸、敷、涂、熨等500余条。其组方精简，所用之药具有普遍性且价格低廉。初步统计，单方有371方，两味药组成的171方，三味药组成的89方，也就是说其内治方80%以上不超过三味药组成。药物多由蜂蜜、豆豉、大豆、小豆、麻黄、桂枝、甘草等常见易得之药组成。[①]《肘后备急方》记录的药物，很多都有确切的治疗效果。比如以葱豉汤治疗外感风寒初起，茵陈大黄治疗时行发黄，款冬紫菀治咳逆，常山青蒿治疟疾，麻黄桂枝治哮喘，甘遂葶苈逐水饮，以及贯众杀九虫，莨菪子治癫痫，黄连治痢疾，海藻疗婴瘤，水银软膏疗恶疮等等，都为后世医家所乐用。[②]

① （晋）葛洪原撰，（梁）陶弘景补阙，（金）杨用道附广，刘小斌、魏永明校注：《〈肘后备急方〉全本校注与研究》，广东科技出版社2018年版，第2页。

② 洪嘉禾：《葛洪〈肘后备急方〉的科学成就》，《浙江中医学院学报》1980年第6期，第29页。

《肘后备急方》对药物剂型的运用也引人注目，青蒿明确指出要绞汁服用，此书卷三《治寒热诸疟方第十六·治疟病方》载："青蒿一握，以水二升渍，绞取汁，尽服之。"[1]受《肘后备急方》的启发，青蒿素的分离研究成为现代抗疟史上的一大重要发现。2015年中国科学家屠呦呦教授正是因为发明青蒿素治疗疟疾的新疗法荣获诺贝尔生理学或医学奖。

实事求是地讲，上述成就并不是葛洪个人取得的，它们是晋朝以前众多不知名的古人集体创造的，葛洪只是一个记录者。葛洪身上也存在与现代科学格格不入的特质——轻信。葛洪崇信传统、权威，轻信文献，缺乏最重要的科学精神——怀疑。因为轻信，所以从不验证，或者是未进行可靠的验证，在没有对照的情况下，把个别的、偶然的成功视为普遍的有效。实际上，《肘后备急方》中的大多数医方医术并无疗效，甚至有害，但葛洪依然将它们当作灵丹秘方记录，这充分反映了葛洪思想中的非理性、非科学的成分，而这也是他信仰长生神仙之术的原因。

① (晋)葛洪原撰，(梁)陶弘景补阙，(金)杨用道附广，刘小斌、魏永明校注：《〈肘后备急方〉全本校注与研究》，广东科技出版社2018年版，第67页。

第九章　法术神通
——葛洪记录的符咒与方术

第一节　禁咒厌劾——符箓咒语的历史与类别

一、符咒的历史

符咒包括符箓和咒语两部分，符箓又包括符章和箓书。符章是一种笔画屈曲变形、似字非字的图形。箓书是记录道教中的天曹、官府、诸神、众鬼之名的秘文。道教认为，符章是天神显示给人间的文字，道士行法时使用符章，便有劾召鬼神、镇邪驱鬼、治病救灾的作用。箓书是入道之人的护身之宝，学道之人必须由师父亲授箓书才算正式的道士。道士受箓之后必须将师父亲授的箓书随身携带，同时也可作为劾召神灵、驱除邪魔的武器。符箓之术从五斗米道和太平道时就开始使用，后来成为天师道与正一派的主要方术。

符，其本意是符节，一种凭信之物，原本是古之帝王、上级下达指令的凭证，有至高无上的权威。《说文》："符，信也。汉制以竹，长六寸，分而相合。"后来被道教沿用，谓天神亦有符。道教使用的"符"上绘制的符号有符图、有箓，这些符号的来源是多元的。

据道教人士所述，符图中的符号是天神用云彩在天空中显示出来，道士录之，遂成神符，因此是天神之授。而据刘晓明的研究，符文中的很多符号具有青铜纹饰的遗风。比如青铜器上大量使用的云纹、雷纹、龙纹、鸟纹、凤纹与道符中的云篆、雷文、龙章、凤篆、凤符等等，就有一一对应的承继关系；而青铜器上数量最多的饕餮纹，则转化成道教的鬼符。青铜纹饰与道符的功能非常相似，都是作为沟通天地人神的媒介。①

符图中篆文另有一个来源是当时的印章，符图中画有印章符号的就是所谓符印。符印有两种，一种是天神印。传世的这类印有天帝神、黄神之印等。这种印常常印在符命上以及其他天命敕令、镇墓文上，旨在明正宗，表示绝非伪造。另一类是天使印。与天神印不同，天使印不是天神本人的印章鉴，而是传达天神旨意者的凭信。这种印旨在说明持有者充当天使的身份，以证明其具有通神的本领。这类印有天士将军、地士将军、大通将军、天道将军等印，但最常见的还是天帝使者印。②

所谓箓者，记录之意。有两种，一种指戒箓，即道教所谓登真箓，为奉道者的名册，第二种是记录天神的名册。

据《汉书·天文志》载：哀帝建平四年的正月、二月、三月，“民相惊动，讙哗奔走，传行诏筹祠西王母”。同书卷七《五行志下之上》则曰：

> 民惊走，持稿或棷一枚，传相付与，曰行诏筹……其夏，京师郡国民聚会里巷阡陌，设张博具，歌舞祠西王母。又传书曰：“母告百姓，佩此书者不死。不信我言，视门枢下，当有白发。”

陈槃与刘晓明都认为所谓“西王母筹”乃是最初的符文。但西王母筹是以稿或棷制作的，如淳注曰“棷，麻干也。”颜师古注曰：“稿，禾秆也。”因此，它显然不是后世道符的原型。但当时传行的除了西王母筹，尚有所谓“书”，佩此“书”者能够不死，这样的“书”可以视之为早期符书。

到了东汉中后期，早期太平道和五斗米道便已大量造作和使用神符。《后汉书·刘焉传》载五斗米道的创始者张鲁祖父张陵就曾大量造作符书：

---

① 刘晓明：《中国符咒文化大观》，百花洲文艺出版社1995年版，第12—19页。

② 同上注，第24—25页。

(张)鲁字公旗。初,祖父陵,顺帝时客于蜀,学道鹤鸣山中,造作符书,以惑百姓。

《三国志·魏书·张鲁传》注引《典略》说:“角为太平道,修为五斗米道。太平道者,师持九节杖为符祝,教病人叩头思过,因以符水饮之,病或自愈者,则云此人信道;其或不愈,则云不信道。”并认为书符文于水中,或纸张上烧之,便可服用。到西晋年间,依然是非常流行的一种方术。

二、葛洪记录的符箓

葛洪对符图箓文非常重视,他认为符图出于老子,老子得自于神明。《抱朴子内篇·遐览》记录郑隐所言:“郑君言符出于老君,皆天文也。老君能通于神明,符皆神明所授。”《太平广记》卷一所引《神仙传》中有“老子”条,其中有葛洪的按语:

洪按:《西升中胎》及《复命苞》及《珠韬玉机》《金篇内经》皆云:老子……所出度世之法,九丹八石,金醴金液;次存玄素守一,思神历藏,行气炼形,消灾辟恶,治鬼养性,绝谷变化,厌胜教戒,役使鬼魅之法。凡九百三十卷,符书七十卷,皆《老子本起》中篇所记者也,自有目录。

在这篇传记中还记录了一个通过符图令人生死的神话故事,说是老子欠他的雇工徐甲七百二十万钱,徐甲向老子追债:

老子问甲曰:“汝久应死,吾昔赁汝,为官卑家贫,无有使役,故以《太玄清生符》与汝,所以至今日。汝何以言吾?吾语汝到安息国,固当以黄金计直还汝,汝何以不能忍?”乃使甲张口向地,其《太玄真符》立出于地,丹书文字如新,甲成一聚枯骨矣。喜知老子神人,能复使甲生,乃为甲叩头请命,乞为老子出钱还之。老子复以太玄符投之,甲立更生。喜即以钱二百万与甲,遣之而去,并执弟子之礼。

这一神话夸张地宣扬了符图的神奇功效。《抱朴子内篇·遐览》中记录的大符有:自来符、金光符、太玄符三卷、通天符、五精符、石室符、玉策符、枕中符、小童符、九灵符、六君符、玄都符、黄帝符、少千三十六将军符、延命神符、天水神符、四十九真符、天水符、青龙符、白虎符、朱雀符、玄武符、朱胎符、七机符、九天发兵符、九天符、老经符、七符、大捍厄符、玄子符、武孝经燕君龙虎三囊辟兵符、包元符、沈羲符、禹蹻符、消灾符、八卦符、监乾符、雷电符、万毕符、八威五胜符、威喜符、巨胜符、采女符、玄精符、玉历符、北台符、阴阳大镇符、治百病符十卷、厌怪符十卷、壶公符二十卷、九台符九卷、六甲通灵符十卷、六阴行厨龙胎石室三金五木防终符合五百卷、军火召治符、玉斧符十卷,此皆大符也。其余小小,不可具记。

除了上述提到的这些符箓,《抱朴子内篇》特别重视的《三皇文》《五岳真形图》同样属于符图,它们最重要的功能是辟邪除妖。

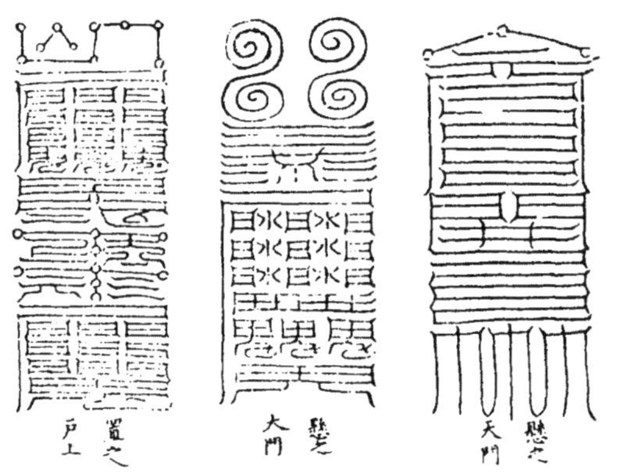

图 18 《太上洞渊神咒经》中所录的十六符①

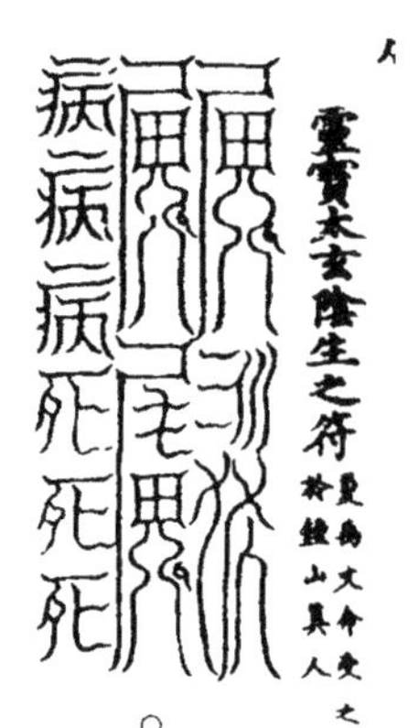

图 19 灵宝太玄阴生之符②

三、《三皇文》

《三皇文》据说来自黄帝,《抱朴子内篇·地真》说黄帝曾"东到青丘,过风山,见紫府先生,受三皇内文,以劾召诸神"。所谓三皇文,即天皇文、地皇文和人皇文,应该属于符文,其功能是卫家、护身、镇宅、相墓,兼可役使鬼神。由于其效用甚大,因而传授极为秘禁。《抱朴子内篇·杂应》说:

①《太上洞渊神咒经》卷四《杀鬼品》,《道藏》第 6 册,第 14 页上。

②《太上灵宝五符序》,《道藏》第 6 册,第 321 页下。

或以三皇天文，召司命司危五岳之君，阡陌亭长六丁之灵，皆使人见之，而对问以诸事，则吉凶昭然，若存诸掌，无远近幽深，咸可先知也。

家里藏有《三皇文》，就能够防止、抵御邪怪恶鬼、瘟疫之气和飞来横祸。假设有人遇到危难、病痛，即将死亡，如果是坚信道术的人，就把这些道书拿来让他握住，肯定不会死。那些因难产而断气的产妇握住这些道书，孩子就能顺利地出生。带着这些道书进山，能够避开虎狼山精，毒虫邪鬼也不敢近人。手握这些道书还可以渡过大江大海，能够逼退蛟龙，使风平浪静。学到这些道术，可以使之变化无穷。施工动土也不必考虑风水、选择日子，家庭肯定不会有灾难。如果想修建新房和坟墓，就可以抄写《地皇文》数十份，拿来铺在地面上，第二天去查看，沾染上黄色的地方，就可以破土动工，如此家庭必然富裕昌盛。其他人下葬时，抄录《人皇文》，再在纸里面写上自己的姓名，偷偷地放在别人的坟墓里，不要让别人知道，这样就没有飞来横祸和盗贼侵害；如果有人想谋害自己，害人者反而会受到伤害。另外，抄写这些道书时，要先洁身斋戒一百天，这样就可以召来天神、司命神，在太岁日那一天游览五岳四渎，社庙里的神灵都会现形为人的模样，可以向其询问吉凶安危，以及之所以遇到灾祸的缘由。还可以把其中的十八个字放在自己的衣服里，远渡江海，始终都不会有大风巨浪的忧患。

四、《五岳真形图》

《五岳真形图》实际上也是同一性质的经诀秘图，起初应是登山指南，为实用性的山岳等高线图、登山指引图，兼具护符的作用，可以护佑道士登涉山林，其后则能作为冥思真形的暗示用图。[1] 葛洪说：

又家有《五岳真形图》，能辟兵凶逆，人欲害之者，皆还反受其殃。道士时有得之者，若不能行仁义慈心，而不精不正，即祸至灭家，不可轻也。

① 参见 Schipper 著，M. スウシェ译：《五岳真形图的信仰》，《道教研究》第 2 册，东京昭森社 1976 年版。

《五岳真形图》主要是为道士登涉及游行各地之所需，当时采药、炼丹，甚至是修守一之术，均需入山——如五岳等名山，更需仰仗护符以卫身家。因五岳神君各领群神，只要有五岳图，一旦施用，神君从群官来迎，自能履险如夷。

今本《道藏》所存《五岳真形图》共有三种，一为《洞玄灵宝五岳古本真形图》，二为《五岳真形序论》，三为《云笈七签》卷七十九符图类所载的《五岳真形图》。据台湾学者的研究，其中古本所出最早。从《洞玄灵宝五岳古本真形图》来看，包含了"五岳山真形文"（图 20）和"五岳真形图"（图 21，共五图）两种类型。所谓"五岳山真形文"就是符，实际上是一种生造变异的文字合体。

图 20　五岳山真形文①

图 21　南岳衡山真形图②

五、《白泽图》

除《三皇文》《五岳真形图》，另外较为著名的符图是《白泽图》。《白泽图》托始于黄帝，为古谶纬书之一，其图像现在还保存于敦煌残卷（P2632·S6261）中。很多内容虽已散佚，但有部分散存于其他古书中。

所谓白泽是一种会说话的神兽。据《云笈七签》卷一百《轩辕本

① 录自《洞玄灵宝五岳古本真形图》，《道藏》第 6 册，第 737 页上。

② 同上注，第 738 页上。

纪》载：

> 帝巡狩东至海，登桓山，于海滨得白泽神兽，能言，达于万物之情。因问天下鬼神之事，自古精气为物、游魂为变者，凡万一千五百二十种，白泽言之，帝令以图写之，以示天下。帝乃作《祝邪之文》以祝之。①

从现存的《白泽图》内容来看，其主要是描述各种精怪之情状与名字，让人“知其名而呼之”，以御不祥，这显然属于姓名巫术。古人认为姓名代表本人，因此它与灵魂和生命是有紧密联系的，甚至也等同于自己的身体器官。掌握了对方的名字就意味着掌握了对方的灵魂和生命，所以称呼其名能够厌胜对方。具体而言，有三种称名方法能够厌胜神灵精怪。第一是呼唤比对方更强大的鬼神之名以厌之。第二是呼唤作怪的精灵名号以厌之。第三是呼唤主司之神名以厌之。《白泽图》的作用，就是从图像中熟知精灵神怪的形状、特征与名称，一见之后立加辨识，呼唤其真名，识破其原形，就可克治之。

六、辟五兵之道

所谓五兵，有多种说法，葛洪所说的五兵，大致上是刀、弓矢、箭、弩、戟。所谓辟五兵，也就是避免上述兵器的伤害。辟兵之法可以靠服食神丹。《抱朴子内篇·金丹》介绍九丹中第三之丹名曰神丹，“服一刀圭，百日仙也。以与六畜吞之，亦终不死。又能辟五兵”。另外，也可以在左手上佩戴肉芝：

> 肉芝者，谓万岁蟾蜍，头上有角，颔下有丹书八字再重，以五月五日日中时取之，阴干百日，以其左足画地，即为流水，带其左手于身，辟五兵，若敌人射己者，弓弩矢皆反还自向也。(《抱朴子内篇·仙药》)

但更重要的方法是靠符图，据《抱朴子内篇·杂应》记载：

> 或问辟五兵之道。抱朴子答曰：“吾闻吴大皇帝曾从介先生受

① (宋)张君房编，李永晟点校：《云笈七签》，中华书局2003年版，第2177页。

要道云,但知书北斗字及日月字,便不畏白刃。帝以试左右数十人,常为先登锋陷阵,皆终身不伤也。郑君云,但诵五兵名亦有验。刀名大房,虚星主之;弓名曲张,氐星主之;矢名彷徨,荧惑星主之;剑名失伤,角星主之;弩名远望,张星主之;戟名大将,参星主之也。临战时,常细祝之。或以五月五日作赤灵符,著心前。或丙午日日中时,作燕君龙虎三囊符。岁符岁易之,月符月易之,日符日易之。或佩西王母兵信之符,或佩荧惑朱雀之符,或佩南极铄金之符,或戴却刃之符,祝融之符。或傅玉札散,或浴禁葱汤,或取牡荆以作六阴神将符,符指敌人。或以月蚀时刻,三岁蟾蜍喉下有八字者血,以书所持之刀剑。或带武威符荧火丸。或交锋刃之际,乘魁履罡,呼四方之长,亦有明效。今世之人,亦有得禁辟五兵之道,往往有之。"

通过佩戴画有北斗与日月字样的符图,就能不畏白刃。李零根据葛洪的记载,认为马王堆汉墓中出土的帛画(见图22)并非如周世荣所命名的"神祇图",应称为"辟兵图"。上层左边图像为雷公,中间图像为

图22 马王堆出土的辟兵图(摹本)①

① 录自周世荣:《马王堆汉墓的"神祇图"帛画》,《考古》1990年第10期,第926页图一。图名据李零改。

太一，右边为雨师。中层有四位武弟子，右起第一位因为残泐不知执何兵器，第二位执剑，第三位未执兵器但穿护甲，第四位执戟。上首神人胯下和武弟子中间是一条黄首青身的龙。下层右边是持炉的黄龙，左边是奉瓮的青龙。李零认为此图的作用即为辟兵。太一代表了斗，三条龙代表了太一三星（又称天一），太一与三条龙组成了所谓“太一锋”，古人认为画有如上图案的符图能够辟兵。

同样，1960 年 5 月湖北荆门漳和车桥战国墓出土的“兵避太岁”戈上的图像也有相似的功能。

图 23 “兵避太岁”戈上的图像①

图中的太一与他胯下的两个蜥蜴状动物构成了“太一锋”，太一左脚踏月，右脚踏日。这正好符合葛洪所说的“书北斗字及日月字，便不畏白刃”。所以这两种图像都是古代辟兵的符图。② 正是葛洪看似荒诞的记载才使得我们对这两件文物的功用有了全新的理解。

七、称名巫术

葛洪在《抱朴子内篇·登涉》中介绍了诸多山中的奇特现象和精灵鬼怪的名称，说如果呼唤它们的名字，就能避灾趋吉。他说，山无论大小都有神灵，山大神就大，山小神就小，如果进山没有道术，就一定有祸患。万物中年纪大的，它们的精灵都能假托人的身形来迷惑人的眼睛，而且经常考验人，但不能在镜子中改变它们的真形。因此，古代道士入山，一定要拿一面直径九寸以上的镜子悬于背后，如此则老魅不敢近人。深山里山精的形状，像小孩而独足，走路朝着后面，喜欢侵犯人。

① 录自《入山与出塞》，文物出版社 2004 年版，封底图。

② 李零：《马王堆汉墓神祇图应属辟兵图》《湖北荆门“辟兵太岁戈”》，《入山与出塞》，文物出版社 2004 年版，第 203—217 页。

人们进入深山，如果夜间听到人的声音在大声说话，那它的名字叫“蚑”，知道了这名字并呼唤它，它就不敢来侵犯。它的另一个名字叫“热内”，也可以兼而呼唤。还有的山精，如鼓而赤色，同样是独足，名字叫“晖”。有的像人，身高九尺，穿着裘皮服，戴着竹笠帽，名字叫作“金累”。有的像龙，但五彩斑斓，红色的龙角，名字叫作“飞飞”。这些精怪如果能以名呼之，即不敢为害。山里有大树，有些是能说话的，并非树本身能说话，而是它的精灵名曰“云阳”，如果唤它的名字就吉利。在山里的夜晚，如果看见火光，那都是些长久干枯的树木所造成的，不足为奇。夜晚看见的胡人，都是铜铁的精灵，看见的秦地人，是百岁树木的精灵。对此都不要感到奇怪，它们并不会带来祸害。山水之间看见的小吏，名字叫“四徼”，唤它的姓名就吉利。山里看见的戴着冠和巾帻的大蛇，名叫“升卿”，呼唤它的姓名就吉利。山中出现的小吏，如果只听到声音却看不见形貌，不停地呼唤人，只要用白色石子投掷就能平息；另一种方法是用苇作为矛，拿来刺它就会吉利。山里看见鬼来呼唤人，不停地索要食物，用白色茅草投掷，它就会死。山里的鬼怪经常迷惑人，使他们迷失道路，用苇做的手杖投掷，它们就会死亡。山里的寅日，如果有自称“虞吏”的，那是老虎；自称“当路君”的，那是狼；自称“令长”的，那是老狸。卯日自称“丈人”的，那是兔子；自称“东王父”的，那是麋；自称“西王母”的，那是鹿。辰日自称“雨师”的，那是龙；自称“河伯”的，那是鱼；自称“无肠公子”的，那是螃蟹。巳日自称“寡人”的，那是社庙中的老蛇；自称“时君”的，那是乌龟。午日自称“三公”的，那是马；自称“仙人”的，那是老树。未日自称“主人”的，那是羊；自称“吏”的，那是獐子。申日自称“人君”的，那是猴；自称“九卿”的，那是猿。酉日自称“将军”的，那是老鸡；自称“捕贼”的，那是野鸡。戌日自称人的姓名字号的，那是狗；自称“成阳公”的，那是狐。亥日自称“神君”的，那是猪；自称“妇人”的，那是黄金白玉。子日自称“社君”的，那是老鼠；自称“神人”的，那是蝙蝠。丑日自称“书生”的，那是牛。只要知道那些生物或事物的名字，就不会被伤害。

八、咒语与辟疫法

咒语是一种口诀形式的文字，多有韵脚，朗朗上口。咒语分三类，第一类用于驱鬼、远妖、治病、诸神等，主要内容为祈求、愿望、命令等，是行法施术的手段之一。第二类用于摄炁、调神、运化（指内运化）等，主要内容是用干支五行代表五脏之炁与正经奇经等，通常与捻诀（类同佛家的手印）同用，是修炼的辅助手段之一。第三类是发音与发声，目的是调动内息与五脏之炁或推动内力诱发真原等。如佛教中的三种基本音、六字大明咒、狮子吼、智顗法师的六字诀与陶弘景的六字诀等，近似于老子所指的“非常名”之音。

在《抱朴子内篇·杂应》中，葛洪还详细介绍了通过存思想象的辟疫之法：仙人进入瘟疫流行区域的防御秘法，就是想象自己的身体变为五玉。所谓五玉，就是颜色随四季发生变化：春天为青色，夏天为红色，全年为黄色，秋天为白色，冬天为黑色。仙人还可以想象自己戴上了黄金制作的头巾，想象自己的心如同炽热的火焰，大小同斗一样，就不用畏惧瘟疫了。还有一种方法，就是想象自己的头发披散着覆盖了全身，每一根头发尖上都系挂着一颗大星星。还可以想象北斗七星，用魁星覆盖自己的头部，用罡星指向前方。还可以想象五脏元气从两只眼睛里发出来，如同云雾一般环绕着自己的身体，肝气是青色的，肺气是白色的，脾气是黄色的，肾气是黑色的，心气是红色的，五种颜色缤纷交错，这样就可以同得传染病的人同床而卧了。或者迈着禹步呼唤着值日的仙女，或者闭气想象一百二十位大力士手持千斤重的金锤来保护自己。

所谓存思想象，实际上是一种自我暗示的精神疗法。据葛洪说，使用射鬼丸、赤车使者丸、冠军丸、徐长卿散、玉函精粉、青牛道士薰身丸、崔文黄散、草玉酒、黄庭丸、皇符、老子领中符、赤须子桃花符等等，都有很好的效果。就现代医学的认知而言，这些药丸与符图相当于安慰剂，起到的也是自我暗示的心理作用。

除了辟疫法外，还有隐居山泽辟蛇蝮之道、涉江渡海辟蛟龙之道、入山林辟虎狼之道、登峻涉险远行不极之道等等，从这些记载中，我们可以了解两晋时期的民间巫术、医疗方法以及各种迷信与传闻。

第二节　神通变化——《抱朴子》记载的各种方术

葛洪生活的这个时代，无论在文献里，还是在口头传说中，都存在许多的神通变化之术。《抱朴子内篇·遐览》载：

> 其变化之术，大者唯有《墨子五行记》，本有五卷。昔刘君安未仙去时，钞取其要，以为一卷。其法用药用符，乃能令人飞行上下，隐沦无方，含笑即为妇人，蹙面即为老翁，踞地即为小儿，执杖即成林木，种物即生瓜果可食，画地为河，撮壤成山，坐致行厨，兴云起火，无所不作也。其次有《玉女隐微》一卷，亦化形为飞禽走兽，及金木玉石，兴云致雨方百里，雪亦如之，渡大水不用舟梁，分形为千人，因风高飞，出入无间，能吐气七色，坐见八极，及地下之物，放光万丈，冥室自明，亦大术也。然当步诸星数十，曲折难识，少能谱之。其《淮南鸿宝万毕》，皆无及此书者也。又有白虎七变法，取三月三日所杀白虎头皮，生餮血、虎血，紫绶，履组，流萍，以三月三日合种之。初生草似胡麻，有实，即取此实种之，一生辄一异。凡七种之，则用其实合之，亦可以移形易貌，飞沈在意，与《墨子》及《玉女隐微》略同，过此不足论也。

《抱朴子内篇·对俗》载：

> 若道术不可学得，则变易形貌，吞刀吐火，坐在立亡，兴云起雾，召致虫蛇，合聚鱼鳖，三十六石立化为水，消玉为粭，溃金为浆，入渊不沾，蹴刃不伤，幻化之事，九百有余，按而行之，无不皆效，何为独不肯信仙之可得乎！

从上文来看，九百余种神通变化之术中，绝大部分都是魔术，比如吞刀吐火、坐在立亡、蹴刃不伤等，就是至今还在表演的魔术。而召致虫蛇、合聚鱼鳖、三十六石立化为水、消玉为粭、溃金为浆等也是通过魔术手法完全能够制造出来的效果。[①] 除此之外，在《抱朴子》中还记载了

① 参见拙作：《西域幻术的流播以及对中土小说的影响》，《吐鲁番学研究》，上海古籍出版社2010年版。

一些重要的神通法术。

一、隐沦变化术

关于隐沦变化，葛洪对于它的功效与运用场合有过交代：

> 神道有五，坐在立亡其数焉。然无益于年命之事，但在人间无故而为此，则致诡怪之声，不足妄行也。可以备兵乱危急，不得已而用之，可以免难也。（《抱朴子内篇·杂应》）

因此，隐沦变化并不是长生之术，对延长寿命并无帮助，而且平时使用这一道术的话，会招来诡怪的名声，但可以在兵乱危急关头免难求急。

隐沦变化之术实际上包括了隐沦与变化两种方术。关于隐沦术，应该有很悠久的历史。《列女传》卷六《齐钟离春》载钟离春自荐于齐宣王，齐宣王问她有什么擅长的：

> （钟离春）良久曰："窃尝善隐。"宣王曰："隐固寡人之所愿也，试一行之。"言未卒，忽然不见。宣王大惊，立发隐书而读之，退而推之，又未能得。明日，又更召而问之，不以隐对，但扬目衔齿，举手拊膝，曰："殆哉殆哉！"如此者四。

可见战国年间就有隐身术的传闻。《后汉书·方术传》中记载："解奴辜、张貂者，亦不知是何郡国人也，皆能隐沦，出入不由门户。奴辜能变易物形，以诳幻人。"同书《张楷传》记载，张楷是一位精通《尚书》的儒师，有数百名门徒。但也修炼方术，能够施法变幻出蔓延五里的云雾，将自己的身形隐藏。当时关西有个人叫裴优，他能施法变出三里的云雾，自以为不如张楷，便想拜张楷为师。但是张楷看出裴优品行不良，实在对不起他的名字，便不想收他为徒。果然，裴优后来造雾隐身行窃被捉，官府审问他时，裴优竟然诬陷张楷，说自己的隐身术是张楷教的。官府没有彻查就将张楷也抓了起来，在牢狱中足足关了他两年。后来汉桓帝认为张楷被关了两年都不曾消失，可见他根本不会什么隐身术，便将他放了。《文选》卷十二郭璞《江赋》云："纳隐沦之列真，挺异人乎精魄。"注引《桓子新论》："天下神人五：一曰神仙，二曰隐沦，三曰使鬼物，四曰发知，五曰铸凝。”可见隐沦术由来有自，会隐沦之术的方士是仅次于神仙的高人。

葛洪相信隐沦术是靠服符、涂药达成。他从郑隐那儿听说，服“大隐符”十日，就能得隐身之术，“欲隐则左转，欲见则右回也”。也可以用药，将玉怡丸或者蛇足散涂在人身上，或怀离母草，或折青龙草，以伏六丁之下，入竹田之中。如此，就能够“坐在立亡”，并能上天入河，到达仙府水宫。

除了隐沦之外，还有变化之术：

> 或投巾解履、胆煎及儿衣符，子居蒙人，青液桂梗，六甲父母，僻侧之胶，驳马泥丸，木鬼之子，金商之艾，或可为小儿，或可为老翁，或可为鸟，或可为兽，或可为草，或可为木，或可为六畜，或依木成木，或依石成石，依水成水，依火成火，此所谓移形易貌，不能都隐者也。（《抱朴子内篇·杂应》）

上引文中有一些误字，使得这段文字不太好懂。大致来说，葛洪认为，变化之术也是依靠佩符与服药就能习得，只是其中的药名较为奇特。这是方士都会运用的技巧。如果开出的是寻常的、易于获取的药物，那这些奇方很快就会被验证不可行。因此，他们专门开列一些奇特的、不易获致的药物，那你做不到只能怪你找不到药物，不能怪方子不灵。

据《宋史·艺文志》神仙类著录：“葛洪《隐论杂诀》一卷。”“论”当为“沦”之误。此书不见于《隋书·经籍志》及新旧唐书的《经籍志》《艺文志》的著录，疑是后人托名。实际上，葛洪所记，均是承袭前人记载，葛洪从来没有亲身验证与实践过。

二、乘蹻飞行术

蹻的本义就是鞋子，方士相信穿上特殊的鞋子就能腾空飞行，对此他们有很执着的信念，更有许多丰富的想象。葛洪也不例外，有人问他登峻涉险、远行不极之道，葛洪回答说：

> 惟服食大药，则身轻力劲，劳而不疲矣。若初入山林，体未全

实者，宜以云珠粉、百华醴、玄子汤洗脚，及虎胆丸、朱明酒、天雄鹤脂丸、飞廉煎秋芒、车前、泽泻散，用之旬日，不但涉远不极，乃更令人行疾，可三倍于常也。若能乘蹻者，可以周流天下，不拘山河。（《抱朴子内篇·杂应》）

乘蹻飞行法一共有三种：第一种叫龙蹻，第二种叫虎蹻，第三种叫鹿卢蹻。有的人服食仙符、精思神灵，如果想飞行一千里，就用一个时辰的时间来精思，如果用昼夜十二个时辰来精思，就可以凭此在一天一夜内飞行一万二千里路。要想超过这个极限就应该再次精思，方法同前面的一样。有的人用枣心木制作飞行车，用牛皮穿结的宝剑来牵引飞行车的机关，有的人精思五条蛇、六条龙、三匹牛，由罡风吹送，然后坐在上面，向上升至四十里，那里就是太清天。太清天上，风力极其刚劲，能够承受得起人体的重量。鸢鸟飞上高空时，就只需要舒展着双翅，完全不用再扇动翅膀就能够自行前进，这是因为乘着强劲风力的缘故。龙开始时要飞升云层，当它上升至四十里的高空时，就可以自动飞行。另外，乘蹻飞行的人必须长期斋戒，断绝荤菜，不吃肉食，一年之内，才可以使用这三种乘蹻飞行法。服食符图、精思五龙蹻的人飞行得最远，其余的不过飞行一千里罢了。然而飞行的高低去留，都自有一套方法，不可随心所欲。如果不遵守这些规则，就会有从天上掉下来的危险。

《抱朴子内篇·遐览》中有《龙蹻经》《鹿卢蹻经》和《禹蹻符》。明正统《道藏》正一部有《上清太上开天龙蹻经》五卷等等，看来这是一种时人深信不疑的神术。但据现在的认知水平，所谓的乘蹻飞行，估计是一种幻觉、想象与表演，人模拟或象征性模拟飞行的姿态，然后幻想并声称自己到达了某个地点。

三、分身之术

在很多神仙传记中，记载了方士掌握的“分身之道”。《抱朴子内篇·地真》中也有相关记载：

左君及蓟子训、葛仙公所以能一日至数十处，及有客座上，有一主人与客语，门中又有一主人迎客，而水侧又有一主人投钓，宾不能别何者为真主人也。

我们对这种超自然的神技一直迷惑不解，不知道古代方士是如何达成这种效果的。据《抱朴子内篇·地真》记载，“守玄一”的一个附加功能是能够掌握分身之道：

守玄一，并思其身，分为三人，三人已见，又转益之，可至数十人，皆如己身，隐之显之，皆自有口诀，此所谓分形之道。左君及蓟子训葛仙公所以能一日至数十处，及有客座上，有一主人与客语，门中又有一主人迎客，而水侧又有一主人投钓，宾不能别何者为真主人也。师言守一兼修明镜，其镜道成则能分形为数十人，衣服面貌，皆如一也。

由此看来，分身之道似乎是明镜法术的衍生品。《上清明鉴要经·作明镜法经第一》载：

明镜之道，可以分形变化，以一为万。又能令人聪明，逆知方来之事。又能令人与天上诸神仙见。行其道得法，则天上诸神仙皆来至。道士自见自身，则长生不老，还成少童。[1]

《抱朴子内篇·地真》则说：

欲得通神，当金水分形，形分则自见其身中之三魂七魄，而天灵地祇，皆可接见；山川之神，皆可使役也。

所谓“分形变化”很有可能是借助镜子所造成的幻象。镜子是存思时最常用的配合法器。《抱朴子内篇·杂应》记载了所谓“明镜之法”：

或用明镜九寸以上自照，有所思存，七日七夕则见神仙，或男或女，或老或少，一示之后，心中自知千里之外，方来之事也。明镜或用一；或用二，谓之“日月镜”；或用四，谓之“四规镜”。“四规”者，照之时，前后左右各施一也。用四规所见来神甚多，或纵目，或乘龙驾虎，冠服彩色，不与世同，皆有经图。欲修其道，当先暗诵所

---

① 佚名：《上清明鉴要经》，《道藏》第28册，第418页下。

当致见诸神姓名位号，识其衣冠。不尔，则卒至而忘其神，或能惊惧，则害人也。为之，率欲得静漠幽间林麓之中，外形不经目，外声不入耳，其道必成也。三童九女节寿君，九首蛇躯百二十官，虽来勿得熟视也。或有问之者，或有呵怒之者，亦勿答也。或有侍从昧晔，力士甲卒，乘龙驾虎，箫鼓嘈嘈，勿举目与言也。

李丰楙说，其中所说的经图大概就是绘有仙真的图像，悬挂在静室中。图像在存思中具有强烈的暗示作用，使用日月镜、四规镜等明镜，有助于产生恍惚状态，进入幻觉，而产生见神的经验。类似集中精神的修习，"外形不经目，外声不入耳"，易产生萨满的迷幻经验，与民间训练童乩的道理相近。

在明镜、图像的配合下，通过存思造成各种幻觉，并将这种幻觉视为真实发生的事情，这是后世道教尤其是上清派非常重视的一种法术。《太平御览》卷七百一十七《服用部・镜》引《刘根别传》记载说："思形状可以长生，以九寸明镜照面，熟视之，令自识己身神，常令不忘，久则身神不散，疾患不入。"[①]《真诰》卷九载有许谧所录右英夫人诰语，其中有太上宫中歌，其云：

手把八云气，英明守二童。太真握明镜，鉴合四月锋。云仪拂高阙，开括泥丸宫。万响入百关，骄女坐玄房。愈行愈鲜盛，英灵自尔通。

在上清派提倡的存思法中，存思的仙真有所谓"明镜真君"，其形象是"口衔赤玉镜"。《登真隐诀》卷上《明堂》载："明堂中，左有明童真君，讳玄阳，字少君；右有明女真君，讳微阴，字少元；中有明镜真君，讳照精，字四明，此三君共治明堂宫。并著锦衣绿色，腰带四玉铃，口衔赤玉镜，镜铃并赤色。头如婴儿，形亦如之，对坐，俱向外，面或相向也。"[②]由此可见镜子在上清派法术传统中的重要性。

根据以上的记载，我们现在可以知道，《神仙传》中所描绘的种种仙

---

① (宋)李昉等编：《太平御览》，中华书局 1960 年版，第 3179 页上。

② (梁)陶弘景：《登真隐诀》卷上，《道藏》第 6 册，第 608 页下。

境，实际上都是在明镜与经像配合下，通过存思之后形成的幻觉。

四、坐致行厨术

所谓坐致行厨，就是使酒食饭茶凭空而致，是古代传说的一种变化术。《抱朴子内篇·遐览》载："变化之术，用药用符……坐致行厨。"其中记录了专门的《行厨经》《六阴行厨龙胎石室三金五木防终符》。葛洪在很多篇章中多次提及此一方术的操作方法：

> 欲致行厨，取黑丹和水，以涂左手，其所求如口所道皆自至，可致天下万物也。欲隐形及先知未然方来之事，及住年不老，服黄丹一刀圭，即便长生不老矣。及坐见千里之外，吉凶皆知，如在目前也。人生宿命，盛衰寿夭，富贵贫贱，皆知之也，其法俱在《太清经》中卷耳。
>
> 又《羡门子丹法》，以酒和丹一斤，用酒三升和，曝之四十日，服之一日，则三虫百病立下；服之三年，仙道乃成，必有玉女二人来侍之，可役使致行厨。(《金丹》)
>
> 抱朴子曰：《神农四经》曰，上药令人身安命延，升为天神，遨游上下，使役万灵，体生毛羽，行厨立至。(《仙药》)
>
> 雄黄当得武都山所出者……服之皆令人长生，百病除，三尸下，瘢痕灭，白发黑，堕齿生，千日则玉女来侍，可得役使，以致行厨。
>
> 又真珠径一寸以上可服，服之可以长久……或以云母水，或以王水合服之……一年六甲行厨至也。(《仙药》)
>
> 《务成子法》……以兔血涂一丸，置六阴之地，行厨玉女立至，可供六七十人也。(《黄白》)

实际上，这是一种魔术。中国古彩戏法中，有一个传统节目叫"一席全飞"，又叫"一桌一瓮"，就是魔术师能变出来一桌菜、一瓮酒。其门子是将一席酒食全藏在身上，并通过事先设计好的道具展示给观众。[①]现在看来，所谓坐致行厨，应该是事先准备好，并有助手配合的一种魔术。

---

① 详细揭密可见杨小毛、葛修瀚译编：《中国古典魔术》，江苏文艺出版社1990年版，第140—141页。

这些所谓厌劾避兵、神通变化之术乍一看很容易证伪，你会感慨像葛洪这样学识渊博之人居然如此轻信。但实际上，这些符箓方术都设置了一些难以达成的前提条件，比如辟兵需要左手持万岁蟾蜍，“头上有角，颔下有丹书八字再重，以五月五日日中时取之”。所谓“八字再重”，就是两个“八”字重叠的形状。或者“以月蚀时刻，三岁蟾蜍喉下有八字者血，以书所持之刀剑”。[①] 变化之术需“取三月三日所杀白虎头皮，生驼血、虎血，紫绶，履组，流萍，以三月三日合种之”。乘蹻飞行则需要服食“虎胆丸、朱明酒、天雄鹤脂丸、飞廉煎秋芒”等不明所以的药物。这些条件显然是不可能满足的，这也就令一般人难以怀疑这些方术是否真实有效。

① “三岁蟾蜍”，慎懋官校本和宝颜堂秘笈本均作“三千岁蟾蜍”，更符合方术设计者的本意。

第十章　儒法兼综
——葛洪的政法礼教思想

东汉中期以后，政治败坏的现象越来越严重，社会一天比一天黑暗，而当时的国家意识形态——经学——囿于其自身的学术体系，采用的都是学究式的研究方法，沉溺于烦琐的文字训诂和分歧的义理阐发，对当时社会政治中的重大问题，比如外戚专政、宦官掌权、卖官鬻爵等，不能提出任何解决方案。而以皇帝为首的统治阶级本身背离经学所宣传的原则，制造很多问题，使经学处在不能自圆其说的境地。经学的说教变成了空文，对当时社会政治的混乱局面起不到应有的调节作用，无法承负起批判社会现实、提供改革思想的作用，人们对它的崇信开始减弱。从白虎观会议以后，神学经学盛极而衰，走向没落。这时候，统治阶级内部的一些忠义之士，如左雄、崔寔、仲长统、王符、荀悦、徐幹等人，都不属于经学系统的学者。王符、仲长统、荀悦都是长期居乡，属于在野知识分子；左雄一直在监察系统工作，官至冀州刺史；崔寔担任过五原太守。他们不是拘泥于经典的迂腐学究，对社会实际了解较多，有较为丰富的社会经验。他们继承了两汉以来的唯物主义传统，基于维护社会秩序与纲常名教的立场，自发地对各种现实问题提出尖锐的批判，并提出了具体的解决措施，形成了东汉末年兴盛一时的思潮——社会批判思潮。

葛洪的身份与王符、仲长统类似，他无疑继承了东汉以来的社会批判传统，对当时严重的社会政治问题提出了自己的看法与主张，涉及政治、礼仪、法律、教育等方方面面，因为时代变迁、地缘政治的传统以及他个人所受的教育，葛洪提出的主张与东汉的批判学者有同有异。葛洪青少年时代主要是通过自学掌握知识，不似经生有所谓的师法与家法，他博览广收，接受的是多家思想的影响，他的导师郑隐就是一位儒道兼综的学者；而东吴时代的治国方略中有浓厚的法家因素。所以，葛洪的政法礼教思想虽是以儒家为主，但也吸收了法家、道家等思想，尤其是有比较明显的法家思想。

另外，西晋时期与东汉时期面对的政治社会问题与思潮也有所不同，比如在君主制度这一问题上，葛洪的主张与仲长统就略有差异，因为葛洪要面对的是无君论思潮的兴起。

第一节　君权至上——葛洪的君臣观

一、君权天成

无君论在中国有悠久的传统。庄子后学中有一派持激进的无君论思想，他们的观点主要表现在《骈拇》《马蹄》《胠箧》《在宥》《让王》《盗跖》《渔父》这七篇文章中。他们强烈批判君主专制，事实上，他们反对一切人为统治。正始以后，老庄之学开始流行，竹林七贤中的大部分都善老庄，尤其善庄学。其中阮籍接受了庄子后学的无君论思想，他在《大人先生传》一文中对君主制度进行了尖锐的批判。他说，“君立而虐兴，臣设而贼生。坐制礼法，束缚下民。欺愚诳拙，藏智自神。强者睽眂而凌暴，弱者憔悴而事人。假廉而成贪，内险而外仁，罪至不悔过，幸遇则自矜”。君主通过剥削人民满足一己的欲望，“竭天地万物之至以奉声色无穷之欲，此非所以养百姓也”。君主制度是各种灾难的源头，解决的方法就是取消君主：“盖无君而庶物定，无臣而万事理……夫无贵则贱者不怨，无富则贫者不争，各足于身而无所求也。”[①]阮籍活跃于正始年间，此时司马氏掌政，但并非君主，无君论反而有利于君位易主，因此他这种尖锐的反君言论并没有招致掌权者的迫害，反而备受司马

① 陈伯君校注：《阮籍集校注》，中华书局 1987 年版，第 170 页。

昭敬重。

大约六十年之后，约略与葛洪同时的一位学者，名叫鲍敬言，他喜好老庄思想，再次提出了无君论的主张。葛洪与他互通书信，往复论难，在这些论难中，葛洪阐述了他的政治主张。

在古人看来，自然之道是宇宙万物的规律与本质，要证明一项制度、一个事物是否合理，就要看它是否是"自然"的一部分，或者是否符合自然之道，因此对事物进行自然论的论证就是本体论的证明，也是终极证明。鲍敬言对君主制的否定分自然和历史两个方面，从自然之道而言：

> 夫混茫以无名为贵，群生以得意为欢。故削桂刻漆，非木之愿；拔鹖裂翠，非鸟所欲；促辔衔镳，非马之性；荷轭运重，非牛之乐。诈巧之萌，任力违真。伐生之根以饰无用，捕飞禽以供华玩。穿本完之鼻，绊天放之脚，盖非万物并生之意。夫役彼黎烝，养此在官，贵者禄厚，而民亦困矣。(《抱朴子外篇·诘鲍》)

天地混茫之时以不可名状为贵，众生以随顺心意为欢。剥下桂皮割取漆汁不是树木所愿意的，拔取鹖鸟的尾羽、摘采翠鸟的羽毛不是鸟类想要的；勒紧缰绳、戴上嚼子，不是马的本性；套上车辆拉取重物，并非牛的快乐。奸诈巧伪就是萌生于任用强力违背真性。砍断树根去装饰无用的东西，捕捉飞鸟提供奢华的玩物，为牛穿鼻，帮马蹄打掌，这都不是万物并生的本意。役使众多百姓，供养百官，贵者俸禄多了，百姓也就变得贫困了。也就是说，君主制不符合自然之道。鲍敬言这里通篇以自然比附，从而完成自然论的证明。

接下去，鲍敬言从历史的角度展开对君主制的否定。魏明帝时，栈潜上疏说："天生烝民，而树之君，所以覆焘群生，熙育兆庶。"[①]意思是自有百姓，便有君主，君主是上天安排以照拂养育人民的。栈潜此人默默无名，但他的这句话却是当时儒者的共识。鲍敬言对此完全否认：

---

① (晋)陈寿著，(刘宋)裴松之注：《三国志》卷二五《魏书·高堂隆传·附栈潜传》，中华书局1982年版，第718页。

曩古之世，无君无臣，穿井而饮，耕田而食，日出而作，日入而息。泛然不系，恢尔自得，不竞不营，无荣无辱。山无蹊径，泽无舟梁。川谷不通，则不相并兼；士众不聚，则不相攻伐。是高巢不探，深渊不漉，凤鸾栖息于庭宇，龙鳞群游于园池，饥虎可履，虺蛇可执，涉泽而鸥鸟不飞，入林而狐兔不惊，势利不萌，祸乱不作。干戈不用，城池不设。万物玄同，相忘于道。疫厉不流，民获考终。纯白在胸，机心不生。含餔而熙，鼓腹而游。其言不华，其行不饰。安得聚敛以夺民财，安得严刑以为坑阱？（《抱朴子外篇·诘鲍》）

鲍敬言与老庄一样，持一种退化的历史观。在退化的历史观背后有一个人性论的前提，即人的天性是“不竞不营，无荣无辱”的，是“纯白在胸，机心不生”的。因此，原始的没有智谋的社会是祥和安逸的，是势利不萌、祸乱不作的。到了衰败的后世，人们开始使用智谋，于是产生了奸诈；道德衰落，人们安排了等级秩序，于是产生了烦琐的礼仪制度，产生了绂冕玄黄各类服饰，建起高入云霄的宫殿，筑成华丽的楼阁。然后人的贪欲是无穷无尽的。“聚玉如林，不足以极其变；积金成山，不足以赡其费。”人们放纵于荒淫无道的生活方式，完全背离了大道。“见可欲，则真正之心乱；势利陈，则劫夺之途开。”然后一发不可收，“造剡锐之器，长侵割之患。弩恐不劲，甲恐不坚，矛恐不利，盾恐不厚”（《抱朴子外篇·诘鲍》），开始了无穷无尽的穷兵黩武。如果当初就不使用暴力，这些都不会出现。所以，人为的道德与秩序才是荒淫与暴力的开端。

而君主的出现，给百姓带来了无穷的苦难。在鲍敬言看来，君主社会的典型代表就是桀纣时代，那时候，君主“辜谏者，脯诸侯，菹方伯，剖人心，破人胫”，干尽了坏事。因此，君主制度是万恶之源。君主不除，则“人主忧栗于庙堂之上，百姓煎扰乎困苦之中”，君无安时，民无宁日。即便用礼度防闲，以刑罚整饬，“是犹辟滔天之源，激不测之流，塞之于撮壤，障之于指掌”，完全无济于事。

对此，葛洪也从宇宙论、历史观与人性论三个方面对于鲍敬言的论述作出了反驳。首先，从宇宙来看，自天地开，清浊分，乾坤定位，上下相形，就有了天尊地卑的格局，万物也就有了相应的秩序：“盖闻冲昧既开,降浊升清,育隆仰焘,旁泊俯停。乾坤定位,上下以形。”(《抱朴子外篇·诘鲍》)而人伦之体是效仿天地而设的,所以,等级秩序是与宇宙而并生的:“远取诸物,则天尊地卑,以著人伦之体;近取诸身,则元首股肱,以表君臣之序。降杀之轨,有自来矣。”(《抱朴子外篇·诘鲍》)这是为君主制的等级秩序所作的形而上的,也就是宇宙论的论证。天尊地卑、万物有等就是自然之性。没有尊卑与礼仪的原始时代,就像是没有日月星辰的混沌状态,而“良匠宰世,设官分职”的秩序社会,就如同玄黄剖判、七曜垂象的宇宙世界一样,是先天的、合理的存在。

基于对人性的不同认识,葛洪叙述的历史发展过程与鲍敬言完全相反。在葛洪看来,人的天性并非“不竞不营”的,人生而具有欲望,天生就有自利之心、贼杀之意:“夫有欲之心,萌于受气之初;厚己之情,著于成形之日。贼杀并兼,起于自然。”“依食之情,苟在其心,则所争岂必金玉?所竞岂必荣位?橡蔌可以生斗讼,藜藿足用致侵夺。”因此。远古时代的风气并不如鲍敬言所说的那样质朴。确实,那时候“民尚童蒙,机心不动。譬如婴孩,智慧未萌”。但那时照样会为了草莱之利而相争,为巢窟之地而相讼。如果上无处理冤枉的官员,下有偏袒同类的团伙,则私斗过于公战,木石锐于干戈,交尸布野,流血绛路。长久如此,生灵就将灭绝。

后来,受命于天的圣人出现了。他结罟捕鱼,观星定时,钻燧取火,尝草选粒,造屋蔽雨,百姓欣戴,奉而尊之,君臣之道,于是乎生。有了等级分明的制度,世界才开始建立秩序。所以,尊卑秩序、君臣之道同样是一个自然形成的过程。

另外,原始社会的生活并不如鲍敬言所说的那样美好,“古者生无栋宇,死无殡葬,川无舟楫之器,陆无车马之用。吞啖毒烈,以至陨毙。疾无医术,枉死无限”。而有了君臣制度与礼仪约束之后,也并非如鲍敬言所说的那样不堪,有许多是公正而清明的时代,比如三皇五帝相继兴起的时代。那时候,道德高尚刑罚公正,天下太平人民安定,凤凰、麒麟、神龟、驺虞、黄龙、景星、河图、洛书等祥瑞物象接连出现,凶器戢藏于武库,教化之风吹遍九州。由此可见礼制君民才能安宁,乐作刑罚才会搁置。我们仰赖于圣人建立的制度才有现在的生活,如果让人民回到原始社会，不会有任何人愿意：

> 今使子居则反巢穴之陋，死则捐之中野；限水则泳之游之，山行则徒步负戴；弃鼎铉而为生臊之食，废针石而任自然之病；裸以为饰，不用衣裳；逢女为偶，不假行媒。吾子亦将曰不可也。况于无君乎！（《抱朴子外篇·诘鲍》，下同）

所以现代社会远胜于古代的蒙昧世界。显然，葛洪所持的是进化的历史观念。

对于葛洪的反驳，鲍敬言进一步提出了质疑。在这一次回应中，鲍敬言首先针对的是葛洪为君主等级制度所作的宇宙论证明。他认为宇宙万物的位置确立是顺其本性、自然而然的结果，万物各附所安，并没有尊卑的差别。“夫天地之位，二气范物。乐阳则云飞，好阴则川处。承柔刚以率性，随四、八而化生。各附所安，本无尊卑也。”天地各居其位，阴阳铸就万物。喜欢阳的就在云间飞翔；偏好阴的就在河川畅游。顺应自己或柔或刚的体性，随着四季八节而化生。但是，君臣关系则不一样：“君臣既立，而变化遂滋。夫獭多则鱼扰，鹰众则鸟散。有司设则百姓困，奉上厚则下民贫。”社会分工的结果导致阶级分化，进而导致强烈的不平等。统治者聚敛成堆的珍宝，建造装饰各种宫观台榭，食则面前摆满一丈见方的美味，衣则饰有龙形的绫罗绸缎，“采难得之宝，贵奇怪之物，造无益之器，恣不已之欲”，然而，“非鬼非神，财力安出哉”？只能从百姓身上聚敛。奉上厚则下民贫，内聚旷女的结果，就是外多鳏男：

> 谷帛积，则民有饥寒之俭；百官备，则坐靡供奉之费。宿卫有徒食之众，百姓养游手之人，民乏衣食，自给已剧，况加赋敛，重以苦役，下不堪命，且冻且饥，冒法斯滥，于是乎在。

百姓“冒法斯滥”的结果就是统治阶级更加戒惧：

> 王者忧劳于上，台鼎颦顑于下，临深履薄，惧祸之及。恐智勇之不用，故厚爵重禄以诱之；恐奸衅之不虞，故严城深池以备之。

然而，这是恶性循环。俸禄丰厚了就会使百姓饥寒而大臣骄横，城墙坚厚则使得赋役深重而攻城的手段变得更加巧妙,社会矛盾会越来越激烈。所以鲍敬言提出的解决方案是废止君主制度,取消官员阶层,如此,百姓身无在公之役,家无输调之费;普通百姓无疆土可贪,无城郭可利,无金宝可欲,无权柄可竞,需要争夺的利益变少变轻,争斗的数量与规模也会变少变小。

遗憾的是,葛洪对鲍敬言上述观点的驳斥,因为有脱文,我们无法详知,剩下的一段是如此反驳的:

> 岂可以事之有过,而都绝之乎?若令唐、虞在上,稷、离赞事,卑宫薄赋,使民以时,崇节俭之清风,肃玉食之明禁;质素简约者,贵而显之,乱化侵民者,黜而戮之,则颂声作而黎庶安矣。何必虑火灾而坏屋室,畏风波而填大川乎?

据此推测,葛洪应该不会否认鲍敬言所说的社会现象的存在,只不过,他与鲍敬言的解决之道不同。他认为,富者荒淫无度、穷者既冻且饥的社会不公现象不是君主制度本身造成的,而是没有好的君臣来执行实施。只要君如唐虞,臣似稷离,再采用正确适当的政策,是完全能够避免鲍敬言所说的那些现象的。

二、贤君之道

君主的绝对权威是自然形成的社会现象,不容质疑。但正如同天有天道一样,君主也有做君主的原则与方法。如何成为一个好的君主?首先就是要纳贤。“招贤用才者,人主之要务也。”(《抱朴子外篇·贵贤》)“众力并,则万钧不足举;群智用,则庶绩不足康也。”(《抱朴子外篇·务正》)百足之虫,死而不僵;贤人众多,乱而不亡。

> 华、霍所以能崇极天之峻者,由乎其下之厚也。唐、虞所以能臻巍巍之功者,实赖股肱之良也……故圣君莫不根心招贤,以举才为首务……劳于求人,逸于用能,上自槐棘,降逮皂隶,论道经国,莫不任职。恭己无为,而治平刑措;而化洽无外,万邦咸宁。(《抱朴子外篇·审举》)

圣明的君主无一不是出自内心地去招纳贤人,把举荐人才当作首要任务。君主的职责就是荐拔被阻滞的贤者，提举被遗漏的隐逸，将他们放在合适的位置，使其发挥才智，做到“职尽其才，禄称其功”(《抱朴子外篇·贵贤》)。令人担心的是君主生乎深宫之中，长于妇人之手，不识稼穑之艰难，不知忧惧之何理。虽然继承了帝王之位，却根本不知道国家兴衰的道理。平时流连忘返于游宴田猎、淫声艳色之中，把所有精力都用在享乐上，而不是用在拔擢人才上，火起乃穿井，觉饥而占田，祸到临头才想起用人，这怎么能治理国家呢？

在《抱朴子外篇·任能》中，葛洪主要讨论是否应该任用能力出众、贤于君主的人才。当时有人主张：“尾大于身者，不可掉；臣贤于君者，不可任。故口不容而强吞之者，必哽；才非匹而安仗之者，见轻。”葛洪直截了当地指出，此乃“诡言”。他列举了一系列史实：春秋时，楚国丞相子荆任用二十五老，使百姓惠康；孔子的弟子宓子贱治理单父，任用的都是胜过自己的人；齐桓公把国政委托给管仲，成为霸主；鲁国任用季子二十多年，内无恶政；刘邦智谋不如张良、陈平，治兵不如韩信、黥布，他兼用这两种人才，克成帝业。“夫劲弩难彀，而可以摧坚逮远；大舟难乘，而可以致重济深；猛将难御，而可以折冲拓境；高贤难临，而可以攸叙彝伦。”(《抱朴子外篇·任能》)真正的人才虽然难以驾驭，却能创造出不凡的功业。鲁哀公是庸主，孔子是上圣；齐景公是下才，晏婴是大贤。但他们都能尽节竭诚，因为有君臣观念与制度做保障，臣下怎么可能“与其君校智力之多少，计局量之优劣”呢？

对于能力高于自己的人才，君主不但必须任用，而且应该加以敬重。在《抱朴子外篇·钦士》中，葛洪反复强调君主应该礼遇贤臣。他同样通过一系列的历史事实来加以说明。由余在戎，秦穆公为此忧虑；楚国杀得臣，晋文公因此高兴；乐毅离开燕国，燕国就衰败；文种、范蠡在越国，越国就称霸。这一切都说明，杰出的人才对国家极其重要，君主有必要以最谦恭的礼节、最丰厚的赏赐来吸引人才。

除了重用贤人、尊敬贤者、任用比自己更高明的能人，君主还应该注意“接疏”，即任用与自己关系疏远、不熟悉的人才。葛洪通过历史上一些著名大臣，如姜太公、宁戚、毛遂、陈平、韩信等人的事例，说明杰出的人才往往不是君主所熟悉的身边之人，也并不总处于社会高层。如果君臣遇合,只需极短的时间,就能契若金兰;能力超群而君主又深为赏识,则不待历试,相知之情就非常深厚。明君在选拔人才时要举大略细,不忌妒、不苛求,而不可"称薪而爨,数粒乃炊"。也就是说,对人才不要斤斤计较,吹毛求疵。

吸引贤才之后,要用好贤才。《抱朴子外篇·务正》的意思是努力做正确的事务。而所谓正确的事务,就是指君主不仅要善于纳贤,还要善于用贤。人才各有所长,也各有所短,"剑戟不长于缝缉,锥钻不可以击断,牛马不能吠守,鸡犬不任驾乘。役其所长,则事无废功;避其所短,则世无弃材矣"(《抱朴子外篇·务正》)。如果上自三公九卿、下至奴隶仆役都能尽心尽职,做君主的清静无为,就能治平刑措,化行天下,万邦咸宁。

君主的另一项职掌是理官,即管理官员。在君臣关系中,君主处于主导地位。如果拿大车来做比喻,君主是御车者,大臣百官就是马匹。骏马能够撒开蹄子奔跑,那是因为造父在驾车;禹和后稷能使众多政务井井有条,那是由于遇到了尧舜那样的君主。

君主最重要的工作当然是爱护百姓,收揽民心,赢得百姓的支持。因为"金城汤池,未若人和。守在海外,匪山河也",所以取得百姓的支持尤为重要。君主应该"悦近以怀远,修文以招携。阜百姓之财粟,阐进德之广涂……民之饥寒,则哀彼责此;百姓有罪,则谓之在予"。并且要做到"哀敬折狱……匿瑕藏疾,五教在宽"。如此,才能"使附德者,若潜萌之悦甘雨;见归者,犹行潦之赴大川。黎民安之,若绿叶之缀修柯;左衽仰之,若众星之系北辰",得到全体民众的拥戴。

葛洪针对君主的个人品行也发表了不少看法,葛洪认为,君王必须修德。这个德,首先是具有无私公正的胸怀,这也是用好人才、治理好官员的前提。"君人者,必修诸己以先四海,去偏党以平王道,遣私情以标至公,拟宇宙以笼万殊。"(《抱朴子外篇·君道》)君主应该修养自己,成为四海之内的榜样,去除偏私以实行王道,抛开私心标举最大的公平,如同天地宇宙一样爱护万物。君臣相处,君主首先要做到心胸开阔。君主就好像是容器,臣下就是容器里的物件,君主越是心胸开阔,就越能容纳各种人才。除了任用关系亲近之人,还要任用贤明之人。

有的君主却会因为自己特殊的爱好而无法识别有价值的事物，就像儿童会抛开千金而追逐蝴蝶、越地人会舍弃八珍而以青蛙为美味。如果只坚持自己私人的价值观，那无论是物还是人，都会虽珍而不贵。尤其在施政执法的时候，要做到明辨公正，严格按照法令制度行事："发号吐令，则輷若震霆之激响，而不为邪辩改其正。画法创制，则炳若七曜之丽天，而不以爱恶曲其情……怒不越法以加虐，喜不踰宪以厚遗。割情于所爱，而有犯者无赦；采善于所憎，而有劳者不遗。"只有不顾私情依法处事，才能治理好国家。

其次是虚己纳言。君主要像天一样辽阔，如地一样广载，"虚己以尽下情，推功以劝将来……虽能独断，必博纳乎刍荛；虽务含弘，必清耳于浸润"(《抱朴子外篇·君道》)。尽可能兼听博纳，吸收各种有益的意见与建议。

第三是戒慎恐惧，居安思危。"是以贤君抱惧不足，而改过恐有余。谋当计得，犹思危而弗休焉；战胜地广，犹戒盈而夕惕焉。""聆管弦之宴羡，则戚逸乐之有过；瞻藻丽之采粲，则虑赋敛之惨烈。"要做到临深履冰，"居安不忘乘奔之戒，处存不废虑亡之惧"(《抱朴子外篇·君道》)。

第四是生活要俭朴。君主要"遵放勋之粗裘，准卫文之大帛；追有夏之卑宫，识露台之不果；鉴章华之召灾，悟阿房之速祸"(《抱朴子外篇·君道》)。要学习尧帝、卫文公，穿粗布衣服，像夏禹、汉文帝那样不建宫殿露台，始终过着俭朴的生活。楚灵王建章华台招来了灾难，阿房宫迅速为秦朝带来了祸患，类似的教训，应该时刻记取。

葛洪在正面阐述为君之道后，又从反面着笔，列举了那些昏惑之君的所作所为，他们朱紫混淆，正邪不分，任人唯亲，赏罚不明，不览经典，不听谏言，聚敛财富，沉溺声色，如此等等。最后作者告诫君主："是以小善虽无大益，而不可不为；细恶虽无近祸，而不可不去也。"

尽管葛洪对君主提了不少要求与建议，但并无自得之见。他的身份离君主非常遥远，对君主的生活与做决定的方式并无实际的了解，只能是根据前人论述老生常谈、泛泛而论，自然不会有什么影响。

三、良臣之规

君臣之间虽有尊卑的差异，但彼此实为一体，相互依赖，谁也无法离开谁。即便是尧舜这样的君主，依然需要列国诸侯、股肱大臣来辅佐光大。在葛洪看来，做大臣的第一要求是忠诚，这可能是东汉以来思想家的一致看法。《潜夫论》有《忠贵》《明忠》这样的专篇论述。而忠诚最起码的要求就是不能废黜君主。葛洪在《抱朴子外篇·良规》中针对辕固生为代表的、主张汤武革命的儒生，反复强调废黜君主的危害。

做大臣的不能废黜明君，这不言而喻，但暴君是否应该废黜，对此就有不同的看法。纣王是著名的暴君，周武王出兵讨伐的时候，伯夷、叔齐就曾扣马而谏。质问道："父死不葬，爰及干戈，可谓孝乎？以臣弑君，可谓仁乎？"(《史记·伯夷列传》)认为这是"以暴易暴"，竟不食周粟而死。但在《易·革·彖辞》中则认为商汤放桀、武王伐纣是革命，其云："汤武革命，顺乎天而应乎人。"孟子则进一步指出，汤武是诛杀独夫而非弑君：

> 齐宣王问曰："汤放桀，武王伐纣，有诸？"孟子对曰："于传有之。"曰："臣弑其君，可乎？"曰："贼仁者谓之'贼'，贼义者谓之'残'，残贼之人谓之'一夫'。闻诛一夫纣矣，未闻弑君也。"(《孟子·梁惠王下》)

在孟子看来，诛杀暴君是合情合理的行为。尽管孟子与荀子在很多问题上看法不同，但在这个议题上，意见却非常接近。荀子的论述甚至比孟子更系统。荀子说：

> 汤武非取天下也，修其道，行其义，兴天下之同利，除天下之同害，而天下归之也。桀纣非去天下也，反禹汤之德，乱礼义之分，禽兽之行，积其凶，全其恶，而天下去之也。天下归之之谓王，天下去之之谓亡。故桀纣无天下，汤武不弑君，由此效之也。汤武者，民之父母也；桀纣者，民之怨贼也。(《荀子·正论》)

孟荀都主张，成为君主是有条件的，那就是要修道行义，天下归之。如果贼仁害义，那就丧失了做君主的资格，是谓"独夫"；而"独夫"人人

得而诛之。这就对君主提出了道德上的要求。到了汉代,也发生过类似的争论。文帝时,贾谊《新书·立后义》有言:

殷汤放桀,武王伐纣,此天下之所同闻也。为人臣而放其君,为人下而弑其上,天下之至逆也;而所以有天下者,以为天下开利除害,以义继之也。故声名称于天下而传于后世,隐其恶而扬其德美,立其功烈而传之久远。①

贾谊对汤武革命之看法是较为典型的"逆取顺守",承认汤武以臣放君、以下弑上,是"天下之至逆";又表彰汤武为天下开利除害,立功烈于后世。景帝时,黄生与辕固生就在景帝御前爆发了一次辩论。据《史记·儒林列传》记载:

清河王太傅辕固生者,齐人也。以治《诗》,孝景时为博士。与黄生争论景帝前。黄生曰:"汤武非受命,乃弑也。"辕固生曰:"不然。夫桀纣虐乱,天下之心皆归汤武,汤武与天下之心而诛桀纣,桀纣之民不为之使而归汤武,汤武不得已而立,非受命为何?"黄生曰:"冠虽敝,必加于首;履虽新,必关于足。何者?上下之分也。今桀纣虽失道,然君上也;汤武虽圣,臣下也。夫主有失行,臣下不能正言匡过以尊天子,反因过而诛之,代立践南面,非弑而何也?"辕固生曰:"必若所云,是高帝代秦即天子之位,非邪?"于是景帝曰:"食肉不食马肝,不为不知味。言学者无言汤武受命,不为愚。"遂罢。是后学者莫敢明受命放杀者。

黄生是道家学者,却特别强调君臣上下之分,强调汤武以下犯上的悖逆,而辕固生作为儒家学者,则竭力主张汤武顺天下之心,所以是承受天命。这次争论把景帝置于两难之地:如果赞成辕固生的意见,就等于承认臣民的反叛行为是合理的,这就为可能发生的反对汉王朝的行为作了合理性论证;如果赞成黄生的意见,等于否定了刘邦的亡秦行为,汉王朝的存在同样失去了合理性。于是景帝把汤、武革命这一敏感问题比作有毒的马肝,要求大家放置在一边,拒绝讨论。

① 贾谊著,阎振益、钟夏校注:《新书校注》,中华书局 2000 年版,第 409 页。

葛洪明确反对一切废黜君主的行为。他说："夫君，天也，父也。君而可废，则天亦可改，父亦可易也。"(《抱朴子外篇·良规》)他用上天的不可改变、父亲的不可替换来证明君主地位的神圣不可动摇。这是诉诸自然的逻辑。

葛洪接下去诉诸权威，说："方策所载，莫不尊君卑臣，强干弱枝。春秋之义，天不可雠。大圣著经，资父事君。"经典上强调的，都是尊君卑臣，强干弱枝；《春秋》的大义，就是不能仇恨上天。孔子著书，就是要人民奉养父亲、服侍君主。

而从历史事实上来看，大臣废黜君主都带来了严重的后果。商朝时，伊尹贬黜了太甲；西汉时，霍光废掉了昌邑王；三国期间，孙綝迫使吴少帝退位。这些废黜了君主的重臣都有身死家亡的后果。伊尹最终被杀，大雾下了三天；霍光灾祸几乎及身，死后不久全家覆灭；孙綝不长的时间就身首异处。这些教训，理当为后来的君子吸取。

历史上的废黜君主行为，貌似符合小道理，却违背大道理，不能够助长。更何况，废主另立，指望后主能够宠信你，这个思路是很荒谬的。这就像儿子将亲生父母抛弃在山谷而取他人孝养，还说，我能做到伯瑜、曾参那样的孝顺，但我的父母不适合奉养，所以抛弃。这样的人即使每天奉献三牲、昏定晨省，又怎能被信任呢？

因此，无论是根据自然逻辑、依托权威，还是按照历史事实，都能说明：君尊臣卑是社会基本伦理，绝不能违背；废黜君主的行为绝不应该发生。

在葛洪看来，历史上很多废黜君主的行为并不是君主真正有什么暴行，往往是出自大臣的私心。有的人辅佐储君，利用职权独断专行，罪过大，作恶多，害怕日后造成祸患，趁权势还在手中，通过改易国君来谋求策立天子的功劳，想的是自己的私利，未必为的是国家。获得很大的权势之后就要大肆杀戮。而被废弃的君主丧失了皇位，各种各样的罪过就像水流向低处一样没有不归于他的。即使知道这种情况，又有谁敢说话？因此，历史上那些废主的所谓罪恶，很有可能是权臣们的诬陷。废立之事一旦有了先例，就开启了不道之端，整个社会都会以下凌上，难以控制。

对于那些功高震主的重臣来说，最需要的品质就是谦退：时刻战战兢兢，不忘恭敬；功成不处，乞骸告退；高选忠能，进以自代。这才能使社稷永安于上，己身无患于下。

不能废黜，那面对无道君主该如何节制其权力呢？葛洪说：谏诤。通过谏诤，就可以拯救无道之君。“夫危而不持，安用彼相？争臣七人，无道可救。”盲人处于危境而不去扶持，要搀扶盲人的相何用？有了七位争臣，无道之君亦可挽救。因此，良臣需要的第二种重要品质是刚毅正直。

葛洪在《抱朴子外篇·臣节》中，专门论述了作为大臣的其他节操。在葛洪看来，那些如影随形、如响应声一样俯首听命的人，是苟且迎合取悦于人、居位而不尽职的臣子；而敢于违犯命令冒犯君主尊严、忠直谏诤的人，才是使主上安位的国家重臣。预先揣摩、秉承意旨的，是巧言谄媚之徒；能匡正主上过失的，才是国家的刚正骨干。做大臣的，一定要伏斧锧而正谏，据鼎镬而尽言。忠而见疑、诤而不得时，那就辞职等待放逐；死后无补、将增主过时，那就要尽快离开君主。

良臣必具的第三种品质是公正无私。大臣的行为依据的应该是先王法典与国家制度，决不接受私人请托，执行法律不徇私情。刑罚分明，不会对自己痛恨的人滥加惩罚；奖赏公平，而不能对自己喜欢的人随意赏赐。选拔人才，要公正持平不分彼此；举荐了贤人，从不挂在嘴上居功。不光对别人，对自己也要做到公正。如果功劳不大，就耻于接受优厚的俸禄；如果政绩不佳，就羞于接受高官显爵。

第四，大臣要有自我牺牲精神，面临危难时，就忘掉家庭不顾生命。臣下之所以被比喻为股肱，那是因为君主视他们为手足，因此，做臣下的，即使履冰执热，也不能推辞。古人把臣下比作土地，在土地上挖掘就能涌出泉水，在土地上种植就能长出庄稼，人死了要埋在土地的下面。臣下功劳很多也不能期望奖赏，废惫不堪也不能有所抱怨。只有知道了这些道理，才能够保护好自己。

第五，大臣应该有自知之明，量力而行，不能侵职越权。如果不是像孟贲、乌获那样强壮，就不能够举起两个人的重量；不是从万人中挑出的俊杰，就不能充任数官之职。人们都是在处罚未行时弃官，但没人因不胜任而辞职,不自知是导致灾祸及身并且延及君亲的原因。

四、县令之职

《抱朴子外篇》中的《良规》《臣节》论述的对象主要是手握重权的辅佐大臣,葛洪对以县令为代表的基层官员也提出了要求。在《抱朴子外篇》中,专门有《百里》一篇,描述了西晋时代基层官员的实际情形。

古代一县的辖地大多都在方圆百里左右,因而人们往往用“百里”指一县之地,进而称县令也为“百里”。在葛洪之前,担任多地太守的崔寔在《政论》中对县令长吏的生活进行过描述,他为基层官吏的待遇大声叫屈,他说:

> 夫百里长吏,荷诸侯之任,而食监门之禄。请举一隅,以率其余:一月之禄,得粟二十斛,钱二千。长吏虽欲崇约,犹当有从者一人,假令无奴,当复取客。客庸一月千蒭,膏肉五百,薪炭盐菜又五百,二人食粟六斛,其余财足给马,岂能供冬夏衣被、四时祠祀、宾客斗酒之费乎?况复迎父母致妻子哉!不迎父母则违定省,不致妻子则继嗣绝。迎之不足相赡,自非夷、齐,孰能饿死。于是则有卖官鬻狱、盗贼主守之奸生矣![1]

基层官员事务重,待遇低,收入无法满足基本的生活需求,于是产生了卖官鬻狱、监守自盗等种种不法行为。崔寔主张提高县令长吏的收入,并以严刑峻法威慑,“使足代耕自供,以绝其内顾念奸之心,然后重其受取之罚。则吏内足于财,外惮严刑”(《政论》)。如此才能改善基层政治。

葛洪与崔寔身份不同,他是以一个地主的身份观察、接触他的直接管理者,与县令这一层级打交道的机会比较多。他从一个被统治者的角度,对基层官员的黑暗面了解更多,感受更深。

葛洪说,通常而言,官职越高,工作就越悠闲,越是基层的工作,就越是烦剧。而繁杂事务集中的职掌,那就是县令。县令负责提供众多

---

① 崔寔:《政论》,严可均:《全后汉文》卷四十六,《全上古三代秦汉三国六朝文》,中华书局 1958 年版,第 726 页上。

的劳役及各种赋税，是国家得以运转的基础。即使州牧郡守贤德，但县令不胜任，国家事务就无法施行，造成的损失绝不仅止于一县境内。

然而，基层官员的荐举与任用却充斥着黑暗与腐败。在县令的任命中，有的是父兄位高权重，子弟靠他们的声望被选用；有的有位高之人的嘱托，平庸无能之辈即被任命为官；有的是昔日爱念的人，有的则是亲戚。这些人往往才能小，志向低，贪求贿赂，只图发财。因为有后台，即便是举报弹劾也无济于事。举报之人，反而与其结怨，进而被中伤。

选官的人并没有根据官职择人，求官的人也不认为自己不能胜任。所以县令们处理政事则政事荒疏，治理百姓则百姓离散。有的秽浊骄奢，使百姓困顿；有的苛虐酷烈，民众多有怨叛；有的愚昧固执、迟缓昏愦，庶事混乱；有的拖沓迟缓，导致纪纲松弛；有的好兴不急之事，使人力疲惫；有的隐匿供养逃犯，而实施凌暴；有的不晓法令而受欺弄；有的沉溺于音声酒色而荒唐迷乱；有的下棋博戏荒废了政务；有的为打猎、郊游和酣饮而忘记了各项政事；有的不省诉讼而刑狱混乱，百姓无法忍受而造反起事。这些官员的作为，损害了皇帝的圣明，使百姓遭受荼毒。

葛洪的结论是，“令长尤宜得才，乃急于台省之长官也”（《抱朴子外篇·百里》）。相较于中央官员，县令一级的干部尤其需要找到合适的人才。

第二节　知人选官之道——葛洪的人才论

我们上文说到，在葛洪看来，君臣制度、等级社会就如同是天尊地卑一样的自然存在，现行社会的弊端都是因为用人不当所造成，那么，如何才能选择真正的人才放置在合适的职位上呢？这实际上是从东汉末年就开始讨论的一个社会热点问题。

一、汉过与吴失

汉代取士最重要的途径大致有二，第一是地方察举，第二是公府征辟,这两者都需要地方官员和豪绅乡贤的推荐,由此,人物品鉴变得非常重要。有名者入青云,无闻者委沟渠。朝廷以名为治,士风亦以名行相高。而声名主要出于乡里之臧否,历时既久,流弊渐生。辗转提携,互相揄扬,厉行者不必知名,诈伪者得播令闻。东汉士人,名实已未必相符,及至汉末,名器尤滥。汉末政论家崔寔综核名实,号称法家,其《政论》亦称当时贤佞难别,是非倒置。并谓世人徒以一面之交,定臧否之决。仲长统在《昌言》中说天下之士有三贱,其中第一贱就是慕名而不知实。因此,如何综核名实,使得名实相符,尤其在人物识鉴、人才选拔上做到名实相符,就成为一个时代的课题,在很长的一段时间内,不少有识之士都试图以不同的方式来解决它。王符《潜夫论》有《贤难》《思贤》专门讨论求贤问题,西晋袁准的《袁子正书》中有《用贤》《致贤》等篇探讨求才与用贤之道,葛洪在此问题上也提出了较为系统的看法。

葛洪的人才观是从总结历史经验、批评社会现实入手。在《抱朴子外篇》中的《名实》篇的开头,他就一针见血地指出汉末用人的弊端:

> 闻汉末之世,灵、献之时,品藻乖滥,英逸穷滞,饕餮得志,名不准实,贾不本物,以其通者为贤,塞者为愚。其故何哉?

而在《汉过》《吴失》中,他更是用大量的篇幅具体地论述了汉末与吴国用人的黑暗。他指出,历览前载,正道衰微,风气败坏,没有比汉末更厉害的了。这一时期,掌握权力的宰辅重臣、宦官,操纵政权,手握国柄,废正义而兴邪恶,残仁德而害正义。他们相互引荐,结党营私,所任用的,不超出妻妾亲属的范围;所惠泽的,不外乎亲近熟悉的庸琐之徒。这些小人在包庇重用同党的同时,还毫不手软地排挤打击君子贤人,他们“忌有功而危之,疾清白而排之,讳忠谠而陷之,恶特立而摈之”,从而造成了小人得势、君子失意的不正常局面。

这种党同伐异的社会风气还造成了另一种恶果,那就是在评价鉴别人才时,黑白颠倒、是非不分。葛洪在此表现了出色的分析与语言能力,一口气列出了十八种黑白颠倒的现象:

> 于是傲兀不检,丸转萍流者,谓之弘伟大量;苛碎峭崄,怀螫挟毒者,谓之公方正直;令色警慧,有貌无心者,谓之机神朗彻;利口

小辩，希指巧言者，谓之标领清妍；猝突萍莺，骄矜轻侻者，谓之巍峨瑰杰；嗜酒好色，阘茸无疑者，谓之率任不矫；求取不廉，好夺无足者，谓之淹旷达节；蓬发亵服，游集非类者，谓之通美泛爱；反经诡圣，顺非而博者，谓之庄、老之客；嘲弄嗤妍，凌尚侮慢者，谓之萧豁雅韵；毁方投圆，面从响应者，谓之绝伦之秀；凭倚权豪，推货履径者，谓之知变之奇；懒看文书，望空下名者，谓之业大志高；仰赖强亲，位过其才者，谓之四豪之匹；输货势门，以市名爵者，谓之轻财贵义；结党合誉，行与口违者，谓之以文会友；左道邪术，假托鬼怪者，谓之通灵神人；卜占小数，诳饰祸福者，谓之知来之妙；盤马弄矟，一夫之勇者，谓之上将之元；合离道听，偶俗而言者，谓之英才硕儒。(《抱朴子外篇·汉过》)

正是这种社会评价机制的不公正，使得这一时期明智睿哲的人远遁避世，才能杰出的人闭口不言假装愚蠢；疏远而卑微的人展翅飞翔择主而事，被束缚的人委曲顺从，身在朝廷实同退隐；智者不肯吐露他胸藏的谋略，勇士不肯贡献他的果敢坚毅；忠诚正直的人离朝退隐，奸邪凶恶的人为官得志；邪恶横流漫溢，不能遏止，邪路开辟，无法阻挡。这种是非颠倒的行为进一步导致了强盗增多、百姓苦痛，紧接着就是国家的覆灭。

而吴国政治的弊端、覆灭的原因同样在于用人不当。吴国不知以史为鉴，重蹈汉时覆辙。贤德的士人不被任用，渣滓污秽充斥官位，法纪纲常松弛紊乱，吞舟之鱼常常漏网。贡举士人把多送贿赂的人排在前边，任命官员则是党徒强盛的在先。无财无势者，终老也没有入仕的希望。道德高洁操行卓越的人，胸怀出众的才华，但被压抑而沉沦；有钱财有势力的人，登云踏雾列身于高位。君主昏庸，群臣相骗。不结党不得官，不经营不进职。背弃公德的风习愈演愈烈，正直之道因此而败坏。

二、知人之难

这里貌似在谈汉过吴失，但两晋之时的情况并无多少改变。陈澧曰："此篇指斥当时之事，托言汉末耳。"王国维批曰："《汉过》《吴失》二篇,皆为晋而作。”[①]在《抱朴子外篇》中,葛洪不断感慨知人之难。他在其中的《交际》篇中说:“知人之明,上圣所难。”在《正郭》篇中又说:

> 虽云知人,知人之明,乃唐、虞之所难,尼父之所病。夫以明并日月,原始见终,且犹有失,不能常中。况于林宗萤烛之明,得失半解,已为不少矣。

在《清鉴》篇中则说:

> 余非谓人物了不可知,知人挺无形理也。徒以斯术存乎大明,非夫当(常)人自许。然而世士各谓能之,是以有云,以警付任耳。

为了了解人,葛洪曾经下过很大的功夫。他继承并发展了刘劭的人物分类学。刘劭认为人别才性,要详其所宜。人禀气生,性分各殊。《人物志》将人才区分为清节家、法家、术家、国体、器能、臧否、智意、伎俩、儒学、文章、辩给、雄杰等十二类,分别适合师氏、司寇、三孤、三公、冢宰、师氏之佐、冢宰之佐、司空之佐、安民、国史、行人、将帅等各种不同的职务。葛洪则将行品分为“善人”与“恶者”两大类,善人中有圣、贤、道、孝、仁、忠、明、智等,共三十八个种类;“恶者”则列举有悖、逆、凶、恶、虐、谗、佞、暴等,多达四十五种。可以说,他将刘劭的人才分类大大细化了。但他的区分只是简单的道德评价,无助于鉴才任职,将适当的人才安排到适当位置。在《行品》篇中,葛洪列举了十种识人的难题,这十个难题我们可以分为四类:

第一类难在容貌、仪态、行为与能力并不统一。

从王充开始,人们就认为能够从骨相观性命。《论衡·命义》云:“人有寿夭之相,亦有贫富贵贱之法,俱见于体。故寿命修短,皆禀于天;骨法善恶,皆见于体。”《骨相》又曰:“人命禀于天,则有表候于体,察表候以知命,犹察斗斛以知容矣。表候者,骨法之谓也。”汉魏之际,刘劭《人物志》的基本主张就是品人物可由形所显观心所蕴,也就是说根据其相貌、音声、行为、举止能够观察情性,通过人的风操、神情、神韵能够鉴别人才。这种观念实际上是历代相人术的沿袭。

---

① (晋)葛洪著,杨明照校笺:《抱朴子外篇校笺》注引,中华书局 1997 年版,第 121、140 页。

这种信念的理论基础是元气论，人的本质是元气，元气可以区分为阴阳、五行等不同的气质，而这些气质则可以通过形体表现出来，“盖人物之本，出乎情性……凡有血气者，莫不含元一以为质，禀阴阳以立性，体五行而著形。苟有形质，犹可即而求之”(《人物志·九征》)。心性忠诚正直的人，就会表现出刚正挺拔的仪态；心性善良有决断力的人，就会表现出奋进勇猛的仪态；心性平和有条理的人，其表现出安宁而闲逸的仪态。仪态的变化形成人的容貌举止：仪态正直的人，行为举止端庄挺拔、威武不屈；仪态善良的人，行为举止小心谨慎、进退有礼；仪态高尚的人，行为举止气宇不凡、令人仰慕。

人的容貌仪态发生变化，源自心性气质(意识和思维)；心性气质的特征，同样能表现为声音的变化。气息相合而成为声音，其声音与律吕(中国古代乐律的总称)节奏相应和；有柔和平缓的声音，有清扬流畅的声音，有迂徐悠长的声音。声音由流畅的气息而形成，其效果表现于相貌表情。因此具备仁爱品质的人定然有温和、宽容的表情，具备勇敢品质的人定然有强健奋发的表情，富于智慧的人定然有明智、通达的表情。

葛洪对此完全否定，他在《抱朴子外篇》中的《清鉴》篇就有过感慨：

> 夫貌望丰伟者不必贤，而形器尪瘁者不必愚，咆哮者不必勇，淳淡者不必怯。或外候同而用意异，或气性殊而所务合。非若天地有常候，山川有定止也。

在《行品》篇中，十个难题中有五个讨论的是外貌、举止、行为、语言与人的能力、气质不同甚至对立：

> 士有颜貌修丽，风表闲雅，望之溢目，接之适意，威仪如龙虎，盘旋成规矩。然心蔽神否，才无所堪，心中所有，尽附皮肤。口不能吐片奇，笔不能属半句；入不能宰民，出不能用兵；治事则事废，衔命则命辱。动静无宜，出处莫可。盖难分之一也。

有的士人面貌漂亮，风度仪表闲雅，望之目不暇接，与他们交谈顺心适意；他们庄重的仪容如龙似虎，回旋进退符合仪节的规矩。但是内心壅蔽、精神闭塞，才能不堪所任，心中所有均附于表面。说不出妙语，写不了文句；在内不能治民，出征不能用兵；做事情事情就要失败，接受使命使命就要辱没。无论动静都不相宜，无论出处都不恰当。相反的则有：

士有貌望朴悴，容观矬陋，声气雌弱，进止质涩。然而含英怀宝，经明行高，干过元凯，文蔚春林。官则庶绩康用，武则克全独胜。盖难分之二也。

有的貌相质朴干枯，外表矮小丑陋，发声吐气像女人一样轻弱，动作质实涩钝。但他们有珍贵的思想才华，明了经典，行为高尚，才干超过八元八凯，文章华美像春天的树林。为文官则庶事顺利，做武将就克全独胜。

士有外形足恭，容虔言恪，而神疏心慢，中怀散放，受任不忧，居局不治，盖难分之五也。

士人有的外在表现过分谦敬，表情虔诚言语谨慎，但心神疏忽简慢，内怀松散疏放，接受任命而忧惧，身居官位却不能治理。

士有行己高简，风格峻峭，啸傲偃蹇，凌侪慢俗，不肃检括，不护小失，适情率意，旁若无人，朋党排谴，谈者同败，士友不附，品藻所遗。而立朝正色，知无不为，忠于奉上，明以摄下。盖难分之九也。

有的士人立身行事清高简约，风格高峻峭拔，放旷不羁、傲慢不逊，出类拔萃而轻慢世俗，不严格检点约束，不在乎小的过失，按自己的感情想法任意行事，旁若无人。朋党们排斥攻击他们，言谈者一起败坏他们，士人朋友不趋附他们，品鉴的官员遗忘他们。但他们如果立于朝廷就会严肃认真，知道的事没有不去做的，忠诚地奉事主上，严明地统摄部下。

士有梗概闲缓，言希貌朴，细行阙漏，不为小勇，局蹐拘检，犯而不校，握爪垂翅，名为弱愿。然而胆劲心方，不畏强御，义正所在，视死犹归，支解寸断，不易所守。盖难分之七也。

有的士人气概简易缓慢，言语稀少，外貌朴实，行事小处常有缺漏，不为小勇，局促戒惧，拘谨检点，冒犯他也不计较，就像猛兽收起爪甲、大鹏垂下翅膀，表面上是软弱老实，然而胆量壮劲，用心刚直，不畏豪强，只要是正义的事，便视死如归，就是被肢解、被寸断，也不改变操守。

可见葛洪根据历史事实和他的生活经验，完全否定了历代相人术的信念，他对识人、鉴人的复杂性有更进一步的认识。

识人之难的第二大原因是智谋思虑与表达能力不统一，思考、表达能力与执行能力不统一。有的士人思维能力很强，但语言与口头表达能力都很弱：

> 士有谋猷渊邃，术略入神，智周成败，思洞幽玄，才兼能事，神器无宜。而口不传心，笔不尽意，造次之接，不异凡庸。盖难分之三也。

有的士人智谋深邃，韬略入神，智慧关乎成败，思想能洞透幽玄之境，才具全面而能干，重要的职位无不相宜；但是口才不能传达心声，文笔不能尽抒思想，仓促接触，与平庸的人没有区别。

有的士人语言能力很强，但执行与实践能力极差：

> 士有机变清锐，巧言绮粲，揽引譬喻，渊涌风厉；然而口之所谈，身不能行；长于识古，短于理今，为政政乱，牧民民怨。盖难分之四也。

士人有的机智权变，头脑清楚敏锐，巧妙的言辞华美漂亮，广引博喻，如波涛汹涌、狂风疾吹；但口中所说的，自身不能实行；长于识古，短于理今，从政则政事混乱，治民则民众怨恨。

识人之难的第三大原因是虚试与实战不统一，平时表现很好，但面临实战有压力的情况下就完全失控：

> 士有控弦命中，空拳入白，倒乘立骑，五兵毕习；而体轻虑浅，手剿心怯，虚试无对，而实用无验。望尘奔北，闻敌失魄。盖难分之六也。

有的士人拉弓就能命中，赤手空拳敢于闯入白刃之阵，倒立乘车、站立骑马，五种兵器都很熟练；身体轻捷但思虑短浅，手脚勇健但内心怯懦，演练时没有对手，而实战时从不应验，望见尘土飞扬就后退奔逃，听说敌人到来就失魂落魄。

识人之难的第四大原因是德与才不统一：

> 士有孝友温淑，恂恂平雅，履信思顺，非礼不蹈，安困洁志，操清冰霜；而疏迟迂阔，不达事要，见机不作，所为无成，居己梁倡，受任不举。盖难分之八也。

有的士人孝顺父母，亲爱兄弟，温和善良，恭敬谨慎，平和文雅，坚守诚信，思想忠顺，不合乎礼仪的事不去做，安心于贫困并保持自己的高洁志向，德操比冰霜还清洁；但是舒缓迟钝不合时宜，不了解事情的要领，见到机会也不行动，所干的事情没有成功的，使自己进退失据，接受任命也不能胜任。

> 士有含弘旷济，虚己受物，藏疾匿瑕，温恭廉洁，劳谦冲退，救危全信，寄命不疑，托孤可保；而纯良暗权，仁而不断，善不能赏，恶不忍罚，忠贞有余，而干用不足，操柯犹豫，废法效非，枉直混错，终于负败。盖难分之十也。

有的包容博厚广泛救助，虚心接受各种意见胸怀广阔，能藏疾匿瑕，温和恭敬而廉洁，勤劳、谦逊、冲和、退让，救助危难，保全信用，寄以重任可绝对信任，委托遗孤便得坚强保证。但是又纯良而暗于权变，仁德但缺乏果断，善良的不能奖赏，恶劣的不忍惩罚，忠贞有余而干练不足，执法犹豫不决，废弃刑法并效法错误的榜样，曲直混杂，最终导致失败。

正因为存在种种的矛盾，因此，葛洪认为“知人挺无形理也。徒以斯术存乎大明，非夫当(常)人自许”(《抱朴子外篇·清鉴》)。也就是说，了解人确乎没有具体的形貌、道理可以作为依据。知人之能只能存在最聪明的人身上，不是常人应该自许的。“区别臧否，瞻形得神，存乎其人，不可力为。自非明并日月，听闻无音者，愿加清澄，以渐进用，不可顿任。”区分善恶，从外貌看到精神，并不是任何人都能做到，也不是勉力就能够达成。如果不是视力如日月之明，听力如神明之灵，还是应该详察细审，逐步任用，不可让其一步登天。“故用才取士，推昵结友，不可以不精择，不可以不详试也。”(《抱朴子外篇·行品》)“鉴其事而试其用”“听其言而课其实”(《抱朴子外篇·广譬》),这才是正确的用人方法。

识人之难是魏晋时人们的共识。汤用彤认为,正是在评论、鉴识人物的基础上,产生了“言意之辨”,而“言意之辨”乃是魏晋玄学的核心:“盖人物伪似者多,辨别极难。而质美者未必优于事功,志大者而又赏识不足。前者乃才性之名理,后者为志识之名理,凡此俱甚玄微,难以辨析。而况形貌取人必失于皮相。圣人识鉴要在瞻外形而得其神理,视之而会于无形,听之而闻于无音,然后评画人物,百无一失。此自‘存乎其人,不可力为’,可以意会,不能言宣(此谓言不尽意),故言意之辨盖起于识鉴。”①

三、举人之法

《潜夫论》中《实贡》篇说:“夫十步之间,必有茂草;十室之邑,必有俊士。贤才之生,日月相属,未尝乏绝。”如何将这些俊才贤士选拔上来?王符主张依靠考绩。《潜夫论》中专门有《考绩》一篇,“凡南面之大务,莫急于知贤;知贤之近途,莫急于考功。功诚考则治乱暴而明,善恶信则直贤不得见障蔽,而佞巧不得窜其奸矣”。《实贡》篇也说:“故选贤贡士,必考核其清素,据实而言,其有小疵,勿强衣饰,以壮虚声。一能之士,各贡所长,出处默语,勿强相兼,则萧、曹、周、韩之论,何足得矣?吴、邓、梁、窦之徒,而致十。各以所宜,量材授任,则庶官无旷,兴功可成,太平可致,麒麟可臻。”②

葛洪的主张与王符类似,但更为具体。他认为,选拔人才最适当的途径还是官吏的举荐。古代的诸侯都要向天子举荐人才,举荐恰当的就被认为有功,有功就能加官进爵;举荐不恰当的就视为有过,有过就要黜位削地。鉴于识人之难,对举荐之人就有极高的要求。葛洪说,要让当今士人都能驱遣私情,充分发挥聪明才智,不为私利而动心,不为请托而屈服。所要荐举的,一定深思熟虑、反复观察,广泛询问、详细了解,按其名声考查他们的行为,比较异同,全面了解实际的不足。如果

① 汤用彤:《言意之辨》,《魏晋玄学论稿及其他》,北京大学出版社2010年版,第21页。

② (汉)王符著,(清)汪继培笺,彭铎校正:《潜夫论笺校正》,中华书局1985年版,第62、151、158页。

他的家里人和亲戚都称赞他孝敬父母、亲爱兄弟，亲戚邻居夸奖他守信讲义，那就让他试着当个小官，如果有忠诚清廉的政绩、处理事情的才干，那么一寸锦缎也可以知道其工巧，就是刺杀老鼠也可以看出勇敢了。

除了举荐，葛洪也竭力主张推广策试制度。当时人对策试制度是否必要抱有怀疑，质问道：能言不必能行，即便通过了试经对策，难道一定就有政事之才？葛洪回答说：

古者犹以射择人，况经术乎？如其舍旃，则未见余法之贤乎此也。夫丰草不秀堉土，巨鱼不生小水，格言不吐庸人之口，高文不堕顽夫之笔。故披"洪范"而知箕子有经世之器，览九术而见范生怀治国之略，省夷吾之书，而明其有拨乱之干，视不害之文，而见其精霸王之道也。今孝廉必试经无脱谬，而秀才必对策无失指，则亦不得暗蔽也。良将高第取其胆武，犹复试之以策，况文士乎？假令不能必尽得贤能，要必愈于了不试也。

今且令天下诸当在贡举之流者，莫敢不勤学。但此一条，其为长益风教，亦不细矣。若使海内畏妄举之失，凡人息侥幸之求，背竞逐之末，归学问之本，儒道将大兴，而私货必渐绝，奇才可得而役，庶官可以不旷矣。(《抱朴子外篇·审举》)

可见在葛洪看来，试经对策是一种"最不坏的制度"，没有其他的方法比它更好。警句格言和优秀文章一定不会出自庸人顽夫之手，即使这种考试录取的不一定全是贤能之人，但也比完全不考试要强得多。这种制度能够促使参加贡举的士子勤学，仅此一条，它给习俗教化带来的好处就不小。如果天下之人害怕妄举的过失，放弃侥幸求官的念头，回归学问的根本，儒道大兴，私下贿赂的现象必将消失，奇才能够得到任用，官职就不会出现空缺。

葛洪对落实贡举策试制度的公平性有细密而翔实的措施：

余意谓新年当试贡举者，今年便可使儒官才士，豫(预)作诸策，计足周用。集上禁其留草殿中，封闭之；临试之时，亟赋之。人事因缘于是绝。当答策者，皆可会著一处，高选台省之官亲监察之。又严禁其交关出入，毕事乃遣。违犯有罪无赦。如此，属托之冀窒矣。夫明君恃己之不可欺，不恃人之不欺己也。亦何耻于峻为斯制乎？若试经法立，则天下可以不立学官，而人自勤乐矣。（《抱朴子外篇·审举》）

为了防止私下请托的情形发生，葛洪主张如果明年应当对贡举的人进行考试，那么今年就可以让教师学士们预先准备各种对策，设想周全准备充足。考试前把他们封闭在临时的房子里，禁止出入；临到考试的时候，当场进行创作。由此断绝各种请托。答策者全都聚到一起，严格选取尚书台的官员，亲自监督检察他们，严禁他们结交出入，事情完毕才能遣散，违反的人判罪绝不赦免。这样的话，私下请托的希望就不存在了。

另外，秀才、孝廉都应该用如前的办法，考试经典，设问求答，防止置对时的伪诈，让其完全消灭。不合格的不安排官职，官吏则加重处罚不准为官。贡举的人全不合格的，刺史太守罢免职，不准降级。贡举若合格的多，不合格的少，以后调任不准超过原职。如果接受贿赂并且所贡举的人不合适，发现后验证确凿的，免职为民，终生不准做官，且不允许赦免。被贡举人和贡举人同罪。如果试用这种方法治理，一两年之间，秀才、孝廉肯定多有不敢来参加策试的，由此足以知道天下贡举不良已经很长时间了。采用这种方法，必然能使修养品德、勤于学习的人多起来。

第三节　多仁则法不立——葛洪的法律思想

葛洪的法律思想主要是有关刑罚的思想，《抱朴子外篇》中专门有《用刑》一篇，讨论了刑德关系、刑罚的原则、恢复肉刑等中国法律思想史上的重要问题。我们一一加以介绍。

一、历史上有关德刑关系的主张

就道德与刑罚的关系而言，先秦时期大致上有如下几种主张。第一种是以老子、庄子为代表的道家。他们既反对仁义，更反对刑罚，“民不畏死，奈何以死惧之。若使民常畏死，而为奇者，吾得执而杀之，孰敢。常有司杀者杀,夫代司杀者杀,是谓代大匠斫,夫代大匠斫者,希有不伤其手矣”(《老子》第七十四章)。任用刑罚反而会伤害自己。因此,他们主张废除一切仁义道德、摒弃所有刑赏法令,如此,才能万民抱朴,天下归真,从而达成天下大治。

第二种以孔子为代表,主张道德齐礼。《论语·为政》指出:“道之以政,齐之以刑,民免而无耻;道之以德,齐之以礼,有耻且格。”用政令来治理百姓,用刑法来整顿他们,老百姓只求能免于犯罪受惩罚,却没有廉耻之心;用道德引导百姓,用礼制去同化他们,百姓不仅会有羞耻之心,而且有归服之心。显然,孔子认为道德远比刑罚重要且有效。而荀子则主张先德后刑,德主刑辅。《荀子·成相》说:“明德慎罚,国家既治四海平。”《议兵》则云:“故厚德音以先之,明礼义以道之……然后刑于是起焉。”主张礼义先于刑罚。这个“先”既表示时间顺序,也是重要程度的次序。荀子的主张貌似与孔子接近,但强调的重点有所不同。

第三种观点就是法家的观点,即以法为本,重法轻德。这里的“法”主要指的是国家规定与刑罚手段。韩非子对道德非常轻视。他举了一个例子:“今有不才之子,父母怒之弗为改,乡人谯之弗为动,师长教之弗为变。夫以父母之爱,乡人之行,师长之智,三美加焉,而终不动其胫毛,不改;州部之吏,操官兵、推公法而求索奸人,然后恐惧,变其节,易其行矣。故父母之爱不足以教子,必待州部之严刑者,民固骄于爱、听于威矣。”(《韩非子·五蠹》)由此可见道德教化不可凭恃,改变国民最有效的手段莫过于严刑峻法。

三国时期,礼刑关系也曾经是一个热点议题。曹操封魏王后,下令说:“夫治定之化,以礼为首。拨乱之政,以刑为先。”[①]也就是说,刑法宽严当因时而定,治平以礼为主,乱世以刑为主。这以后,曹魏黄门侍郎刘廙曾与丁仪共论形礼,有《先刑后礼》之论。文章流传到东吴,谢景对此文非常赏识,陆逊呵斥曰:“礼之长于刑,久矣。廙以细辩,而诡先圣之教,皆非也。”陆逊极不赞成东吴当时实施的严刑酷政,曾上疏陈时

---

① (西晋)陈寿著,(刘宋)裴松之注:《三国志》卷二四《魏书·高柔传》,中华书局1982年版,第683—684页。

事，曰："臣以为科法严峻，下犯者多……小宜恩贷，以安下情。且世务日兴，良能为先。自不奸秽入身，难忍之过，乞复显用，展其力效。此乃圣王，忘过记功，以成王业……夫峻法严刑，非帝王之隆业。有罚无恕，非怀远之弘规也。"[①]不过，尽管陆逊上书反对，但东吴一直实行接近法家的严刑政策。

东晋初年，元帝曾下诏令说："礼乐不兴，则刑罚不中，是以明罚敕法，先王所慎。自元康已来，事故荐臻，法禁滋漫。大理所上，宜朝堂会议，蠲除诏书不可用者，此孤所虚心者也。"[②]南渡后，统治者需要笼络东吴人士以及中原归附者，严刑峻法不利于社会的安定团结，这个时候自然要强调礼乐先于刑罚。在具体措施上，东晋也一直实行"网漏吞舟之鱼"的宽松政策。

二、葛洪对德刑关系的看法

在德刑关系这一议题上，葛洪的观点乍一看是德刑并重。葛洪说："莫不贵仁，而无能纯仁以致治也；莫不贱刑，而无能废刑以整民也。"(《用刑》)没有人不看重仁慈，但无人能仅用仁慈而达到大治；没有人不讨厌刑罚，但无人能不用刑罚而统治人民。有人说，圣君治理国家的时候，完全用美德教化民众，道洽化醇，安所用刑？葛洪回答说：德教是绣花的祭服，刑罚是抵挡刀刃的甲胄。用德教去治理狡暴之徒，就像是用祭服抵御剑锋一样；在治世纯用刑罚，那就如同穿着甲胄进入庙堂。因此，仁慈是养物之器，刑者是惩非之具，两者功用不一，刑为仁佐，不能偏废。

葛洪按照他的论证习惯，再一次开始了自然论的比附式论证。他说，天地运行的规律，也不是单纯使用仁慈。春天有陶育之和，秋天就要有肃杀之威。暖风吹拂，枯干憔悴的万物展现生机；白露凝结，繁盛的鲜花就要凋零。光有温暖而没有寒冷，昆虫就不会蛰伏，植物就会在冬天开花。所以，人类社会也应该恩威并施，刑赏兼用。

① (西晋)陈寿著，(刘宋)裴松之注：《三国志》卷二一《魏书 · 刘廙传》、卷五八《吴书 · 陆逊传》，中华书局 1982 年版，第 616、1349 页。

② (唐)房玄龄等：《晋书》卷三十《刑法志》，中华书局 1974 年版，第 939—940 页。

而就历史事实而言,《噬嗑》的卦辞是“亨,利用狱。”表明《易经》写作的远古时代就已经存在监狱。《坎》卦上六爻辞中有:“系用徽纆,寘于丛棘”的记载,表明那时候就有绳索捆绑罪犯的刑罚。刑罚是一个广义的概念,所谓五刑,“大刑用甲兵,其次用斧钺,中刑用刀锯,其次用钻凿,薄刑用鞭扑”[①]。黄帝时期,“躬亲政伐,至于百战,殭尸涿鹿,流血阪泉”,怎么可能不用惩罚?尧舜这样的盛平时代,效法上天,使用了窜、殛、放、流等各种刑罚,天下乃服。汉文帝主张无为而治,照样断狱超过四百,鞭死者多。所以,“匠石不舍绳墨,故无不直之木。明主不废戮罚,故无陵迟之政也”。自古以来,不管什么时代,无论圣君还是英主,都是实行刑罚的。

从表面上看,葛洪的基本主张是刑德并重,但《用刑》中有一句话却暴露了他的倾向。他说:“故仁者为政之脂粉,刑者御世之辔策;脂粉非体中之至急,而辔策须臾不可无也。”事实上,在仁慈与刑罚之间,葛洪认为刑罚对于国家更为重要。刑罚才是驾驭国家的辔策,而仁慈只是处理政事的脂粉;脂粉不是人之急需,但辔策却不可须臾缺少。所以,葛洪真正的态度是刑主德辅,刑先于德。

三、葛洪的重刑论

先秦时期,在刑罚的轻重问题上,不同学派之间也有不同的主张。孔孟为代表的儒家主张仁政,仁义为先,人伦高于法律,毫无疑问是主张轻刑薄罚的;荀子主张刑赏的原则应该是“宁僭毋滥”,“赏不欲僭,刑不欲滥……若不幸而过,宁僭无滥;与害其善,不若利淫”(《荀子·致士》)。宁可赏过了头,也不能罚过了线。当然,荀子另一条重要的原则是要因时变异,“治则刑重,乱则刑轻。犯治之罪固重,犯乱之罪因轻也”(《荀子·正论》)。治世用重刑,乱世用轻刑。

而法家则主张“重刑论”。从子产到商鞅再到韩非,无一例外主张严刑峻法。这并不是他们天性凉薄,而是他们觉得使用刑罚是为了让百姓恐惧;轻刑不能使人恐惧,反而会陷民于罪。《左传》昭公二十年记

---

① (汉)班固著,(唐)颜师古注:《汉书》卷二三《刑法志》,中华书局1962年版,第1081页。

载:“子产有疾,谓子大叔曰:‘我死,子必为政。唯有德者,能以宽服民。其次莫如猛。夫火烈,民望而畏之,故鲜死焉;水懦弱,民狎而玩之,则多死焉。故宽难。’”商鞅认为,要想禁奸止过,不但不能一般地用轻刑,也不能就事论事地“重重而轻轻”,而必须重刑轻罪。“故重轻,则刑去事成,国强;重重而轻轻,则刑至而事生,国削”(《商君书·说民》)。韩非进一步申论说,人的本性是趋利避害,而重刑就是利用了人类这一本性。“所谓重刑者,奸之所利者细,而上之所加者大焉。民不以小利蒙大罪,故奸必止者也。所谓轻刑者,奸之所利者大,上之所加焉者小。民慕其利而傲其罪,故奸不止也……今轻刑罚,民必易之。犯而不诛,是驱国而弃之也;犯而诛之,则为民设陷也。”(《韩非子·六反》)轻刑只会造成驱民犯罪与陷民于罪两种困境。但重刑则不同,“重罪者,人之所难犯也;而小过者,人之所易去也。使人去其所易,无离其所难,此治之道。夫小过不生,大罪不至,是人无罪而乱不生也”(《韩非子·内储说上》)。

不过,秦朝覆亡以后,后世总结经验教训,认为严刑峻法是秦朝灭亡的原因。因此,实行仁政、轻刑薄罚是政治正确,很少会有人提出重刑的主张。只有在光武帝时,梁统认为西汉元帝初年与哀帝建平元年的刑罚改革使得刑罚太轻,“自是以后,人轻犯法,吏易杀人,吏民俱失,至于不羁”(《晋书·刑法志》)。但是,这时候主张重刑显然有违政治正确,所以他小心翼翼地建议,“刑罚不苟务轻,务其中也”。但措施就是要提升法律的严酷程度。当时多数大臣以为隆刑峻法,非明王急务,不可开许。汉章帝时,采纳尚书陈宠的意见,决罪行刑,务于宽厚。这以后,主张重刑的建议几乎从没有被接受过。

在刑罚轻重这一议题上,葛洪显然接受了法家的“重刑论”。他不仅认为刑法不可缺少,而且还主张重刑。首先“肃恭少怠,则慢惰已至;威严暂弛,则群邪生心。当怒不怒,奸臣为虎;当杀不杀,大贼乃发”。“多仁则法不立,威寡则下侵上。夫法不立,则庶事汩矣;下侵上,则逆节明矣”(《用刑》)。要树立君主的威严,就必须要有严肃的刑律。其次,处在民风浇薄的现代社会,还指望用古代社会的方法来治理凉薄的社会、动乱的国家,就如同刻舟求剑、朝天射箭。第三,严刑峻法有助于防止犯法。“是以安于感深谷而严其法，卫子疾弃灰而峻其辟。夫以其所畏禁其所玩，峻而不犯，全民之术也。”（《用刑》）葛洪认为，重刑只是手段，而不是目的。因为有重刑，人们才怯于犯法，这刚好是保全了百姓，也即所谓的以杀止杀，以刑止刑。为了证明严刑峻法的合理性，葛洪甚至列举了大量事实，得出“秦以严得之，非以严失之”的结论，认为秦朝是因为重刑而统一了天下，而它失去天下却绝非因为重刑。

在刑罚的执行上，葛洪也提到“但当先令而后诛，得情而勿喜”，反对“不教而诛”，主张“哀矜折狱”[①]，似乎符合儒家的主张。但葛洪对此一笔带过，他更多地强调执法的原则，那就是执法要“必”，也就是坚决实施。治理国家，最重要的不是制定法令，而是果断执行。灭亡的国家不是没有法令，而是由于法令烦琐而得不到执行，失败的军队不是没有禁令，之所以失败是因为禁令并无禁止的效果，所以，刑罚最重要的是执行。

其次，执行刑罚时要无情，不能因为位高、亲近而心慈手软。唐、虞其仁如天，但不原谅混沌、穷奇、梼杌、饕餮这四个犯了罪的部落首领。周公友于兄弟，但不赦免两位弟弟管叔、蔡叔。孔子诛杀少正卯，汉武帝杀掉外甥，虽然伤心得流泪，但为了维护法律，也迫不得已。尤其是要对关系亲近的人实行刑罚。善于处理政事的人，要“治亲以整疏”，治理好关系亲近的，再整顿疏远者。有时还需要忍痛割爱，大义灭亲。

第三，执行刑罚必须果断，必须将事物消灭于萌芽状态。“水久坏河，山起咫尺。寻木千丈，始于毫末；钻燧之火，勺水可灭；鹄卵未孚，指掌可縻。及其乘冲飙而燎巨野，奋六羽以凌朝霞，则虽智勇，不能制也。故明君治难于其易，去恶于其微，不伐善以长乱，不操柯而犹豫焉”（《用刑》）。英明君主在容易着手时就开始处理难题，在邪恶尚微小的时候就将它去除，决不能犹豫。

第四，刑罚这一权柄只能由君主独掌，不可假人。“刑之为物，国之神器，君所自执，不可假人，犹长剑不可倒，巨鱼不可脱渊也。”（《用刑》）田常代齐、六卿分晋、赵高弑秦、王莽篡汉，都是由于君主放弃了权柄，

---

①《尚书·吕刑》：“哀敬折狱，明启刑书胥占，咸庶中正。”孔传：“当怜下人之犯法，敬断狱之害人。”

这些教训要牢牢记取。

这些观点明显是接受了法家思想的影响。总之,《用刑》这一篇应该是写于南渡之前,葛洪的意见较多继承了东吴治国的传统经验,和元帝南渡之后的治国方略并不符合。

四、恢复肉刑的主张

有了以上的论述,葛洪主张恢复肉刑也显得顺理成章。是否恢复肉刑是东汉以来中国刑法史上讨论的热点话题,不过,恢复肉刑并不意味着主张严刑峻法。在此我们必须了解一下肉刑存废问题的相关争议。

所谓肉刑,包括黥(墨)、劓、刖(或作剕)、宫等五刑,是断人肢体、刻人肌肤的残忍刑罚,在汉文帝之前长期实施。汉文帝十三年(前167年),缇萦上书救父,文帝读后颇为同情,诏令废除肉刑。他在《废肉刑诏令》中说:"夫刑至断支体,刻肌肤,终身不息,何其刑之痛而不德也!岂为民父母之意哉?"根据此道诏令,丞相张苍、御史大夫冯敬提出刑罚的改革方案,具体做法是:"诸当完者,完为城旦舂;当黥者,髡钳为城旦舂;当劓者,笞三百;当斩左止者,笞五百;当斩右止,及杀人先自告,及吏坐受赇枉法,守县官财物而即盗之,已论命复有笞罪者,皆弃市。"所谓"完",据《汉书·惠帝纪》孟康注曰:"不加肉刑,髡剃也。"《汉书·刑法志》颜师古注曰:"完为不亏其体,但居作也。"[①]"城旦舂"则是男性筑城、女性舂米的苦役。如果《刑法志》记载属实,那么这次改革虽然废除了肉刑,但并不完全是减轻刑罚。比如以城旦舂替代完,以弃市替代斩右趾,那都是提高了刑罚。在后来的实践过程中,发现笞五百、笞三百对身体的毁伤不比斩左趾、劓来得轻,很多人被鞭笞至死。因此,景帝于公元前156年至公元前144年曾两次下诏减少笞数,第一次是笞五百减为三百,笞三百减为二百;第二次是笞三百减为二百,笞二百减为一百。

由于废除肉刑是文帝为民父母的仁慈之心的反映,但具体的改革措施很多时候反而加重了刑罚,因此,东汉以来一些有识之士,如班固、

① (汉)班固著:《汉书》卷二三《刑法志》,臣瓒认为"诸当完者,完为城旦舂"有误。他说:"文帝除肉刑,皆有以易之,故以完易髡,以笞代劓,以釱左右止代刖。今既曰完矣,不复以完代完也。此当言髡者完也。"见中华书局1962年版,第1099页。

崔寔、荀悦、仲长统、陈纪等人都主张恢复或部分恢复肉刑。他们提出的理由主要有两点，第一，废除肉刑后建立的刑罚体系是名轻而实重，这一次改革是“外有轻刑之名，内实杀人”。陈纪认为：“汉除肉刑而增加笞，本兴仁恻而死者更众，所谓名轻而实重者也。名轻则易犯，实重则伤民。”(《三国志・陈群传》)

第二，这一刑罚体系罪刑不相抵，经常造成轻罪重罚的效果。班固说：

> 今去髡钳一等，转而入于大辟。以死罔民，失本惠矣。故死者岁以万数，刑重之所致也。至乎穿窬之盗，忿怒伤人，男女淫佚，吏为奸臧，若此之恶，髡钳之罚又不足以惩也。故刑者岁十万数，民既不畏，又曾不耻，刑轻之所生也。①

有些中罪，本来应该判肉刑的，废除肉刑后有的改为髡钳，有的直接大辟。而日常生活的犯罪，比如偷鸡摸狗、男女淫奔、酒醴赂遗、谬误伤害，都不足以判死刑，但用髡刑又不足以称其罪。一年有十万多人受刑，但百姓既不畏惧，也不感到羞耻。据仲长统说，因为没有制中刑以称其罪，所以法令参差，杀生过谬。在实际操作过程中，执法者有时为了惩恶，就假增臧货，以成其罪；或托之疾病，令死于狱中。“科条无所准，名实不相应。”所以，他主张恢复肉刑，制定从重到轻有品级差异的刑法，同时慎用死刑。“令五刑有品，轻重有数，科条有序，名实有正，非杀人逆乱鸟兽之行甚重者，皆勿杀。”②两晋交替之际，王导也完全继承了班固、仲长统的观点，认为恢复肉刑反而是仁政。他说：“今盗者窃人之财，淫者好人之色，亡者避叛之役，皆无杀害也，则加之以刑。刑之则止，而加之斩戮，戮过其罪，死不可生，纵虐于此，岁以巨计。此乃仁人君子所不忍闻，而况行之于政乎！”③

到了汉末，“是时天下将乱，百姓有土崩之势，刑罚不足以惩恶，于是名儒大才故辽东太守崔寔、大司农郑玄、大鸿胪陈纪之徒，咸以为宜

① (汉)班固著，(唐)颜师古注：《汉书》卷二三《刑法志》，中华书局1962年版，第1112页。
② (刘宋)范晔著，(唐)李贤注：《后汉书》卷四九《仲长统传》，中华书局1965年版，第1652页。
③ (唐)房玄龄等：《晋书・刑法志》，中华书局1974年版，第940页。

复行肉刑”[1]。以孔融为代表的儒生则深表反对。魏国建立，在曹操的提议下，有过一次肉刑存废的讨论，陈群、钟繇主张恢复肉刑，但王修不同意，而曹操也因为他当时只是藩国诸侯，难以改动汉朝之制，没有实行。曹丕受禅之后，再一次启动此一议题，太傅钟繇再次上疏求复肉刑，而司徒王朗表示反对。议者百余人，同意王朗的居多。

在这两次讨论中，钟繇、陈群在前人的基础上，就恢复肉刑又提出了两点新的理由。钟繇认为部分恢复肉刑的一个好处是能够增加人口，他说："使如孝景之令，其当弃市，欲斩右趾者许之……虽斩其足，犹任生育……臣欲复肉刑，岁生三千人。"（《三国志·钟繇传》）这是肉刑论者的一个全新理由。陈群认为恢复肉刑的好处是可以"去为害之具"，他说："若用古刑，使淫者下蚕室，盗者刖其足，则永无淫放穿窬之奸矣。"（《三国志·陈群传》）淫者去势、盗者刖足后就永远丧失了犯罪的条件，因此比死刑更具威慑与恐吓作用，能够达到"以刑止刑"的目的。王导言："虽加斩戮，忽为灰土，死事日往，生欲日存，未以为改。若刑诸市朝，朝夕鉴戒，刑者咏为恶之永痛，恶者睹残刖之长废，故足惧也。"（《晋书·刑法志》）这些观点都认为肉刑可以"去为害之具"，更具威慑作用，可以实现"以刑止刑"的目的。魏明帝正始年间，夏侯玄、李胜、曹羲、丁谧又追议肉刑，卒不能决。西晋建立之后，刘颂为廷尉，频表宜复肉刑。

葛洪写作《用刑》的时间，正是东晋这场大讨论的前夕。了解了这个背景，我们再来看葛洪对于肉刑的看法：

> 或曰：然则刑罚果所以助教兴善，式遏轨忒也。若夫古之肉刑，亦可复与？
>
> 抱朴子曰："曷为而不可哉！昔周用肉刑，积祀七百。汉氏废之，年代不如。至于改以鞭笞，大多死者。外有轻刑之名，内有杀人之实也。及于犯罪上不足以至死，则其下唯有徒谪鞭杖，或遇赦令，则身无损；且髡其更生之发，挝其方愈之创，殊不足以惩次死之罪。今除肉刑，则死罪之下无复中刑在其间，而次死罪不得不止于徒谪鞭杖，是轻重不得不适也。又犯罪者希而时有耳，至于杀之则

[1] （唐）房玄龄等：《晋书·刑法制》，中华书局1974年版，第940页。

恨重，而鞭之则恨轻，犯此者为多。今不用肉刑，是次死之罪，常不见治也。今若自非谋反大逆，恶于君亲，及用军临敌犯军法者，及手杀人者，以肉刑代其死，则亦足以惩示凶人。而刑者犹任坐役，能有所为，又不绝其生类之道，而终身残毁，百姓见之，莫不寒心，亦足使未犯者肃栗，以彰示将来，乃过于杀人。杀人，非不重也。然辜之三日，行埋弃之，不知者众，不见者多也。若夫肉刑者之为摽戒也多。"

葛洪论述恢复肉刑的理由有四点：1. 肉刑实施的时间比废除的时间长，实施的时间是700多年，而废除的时间只有460年左右。2. 外有轻刑之名，内有杀人之实。3. 没有适合中罪与次死罪的刑罚，造成罪罚不相当。4. 肉刑对百姓心理的震慑大于死刑，可以用来以刑止刑。除了第一点，其他就是班固、仲长统、陈群意见的综合。

在葛洪写作此文后不久，元帝即位，卫展为廷尉，上言要复古施行，恢复肉刑。元帝下诏展开讨论，大臣的意见分三派，王导、贺循、纪瞻、庾亮、梅陶、张嶷等人表示赞同，属于恢复肉刑派，他们说：

肉刑之典，由来尚矣。肇自古先，以及三代，圣哲明王所未曾改也。岂是汉文常主所能易者乎！时萧曹已没，绛灌之徒不能正其义。逮班固深论其事，以为外有轻刑之名，内实杀人。又死刑太重，生刑太轻，生刑纵于上，死刑怨于下，轻重失当，故刑政不中也……今盗者窃人之财，淫者好人之色，亡者避叛之役，皆无杀害也，则刖之以刑。刑之则止，而加之斩戮，戮过其罪，死不可生，纵虐于此，岁以巨计。此乃仁人君子所不忍闻，而况行之于政乎……惑者乃曰，死犹不惩，而况于刑？然人者，冥也。其至愚矣，虽加斩戮，忽为灰土，死事日往，生欲日存，未以为改。若刑诸市朝，朝夕鉴戒，刑者咏为恶之永痛，恶者睹残刖之长废，故足惧也。然后知先王之轻刑以御物，显诫以惩愚，其理远矣。(《晋书·刑法志》)

此条上奏与葛洪的文章尽管用语完全不同，但四点理由却惊人相似，不知道是不是王导采纳了葛洪的意见。尽管葛洪的意见与他的府主完全相同，但身份太低，使其不能加入此次讨论。

这次讨论中，刁协、薛兼则是折中派。他们认为废除肉刑由来已久，突然改变旧有刑法，未必使民众心服。可采用折中方案，不将肉刑写入法律，但可让罪犯自主选择，乐刑者刖，甘死者杀。士人有犯者，应该如旧。而周顗、曹彦、桓彝则是反对派，他们说：

> 窃以为刑罚轻重，随时而作。时人少罪而易威，则从轻而宽之；时人多罪而难威，则宜化刑而济之。肉刑平世所应立，非救弊之宜也。方今圣化草创，人有余奸，习恶之徒，为非未已，截头绞颈，尚不能禁，而乃更断足劓鼻，轻其刑罚，使欲为恶者轻犯宽刑，蹈罪更众，是为轻其刑以诱人于罪，残其身以加楚酷也。昔之畏死刑以为善人者，今皆犯轻刑而残其身，畏重之常人，反为犯轻而致囚，此则何异断刖常人以为恩仁邪！受刑者转广，而为非者日多，踊贵屦贱，有鼻者丑也。徒有轻刑之名，而实开长恶之源。不如以杀止杀，重以全轻，权小停之。须圣化渐著，兆庶易威之日，徐施行也。(《晋书·刑法志》)

元帝原本想听从卫展的建议，大将军王敦以为："百姓习俗日久，忽复肉刑，必骇远近。且逆寇未殄，不宜有惨酷之声，以闻天下。"(《晋书·刑法志》)这和每次喊停的理由一模一样，结果也不意外，恢复肉刑未成功。在这个问题上，历史可以说是多次重复的。

在刑罚问题上，葛洪首先批评了道家的主张，他说：大家都鄙薄申不害、韩非切实有用的学说，而赞扬老子、庄周放诞的空谈。真正的执政是不能搁置刑罚、免除杀人者的死刑、饶恕伤人者的罪过的。如果按照老庄学说实行，那就要烧掉镣铐，废除监狱，罢除官吏，毁灭刑书，冶熔武器，夷平城池，散尽库藏，毁掉符节，撤销关梁，砸碎各种量器。这样的学说毫无实用的价值，如同在盘子里装上瓦片充当肉块，不能解救没吃早饭的饥者。他们的学说辽落迂阔，不切实际，就像干将无法用来缝纫，大象不能用来捕鼠，金船无法漂浮，玉马不能驰骋一样。这听上去很高妙，真正实行就会马上灭亡。

同时，他也批评了儒家的主张。他说俗儒光听说周朝施行仁政而兴起，秦朝实行严刑而灭亡，却并不了解周人得天下并非只因仁政，秦朝失天下也不全由严刑。当初周人也用刖足劓鼻的肉刑,盟津会盟之时下令,后至者斩,作战不力,同样也要诛杀。倒是周朝衰落以后,因为执法不严,君主遭到了比严刑更可怕的惩罚,有的沉入汉水,有的流放彘地。他们失去权柄的原因就在于执法不严。

很显然,在刑罚问题上,葛洪接近于法家,在他看来,法家学说是切实有效的学说。

第四节　减省礼仪——葛洪的礼仪思想

一、烦琐纷歧的礼学

据胡适说,所谓"儒",原本是殷商的教士,失其世业后,流落民间,以教师为职业。对礼的熟稔是他们的特长,因此,礼学是儒学的核心。但早在先秦时期,儒家所提倡的烦琐礼仪就一直为有识之士所诟病,不同学派的学者站在不同的立场对儒家之礼提出批判。在道家看来,礼仪正是造成天下大乱的祸首。老子说:"故失道而后德,失德而后仁,失仁而后义,失义而后礼。夫礼者,忠信之薄,而乱之首。"(《老子》三十八章)晏子则认为儒家威仪繁多,无法用来治国。据《晏子春秋》卷八《外篇下·仲尼见景公景公欲封之以为不可第一》记载,齐景公想要以尔稽之地封孔子,晏子认为不可。他说:

> 自大贤之灭,周室之卑也,威仪加多,而民行滋薄;声乐繁充,而世德滋衰。今孔丘盛声乐以侈世,饰弦歌鼓舞以聚徒,繁登降之礼,趋翔之节以观众,博学不可以仪世,劳思不可以补民,兼寿不能殚其教,当年不能究其礼,积财不能赡其乐,繁饰邪术以营世君,盛为声乐以淫愚其民。其道也,不可以示世;其教也,不可以导民。①

晏子对儒家的批评主要是针对其烦琐的礼仪。对此,墨家的看法

① 吴则虞集释:《晏子春秋集释》,中华书局1962年版,第491—492页。

与晏子颇为相似。据《淮南子·要略》记载:“墨子学儒者之业,受孔子之术,以为其礼烦扰而不说,厚葬靡财而贫民,久服伤生而害事。”到了西汉,司马谈《论六家要旨》在谈到儒家的缺点时就说:“夫儒者以六艺为法。六艺经传以千万数,累世不能通其学,当年不能究其礼,故曰:‘博而寡要,劳而少功。’”(《史记·太史公自序》)可见儒家礼学有先天的缺点。

西汉以后,以经学取士,经学成为利禄之途,经学尤其是礼学的烦琐化倾向变本加厉。班固在《汉书·儒林传·赞》曰:“自武帝立五经博士,开弟子员,设科射策,劝以官禄,讫于元始,百有余年,传业者浸盛,支叶蕃滋,一经说至百余万言,大师众至千余人,盖禄利之路然。”著名经学家夏侯胜的学生秦恭解说《尧典》,“两字之谊,至十余万言;但说‘粤若稽古’,三万言”(桓谭《新论》)。班固如此比较古代儒家与汉儒在治学上的不同:“古之学者耕且养,三年而通一艺,存其大体,玩经文而已,是故用日少而畜德多,三十而五经立也。后世经传既已乖离,博学者又不思多闻阙疑之义,而务碎义逃难,便辞巧说,破坏形体;说五字之文,至于二三万言。后进弥以驰逐,故幼童而守一艺,白首而后能言;安其所习,毁所不见,终以自蔽。”(《汉书·艺文志》)应劭也说:“汉兴,儒者竞复比谊会意,为之章句,家有五六,皆析文便辞,弥以驰远;缀文之士,杂袭龙鳞,训注说难,转相陵高,积如丘山,可谓繁富者矣。”(《风俗通义·序》)

除了烦琐,此一时期经学(包括礼学)的另一个特点是多歧异。汉朝儒学有派别,今文外别有古文;重师法,师法中复分家法。范晔说:“汉兴,诸儒颇修艺文;及东京,学者亦各名家。而守文之徒,滞固所禀,异端纷纭,互相诡激,遂令经有数家,家有数说,章句多者或乃百余万言,学徒劳而少功,后生疑而莫正。”(《后汉书·郑玄传论》)又说:“《五经》奇异,并复求立,各有所执,乖戾分争。从之则失道,不从则失人。”(《后汉书·范升传》)因为分歧,就有争议,莫衷一是,互相攻讦。

魏晋以后礼学的一个发展趋势是体系化、制度化。在朝廷的主持下,官方试图将原本散乱零碎的各项礼仪整合到吉凶军宾嘉五礼体系中,成为上至国家仪式、下至个人交际普遍遵循的制度。这一工作,从三国时即已开始。魏国王肃、高堂隆等人编制二十七篇、三千条之多的礼法，国家奉为圭臬。

与曹魏为阉宦余孽不同，晋朝皇室出身于河内司马氏家族，是世代崇儒的高门，非常讲究门风礼法。《三国志》卷十五《司马朗传》注引司马彪《序传》说司马懿的父亲司马防，"虽闲居宴处，威仪不忒……诸子虽冠成人，不命曰进不敢进，不命曰坐不敢坐，不指有所问不敢言，父子之间肃如也"。司马氏的家风是对家庭礼仪极其重视，尤其重视孝道。西晋时期，重孝守礼的著名人物往往有机会登上仕途的顶层。《晋书·何曾传》载："曾性至孝，闺门整肃，自少及长，无声乐嬖幸之好。年老之后，与妻相见，皆正衣冠，相待如宾。己南向，妻北面，再拜上酒，酬酢既毕便出。一岁如此者不过再三焉。"何曾因为严守家庭之礼，并以孝著称，所以，被司马氏提拔为三公。

正因为西晋统治者极其重视礼仪，西晋建立之后，大大加快了五礼制度化的进程。司马昭下令，让荀顗在魏代旧制的基础上，撰成新礼，经过羊祜、任恺、庾峻、应贞的商讨，最后制成新礼一百六十五篇。太康初年，尚书仆射朱整奏付尚书郎挚虞讨论，挚虞对其中的明堂制度、祭祀五帝、二社六宗制度、皇太子的冠礼制度等都提出了自己的看法，新礼经过挚虞的修订后，重新上奏并得到武帝的认可。东晋时，"仆射刁协、太常荀崧，补缉旧文，光禄大夫蔡谟又踵修其事云"[①]。

在制定礼制时，五礼制度的内容与分类一直处在不断变化的过程中。各种礼仪，尤其是丧服之礼意见纷歧，莫衷一是。也就是说，儒家礼学烦琐化、纷歧化的缺点并没有得到改善。

二、葛洪的礼仪观

正是在这个背景下，葛洪发表了他对礼仪的看法。他在《抱朴子外篇》之《讥惑》篇中，首先强调礼仪的重要：天地形成，庶物化生，其中各种动物禽兽有许多优长之处，是人类所不及的，但它们始终无法与高贵的人类同列，原因就在于他们没有礼仪。

最初，初民们也并无阶级。圣人怜悯人类与动物混同，同情大家居

---

① (唐)房玄龄等:《晋书》卷十九《礼志上》，中华书局 1974 年版，第 582 页。

住的巢穴过分简陋，因此建造了房屋让人们远离鸟兽，制造了礼仪彰明等级品第，教给人类在不同场合如何回旋进退、作揖辞让，训导人们以弯腰、拱手等表示谦恭，教授民众趋步登降、瞻视顾盼等各种应酬之礼，各种礼仪有三千之多。这都是为了防抑人的野性，是最重要的做人道理。

在这里，葛洪接受了荀子的观点，认为制礼的目的是彰显等级。但除了彰显等级，还有“检溢之堤防”的作用，防止什么漫溢？应该是指人的粗野本性，即人的动物性的漫溢。因此，制作并遵守礼仪是从动物变为人类、从粗鄙走向文明的重要举措。“盖人之有礼，犹鱼之有水矣。鱼之失水，虽暂时假息，然枯靡可必待也；人之弃礼，虽犹靦然，而祸败之阶也”（《抱朴子外篇·讥惑》）。

葛洪列举了一系列的历史事实以证明守礼对国家存亡的重要性。鲁国守礼，暴兵不加；魏文侯敬重段干木，精锐的强寇只能撤军。楚国有带甲百万，却脆弱得如同枯叶；秦国有殽、函之险，还不如柳枝做成的篱笆，这都是因为丢掉了礼仪。因此，“安上治民，莫善于礼。弥纶人理，诚为曲备”（《抱朴子外篇·省烦》）。安定君主，治理百姓，没有比礼更好的规定了。礼仪统摄各种人伦关系，已非常完备。

但后来的发展已经失去了创制礼仪的初心。葛洪抱怨说，现在的冠、婚、饮、射各种礼仪是多么烦琐啊！礼仪虽然宝贵，但只要彰明尊卑有序的威仪，表现出真诚的敬意就可以了，怎么会如此在意升堂降阶、没完没了地下拜起立、俯首伏地呢？

这种繁杂的礼仪，即便是好古的官长在天下承平、四方无事之时，成年累月地讲授，昼夜无倦地修习，废寝忘食，用鞭打来督促，经过一个季节的学习，捧着书卷、按照条文安排一举一动，其中还有罢黜贬官的压力，即便试行一天，也依然会有过失错误，而现在却要让百姓日常遵行，这实在太难实行了。难怪墨子要说“累世不能尽其学，当年不能究其事”。

葛洪主张，等到丧乱既平、朝野无事的时候，君主可以自我作古，自制礼仪，而不必尽遵古法。可以允许那些精学洽闻之士删定三礼，割弃不需要的，梳理源流，总合其事，分类相从，删除那些繁重的、不确定的、辞异义同的、存之无法实行除之也无所损伤的条文。不要让礼仪隐晦不明，对执行造成障碍。

国家礼仪首先需要减省。那些有关于吉礼凶礼所用的器物，比如俎、豆、觚、觯之类的祭物，衣、冠、车、服等制度，旗帜、花纹、色彩等装饰，宫室尊卑的等级规定，朝见、宴飨时宾主的仪节，祭奠、出殡、下葬的区别，郊祭天地和大祭始祖的办法，祭祀社稷山川的礼节，都可以减省，务令约俭。简单就容易施行，节省就可以减少用度；容易施行就不烦人，用度少就花费小；不烦琐，莅事者就不容易有过失；花费小，对百姓的征调就不苛刻。

其次，社交礼仪也需要简单并且明确。拜伏揖让、宾主相见的礼节，升堂降阶、进退回环的形式，能够使事情进行就可以了，不要过于琐碎，要将礼仪条款区分清楚，让人们容易遵循。

葛洪针对礼学纷歧化的现状表达了强烈的不满。他说，如今五礼相互混杂，纷错淆乱，枝分叶散，重出互见，相互重叠，解释文字比原书还多。殊理兼说，驳难渐广，不同意见没完没了，除了特别精通的专家，无不感到困惑。学者们忧劳艰辛地寻求解释，竭尽心力地去判断衡量，头发白了也无所建树，浪费了时光，耽误了其他事业，忧愁困苦，没有尽头。所以，要分类董理，删削不急需的礼节，举其大纲，检查令条，使其“炳若日月之著明，灼若五色之有定”(《抱朴子外篇·省烦》)，也就是要像太阳那样明亮清楚，像五色那样确定彰显。

葛洪说，拘守常规的人突然听说自我作古、自制礼仪的主张，必然会惊愕于这样的创见，称我为狂生。然而三王不相沿乐，五帝不相袭礼，却都能做到移风易俗、安上治民。历史上的君主，有人变革，有人因袭，有人减损，有人增益，有人毁坏，有人修缮，为什么非得乘船去登山，鞭马去渡河，披甲升庙堂，重裘挡暑热呢？如果认为古代的事始终不能改变，那么就不能用棺椁代替柴薪埋葬，也不用穿衣以取代裸体了。

在这里，我们看到葛洪进化的历史观又一次闪耀光芒，这种进化的历史观常常能够帮助他在关键时刻得到通达而非保守的结论。

第五节　勖学崇教——葛洪论学习与教育

在《抱朴子外篇》中有《勖学》《崇教》两篇，专门讨论学习与教育问题。重视教育是儒家传统，自从《论语》将“学而时习之”作为首章后，历代儒家子书都有论学习的专文，如《荀子》有《劝学》，扬雄《法言》第一篇为《学行》，王符《潜夫论》首篇为《赞学》，徐幹《中论》首篇为《治学》，等等。诸家用意相同，都是表示对学习的特别重视。葛洪同样继承了儒家重学的传统。即便从内容观点来看，葛洪大多也是承袭前人意见，比如强调学习的重要性，认为学习第一能够增加修养、筛炼品质，能够清澄性理、簸扬尘埃、雕琢璞玉、冶炼矿石、启导聪明、饰染质素，总而言之，能够开发提升人才朴素的品性。第二是增加知识。所谓“察往知来，博涉劝戒，仰观俯察，于是乎在；人事王道，于是乎备。进可以为国，退可以保己。”(《勖学》)学之作用，功莫大焉。以上这些无非是儒家学者的老生常谈，并无多少新意，但葛洪对学习的强调有他的时代背景与意义。

一、葛洪强调学习的时代背景

魏晋时期，由于长期的割据战争，官学处于时兴时废、若有若无的状态。一般地说，这个时期的官学是衰废的。就中原来说，汉末二十多年中，豪强混战，儒道衰微。曹操于建安二十一年(216 年)为魏王，次年作泮宫于邺城南。曹丕做皇帝之后，于黄初五年(224 年)正式立太学于洛阳，根据东汉桓帝永寿二年(156 年)所定方法制定了五经课试的办法。这以后太学生由几百人增加到几千人。景元三年(262 年)嵇康受刑时，有三千太学生为其请愿。不过，其中很多是避役而来，博士“率皆粗疏，无以教弟子”。太学的教学质量很差。正始中(240—249 年)刘馥上言：“自黄初以来，崇立太学二十余年，而寡有成者，盖由博士选轻，诸生避役，高门子弟，耻非其伦，故无学者。虽有其名而无其实，虽设其教而无其功。”[①]魏国也有官办乡学,建安初曹操掌政后,于建安八年(203年)令郡国修文学,县满五百户置校官,选择本地地主阶级子弟入学。三国时期有太学和地方官学,大概是招收一般地主子弟,豪门贵族子弟则耻与为伍,恐怕多是聘请私人教授的。

相对而言,吴国的情况更差一些。尽管吴国于黄龙二年(230年)春诏立都讲祭酒以教学诸子,孙休于永安元年(258年)立学,并下制说:要按旧制置学官,立五经博士,加其宠禄,令文武官吏子弟有志者入学,每岁课试,按品第加以位赏。不过,据《三国会要》载,这一道命令并没有实行。因此,吴国长期处于没有官学的境地当中。只有个别地方官员按照自己的兴趣,在地方上鼓励学者讲学教授。在这种情况下,吴国的贵游子弟几乎没有受官方教育的机会。而这一时期的选官制度也不再考查学问知识,主要是根据等级身份,通过交游称誉而获得推荐,因此,学习既失去了动力,也失却了条件。

葛洪描述汉之末世、吴之晚年的士林风气时说:

> 望冠盖以选用,任朋党之华誉,有师友之名,无拾遗之实。匪唯无益,乃反为损。故其所讲说,非道德也;其所贡进,非忠益也。唯在于新声艳色,轻体妙手,评歌讴之清浊,理管弦之长短,相狗马之剿驽,议遨游之处所,比错涂之好恶,方雕琢之精粗,校弹棋樗蒲之巧拙,计渔猎相掊之胜负,品藻妓妾之妍蚩,指摘衣服之鄙野,争骑乘之善否,论弓剑之疏密。招奇合异,至于无限。盈溢之过,日增月甚。(《抱朴子外篇·崇教》)

师友之间从来不讲道德,不谈学问,他们讨论的无非是音乐、歌舞、狗马,商议的是游玩的处所,比较的是装饰的好坏、雕琢的精粗,较量的是弹棋樗蒲的巧拙,比赛的是渔猎相扑的胜负。他们崇尚的是生活的享乐,谈宫殿,则“远拟瑶台、琼室,近效阿房、林光,以千门万户为局促,以昆明、太液为浅陋,笑茅茨为不肖,以土阶为朴騃”。论乐舞,则“淫音噪而惑耳,罗袂挥而乱目,濮上北里,迭奏迭起;或号或呼,俾昼作夜。

---

① (晋)陈寿著,(刘宋)裴松之注:《三国志》卷十五《魏书·刘馥传》,中华书局1982年版,第464页。

流连于羽觞之间，沉沦乎弦节之侧”。

吴地教学不修这种景况，到西晋时期依然没有多大改善。因为吴国归附后，西晋并没有在吴地恢复贡士制度。直到葛洪成年，已经过了近四十年，此一制度依然没有恢复。没有贡士制度，经学不再是利禄之途，广大东吴学子没有了学习的动力，东南儒业衰于在昔。南渡后直到元帝即位之前，百事待举，官学的设置尚没有提到议程上来。①

因此，葛洪对学习的提倡就有了重大的现实意义，如何能在官方并不提倡、没有学习条件、看不到前途的情况之下，依然重视学习，成为一个重大课题。

二、学习对国家的重要意义

葛洪强调，学习不仅有利于个人品性的提高、知识的丰富，更重要的是有利于国家统治。《崇教》主要是针对高层统治者立论的。他说现在的王孙公子，享受着不尽的荣华富贵，沉溺于奢侈无度的生活，他们不知稼穑之艰难，毫无学识。他们看不懂文章，却视学士如草芥，不能引经据典，引证史实常常出错，一辩论就理屈，一问难就困顿，即便能区分大豆小麦，但与盲人有什么不同？

一个国家之中，即便是太子，也必须入太学承师问道，要让太子先懂得如何做大臣，然后才能去做君主；先懂得当儿子，然后才能做父亲。对于贵族来讲，要先学习然后才做官，而不能拿着政事去学习。

贵族子弟，生于深宫之中，长于妇人之手，从未经历过忧惧之劳，在襁褓之中，就加青紫之官；刚刚能够穿衣戴帽，就身居清显之位。他们掌握生杀的权威，具有升黜大臣的权力，与夺决策能够决定他人的荣辱，片言只语就能决定别人的利害。外界会有似是而非的毁誉，有各种花言巧语、诸多阴谋诡计，如果缺乏学识，怎么能分辨邪正与真伪、掌握古今的做事方法呢？所以，学习对治国而言至关重要。

真正爱子，就应该用道义教导他们，精心培养，不让他们沾染邪恶伪善的品行。选择良师益友去渐染、去督促，让他们如同脚跟倒挂在深

① 参见毛礼锐等编：《中国古代教育史》，人民教育出版社 1979 年版，第 226—233 页。

渊那样战战兢兢，如骑马奔驰于薄冰那样小心翼翼，这样才能远离灾难，保持美好的品德。

选择什么样的老师也非常重要。一定要选拔那些出身寒微而品行高洁的人，清苦自立，独立不群，让人敬畏，像董仲舒、桓荣一样知识丰富，像龚延、王吉那样坚强耿直，能朝夕讲论忠孝之道，严肃地论证存亡之理，能够让子弟抑情欲，遵守法度，接受道德训诫。这样的人才能做太子和贵族的老师。

三、修学务早，固志不倦

那么，如何才能有好的学习效果呢？首先，“修学务早”，学习要趁年少。

任何能力技艺都需要通过学习训练才能掌握，有关为人处世的道理、高妙的道德、阴阳的变化与鬼神的情状，更需要苦学勤求。学习的初始阶段十分关键，趁着年少时可塑性强，应尽早根据自身的禀赋特性，确定发展方向，开始有的放矢地习练。葛洪说：“盖少则志一而难忘，长则神放而易失，故修学务早，及其精专，习与性成，不异自然也。”（《抱朴子外篇·勖学》）不过，如果你有超群绝伦的才质，到了盛年开始学习的话，也算是失之旸谷而收之虞渊，良田尽管晚播，但好于整岁抛荒。

其二，强调积渐之功。葛洪用比喻的方式说：“盈乎万钧，必起于锱铢；竦秀凌霄，必始于分毫。是以行潦集，而南溟就无涯之旷；寻常积，而玄圃致极天之高。”（《抱朴子外篇·博喻》）学习也如同上述自然事物，需要从锱铢积累，达乎万钧之重；从分毫生长，直至凌霄之高；千万条行潦汇集，才能形成南溟之无涯；无数寻常土石的堆叠，才会有玄圃之峻高。在这个逐渐积累的过程中，最重要的就是志向坚固，努力不倦，永不放弃：“饰治之术，莫良乎学。学之广在于不倦，不倦在于固志。志苟不固，则贫贱者汲汲于营生，富贵者沉沦于逸乐”。而这一点是最难做到的。正因为固志者缺，不倦者少，“是以遐览渊博者，旷代而时有；面墙之徒，比肩而接武也”（《抱朴子外篇·崇教》）。也正因如此，更需要志固不倦的学子。

综上所述，葛洪在政治、法律、礼仪与教育方面的基本观点较为接近儒家，尤其在教育思想上，继承了儒家一贯的主张。但同时，在有些方面又吸收了法家的某些观点。比如在政治上强调以君为本，但君主治国必须依照法制，不能因私情而违制；臣下对君主需要绝对忠诚；在刑律上主张重刑严治，恢复肉刑；在礼仪上主张简易明白，使之易于实施，甚至主张自我作古、自制礼仪等等，这些观点都与法家的主张比较接近，这与葛洪少年时博览广收、不主一家的学习经历有密切的关系。

第十一章　弹断风俗
——葛洪的社会批判思想

除对政治、法律、礼仪、教育等制度建言献策，《抱朴子外篇》中对魏晋时期时尚风习的批判，立场更为鲜明，措辞更为直接，也更有历史与思想价值。当时有人说他“弹断风俗，言苦辞直……适足取憎在位，招摈于时”。葛洪的回答是：“立言者贵于助教，而不以偶俗集誉为高。若徒阿顺谄谀，虚美隐恶，岂所匡失弼违，醒迷补过者乎？虑寡和而废白雪之音，嫌难售而贱连城之价，余无取焉。非不能属华艳以取悦，非不知抗直言之多吝，然不忍违情曲笔，错滥真伪。欲令心口相契，顾不愧景，冀知音之在后也。否泰有命，通塞听天，何必书行言用，荣及当年乎？”（《抱朴子外篇·应嘲》）也就是说，葛洪已经做好了言论不被采用、今世无法荣耀的预想，而冀望在身后遇到知音。因此，他无所顾忌，抗颜高论。

第一节　殊代同疾——对奢华侈靡的批判

在葛洪的社会批判中，有的针对的是东汉以来的老风习，比如识人用人问题（此一问题上章第三节已有论述），有的针对的是贵族们奢华侈靡的生活方式，这是东汉时期普遍存在的社会问题，《潜夫论》卷三《浮侈》就已经指出：

> 今京师贵戚，衣服、饮食、车舆、文饰、庐舍，皆过王制，僭上甚矣。从奴仆妾，皆服葛子升越，筒中女布，细致绮縠，冰纨锦绣。犀象珠玉，琥珀玳瑁，石山隐饰，金银错镂，獐麂履舄，文组彩绁，骄奢

僭主，转相夸诧，箕子所唏，今在仆妾。富贵嫁娶，车軿各十，骑奴侍僮，夹毂节引。富者竞欲相过，贫者耻不逮及。是故一飨之所费，破终身之本业。

葛洪作为句容小县的一个经济状况不佳的地主，对上层阶级的奢侈生活有更多的不满与更深的感慨，在《抱朴子外篇》中他经常有所提及，比如在《诘鲍》篇中，葛洪借鲍生之口，批判统治者的穷奢极欲：

起土木于凌霄，构丹绿于棼橑；倾峻搜宝，泳渊采珠。聚玉如林，不足以极其变；积金成山，不足以赡其费。澶漫于淫荒之域，而叛其大始之本。

正是这种“倾峻搜宝、积金成山”的生活，才使得人们意识到君主制的不公与罪恶。《吴失》篇中葛洪如此描述吴国统治阶层奢侈浮靡的生活：

车服则光可以鉴，丰屋则群乌爰止……势利倾于邦君，储积富乎公室。出饰翟黄之卫从，入游玉根之藻棁。僮仆成军，闭门为市。牛羊掩原隰，田池布千里。有鱼沧、濯裘之俭，以窃赵宣、平仲之名。内崇陶侃、文信之訾，实有安昌、董、邓之污。虽造宾不沐嘉旨之俟，饥士不蒙升合之救，而金玉满堂，妓妾溢房，商贩千艘，腐谷万庾，园囿拟上林，馆第僭太极，粱肉余于犬马，积珍陷于帑藏。其接士也无葭莩之薄，其自奉也有尽理之厚。

他认为以上的生活方式就是吴国灭亡的重要原因。在《崇教》一篇中，他再次提到吴国贵族的生活情状：

其谈宫殿，则远拟瑶台、琼室，近效阿房、林光，以千门万户为局促，以昆明、太液为浅陋，笑茅茨为不肖，以土阶为朴騃。民力竭于功役，储蓄靡于不急，起土山以准嵩、霍，决渠水以象九河；登凌霄之华观，辟云际之绮窗。淫音嘈而惑耳，罗袂挥而乱目，濮上北里，迭奏迭起；或号或呼，俾昼作夜。流连于羽觞之间，沉沦乎弦节之侧。

或建翠翳之青葱，或射勇禽于郊坰，驰轻足于崄峻之上，暴僚隶于盛日之下，举火而往，乘星而返，机事废而不修，赏罚弃而不治。或浮文艘于滉瀁，布密网于绿川，垂香饵于涟潭，纵擢歌于清渊，飞高缴以下轻鸿，引沈纶以拔潜鳞；或结罝罘于林麓之中，合重围于山泽之表，列丹飙于丰草，骋逸骑于平原，纵卢、猎以噬狡兽，飞轻鹞以鸷翔禽，劲弩殪狂兕，长戟毙熊虎。如此，既弥年而不猒(厌)，历载而无已矣。而又加之以四时请会，祖送庆贺，要思数之密客，接执贽之嘉宾。人间之务，密匆罔极。

生活奢靡、贫富分化是结构性的社会问题，历朝历代都存在，并不是葛洪时代所独有，但有一些社会问题则是东汉以来独有或者逐渐严重的，比如说浮华交游之风。

第二节　势利可贱——对浮华交游之风的批判

一、浮华交游之风的兴起

两汉通过征辟、察举选官。察举是自下而上的推选，主要根据的就是乡里对你的看法，被称为乡议。而掌控乡议的基本上是乡里的大族，或是与大族有联系的人。征辟则是朝廷、公府、州郡不定期的辟召。无论是察举还是辟召，都需要具有一定的社会声誉。

后世选举的一些弊端在东汉中期就已经普遍存在。弊端之一是名士把持选举之路。据《后汉书·符融传》载："时汉中晋文经、梁国黄子艾，并恃其才智，炫曜上京，卧托养疾，无所通接。洛中士大夫好事者，承其声名，坐门问疾，犹不得见。三公所辟召者，辄以询访之，随所臧否，以为与夺。"可见像汉中郡的晋文经、梁国的黄子艾等人名气大，把持了当时的选举征辟之路，无论察举还是征辟都要咨询他们的意见，他们的评议对选官有决定性的影响。这就造成了弊端，士人为求推举，不择手段与富贵者交游，并互相吹捧，自抬声价。洛中士大夫为了与晋文经、黄子艾交往，"坐门问疾，犹不得见"。《潜夫论·交际》篇说："夫与富贵交者，上有称举之用，下有货财之益。"《昌言》批判的二俗、三俗分别是"交游趋富贵之门"与"畏服不接于贵尊"。当时的年轻人不好经学而好交游，交结富贵，互相吹嘘，由此造成天下“慕名而不知实”“不敢正是非于富贵”“向盛背衰”(《意林》卷五引《昌言》)这三种势利可贱的风气。

通过互相吹嘘而获得名声的风气当时被称为“浮华之风”。所谓“浮华”，指的就是互相吹捧，名过于实。不过，东汉中期的交游似乎还是局限于乡里，主要表现为同乡之间的互相称赏。尽管朝廷对此一直在打击，但这一风气不仅没有消歇，反而因为汉末清议运动使得群居交游更趋盛行。因为有了共同的敌人——宦官，士子们有了一种自觉的群体意识，这促进了同类之间的互相标榜，自抬声誉。桓灵时期的党人风潮，在朝廷看来，实际上是一次大规模的浮华交会。

清议运动自发地形成了一批全国性的领袖。这些领袖可分两类，第一类是守忠节于朝廷的正直之臣，以对抗宦官、忠亮謇谔、不畏强御著称，陈蕃、李膺是其代表。另一类是清议于草野的有识之士，以奖拔人才、善于识鉴、精于品题著称，郭泰、许劭是其代表。这其中更值得我们注意的是以郭泰与许劭为代表的名士。他们的事迹主要不是批评朝政，而是奖掖、品评人物。郭泰、许劭能够用简洁精练的语言揭示人物的才具与特点，并得到验证，被认为有人伦识鉴，成为意见领袖。他们的评语能广泛流传，“讲目成名，具有定格”，伴随被评者的一生。

二、对东汉晚期浮会交游之风的批判

早在桓帝时期，同道者互相品鉴、对立者互相批评的风气就引起了有识之士的担忧。朱穆是丞相朱晖之孙，桓帝时任侍御史，深感时俗浇薄，写作了《崇厚论》，在谈到当时的人际关系时说：

> 然而时俗或异，风化不敦，而尚相诽谤，谓之臧否。记短则兼折其长，贬恶则并伐其善。悠悠者皆是，其可称乎！

这种互相诽谤的风气不仅有违君子之道，而且将有危身累家之祸。但是世俗之人依然不知改正，这是因为“务进者趋前而不顾后，荣贵者矜已而不待人，智不接愚，富不赈贫，贞士孤而不恤，贤者厄而不存”。朱穆对当时的交游之风也深恶痛绝，他在《绝交论》中说：

> 世之务交游也久矣，不敦于业，不忌于君，犯礼以追之，背公以

从之。其愈者则孺子之爱也,其甚者则求蔽过窃誉,以赡其私。利进义退,公轻私重,居劳于听也。或于道而求其私,赡矣。是故遂往不反,而莫敢止焉。是川渎并决而莫敢之塞,游豮蹂稼而莫之禁也。

因此,他本人息交绝游,闭门不出。徐幹《中论》卷中描绘汉末尤其是桓灵之世,通过离乡交游以追求名誉从而求取官职的盛况:

上无明天子,下无贤诸侯,君不识是非,臣不辨黑白。取士不由于乡党,考行不本于阀阅。多助者为贤才,寡助者为不肖。序爵听无证之论,班禄采方国之谣。民见其如此者,知富贵可以从众为也,知名誉可以虚哗获也,乃离其父兄,去其邑里,不修道艺,不治德行,讲偶时之说,结比周之党,汲汲皇皇,无日以处,更相叹扬,迭为表里,梼杌生华,憔悴布衣,以欺人主、惑宰相、窃选举、盗荣宠者,不可胜数也。既获者贤,已而遂往,羡慕者并驱而追之,悠悠皆是,孰能不然者!

桓灵之世其甚者也,自公卿大夫、州牧郡守,王事不恤,宾客为务,冠盖填门,儒服塞道,饥不暇餐,倦不获已,殷殷沄沄,俾夜作昼,下及小司,列城墨绶,莫不相商以得人,自矜以下士。星言夙驾,送往迎来,亭传常满,吏卒侍门,炬火夜行,阍寺不闭;把臂捩腕,扣天矢誓,推托恩好,不较轻重;文书委于官曹,系囚积于囹圄,而不遑省也。详察其为也,非欲忧国恤民,谋道讲德也,徒营己治私,求势逐利而已。

三、对浮华交游之风的厌恶

在葛洪生活的西晋时期,这种交游风气虽然不如桓灵之世盛,但依然相沿不绝。葛洪如此描写那些交游权门的轻薄子的行为:

然而轻薄之人,无分之子,曾无疾非俄然之节,星言宵征,守其门廷,翕然谄笑,卑辞悦色,提壶执贽,时行索媚;勤苦积久,犹见嫌拒,乃行因托长者以构合之。其见受也,则踊悦过于幽系之遇赦;其不合也,则懊悴剧于丧病之逮已也。(《抱朴子外篇·交际》)

德薄位高的掌权者完全没有接引贤才的古人之风：

或有德薄位高，器盈志溢，闻财利则惊掉，见奇士则坐睡。褴褛杖策，被褐负笈者，虽文艳相、雄，学优融玄，同之埃芥，不加接引。若夫程郑、王孙、罗裒之徒，乘肥衣轻，怀金挟玉者，虽笔不集札，菽麦不辨，为之倒屣，吐食握发。（《抱朴子外篇·交际》）

社会舆论则黑白颠倒："以岳峙独立者，为涩吝疏拙；以奴颜婢睐者，为晓解当世。风成俗习，莫不逐末，流遁遂往，可慨者也。"（《抱朴子外篇·交际》）

据葛洪的《自叙》，葛洪是一个沉默的、严肃的人，他"言则率实，杜绝嘲戏，不得其人，终日默然"，因此，社交能力很差：

洪禀性尪羸，兼之多疾，贫无车马，不堪徒行，行亦性所不好。又患㧻俗舍本逐末，交游过差，故遂抚笔闲居，守静荜门，而无趋从之所。至于权豪之徒，虽在密迹，而莫或相识焉……不晓谒以故初不修见官长。

他不仅不喜欢干谒官长，也不喜欢参与吊丧问疾这样一些通常的习俗礼仪，因此，社会上重视社交的风气对他的伤害很大。他几乎一直没有朋友宾客，当然更无法通过荐拔而得官职，但他对交友有自己的看法与原则，他在《自叙》中说：

世人多慕豫亲之好，推闇（暗）室之密。洪以为知人甚未易，上圣之所难。浮杂之交，口合神疟，无益有损。虽不能如朱公叔一切绝之，且必须清澄详悉，乃处意焉。又为此见憎者甚众，而不改也。驰逐苟达，侧立势门者，又共疾洪之异于已而见疵毁，谓洪为傲物轻俗。而洪之为人，信心而行，毁誉皆置于不闻。

葛洪说：一般人多羡慕快乐亲密的交情，推崇那些可以在暗室之内互享秘密的友谊。但实际上，了解人是很不容易的，即使是圣人也不容易做到。浮杂之交，口合神离，无益有损。他虽然不能像朱穆那样断绝一切交往，但也必须要一切都了解清楚，才能真心相处。葛洪说他因此而被很多人恼恨，不过，他不想悔改。苟且追求显达，侧立于权势之门的那些人,都痛恨葛洪异己,因而毁谤他,说葛洪自负,看不起一般人。而葛洪的为人,就是按照自己的想法行事,诋毁、赞誉都放置一旁,只当没听见。

葛洪说:那些通过攀附钻营而爬上高位的人,虽然显赫光耀,势力足以移山拔海,吹气能让泥象登云,但到他们家去,我还没有闲工夫呢!也有很多人低声下气表情和悦,匍匐膝进,请求和这些人交往,以图自己的利益。悲惨哪!人心是如此不同,差别是如此巨大。我和他们生在同一个圣明的时代,但抱守困贱,无人效法,以前远远落后于我的人,现在纷纷跑到我前面,追着看都看不到,难道不是有原因的吗?但我的性格实在是无法忍受这种卑躬屈膝的讨好与谄媚,所以各从所好,各走各路,这种想法死也不会改变!

四、对郭泰、许劭的批评

葛洪对互相交游、博取称誉的做法极其不屑,非常不满,他对那些因为善于赏誉荐拔而赢得声名的意见领袖也颇有微辞。汉末,以郭泰、许劭为代表的名士拥有极高的社会声誉。据葛洪说,当时竟有人称誉郭泰为"亚圣"。在《抱朴子外篇》中,专门设有《正郭》一篇,批评纠正郭泰的错误做法。

郭泰,字林宗,据史书记载,郭泰"身长八尺,容貌魁伟,褒衣博带,周游郡国……虽善人伦,而不为危言核论,其奖拔士人,皆如所鉴"(《后汉书·郭泰传》)。章怀太子注引《谢承书》曰:"泰之所名,人品乃定,先言后验,众皆服之。"[①]这样一位名声卓著的清议领袖,葛洪对他的批评却毫不留情。他认为郭泰并无实际贡献,他的名声是靠浮华交游、自衒自媒营造出来的。此人机智善辩,又仪表堂堂,能够巧妙应对社会环境并善于利用,一些好事者帮他延誉,将他的声名传播四方,那些不了解实际情况的外人因此而推崇他。实际上,郭泰只是一个善于放大、宣扬自己优点的人,并不是一位真正的隐士。郭泰并没有坚定的志向。他想做官,可天下已经大乱。他害怕祸害,欲隐居,却无法承受,不能安心。他因此在出仕与隐居之间徘徊不定。他沉浮于宦海中,奔走在尘

① (刘宋)范晔著,(唐)李贤注:《后汉书》卷六八《郭泰传》,中华书局1965年版,第2227页。

世间,在京城游荡,与权贵结交,他家的巷子里,停满了官员的车辆,厅堂里坐满了贵客。就贡献而言,他出不能安上治民,移风易俗;入不能挥毫属笔,祖述六艺。他靠自我炫耀赢得赫赫声名。

葛洪对郭泰享有盛誉的判断力也不以为然。据皇甫谧说,郭泰前后荐拔了六十多人,其预言最后都能应验。葛洪说,郭泰品评的人多了,总有说中的时候,“其所得者,则世共传闻;而所失者,则莫之有识”(《抱朴子外篇·正郭》)。人们通常都倾向于传播那些被说中的事例,而那些说错的,人们会很快忘却。在这里,葛洪说出了大众心理的一个特点,这个心理特点也是那些卜卦算命的预测者能够长期存在的原因。

至于当时的另一位领袖许劭,葛洪认为就是他造成了争讼论议、朋党相争的世风习俗,并把他的遭遇视为应该接受的教训。他在《自叙》中说:

> 汉末俗弊,朋党分部。许子将之徒,以口舌取戒,争讼论议,门宗成雠,故汝南人士无复定价,而有月旦之评。魏武帝深亦疾之,欲取其首,尔乃奔波亡走,殆至屠灭。前鉴不远,可以得师矣。

葛洪对郭泰、许邵的批评,实际上是在否认汉末以来兴起的结党联群、互相赏誉之风。朱穆、徐幹痛恨这种情况,没有力量纠正,又不忍心此风发展,就发奋著书,断绝交往。葛洪认为,朱穆的纠正略微过头,不能作为长远而永久的准则。在交友问题上,葛洪并没有因为自己的性格和际遇而提出一些极端的主张,他针对此事的一些告诫实际上非常通达。

五、正确的交友方式

葛洪强调交友的重要性。葛洪说:“《易》美金兰,《诗》咏百朋,虽有兄弟,不如友生。切思三益,大圣所嘉。”(《抱朴子外篇·交际》)《周易》赞美朋友说:“两人同心,其利断金;同心之言,其臭如兰。”《诗经·小雅·菁菁者莪》歌咏“锡我百朋”的友人。《小雅·常棣》也说“虽有兄弟,不如友生”。孔子认为交朋友应该友直、友谅、友多闻,并认为朋友之间应该切切、偲偲、怡怡如也。所以,交朋友是圣人所称赞的。有了朋友,同学之间能够增加亲密,诽谤之言就不会临耳。管仲能够免诛戮而立霸功，是因为有鲍叔牙这样的搭档；朱博能够升任高官，就是因为交了萧育、陈咸这样的朋友。只弦演奏不了音乐，单色不能成就华彩，独味不能调出美味，孤树不能成就丛林的繁茂，玄圃极天靠众石累积，南海浩瀚须群流奔赴。因此，朋友是不可或缺的，结交好的朋友能够帮你指正错误，培养仁德。

那什么才是好的、值得交的朋友呢？葛洪主张友直、友谅、友多闻，他说："且夫朋友也者，必取乎直谅多闻，拾遗斥谬，生无请言，死无托辞，终始一契，寒暑不渝者。"（《抱朴子外篇·交际》）指斥你的错误而不是请托你办事，始终如一，生死不渝的才是好的、值得交的朋友，但是这样的朋友并不容易得到。通常来说，人与人之间，"或默语殊涂，或憎爱异心，或盛合衰离，或见利忘信……世俗之人，交不论志，逐名趋势，热来冷去；见过不改，视迷不救；有利则独专而不相分，有害则苟免而不相恤；或事便则先取而不让，值机会则卖彼以安此"（《抱朴子外篇·交际》）。这样的朋友，有不如无。因此，交友一定要审慎，"详交者不失人，而泛结者多后悔"。所以，应该做到先选择后结交，不可先结交后选择，古代的哲人都是这么做的。

通达的人盼望结交的，一定是胜过自己的人；愿意结交的，一定是志同道合的人。他们平日居处时讲道论德，出仕为官时齐心比翼；困厄时一起隐逸江湖，通达时就协力治理国家；安居时讨论事物的精义，危急时就互相救恤。这才是朋友之间的相处之道。

第三节　淫荒成俗——对任诞之风的批判

葛洪着力批判的，是南渡后从中原带来的魏晋新时尚，即《世说新语》所称的"任诞"之风。尽管葛洪对当时礼学的烦琐与分歧有很大的不满与抱怨，主张减省改革，但他更为不满，甚至痛心疾首的是社会上流行的违礼任情之风。很多学者都已经指出过，任诞之风的产生有其时代背景和思想意义。追溯起来的话，这种风气同样肇始于东汉末年。

两汉主要是通过举荐来选拔官员，举荐最重要的标准是对礼仪的遵守程度，这使得对于礼教的遵守实行变得虚伪。礼教当时习称为"名教"，所谓"名教"，最重要的内容就是在家族伦理基础上发展出来的一套繁文缛节。东汉末年，由于选官的需要，引发了很多矫情虚伪的表演，很多有识之士认为这些繁文缛节抑性犯情，表面上是守礼实质上却违背了制礼的初心，违背了礼仪的核心思想与价值，所以，他们以背弃礼俗的方式表达抗争，主张"越名教而任自然"，以放诞的行为作全面性的反抗，由此造成浮诞之风的盛行。

一、居丧毁礼之风的盛行

《世说新语》中专列《任诞》一门，任诞之行第一个表现就是居丧毁礼。居丧而饮酒食肉，起于东汉的戴良。戴良母亲喜欢驴鸣，他常学驴叫逗母亲开心。母卒，兄伯依礼"居庐啜粥"，只有戴良食肉饮酒。这以后范冉、祢衡、孔融等人都议论尚奇，违时绝俗，为激诡之行，认为只要出自真情，行为自然即可，不必守名教之礼。孔融声称："父之于子，当有何亲？论其本意，实为情欲发耳！子之于母亦复奚为？譬如寄物瓶中，出则离矣。"（《三国志·魏书·崔琰传》裴注引孙盛《魏氏春秋》）曹操据此以不孝为罪名诛杀了孔融。阮籍在戴良行事的基础上有所发展。《任诞》门第9则载：

> 阮籍当葬母，蒸一肥豚，饮酒二斗，然后临诀，直言"穷矣"！都得一号，因吐血，废顿良久。

刘孝标注引邓粲《晋纪》曰："籍母将死，与人围棋如故，对者求止，籍不肯，留与决赌。既而饮酒三斗，举声一号，呕血数升，废顿久之。"

《任诞》第11则载：

> 阮步兵籍也。丧母，裴令公楷也，往吊之。阮方醉，散发坐床，箕踞不哭。裴至，下席于地，哭吊唁毕，便去。或问裴："凡吊，主人哭，客乃为礼。阮既不哭，君何为哭？"裴曰："阮方外之人，故不崇礼制；我辈俗中人，故以仪轨自居。"时人叹为两得其中。

可见当时有"名教中人"与"方外之士"之别，自认是"方外之士"，其行事就有了相当的自由度。《任诞》第15则：

> 阮仲容先幸姑家鲜卑婢。及居母丧，姑当远移，初云当留婢，既发，定将去。仲容借客驴着重服自追之，累骑而返。曰："人种不可失！"即遥集之母也。

居母丧期间与婢女发生关系是严重的毁礼，而不加隐晦、公然追女更是严重有违礼教。阮籍他们的行为是有很强的现实针对性的，显然是出于对世俗风气的不满而有意识地违俗毁礼。东汉特别重视孝道，以孝廉取士，为了博取孝名，士人往往用表演性的行为展示自己的孝道，虚伪而矫情。魏晋时期更是"以孝治天下"，造就了更多的伪善之行。一些有识之士主张："礼所以情佚也，情苟不供，何礼之论！"（《后汉书·逸民·戴良传》）情为礼本，礼为情设。阮籍、阮咸等人的行为是名教危机下汉末名士言行的延续，这些言行是具有很大风险的。他们冒着风险想要表达的意思是：真正的孝心应该发自真情，孝行是真实情感的自然表达，而不是因名教束缚而不得已进行的表演。阮籍在母亲去世后"呕血数升"，王戎"哀毁骨立"，身体的毁损足以说明内心的哀伤，哭泣备礼、饮酒食肉都是外在形迹。没有真情，行迹上遵守礼仪，只能造就伪善。这实际上表达了魏晋玄学的一个根本思路：看问题要抓住本质与核心，不能拘泥于外在的行迹。

西晋以后，阮籍等人的影响日益扩大，在江南，有不少人争学京洛时尚。葛洪说：

> 又闻贵人在大哀，或有疾病服石散，以数食宣药势，以饮酒为性命。疾患危笃，不堪风冷，帏帐茵褥，任其所安。于是凡琐小人之有财力者，了不复居于丧位，常在别房，高床重褥，美食大饮，或与密客引满投空，至于沉醉。曰："此京洛之法也。"不亦惜哉！（《抱朴子外篇·讥惑》）

对此，葛洪深表不满，他以乡里先贤作为对比：

> 余之乡里先德君子，其居重难，或并在衰老，于礼唯应缞麻在身，不成丧致毁者，皆过哀啜粥，口不经甘。时人虽不肖者，莫不企

及自勉。而今人乃自取如此，何其相去之辽缅乎！（《抱朴子外篇·讥惑》）

上述京洛居丧之风肯定不是中原的主流，阮籍等人的风尚不能代表中原礼仪。他说："夫中州，礼之所自出也，礼岂然乎？"（《抱朴子外篇·疾谬》）那些邯郸学步者完全没有掌握中原居丧的真正方式，中原之风的真正代表应该是晋朝四代国君：

又凡人不解，呼谓中国之中居丧者，多皆奢溢，殊不然也。吾闻晋之宣、景、文、武四帝居亲丧，皆毁瘠踰制；又不用王氏二十五月之礼，皆行七月服。于时天下之在重哀者，咸以四帝为法。世人何独不闻此而虚诬高人，不亦惑乎！（《抱朴子外篇·讥惑》）

确实，司马氏家族在丧礼的遵行上，通常都比制度规定更为严格，即所谓"毁瘠逾制"。曹魏丧礼规定，父死后，葬毕便除服反吉，儿子不准守三年之丧。晋武帝父死，武帝虽尊汉魏之典，"既葬除服，然犹深衣素冠，降席撤膳"，并以此礼终三年。晋朝建立，即改此制。泰始元年（265 年），晋武帝下诏"诸将吏遭三年丧者，遣宁终丧"（《晋书·武帝纪》）。太康七年（286 年），又因大鸿胪郑默坚持为母守丧，始制大臣得终丧三年（《晋书·礼志中》）。至此，终丧三年成为西晋君臣上下普遍遵行的礼仪。因此，中原官方、主流的传统应该是守礼重孝。

二、对世俗社交礼仪的违背

事实上，魏晋以后的名士不仅在居丧期间违礼背俗，即便在日常生活中，尤其是在社会交往中，也完全不遵守世俗礼仪。这种风俗同样源自汉末：

汉之末世，则异于兹，蓬发乱鬓，横挟不带，或亵衣以接人，或裸袒而箕踞，朋友之集，类味之游，莫切切进德，訚訚修业，攻过弼违，讲道精义。其相见也，不复叙离阔，问安否。宾则入门而呼奴，主则望客而唤狗。其或不尔，不成亲至，而弃之不与为党。及好会，则狐蹲牛饮，争食竞割，掣、拨、淼、摺，无复廉耻。以同此者为泰，以不尔者为劣。终日无及义之言，彻夜无箴规之益。诬引老、

庄，贵于率任，大行不顾细礼，至人不拘检括，啸傲纵逸，谓之体道。（《抱朴子外篇·疾谬》）

《太平御览》卷八百四十五引《典论》曰："孝灵末，常侍张让子奉为太医令，与人饮，辄去衣露形，为戏乐也。"可证汉末已有此风习。魏晋之世，这种现象变本加厉，更加盛行：

世人闻戴叔鸾、阮嗣宗傲俗自放，见谓大度。而不量其材力，非傲生之匹，而慕学之：或乱项科头，或裸袒蹲夷，或濯脚于稠众，或溲便于人前，或停客而独食，或行酒而止所亲。

葛洪所言在《世说新语》中都有印证。《德行》篇曰："王平子、胡毋彦国诸人皆以任放为达，或有裸体者。"刘孝标注引王隐《晋书》曰："魏末阮籍嗜酒荒放，露头散发，裸袒箕踞。其后贵游子弟阮瞻、王澄、谢鲲、胡毋辅之之徒皆祖述于籍，谓得大道之本。故去巾帻，脱衣服，露丑恶，同禽兽。甚者名之为通，次者名之为达也。"此所谓"乱项科头""裸袒蹲夷"者。《简傲》第9则载："谢万在兄前，欲起索便器。于时阮思旷在坐曰：'新出门户，笃而无礼。'"此所谓"溲便于人前"。同门第2则载："王戎弱冠诣阮籍，时刘公荣在坐。阮谓王曰：'偶有二斗美酒，当与君共饮。彼公荣者，无预焉。'二人交觞酬酢，公荣遂不得一杯。"此所谓"行酒而止所亲"。更有甚者：

轻薄之人，迹厕高深，交成财赡，名位粗会，便背礼叛教，托云率任，才不逸伦，强为放达，以傲兀无检者为大度，以惜护节操者为涩少。于是腊鼓垂无赖之子[①]，白醉耳热之后，结党合群，游不择类，奇士硕儒，或隔篱而不接；妄行所在，虽远而必至。（《抱朴子外篇·疾谬》）

轻薄者侧身于修养高深的人中，与财产富足的人交往，刚刚得到一些名位就背叛礼教，借口说是直率任性，但才能并不出众，勉强装作放达的样子，把倨傲不加检点当作大度，把惜护节操当作生涩幼稚。伏腊

① 此处有脱误，杨明照认为"腊鼓垂"可能当作"伏腊鼓缶"。见杨明照校笺《抱朴子外篇校笺》，第621—622页。

鼓缶之时，那些无赖之子在酒醉耳热之际，结党合群，对交往之人不加选择。奇士硕儒，仅隔一道篱笆而不与交接；行为不端者，再远必至。他们的所作所为完全违背了社交礼仪：

携手联袂，以遨以集，入他堂室，观人妇女，指玷修短，评论美丑。不解此等何为者哉？或有不通主人，便共突前，严饰未办，不复窥听，犯门折关，踰垝穿隙，有似抄劫之至也。其或妾媵藏避不及，至搜索隐僻，就而引曳，亦怪事也。夫君子之居室，犹不掩家人之不备。故入门则扬声，升堂则下视。而唐突他家，将何理乎！(《抱朴子外篇·疾谬》)

从《世说新语》的相关记载中，我们也能看到当时人们对人际交往礼仪的反叛，可与葛洪所述相互印证。《简傲》第6则、第9则载：

王平子出为荆州，王太尉及时贤送者倾路。时庭中有大树，上有鹊巢。平子脱衣巾，径上树取鹊子。凉衣拘阂树枝，便复脱去。得鹊子还，下弄，神色自若，傍若无人。

谢公尝与谢万共出西，过吴郡。阿万欲相与共萃王恬许……坐少时，王便入门内，谢殊有欣色，以为厚待已。良久，乃沐头散发而出，亦不坐，仍据胡床，在中庭晒头，神气傲迈，了无相酬对意。

上文我们说过，违礼背俗的行为原本是有思想上的深意的，阮籍、嵇康有意以此对抗名教，这也推动了个性的解放。个性的解放要求在精神上打破一切桎梏，名士们不但挑战君臣父子等政治与伦理纲常，更是要打破社会行为中的一切习俗与惯例。这一时期，鉴赏人物的标准之一是“自然通达”，这也刺激了违礼背俗行为的盛行。但是，末流为之，则失去了背后的思想意义，单纯就是品行无检，行为放荡而已。葛洪对此批评说：“此盖左衽之所为，非诸夏之快事也。”(《抱朴子外篇·刺骄》)这些都是落后族群才有的风习，不是华夏传统。后人学习戴、阮之作为就如同东施效颦：

昔者西施心痛而卧于道侧，姿颜妖丽，兰麝芬馥，见者咸美其容而念其疾，莫不踌躇焉。于是邻女慕之，因伪疾伏于路间，形状既丑，加之酷臭，行人皆憎其貌而恶其气，莫不睨面掩鼻，疾趋而过焉。今世人无戴、阮之自然，而效其倨慢，亦是丑女暗于自量之类也。

凭戴良、阮籍的才能学问，如果他俩恭谨行事，检点约束，小心谨慎地待人接物，戒惧持重地控制自己的行为，他们的造诣何止像今天这样呢！他们两人尚且因为特立独行而自寻其病，得失不能相补，况且远不如他们的人，却学着干他们的事情，那不仅不能为人所敬待，且招致祸患、危及自身将是立马可见的。

三、对男女大防的突破

任诞的第三个表现是对男女之大防的突破。男女不别这种情况在东汉时期较多发生在社会下层、民间社会。到了魏晋时期，在贵族中也有突破人伦大防的迹象。阮籍似乎有意识地违背男女礼仪。叔嫂年纪相当，最容易逾矩，按照当时的礼法，叔嫂无服，不能互相通问，目的是防止叔嫂乱伦。但阮籍行事则不然：

> 阮籍嫂尝还家，籍见与别。或讥之。籍曰："礼岂为我辈设也？"(《任诞》第7则)
>
> 阮公邻家妇有美色，当垆酤酒。阮与王安丰常从妇饮酒，阮醉，便眠其妇侧。夫始殊疑之，伺察，终无他意。(《任诞》第8则)

阮籍这些作为所要表现的理念是一贯的：要把握事物的本质。心里坦荡，无狎邪之念，自然的行为，无须用外在礼仪禁锢自己。但有一些贵族，并无深意与目的，单纯是行为秽杂，动作无检束，有的只是心理变态而已。《世说新语·任诞》载：

> 有人讥周仆射："与亲友言戏，秽杂无检节。"周曰："吾若万里长江，何能不千里一曲。"

裴注引邓粲《晋纪》曰："王导与周顗及朝士诣尚书纪瞻观伎。瞻有爱妾，能为新声。顗于众中欲通其妾，露其丑秽，颜无怍色。有司奏免顗官，诏特原之。"

周顗的行为在现代心理学中看来是一种心理疾患，名为“露阴癖”。作为一个三品高官，当众露阴，颜无怍色，上不惩处，可见当时风气之放纵。周顗并不是特例，《抱朴子外篇》《世说新语》以及其他材料均可相互印证当时士族阶层的糜烂放荡。从葛洪的叙述来看，这样的事情并不少见，放荡不羁的人，以及缺乏主见喜好追随世俗的人，视男女无别的行为为亲密，把拒绝视为不恭：

> 于是要呼愦杂，入室视妻，促膝之狭坐，交杯觞于咫尺，弦歌淫冶之音曲，以誂文君之动心。载号载呶，谑戏丑亵，穷鄙极黩。（《抱朴子外篇·疾谬》）

沈约在《宋书·五行志一》中亦曰：“晋惠帝元康中，贵游子弟相与为散发倮身之饮，对弄婢妾。逆之者伤好，非之者负讥。希世之士，耻不与焉。盖胡、翟侵中国之萌也。岂徒伊川之民，一被发而祭者乎。”[①]可见葛洪只是如实记载。葛洪说，他们淆乱男女之间的基本礼法，《诗经·相鼠》曾经痛骂：“人而无仪，胡不遄死！”这就是招致痛骂的行为。夏桀、商纣的倾覆，西周和陈国的灭亡都源于君主的无礼，平民都如此荒淫，国家怎么可能安全？他说这种现象“盖衰乱之所兴，非治世之旧风也。夫老聃清虚之至者也，犹不敢见乎所欲，以防心乱。若使柳下惠洁高行，屡接亵谳，将不能不使情生于中，而色形于表。况乎情淡者万未一，而抑情者难多得。如斯之事，何足长乎！”（《抱朴子外篇·疾谬》）

图 24 （明）郭诩《东山携妓图》

① （梁）沈约：《宋书》，中华书局 1974 年版，第 883 页。

《世说新语》在记录这些违背礼教、惊世骇俗的放诞行为时，我们在其中看不到批评的态度，相反倒有几许赏识、几分赞许，至少也是以传奇述异的态度看待此类行为。但葛洪在叙述这些现象时，我们能够感受到他充满了义愤与深恶痛绝，这使得他与魏晋名士格格不入。

> 帝者犹执子弟之礼于三老五更者，率人以敬也。人而无礼，其刺深矣。夫慢人必不敬其亲也。盖欲人之敬之，必见自敬焉。不修善事，则为恶人。无事于大，则为小人……今为犯礼之行，而不喜闻遄死之讥，是负豕而憎人说其臭，投泥而讳人言其污也。（《抱朴子外篇·刺骄》）

君主尚且要对乡里掌教化的长者和年老致仕的官员执弟子之礼，作为尊敬别人的表率，如果不尊敬他人的亲人，在小节上怠慢无礼，却不愿意听到别人对他咒骂"赶快去死"，那是背着猪而憎人说他臭，扔泥巴而讳言他的脏。

对礼教的背弃使得贵族将荒淫无耻的生活合理化，并成为时尚；但礼教的松弛，也使得女性的地位得到提高，民间的男女关系变得更健康而有生气。与中原相比，江东妇女的社会地位相对较低，风气较为守旧。《颜氏家训》卷一《治家》曰："江东妇女略无交游，其婚姻之家，或十数年间未相识者，惟以信命赠遗，致殷勤焉。"句容地区更是如此，一直到明代弘治年间，此地遗风尚存。① 作为一个句容人，葛洪在这个问题上非常保守，他批评说：

> 而今俗妇女，休其蚕织之业，废其玄纨之务。不绩其麻，市也婆娑。舍中馈之事，修周旋之好。更相从诣，之适亲戚，承星举火，不已于行。多将侍从，暐晔盈路，婢使吏卒，错杂如市，寻道亵谑，可憎可恶。
>
> 或宿于他门，或冒夜而反。游戏佛寺，观视渔畋，登高临水，出境庆吊。开车褰帏，周章城邑，杯觞路酌，弦歌行奏。转相高尚，习非成俗，生致因缘，无所不肯，诲淫之源，不急之甚。刑于寡妻，家

① 见弘治《句容县志》卷一《风俗》，《天一阁藏明代方志选刊》第11册，上海古籍书店1961—1966年版。

邦乃正。愿诸君子，少可禁绝。妇无外事，所以防微矣。（《抱朴子外篇·疾谬》）

在现代人看来，葛洪描述的这些现象表明女性的活动范围扩大、娱乐活动增加，显示出女性社会地位的提高。然而葛洪显然不会有现代观念，他认为这种风气可憎可恶，这是教诲淫乱的根源，是社会最不需要的。葛洪尤其拈出当时的闹婚习俗加以指责：

俗间有戏妇之法，于稠众之中，亲属之前，问以丑言，责以慢对，其为鄙黩，不可忍论。或蹙以楚挞，或系脚倒悬。酒客酗醟，不知限齐，至使有伤于流血，踒折支体者。可叹者也。古人感离别而不灭烛，悲代亲而不举乐。礼论：娶者羞而不贺。（《抱朴子外篇·疾谬》）

他说：即便不能按照旧典仪礼去做，使德行为乡邻所尊敬，言谈为士人们所信服，也应该严肃地纠正并呵责，怎么能随波逐流，助长这种陋俗呢？民间行之日久，莫觉其非，光空谈显然不能制止，一定要严刑才能禁绝。

闹婚戏妇之俗由来已久。早在东汉时期，仲长统就批评过民间的这一习俗，他说：

夫男女之际，明别其外内，远绝其声音，激厉其廉耻，涂塞其亏隙，由尚有胸心之逸念，睇眄之过视，而况开其门，导其径者乎？今嫁娶之会，捶杖以督之戏谑，酒醴以趣情欲，宣淫佚于广众之中，显阴私于族亲之间，污风诡俗，生淫长奸，莫此之甚，不可不断者也。（《群书治要》卷四十五引《昌言》）

从葛洪的叙述可以知道，尽管时间过去了一百多年，闹婚戏妇习俗并没有丝毫的改善，不但魏晋时没有改善，一直到二千多年后的现代，在许多地方依然存在着这种习俗。闹洞房也不是我国的“特产”，它是世界性的风俗。野蛮部落自不消说，就是已入文明之邦的国家，还可见到它的残迹。之所以这种习俗能够在广泛的范围内一直存在，表明它必然具有某些积极的社会作用。实际上，婚礼为长期劳作、缺乏娱乐、处于性禁锢的普通人提供了一个宣泄、娱乐与学习的机会，在看似胡闹的行为下潜隐地存在着某些功能。

闹婚最初的作用是性启蒙。古代的男女礼教非常严格，参加婚礼的人们只能通过旁敲侧击的方式，启发对性知识一片空白的青年男女，也有直接传授经验的情况。除此之外，其尚有一定的娱乐功能。另外它也能帮助新人建立感情，为未婚男女交往了解创造机会。不过，古代人显然不会有这样认识，在葛洪这样崇尚礼教的文人看来，这样的行为是粗野、鄙俗的。

四、酗酒之风

当时从中原带来的另一种“时尚”就是酗酒。正始时期，竹林七贤的主要群体性活动就是集体饮酒。《任诞》第1则就说他们“七人常集于竹林之下，肆意酣畅”。《世说新语》对他们酗酒的逸事津津乐道。阮籍最后担任的官职是步兵校尉，这是他自己挑选的，因为“厨中有贮酒数百斛”。哪怕母亲去世、身体毁损也不能阻止他们饮酒：

> 阮籍遭母丧，在晋文王坐进酒肉……饮啖不辍，神色自若。

刘伶是阮籍的酒友，据刘孝标注引《文士传》，说是阮籍入步兵府舍后，与刘伶酣饮。又引《竹林七贤论》说：“籍与伶共饮步兵厨中，并醉而死。”看上去好像刘伶也在步兵府中任职。一个大家所熟知的逸闻是刘伶因为饮酒毁损了身体，太太涕泣谏曰：“君饮太过，非摄生之道，必宜断之！”刘伶说，一定要在鬼神面前具酒肉发誓才能断酒。于是供酒肉于神前，请伶祝誓。伶跪而祝曰：“天生刘伶，以酒为名，一饮一斛，五斗解醒。妇人之言，慎不可听。”便引酒进肉，隗然已醉矣。（《任诞》第3则）

除了朋友之间一起喝酒，阮氏宗族的族人交流无非也是一起喝酒，甚至与猪共饮。《任诞》门第12则载：

> 诸阮皆能饮酒，仲容至宗人间共集，不复用常杯斟酌，以大瓮盛酒，围坐，相向大酌。时有群猪来饮，直接去上，便共饮之。

这种风气在南渡后并没有消退，反而变本加厉。因为南渡后酗酒的不再是阮籍、刘伶这样的名士，而是手握重权的高官。比如时任左仆

图 25 (明)仇英《竹林七贤图》

射(相当于副丞相)的周顗是一个重度酗酒者。据《任诞》第 28 则载:

> 周伯仁风德雅重,深达危乱。过江积年,恒大饮酒。尝经三日不醒,时人谓之“三日仆射”。

刘孝注引《晋阳秋》曰:“初,顗以雅望,获海内盛名,后屡以酒失。庾亮曰:‘周侯末年,可谓凤德之衰也。’”又引《语林》曰:“伯仁正有姊丧,三日醉,姑丧,二日醉,大损资望。每醉,诸公常共屯守。”

因此,南渡贵族的酗酒风气对政治社会的伤害更大。吴国政坛一直以来也有饮酒的传统,葛洪的祖父葛奚就是因为酒后昏醉,对孙皓有忤逆之言,被饮以鸩酒。祖父的经历可能对葛洪有巨大的影响,葛洪本人没有饮酒的嗜好,而且强烈反对酗酒。

他认为做人一定要能控制住自己的生理欲望,“目之所好,不可从也;耳之所乐,不可顺也;鼻之所喜,不可任也;口之所嗜,不可随也;心之所欲,不可恣也”(《抱朴子外篇·酒诫》)。不能一味追随、放纵自己的感官享乐。智者抑制自己的情欲,比堤防抑制决口更为慎重,驾驭自己的性情,小心得如同用朽烂的缰绳驾驭奔马,这才能内保永年,外免衅累。

酒醴近似美味,却是致病之毒物,无毫分之细益,有丘山之巨损。君子因它而败德,小人因它而招罪,沉溺其中的,鲜不及祸。大家也知道这一点,但是既不能断绝,又不肯节制,放纵浅薄的欲望,轻忽召灾的根源。这就像又热又渴的时候放任地乘凉，虽然一时舒服，但对身体有害。然后，葛洪用精彩的文句，以铺陈的笔法，大段描述了酗酒后的种种丑态与危害：

一开始饮酒时，还能做到安安静静，审慎谦恭，保持庄重，但随着时间的推移，开始酒酣耳热，大杯小杯一起使用，罚酒的酒令变得急促。宾客都醉而不止，主人为了留客甚至把客人的车辖扔到井里。有的酒喝得从口鼻中溢出，沾湿了头发；有的时坐时起，频繁起舞；有的又吵又闹，叫嚣不止；有的争强好胜，与人辩论；有的独自傻笑；有的无对自谈；有的呕吐几筵；有的颠厥跌倒、进退失据；有的冠脱带解。大家都开始改变了自己的本性：贞良者开始变得像华督那样色眯眯看人，胆怯者则效法庆忌的强壮敏捷，迟慢稳重的人如蓬转波涌搅扰不安，恭敬严肃的人如鹿似鱼活蹦乱跳，口讷内向者也开始抚掌歌唱，谦卑无争的人大着胆子高攀朋友。有的人奔车走马，赴坑谷而不害怕，将峻岭当作蚁堆；有的人登高临危，坠落下来也没有感觉，把吕梁深渊视为牛蹄之坑；有的人砸物泄忿；有的人对老婆、孩子耍酒疯，对无辜奴仆加酷刑，用利刃伤害六畜；有的人放火烧房，掊碎宝玩扔进河流；有的人迁怒路人，加害朋友。因为醉酒而亵慢君主而被诛杀者，有过；因为醉酒冒犯了凶徒而受困者，也有过。廉洁知耻的仪节被毁坏，荒唐错乱的毛病都产生了；庸碌卑劣的本性显露了，傲慢凶恶的样子出现了。所以，酒对个人所带来的祸害实在太多。

然而酒更大的祸害是能够亡国乱政，大大小小的祸乱丧亡，无不是因为酒。葛洪一一列举了历史上因酒而丧身亡国的事例。夏禹的大臣仪狄，因为进美酒于大禹而被疏远；桀纣因为糟丘酒池而亡国；周代的丰侯，头顶酒器，嘴衔酒杯，极其贪杯，得罪被黜；荆州牧刘表好酒，以酒器名三爵，以此失败；刘松为逃避酷暑而饮酒，结果喝烂了肠子；洛阳令郭珍无日不醉，因此发狂；信陵君之短命，赵襄子之失众，子反被诛戮，惠帝之伤生，灌夫之灭族，陈遵之遇害，季布被疏斥，曹植丧失立储资格，徐邈被禁止谈酒，都是因为酒的缘故。有人辩解说，夏桀、殷纣、信陵君、汉惠帝的败亡是有各种原因的，葛洪说，究其本质，都是因为酒熏其性，忘记了修身养心的方法，这才造成了竭力放纵的错误。

然而世界上依然好之乐之者甚多，而戒之畏之者甚少。除了喝酒确有乐趣之外，还因为社会上流传着一些名人因酗酒而成事的美谈，比如尧舜能喝千钟百觚；孔子饮酒无量；周公酒肴不撤，才能制礼作乐；刘邦酩酊大醉，故有斩蛇起义；于定国喝满一斛，而断狱益明；管辂倾饮三斗，便能用华美的语言清晰地辩论；扬雄酒不离口，才能写就《太玄》；晋文公醉无所识，因此成就霸业。这个时候的葛洪就如同王充，对这些俗谈从情理与事实两方面一一批驳，同样体现出一种疾虚妄的精神。

不过，葛洪的辩驳与批判似乎无济于事。葛洪说，以前年荒谷贵之时，有人醉后相杀，地方长官立有酒禁，严令重申，到处搜查，犯禁者要被逮捕、杖击、游街示众，被鞭笞至死的有一半多，然而"防止弥峻，犯者至多"。有人甚至挖地道在地下酿酒，用装油的口袋盛酒，民众对酒的喜爱之情，称得上是笃厚了。葛洪感慨道，既然连官府的禁令都无济于事，那他一介平民的空言之书，对此显然也无可奈何。

第四节　君子不博—— 对游戏之习的批判

一、汉末东吴的游戏之风

葛洪批评汉之末世、吴之晚年的贵族子弟不学无术，沉溺于各种娱乐活动：

> 唯在于新声艳色，轻体妙手，评歌讴之清浊，理管弦之长短，相狗马之剿驽，议遨游之处所，比错涂之好恶，方雕琢之精粗，校弹棋樗蒲之巧拙，计渔猎相掊之胜负，品藻妓妾之妍蚩，指摘衣服之鄙野，争骑乘之善否，论弓剑之疏密。招奇合异，至于无限。盈溢之过，日增月甚。（《抱朴子外篇·崇教》）

这其中有一项流行的娱乐活动就是"弹棋樗蒲"。据邯郸淳的《艺经·弹棋》中说，"弹棋，始自魏宫，内装器戏也。文帝于此技以特好。用手巾拂之，无不中。有客自云能，帝使为之。客著葛巾拂棋，妙逾于帝”。据晋人徐广《弹棋经》的记载，弹棋的玩法，是“二人对局，黑白各六枚，先列棋相当，下呼上击之”。樗蒲类似于飞行棋，用五枚木头斫成的骰子，有黑有白，称为“五木”。它们可以组成六种不同的排列组合，也就是六种彩。其中全黑的称为“卢”，是最高彩，四黑一白的称为“雉”，次于卢，其余四种称为“枭”或“犊”，为杂彩。共有枭、卢、雉、犊、塞这五种排列组合。掷到贵彩的，可以连掷，或打马，或过关，杂彩则不能。葛洪在《抱朴子外篇·百里》中批评当时县令等地方官员：“或有围棋樗蒲，而废政务者矣。”围棋就是现今的围棋。无论是弹棋、樗蒲还是围棋，都是博弈，这些都是当时极度流行而葛洪不以为然的。

儒家对博弈的态度是沉溺于此比沉溺于其他恶习略强。《论语·阳货》云：“不有博弈者乎？为之，犹贤乎已。”但如果是对于一个君子的高要求，那就是反对博戏，因为这会连带产生其他恶果。据《孔子家语》卷一《五仪解》记载：

> 哀公问于孔子曰：“吾闻君子不博，有之乎？”孔子曰：“有之。”公曰：“何为？”对曰：“为其二乘。”公曰：“有二乘，则何为不博？”子曰：“为其兼行恶道也。”

早在东吴孙和为太子时，蔡颖在东宫做侍从，性好博弈，孙和专门请韦昭写了一篇《博弈论》以批评博弈这一类癖好。韦昭说，“今世之人，多不务经术，好玩博弈，废事弃业，忘寝与食，穷日尽明，继以脂烛”。当其临局相争、胜负未决之时，他们专精锐意，神迷体倦，完全忘记了一切，不处理政事，不接待宾客，太牢这样的美味、韶夏这样的音乐都不屑留意。一旦赌及衣物，那作弊什么的在所不惜，“廉耻之意弛，而忿戾之色发”。韦昭说，博弈之事，“胜敌无封爵之赏，获地无兼土之实。技非六艺，用非经国。立身者不阶其术，徵选者不由其道。求之于战阵，则非孙吴之伦也；考之于道艺，则非孔氏之门也；以变诈为务，则非忠信之事也；以劫杀为名，则非仁者之意也……假令世士移博弈之力，用之于诗书，是有颜闵之志也；用之于智计，是有良平之思也；用之于资货，是有猗顿之富也；用之于射御，是有将帅之备也。如此，则功名立而鄙贱远矣”①。所

① (梁)萧统编，(唐)李善注：《文选》卷五二韦弘嗣《博弈论》，中华书局 1977 年版，第 725—726 页。

以，还是应该把心思用在将兵打仗、读书明理上，这才是吴国需要的人才。

二、两晋时的博弈之习

然而孙和、韦昭的批评并没有取得什么效果。有人反对博弈，也有人美化博弈。比如西晋时张华就认为围棋是尧制作的，并以此教丹朱。[①] 既然是尧这样的圣君所作，一定有它的合理性。他们并不认为下围棋是玩物丧志，比如王坦之就称围棋是坐隐，支道林则认为围棋是手谈。因此，哪怕在丧制中，他们也不避喧客，大大方方地在众人面前下棋。

东晋时，博弈在贵族中非常流行。葛洪的府主，被称为东晋第一名臣的王导就特别喜欢围棋，文献中记载了不少王导下棋的逸事。王导下棋水平一般，大致是五品左右，江虨是围棋高手，有一品的棋力，大致江虨可以让二子，但王导坚持要平手下。江虨不肯落子，说这您恐怕下不过。旁边有客人说："这少年棋下得不错。"王导说："这少年不仅是围棋下得好呢！"[②]对王导来说，清谈、围棋不仅是游戏，也是社交手段，能够争取朋友、赢得声誉。王导的儿子王恬，据刘孝标注引《文字志》，说他"多才艺，善隶书，与济阳江虨以善弈闻"。他的围棋水平，史称"中兴第一"。《排调》门第 16 则记载了王导与其小儿子王悦下棋的轶事。王导有点溺爱王悦，有次和他一起下围棋，王导要动子走棋，王悦却按着指头不让动。王导笑着说："你怎么能这样做，我们相互间好像还有点关系吧！"

除了王导之外，东晋不少名士都喜欢围棋。顾雍盛集僚属围棋时，听闻他儿子顾劭的死讯，他神气不变，继续下棋，但暗中"以爪掐掌，血流沾褥"（《世说新语·雅量》）。淝水大战前，谢安一直没有交代作战计划，而是与围棋高手张玄下围棋，赌输了一幢大宅。大战时，"方对客围棋，看书既竟，便摄放床上，了无喜色，棋如故"（《晋书·谢安传》）。裴

① 《世说新语·巧艺》第 10 则及刘孝标注引《博物志》。

② 《世说新语·赏誉》第 42 则及刘孝标注引范汪《棋品》。

遐在周馥做东，设宴请裴遐等人，周馥的司马负责逐一劝酒。裴遐正忙着下棋，没有及时喝酒，司马很生气，直接把他拽倒在地上。裴遐爬起来回到座位，举动如常，脸色不变，照样下棋（《世说新语·雅量》第9则）。这些轶事在《世说新语》中都归入《雅量》篇，意思是说这些名士气量宽大，遇事沉着，喜怒不形于色。实际上这与游戏的性质有关。下围棋时候必须全神贯注地投入，"专精锐意，神迷体倦"，因此都顾不上这些侮辱。也正是由于围棋的这一特点，因下棋而荒废政事的例子举不胜举。

除了围棋，当时的名士还喜欢其他赌博活动，比如樗蒲。温峤、桓温、袁彦道与谢安都有赌博赌输了全部资产的经历。温峤输了钱回不了家，被扣在船上，大喊着让庾亮赎他。谢安赌输了车马，只能杖策步归。桓温赌输了钱，求袁彦道为他翻本。在樗蒲时，他们就完全失去了彬彬有礼的伪装，脱帽大呼，厉色掷去五木，变得粗鲁且没有教养。

图26　樗蒲图

三、葛洪的批评

葛洪兴趣寡淡，从儿童时期开始，他就不参与掷瓦、手搏这样的儿童游戏，也从未参与斗鸡鹜、走狗马等博戏。他不但自己不参与，而且从来不驻足观看。被人强拉进去，也"殊不入神，有若昼睡"。直到四十多岁之后，他依然不知道棋盘有几道、掷木有几齿。“余所禀讷骙，加之以天挺笃懒，诸戏弄之事，弹棋博弈，皆所恶见。”（《抱朴子外篇·交际》）所以，他对于博弈之事，非常厌恶。当时的贵游子弟，“盛务唯在摴蒲弹棋，所论极于声色之间，举足不离绮繻纨袴之侧，游步不去势利酒客之门”（《抱朴子外篇·疾谬》）。对此他在《自叙》中说：

亦念此辈末伎，乱意思而妨日月，在位有损政事，儒者则废讲诵，凡民则忘稼穑，商人则失货财。至于胜负未分，交争都市，心热于中，颜愁于外，名之为乐，而实煎悴。丧廉耻之操，兴争竞之端，相取重货，密结怨隙。昔宋闵公、吴太子致碎首之祸，生叛乱之变，覆灭七国，几倾天朝。作戒百代，其鉴明矣。

每观戏者，惭恚交集，手足相及，丑詈相加，绝交坏友，往往有焉。怨不在大，亦不在小。多召悔吝，不足为也。

仲尼虽有昼寝之戒，以洪较之，洪实未许其贤于昼寝。何者？昼寝但无益，而未有怨恨之忧，斗讼之变。圣者犹韦编三绝，以勤经业；凡才近人，安得兼修？惟诸戏尽，不如示一尺之书。

历史上，因为博弈这种末技引发大祸的例证并不罕见。春秋时，宋闵公和猛将南宫万一起去蒙泽打猎，下棋时争行，滑公发怒，辱骂南宫万，南宫万拿起棋盘杀了宋滑公。自此之后，宋国陷入内乱。西汉时的吴太子陪文帝太子（即景帝）读书，两个孩子一起下棋，因棋争执，景帝拿棋盘砸死了吴太子。从此吴王不朝，为以后七国之乱埋下了隐患。宰予昼寝，孔子骂他“朽木不可雕也，粪土之墙不可圬也”。葛洪觉得，昼寝远比博戏强，昼寝只是没有好处，但不会招致怨恨，不会发生殴斗与诉讼，但博戏却会；与其博戏，不如读书。

东晋政坛，也并非全是清虚玄远之徒，一些重实务的高官在博弈问题上的看法与葛洪类似。据《御览》卷七五三引《晋中兴书》载：

陶侃在荆州，见佐吏博弈戏具，投之于江，曰：“围棋者，尧、舜以教愚子；博者，商纣所造：诸君并怀国器，何以为此？”[1]

① 又见于《艺文类聚》卷四所引。

《晋书·陶侃传》载：

诸参佐或以谈戏废事者，乃命取其酒器、蒱博之具，悉投之于江，吏将则加鞭扑，曰："樗蒱者，牧猪奴戏耳！《老》《庄》浮华，非先王之法言，不可行也。君子当正其衣冠，摄其威仪，何有乱头养望自谓宏达邪！"

相对于葛洪，颜之推的看法比较通达，他认为："围棋有手谈、坐隐之目，颇为雅戏，但令人耽愦，废丧实多，不可常也……弹棋亦近世雅戏，消愁释愦，时可为之。"[①]

张岱曾说："人无癖不可与交，以其无深情也；人无疵不可与交，以其无真气也。"[②]葛洪确实朋友不多，但葛洪并不是没有癖好，他的癖好就是读书写作，就是养生求仙，在他的价值观中，这两样癖好远超其他的癖好，除此之外的癖好都妨功害日，误国误民，不值得提倡。

① (北齐)颜之推著，王利器集解：《颜氏家训集解》，中华书局1993年版，第591、594页。

② (明)张岱撰，夏咸淳、程维荣校注：《陶庵梦忆·西湖梦寻》，上海古籍出版社2001年版，第72页。

第十二章　永传洪藻
——葛洪的文学思想与创作

第一节　今胜于古——葛洪的文学思想

一、轻诗赋而重子书

葛洪不是一个文学家，他对当时最重要的文学体裁——诗赋——甚为轻视。他在《自叙》中说："洪年十五六时，所作诗赋杂文，当时自谓可行于代。至于弱冠，更详省之，殊多不称意。天才未必为增也，直所览差广，而觉妍媸之别。于是大有所制，弃十不存一。今除所作子书，但杂尚余百所卷，犹未尽损益之理，而多惨愤，不遑复料护之……洪年三十余，乃计作细碎小文，妨弃功日，未若立一家之言，乃草创小书。"可见在他心目中，诗赋杂文只是妨弃功日的"细碎小文"，三十岁以后即已完全放弃。他在《抱朴子外篇·尚博》中批评当时的风气：

或贵爱诗赋浅近之细文，忽薄深美富博之子书，以磋切之至言为骏拙，以虚华之小辩为妍巧。真伪颠倒，玉石混淆，同广乐于桑间，钧龙章于卉服，悠悠皆然，可叹可慨者也。

同书《百家》中又说：

惑诗赋琐碎之文，而忽子论深美之言。真伪颠倒，玉石混淆，同广乐于桑间，均龙章于素质，可悲可慨，岂一条哉！

《太平御览》卷六百二“文部十八”引《抱朴子》载：

陆平原作子书未成，吾门生有在陆君军中，尝在左右，说陆君临亡曰：“穷通，时也；遭遇，命也。古人贵立言，以为不朽。吾所作子书未成，以此为恨耳。”

这段《抱朴子》轶文不知道是不是陆机真实的遗言，还是葛洪假托陆机之言为自己的“子书至上论”张目，反正葛洪赞成只有创作此书才当得起“立言”这样的不朽地位。因此罗宗强指出，从观念上说，葛洪所论及的文章并非文学，而是子书。[①] 也正因为葛洪讨论的文章主要指子书，所以他并没有沿袭建安以来以曹丕、曹植、陆机等人为代表的文学思想，而是继承了两汉以来实用主义的文学观。

对葛洪文章影响最大的是王充的《论衡》。葛洪赞叹王充的《论衡》八十余篇，是“冠伦大才”。同门鲁生不同意，责难说：王充的文章有很多缺点，首先是繁多冗长，“兼箱累帙”；第二是思想不纯粹，“乍出乍入，或儒或墨”；第三，“属词比义，又不尽美”。葛洪回答说：

且夫江海之秽物不可胜计，而不损其深也；五岳之曲木不可訾量，而无亏其峻也；夏后之璜，虽有分毫之瑕，晖曜符彩，足相补也；数千万言，虽有不艳之辞，事义高远，足相掩也。（《抱朴子外篇·喻蔽》）

江海中有许多秽物，但无损它的深广；五岳之巅的曲木不能量度，但无伤它的高峻；夏帝的玉石，虽然有一些细小的瑕疵，但它的光辉灿烂足以弥补；数千万言中，虽然有一些不艳之辞，但论述的义理高远，完全可以掩盖小小的缺陷。事实上，鲁生所批评的王充的三个毛病，葛洪所撰的子书全有，貌似他是为王充辩护，实际上也是自辩。

二、实用主义的文学观

葛洪不但继承了王充的文章风格，也继承了王充的实用主义文学观。这种文学观，首先强调的是文学的社会功能。

---

① 罗宗强：《魏晋南北朝文学思想史》，中华书局 1996 年版，第 158 页。

葛洪认为文章最重要的是要具备“判微析理”、有益社会的实际价值，如果文章“不能拯风俗之流遁、世涂之凌夷，通疑者之路，赈贫者之乏”，那么，“何异春华不为肴粮之用，茝蕙不救冰寒之急”。好的文章具有巨大的社会功能，“鲁连射书以下聊城”，力量“过于百万之众”；“韩信传檄而定千里”，功效“胜于云梯之械”。鲁连之书与韩信之檄就是文章中的典范。因此，他强调“立言者贵于助教”，“君子之开口动笔，必戒悟蔽，式整雷同之倾邪，磋砻流遁之暗秽”（《抱朴子外篇·应嘲》）。因此他对魏晋以来脱离现实的玄虚之文有尖锐的批评，他说：

> 著书者，徒饰弄华藻，张磔迂阔，属难验无益之辞，治靡丽虚言之美……适足示巧表奇以诳俗。何异画敖仓以救饥，仰天汉以解渴？……管青铸骐骥于金象，不如驽马之周用。言高秋天而不可施者，丘不与易也。（《抱朴子外篇·应嘲》）

“言高秋天而不可施”的作品，尽管辞藻美丽，夸夸其谈，毕竟是脱离现实的空论。我们试看王弼、何晏以来所谓的“名理之文”，不正是“属难验无益之辞，治靡丽虚言之美”吗？据《崇教》篇“释老、庄之不急”和《重言》篇“辨虚无之不急”二语来看，葛洪这段话的锋芒，是针对玄言家的著作的。

葛洪认为古诗之所以受到重视，原因就在于古诗具有“刺过失”的功能，因此有益于社会生活。“古诗刺过失，故有益而贵；今诗纯虚誉，故有损而贱也。”（《抱朴子外篇·辞义》）这里的“纯虚誉”的今诗，应该是指夸耀祖先功绩的述祖诗，朋友之间互相称道的应酬诗。

实用主义的文学观在作品的形式与内容上通常更强调内容上。一部著作是否有价值，主要看它的内容。内容与形式达到高度的统一，当然属于上乘。如果形式较差一些，那也是次要的，更不能在辞句上挑剔。因为作品给读者所起的作用，不完全在于它的形式，而在于它的内容。

不过，尽管葛洪更多地接受了两汉思想家的实用主义文学观，但鉴于葛洪的个人理念与所处时代的审美风尚，葛洪的文学观念也有许多新的特点。

三、今胜于古的文学进化论

自从郭绍虞、朱东润在他们的著作中将葛洪的文论单立一节加以讨论后，几乎所有的古代文论研究者都认为，葛洪文学思想中最主要、最基本的贡献就是他所持的文学发展的观点。葛洪深信文学是今胜于古、后胜于前的，而这种进化的文学观是葛洪的创见。

葛洪之前，崇古卑今是世俗通识。东汉桓谭、班固、王充都指出："世咸尊古卑今，贵所闻，贱所见也。"到了魏世，曹丕《典论·论文》说："常人贵远贱近，向声背实。"《晋书·左思传》也指出当时的世俗风气是"咸贵远而贱近，莫肯用世于明物"。这一方面说明这种观念与风气由来已久，另一方面也说明东汉以来有识之士对这些风气就已经颇有微辞，并不赞同，但他们并没有就此展开批判，葛洪则详细对此种世俗风气展开批判。《钧世》篇说：

> 其于古人所作为神，今世所著为浅，贵远贱近，有自来矣。故新剑以诈刻加价，弊方以伪题见宝也。是以古书虽质朴，而俗儒谓之堕于天也；今文虽金玉，而常人同之于瓦砾也。

《尚博》篇则说：

> 又世俗率神贵古昔而黩贱同时，虽有追风之骏，犹谓之不及造父之所御也；虽有连城之珍，犹谓之不及楚人之所泣也；虽有疑断之剑，犹谓之不及欧冶之所铸也；虽有起死之药，犹谓之不及和、鹊之所合也；虽有超群之人，犹谓之不及竹帛之所载也；虽有益世之书，犹谓之不及前代之遗文也。是以仲尼不见重于当时，大玄见蚩薄于比肩也。

这段话在《文行》篇中几乎又重复了一遍。葛洪并不停留在指出现象这一层面，他进而分析这样的社会心理产生的原因。为什么会这样？葛洪指出，这是因为人的心理普遍是"贵远而贱近，信耳而疑目"：

> 贵远而贱近者，常人之用情也；信耳而疑目者，古今之所患也。是以秦王叹息于韩非之书，而想其为人；汉武慷慨于相如之文，而

恨不同世。乃既得之,终不能拔。或纳谗而诛之,或放之乎冗散。此盖叶公之好伪形,见真龙而失色也。(《抱朴子外篇·广譬》)

葛洪对此现象进行了强有力的、系统的批评。葛洪的批评是建立在他进化的历史观之上的,今胜于古是葛洪对历史发展的一个基本判断:"鸟聚兽散,巢栖穴窜,毛血是茹,结草斯服。入无六亲之尊卑,出无阶级之等威"的古代社会,肯定不如"庇体广厦,粳粱嘉旨,黼黻绮纨,御冬当暑,明辟莅物,良宰匠世,设官分职,宇宙穆如"的现代社会。葛洪在《钧世》篇中说道:

且夫古者事事醇素,今则莫不雕饰。时移世改,理自然也。至于罽锦丽而且坚,未可谓之减于蓑衣;辎軿妍而又牢,未可谓之不及椎车也……若舟车之代步涉,文墨之改结绳,诸后作而善于前事,其功业相次千万者,不可复缕举也。世人皆知之快于曩矣,何以独文章不及古邪!

古代社会事事都醇厚朴素,现在无论什么都雕画修饰。时间推移,时代改变了,这是理所当然的。毛呢锦缎丽而且坚,不能说它们还不如蓑衣;有帷幕的车妍而且牢,不能说它不如原始的椎车。舟车代替了涉水步行,文墨改变了结绳记事,后来产生的都比以前的要好,效率成就相差千万倍,为什么只认为文章不如古代呢?

或曰:"古之著书者,才大思深,故其文隐而难晓;今人意浅力近,故露而易见。以此易见,比彼难晓,犹沟浍之方江河,蛭垤之并嵩、岱矣。故水不发昆山,则不能扬洪流以东渐;书不出英俊,则不能备致远之弘韵焉。"抱朴子答曰:"……且古书之多隐,未必昔人故欲难晓。或世异语变,或方言不同;经荒历乱,埋藏积久,简编朽绝,亡失者多,或杂续残缺,或脱去章句。是以难知,似若至深耳。"(《抱朴子外篇·钧世》)

有人说:古代著书的人,才大思深,因此他们的文章隐晦不容易理解;现在人意浅力近,所以文章外露而容易理解。浅显易解和深刻难懂相比较,就像是小沟渠和长江大河相比,蚁穴口的小土堆和嵩山、泰山放在一起。葛洪反驳说,古书多数隐晦,不一定是古人故意要让它难懂,有的是因为时代不同而语言有变化;有的是因为方言不一样;有的是经历了灾荒战乱,埋藏的时间长了,绳编朽绝,亡佚者多,有的编错了次序,有的是简文残缺,有的是脱去了章句,因此才显得难懂,并不全因才大思深。

古书虽然很多,未必尽美,"譬如东瓯之木,长洲之林,梓豫虽多,而未可谓之为大厦之壮观,华屋之弘丽也。云梦之泽,孟诸之薮,鱼肉之虽饶。而未可谓之为煎熬之盛膳,渝、狄之嘉味也"(《抱朴子外篇·钧世》)。学者要把它当作是取材的山渊,从中汲取基本的素材和语料,不一定把它当作是学习的榜样。

四、文贵丰赡,辞不宜寡

葛洪文论的第二个特点则是由时代风气影响而成。建安以来不断发展的文尚靡丽、注重辞藻的风气对他的审美价值观产生了不可逆转的影响。

葛洪心目中的文人,应该是"摛锐藻以立言,辞炳蔚而清允者"(《抱朴子外篇·行品》)。据《晋书·陆机传》,葛洪评价陆机的文章:"机文犹玄圃之积玉,无非夜光焉,五河之吐流,泉源如一焉。其弘丽妍赡,英锐漂逸,亦一代之绝乎!"其也主要着眼于陆机文章的弘丽妍赡。就具体作品的风格而言,他喜欢繁富丰赡、汪濊博富的文章。他认为"文贵丰赡"(《抱朴子外篇·辞义》),辞不宜寡,繁复事理,必配巨构。在《喻蔽》篇中,他为王充文章的繁富辩护:

> 言少则至理不备,辞寡即庶事不畅。是以必须篇累卷积,而纲领举也。羲和升光以启旦,望舒曜景以灼夜,五材并生而异用,百药杂秀而殊治,四时会而岁功成,五色聚而锦绣丽,八音谐而箫韶美,群言合而道艺辨。积猗顿之财,而用之甚少,是何异于原宪也;怀无铨之量,而著述约陋,亦何别于琐碌也?

首先,文辞的繁富是为了表达得充分详尽。话少,道理就讲不全面;词寡,诸多事物的表达就不充分。因此,必须长篇累卷,但要把纲领提举出来。其次，不同的事物有不同的用途，不同的语言也有各自的功用。太阳带来了白天，月亮则照亮黑夜，金木水火土五材并存而用途不同，百种药草各自生长而药效各异。四季齐全才能构成一整年，五色具备锦绣才能更华丽，八音和谐音乐才能美妙，发表各种语言和意见才能辨识道艺。第三，作者学识渊博丰富，就一定要在文章中表现出来。如果积累了如猗顿这样的财富，却很少使用它，这与贫穷的原宪有什么差别？胸中有无穷的学识，但著述却简单浅陋，这与琐碎平庸的作者有什么不同？"睹百抱之枝，则足以知其本之不细；睹汪濊之文，则足以觉其人之渊邃"（《抱朴子外篇·博喻》）。看到百抱粗的枝条，就足以知道树干不细；看到汪洋恣肆的文章，就足以感觉作者的深邃。

正是这样的风格趣味，配合他进化的文学观念，使他认为《尚书》不如近代之公文，《毛诗》比不上汉晋大赋：

> 且夫《尚书》者，政事之集也，然未若近代之优文、诏、策、军书、奏、议之清富赡丽也。《毛诗》者，华彩之辞也，然不及《上林》《羽猎》《二京》《三都》之汪濊博富也。
>
> 若夫俱论宫室，而奚斯"路寝"之颂，何如王生之赋《灵光》乎？同说游猎，而叔畋、卢铃之诗，何如相如之言《上林》乎？并美祭祀，而《清庙》《云汉》之辞，何如郭氏《南郊》之艳乎？等称征伐，而《出军》《六月》之作，何如陈琳《武军》之壮乎？则举条可以觉焉。近者夏侯湛、潘安仁并作《补亡》诗：《白华》《由庚》《南陔》《华黍》之属，诸硕儒高才之赏文者，咸以古诗三百，未有足以偶二贤之所作也。（《抱朴子外篇·钧世》）

他在《尚博》篇中又说：

> 是以闾陌之拙诗，军旅之鞫誓，或词鄙喻陋，简不盈十，犹见撰录，亚次典诰。

"闾陌拙诗"指《诗经》的十五国风，"军旅鞫誓"指《尚书》的《甘誓》《汤誓》等篇。《诗》《书》是儒家的圣典，千百年来，从未有人敢于评骘针砭，葛洪称其"词鄙喻陋"，足见其独立思考的精神。这种文学观念确实大胆和超前，是对西汉以来经学思想的背弃，也是对扬雄所建立的宗经、征圣原则提出的公然挑战。这其中除了葛洪确有一些反叛的个性之外，也可以看出晋朝时代风气发生了变化，儒家经典地位确有下降，葛洪的思想并不被时人视为大逆不道。

五、文德并重

杨明照认为，葛洪另一个不同于旧谈的观点是“文德并重”的文学价值观。重德轻文是儒家的正统观念，历代相承无异议。不过，从魏晋以来，对文章的价值有了新的看法，曹丕提出“文章者，经国之大业，不朽之盛事”。而葛洪所钦佩的陆机同样认为立言是不朽之事，为其所作子书未成而感到遗憾。但无论曹丕还是陆机，都没有将文章与道德相提并论过。因为最上立德，其次立功，再次才是立言，其价值等级是显而易见的。而《循本》篇却说：“德行、文章者，君子之本也。”把德行、文章二者都视为“君子之本”，并未分轩轾。《尚博》篇曾设为问答，阐发得更充分：

> 或曰：“德行者，本也；文章者，末也。故四科之序，文不居上。然则著纸者，糟粕之余事；可传者，祭毕之刍狗。卑高之格，是可识矣。文之体略，可得闻乎？”
>
> 抱朴子答曰：“荃可以弃，而鱼未获，则不得无荃；文可以废，而道未行，则不得无文。且文章之与德行，犹十尺之与一丈，谓之余事，未之前闻……且夫本不必皆珍，末不必悉薄。譬若锦绣之因素地，珠玉之居蚌石，云雨生于肤寸，江河始于咫尺，尔则文章虽为德行之弟，未可呼为余事也。”

这里简要的答语，概述了他强调文章与德行同等重要的旨意。上文还有这样的话句：“德行（为）有事，优劣易见；文章微妙，其体难识。夫易见者，粗也；难识者，精也。夫唯粗也，故铨衡有定焉；夫唯精也，故品藻难一焉。吾故舍易见之粗，而论难识之精，不亦可乎？”认为文章比德行更胜一筹。像他这种突破前人窠臼、极其大胆的文学观，在我国古代文论中，是不曾有过的。

葛洪对于文章的看法有很多地方也接受了魏晋以来一些新的文学

观点，比如作家的气质个性与创作风格的关系，早在曹丕的《典论·论文》中，就提到作家之气与作品风貌之间的联系，他首先以气的“清”与“浊”来区分作家的不同个性，他说：

> 文以气为主，气之清温差有体，不可力强而致。譬诸音乐，曲度虽均，节奏同检，至于引气不齐，巧拙有素，虽在父兄，不能以移子弟。

人们禀受之气有清浊之分，导致其才性有昏明之别，写作的文章也就有高下之异。曹丕认为，“文非一体，鲜能备善”，作家往往偏擅某些体裁，只有“通才能备其体”（《典论·论文》）。陆机同样认识到作品的风貌决定于作者的审美爱好，作者审美爱好的多样性决定了作品风貌的丰富性。他说：“故夫夸目者尚奢，惬心者贵当，言穷者无隘，论达者唯旷。”（《文赋》）追求耀人眼目之美的，便崇尚侈丽宏衍之作；以切理餍心为快的，便以严谨贴切为贵；喜文辞简约的，或有局促窘迫之感；爱说得畅达的，让人觉得旷荡无拘束。葛洪分别接受了曹丕与陆机的观点，进一步指出，审美爱好不同的原因是作者才与思的不同。《辞义》篇说：

> 夫才有清浊，思有修短，虽并属文，参差万品。或浩漾而不渊潭，或得事情而辞钝，违物理而文工。盖偏长之一致，非兼通之才也。闇于自料，强欲兼之，违才易务，故不免嗤也。

由于才思有差异，由此造成文章风格的多样性。每个作家都有自己的禀赋与特长，并非都是兼通之才，如果强求面面俱到，只能为人嗤笑。《尚博》篇又说：

> 清浊参差，所禀有主，朗昧不同科，强弱各殊气。而俗士唯见能染毫画纸者，便概之一例。斯伯牙所以永思钟子，郢人所以格斤不运也。

正因为作家的禀赋爱好不同、特长不同，这就造成他们在评论别人的作品时会“各以所长，相轻所短”，对此，曹丕已经有过批评。葛洪则强调文章特别难以评断，不能根据自己的口味爱同憎异，贵乎合己，每种风格都有自己的特色与价值：

五味舛而并甘，众色乖而皆丽。近人之情，爱同憎异，贵乎合己，贱于殊途。夫文章之体，尤难详赏。苟以入耳为佳，适心为快，鲜知忘味之九成，雅颂之风流也。所谓考盐梅之醎酸，不知大羹之不致；明飘摇之细巧，蔽于沉深之弘邃也。(《抱朴子外篇·辞义》)

可见葛洪并不只是继承东汉以来的文学实用主义主张，而是在创作论和批评论上都接受了魏晋以来的新主张与新观念。

朱东润对葛洪的文论评价极高，他说：

王充《论衡》出入儒墨，陆机《文赋》商榷辞藻，至若扬仲任之余波，接士衡之绪论，熟谙文学之源流，不为儒教拘束，用能当兹南渡之始，发为崇闳之论，此则葛洪一人而已。《晋书》本传称洪博闻深洽，江左绝伦，著述篇章，富于班马，又精辩玄赜，析理入微。其言良有以也。[①]

就文学思想的独特性而言，朱先生的看法有一定的道理，但就葛洪文论的影响而言，我更同意罗宗强的看法，葛洪"像是一位站在文学发展潮流之外的旁观者，偶尔发表一些零碎的议论"[②]。正因为他是一位旁观者，后世也不以作家视之，所以葛洪的文论基本上没有什么影响，后人也很少引用他在文学上的见解。我以为，决定葛洪在文学史上的地位的是他的创作，而不是他的文论。尤其是他创作的《神仙传》和《西京杂记》，是初期小说的代表性作品，对后世小说创作产生了较为重大的影响。

第二节　虚构的传记——《神仙传》的小说史意义

《神仙传》在性质上和《搜神记》非常类似，如果说《搜神记》的写作目的是"发明神鬼之不诬"的话，那《神仙传》的写作目的就是"论证神仙

---

① 朱东润：《中国文学批评史大纲》，上海古籍出版社2001年版，第36页。

② 罗宗强：《魏晋南北朝文学思想史》，中华书局1996年版，第158页。

之实有”。只不过,他的内容题材较《搜神记》单一,只是有关神仙的类传,而不是像《搜神记》那样涉及神鬼巫卜仙道一切奇特之人事,但它在现代获得的称誉与《搜神记》完全不能相比。

一、类传的历史与特点

将某些相近的人事合在一起记述的类传,是中国史书写作中早已成熟的一种传记方法。《史记》中有《仲尼弟子列传》《循吏列传》《儒林列传》《酷吏列传》《游侠列传》和《滑稽列传》等众多高度成熟的类传,并成为正史传记写作的重要体式之一。在这种史官文化背景的强烈影响下,中国早期小说史上陆续出现了像《列女传》《列士传》《列仙传》《高士传》《名士传》《神仙传》这样的类传专书。以上这些类传通常都不是完全的信史,而是混合了历史记载、民间传说,甚至文学虚构。与其他类传专书不同,《列仙传》《神仙传》中记载的各种超自然神迹使它更接近于小说而非历史;而相比《列仙传》,《神仙传》在文学上有更长足的甚至是决定性的进步。

《列仙传》的编者做的主要是辑录的工作,其中的超自然事迹多数属于民间传说,是在传播中产生的不自觉的夸大、增饰与神化,并不能算是自觉的文学虚构。《神仙传》的作者除了辑录,更多了加工。《神仙传》中有对前代历史记载的承袭,比如《墨子传》,前面的大部分都是有史可循的前代记载。但到了最后,要补上一段以凸显其神仙身份:

> 墨子年八十有二,乃叹曰:“世事已可矣,荣位非可长保,将委流俗以从赤松游矣。”乃谢遣门人,入山精思至道。想像神仙。于是,夜常闻左右山间有诵书声者。墨子卧后。又有人来以衣覆之,墨子乃伺之。忽有一人,乃起问之曰:“君岂山岳之灵气乎?将度世之神仙乎?愿且少留。诲以道教。”神人曰:“子有至德好道,故来相候,子欲何求?”墨子曰:“愿得长生,与天地同毕耳。”于是神人授以素书朱英丸方,道灵教戒、五行变化,凡二十五卷,告墨子曰:“子既有仙分缘,又聪明,得此便成,不必须师也。”墨子拜受合作,遂得其效。乃撰集其要,以为《五行记》五卷,乃得地仙,隐居以避战国。至汉武帝时,遂遣使者杨辽,束帛加璧以聘墨子,墨子不出。

视其颜色，常如五六十岁人，周游五岳，不止一处也。

这一段应该是虚构的，但虚构的人不是葛洪，葛洪只是记录传闻而已。比如说李阿此人，葛洪在《抱朴子内篇》中曾有提及：

吴大帝时，蜀中有李阿者，穴居不食，传世见之，号为八百岁公。人往往问事，阿无所言，但占阿颜色。若颜色欣然，则事皆吉；若颜容惨戚，则事皆凶；若阿含笑者，则有大庆；若微叹者，即有深忧。如此之候，未曾一失也。后一旦忽去，不知所在。

这里的记载并不真实，比如“传世见之”，比如“如此之候，未曾一失”等，就我们现在的认知水平而言，这些记载显然是不可信的，但这是属于传播中的增饰与夸大，是传播过程中产生的，由民间口头传播的特点与规律所决定。这样的记载哪怕不真实，却依然属于历史性记载。

《神仙传》中有很多超自然的神迹，有些神迹确实是耳目闻见的真实，这其中大部分是幻术。比如卷八《左慈传》中的一些神迹记载：

乃为设酒。慈曰：“今当远适，愿乞分杯饮酒。”公曰：“善。”是时天寒，温酒尚未热，慈解剑以搅酒，须臾，剑都尽，如人磨墨状。初，曹公闻慈求分杯饮酒，谓慈当使公先饮，以余与慈耳。而慈拔簪以画杯酒，酒即中断，分为两向。慈即饮其半，送半与公。公不喜之，未即为饮，慈乞自饮之，饮毕，以杯掷屋栋，杯悬着栋动摇，似飞鸟之俯仰，若欲落而不落，一座莫不瞩目视杯。

这段记载中包含了两个魔术，第一个是“鸳鸯分酒”，第二个是“飞盆舞碗”，这两个魔术现在依然还在表演。此传又载：

慈重道之，表使人取之，有酒一器，脯一束，而十余人共舁之不起。慈乃自取之，以一刀削脯投地，请百人运酒及脯以赐兵士，人各酒三杯，脯一片，食之如常酒脯味，凡万余人皆周足，而器中酒如故，脯亦不减。座中又有宾客数十人，皆得大醉。表乃大惊，无复害慈之意。

这个魔术现在称为“壶酒不竭”。其门子是在酒壶后用管子接一个很大的牛皮袋，将这个牛皮袋藏在魔术师的衣服里。魔术师一挤牛皮袋，壶里便有酒不断倒出来。[①] 有的神异事迹实际只是集体合作的骗术，同书卷九《介象传》载：

> 先主问曰："蜀使不来，得姜作鲙至美，此间姜不及也，何由得乎？"象曰："易得耳，愿差一人，并以钱五千文付之。"象书一符以着竹杖中，令其人闭目骑杖，杖止，便买姜，买姜毕，复闭目。此人如言骑杖，须臾，已到成都，不知何处。问人，言是蜀中也。乃买姜。于时吴使张温在蜀，从人恰与买姜人相见，于是甚惊，作书寄家。此人买姜还，厨中鲙始就矣。

介象、买姜人、张温从人实际上是一个骗术团伙，分任主演与助手。所以，这些事迹尽管很奇幻，但作为纪录者的葛洪只是限于认知水平而轻信而已，就他的主观动机来说，依然是如实记录。

二、《神仙传》中的虚构

《神仙传》中已经有了作者本人的想象与虚构。比如卷三《沈羲传》：

> 羲与妻贾氏共载，诣子妇卓孔宁家，道次，忽逢白鹿车一乘、青龙车一乘、白虎车一乘，从数十骑，皆是朱衣仗节，方饰带剑，辉赫满道。

沈羲升天后见太上老君，对天宫的描写：

> 羲因话初上天时，……见宫殿郁郁，有如云气，五色玄黄，不可名字。侍者数百人，多女子及少男，庭中有珠玉之树，蒙茸丛生，龙虎辟邪，游戏其间，但闻琅琅有如铜铁之声，不知何物。四壁熠熠，有符书著之。

人物描写：

> 老君形体略高一丈，披发垂衣，顶项有光。

① "鸳鸯分酒""飞盆舞碗""壶酒不绝"的揭密可见杨小毛、葛修瀚编：《中国古典魔术》，江苏文艺出版社 1990 年版，第 4—5 页、第 123—125 页、第 64—65 页。

同卷《王远传》，描写王方平的形象：

方平着远游冠，朱服，虎头鞶裳，五色绶，带剑，少须，黄色，长短中型人也。乘羽车，驾五龙，龙各异色，麾节幡旗，前后导从，威仪奕奕，如大将军也。

类似这样的描写就绝对不是如实记载口头传说，民间的口头传闻绝不会有这样华丽的辞藻。陈洪指出：《神仙传》自觉地在表层叙事上下功夫，使之变得"形象生动、色彩丰富"。《神仙传》卷二《皂初平传》的斥石成羊、卷三《王远传》的麻姑搔痒、卷五《茅君传》的饯别宴会、卷八《左慈传》的万端变化、卷九《壶公传》的悬壶隐身等等，都写得生动奇幻或华丽张扬。从列举的这几篇看来，《神仙传》篇幅拉长的手段主要有二：一是增加成仙的艰难或成仙后的灵验等情节，二是增加描写性的细节。如《王远传》写王远成仙后的经历，共写了世俗经历、寄居陈耽家、帮助蔡经尸解、驾临蔡经家、召见麻姑、授陈尉灵符、王远离开蔡经家等六七个情节。其中每个情节又都在铺叙，如王远召见神女麻姑一节云：

麻姑至，蔡经亦举家见之。是好女子，年十八九许，于顶中作髻，余发散垂至腰。其衣有文章而非锦绮，光彩耀日，不可名字（状），皆世所无有也。入拜方平，方平为之起立。坐定，召进行厨，皆金玉杯盘，无限也。肴膳多是诸花果，而香气达于内外。擘脯而行之，如松柏炙，云是麟脯也。麻姑自说："接待以来，已见东海三为桑田，向到蓬莱，水又浅于往昔，会时略半也，岂将复还为陵陆乎？"方平笑曰："圣人皆言，海中行复扬尘也。"

文中对好女子、金玉杯盘的铺张描写，都是《列仙传》中所没有的。①这些描写意味着文学上的决定性的进步，这种进步并不是因为他的华丽辞藻与铺陈手法，而是这种人物、场景描写明显是作者在传闻的基础上自觉地运用了想象，这也正是《神仙传》与《列仙传》的不同之处，是历史传记、民间传说向文学创作转变的关键。也就是说从《神仙传》开始，虚构在人物传记中合法化了。因此，我们可能低估了《神仙传》在

① 陈洪：《〈列仙传〉的道教意蕴与文学史意义》，《文学评论》2010 年第 3 期，第 106—111 页。

小说发展史上的重要程度。

三、《神仙传》在小说史上的影响

我们在此强调《神仙传》在小说史上的地位还在于它对后世的神道小说产生了广泛的影响，这种影响表现在以下几个方面：

首先，《神仙传》奠定了人物传记作为小说的地位，对小说的发展有着深远的影响。唐朝以后的传奇、蒲松龄的《聊斋志异》都是以人物传记的方式来完成的。

其次，《神仙传》中对神仙境界的描绘为后世的神仙小说所吸收。神仙境界中最为奇幻的地方在于，它有着不同于世俗的时空观念。《麻姑传》中"沧海桑田"这一故事代表了神仙世界的时间尺度，卷九《壶公传》更是创设壶中日月的另一宇宙：

> 常悬一空壶于坐上，日入之后，公辄转足跳入壶中，人莫知所在。唯长房于楼上见之，知其非常人也……公语长房曰："卿见我跳入壶中时，卿便随我跳，自当得入。"长房承公言为试，展足，不觉已入。既入之后，不复见壶，但见楼观五色，重门阁道，见公左右侍者数十人……公后诣长房于楼上曰："我有少酒，汝相共饮之。酒在楼下。"长房遣人取之，不能举，益至数十人，莫能得上。长房白公，公乃自下，以一指提上，与长房共饮之。酒器不过如蜂大，饮之，至旦不尽。

这一故事表现出神仙境界的空间特点：小中寓大，有限中存在着无限，从此之后，小中寓大成为神仙空间的主要特征。

第三，很多奇幻的情节为后世的神魔小说与志怪传奇所吸收，比如神行、分身、易形等等，成为后世经典如《西游记》《水浒传》等的想象来源。

第四，创造了诸多典故被后世反复运用。《神仙传》的影响并不限于小说，它对后世诗文也有着重要的影响，很多情节成为后世诗文的掌故与典实。比如斥石成羊、麻姑搔痒、沧海桑田、壶中天地、鸡犬升天等等，都是大家习见的掌故。

综上所述,《神仙传》在小说史乃至文学史上的地位被低估了,应该重新评价。

第三节 轻信的抄撮者——《西京杂记》的成书过程

一、《西京杂记》作者的五种说法

关于《西京杂记》的作者,存有争议。现存的六卷本《西京杂记》有葛洪跋语,其云:

> 洪家世有刘子骏《汉书》一百卷,无首尾题目,但以甲乙丙丁纪其卷数。先父传之。歆欲撰《汉书》编录汉事,未得缔构而亡,故书无宗本,止杂记而已,失前后之次,无事类之辨。后好事者以意次第之,始甲终癸为十帙,帙十卷,合为百卷。洪家具有其书,试以此记考校班固所作,殆是全取刘书,小有异同耳。并固所不取,不过二万许言。今抄出为二卷,名曰《西京杂记》,以裨《汉书》之阙。尔后洪家遭火,书籍都尽,此两卷在洪巾箱中,常以自随,故得犹在。刘歆所记,世人希有,纵复有者,多不备足。见其首尾参错,前后倒乱,亦不知何书,罕能全录。恐年代稍久,歆所撰遂没,并洪家此书二卷不知出所,故序之云尔。洪家复有《汉武帝禁中起居注》一卷、《汉武故事》二卷,世人希有之者。今并五卷为一帙,庶免沦没焉。[①]

按照跋语的说法,此书乃刘歆所作。但这一说法引起的争议不断,我们来回顾一下《西京杂记》作者问题的有关讨论。

最早引用《西京杂记》的是齐梁间人殷芸,他所编写的《小说》十卷虽已亡佚,但据余嘉锡所辑《殷芸小说辑证》,其中直接或间接引用《西京杂记》之文共 12 条。和殷芸几乎同一时代的北魏人贾思勰,在其所著的《齐民要术》一书中,也引用了《西京杂记》中“乐游苑”和“上林名果

---

① (晋)葛洪、无名氏:《西京杂记·燕丹子》附录,中华书局 1985 年版,第 45 页。

异木”两条。这表明此书肯定产生于齐梁之前。

初唐时，颜师古为《汉书·匡衡传》作注时说：“今有《西京杂记》者，其书浅俗，出于里巷，多有妄说。”未提及此书作者。最早著录《西京杂记》的《隋书·经籍志》也不题撰者名。此后不久，有人称此书作者为葛洪。张柬之(625—706)说：“昔葛洪造《汉武内传》《西京杂记》，虞义造《王子年拾遗录》，王检造《汉武故事》，并操觚凿空，恣情迂诞。”[①]刘知幾《史通·杂述》云：“若和峤《汲冢纪年》、葛洪《西京杂记》……此之谓逸事者也。”《忤时》篇则曰：“孟坚所亡，葛洪刊其《杂记》。”[②]《初学记》卷二十《赏赐·事对》“紫绶·青裘”条引葛洪《西京杂记》之文[③]。晚唐张彦远《历代名画记》卷四“毛延寿”条，注云：“见葛洪《西京杂记》。”[④]这以后《旧唐书·经籍志》《新唐书·艺文志》以及《太平御览》引书目列有“葛洪《西京杂记》”，《册府元龟》卷五百五十五云葛洪“撰《神仙传》十卷，《西京杂记》一卷”。因此，葛洪作《西京杂记》是唐朝以后的主流观点。

据《酉阳杂俎·语资篇》载：“庾信作诗，用《西京杂记》事，旋自追改，曰‘此吴均语，恐不足用也’。”[⑤]晁公武《郡斋读书志》卷二“杂史类”亦称“江左人或以为吴均依托为之”[⑥]，根据的应该就是段成式所载庾信之语。北宋末年，黄伯思在《东观余论》卷下《跋西京杂记后》一文中说：“此书中事，皆刘歆所记，葛稚川采之以补班史之阙耳。其称‘余’者，皆歆本语。”[⑦]南宋末年，王应麟重述颜师古及段成式之言，并补充说：“今按《南史》萧贲著《西京杂记》六十卷；然则依托为书，不止吴均也。”

洪业总结说，《西京杂记》的作者有五说：1. 刘歆；2. 葛洪；3. 吴均；4. 萧贲；5. 不知姓名的某甲。

---

① (宋)晁载之：《续谈助》卷一《洞冥记》跋语引，《丛书集成初编》0272册，商务印书馆1939年版，第16页。

② (唐)刘知幾：《史通》卷十、卷二十，《四部丛刊初编》本。

③ (唐)徐坚等编：《初学记》，中华书局1962年版，第472页。

④ (唐)张彦远撰，俞剑华注释：《历代名画记》，上海人民美术出版社1964年版，第85页。

⑤ (唐)段成式撰，方南生点校：《酉阳杂俎》前集卷十二，中华书局1981年版，第112页。

⑥ (宋)晁公武撰，孙猛校证，《郡斋读书志校证》，上海古籍出版社1990年版，第242页。

⑦ (宋)黄伯思：《宋本东观余论》(影印本)，中华书局1988年版，第275页。

二、《西京杂记》作者的争议

这五种说法中,最容易解决的是吴均说。张心澂根据《杂记》末卷提及广川王掘魏襄王、哀王墓,判断此书当作于晋发掘汲冢之后,并采信《酉阳杂俎·语资篇》所记庾信语,认为此书可信为梁吴均所作。[①] 但诚如鲁迅先生所说:"所谓吴均语者,恐指文句而言,非谓《西京杂记》也。"[②]也就是说,诗句的语言风格像吴均,而不是《西京杂记》这本书是吴均所作。余嘉锡则进一步指出,吴均(469—520)、殷芸(471—520)年纪相当,"二人仕同朝,同以博学知名,虑无不相识者;使此书果出于吴均依托,芸岂不知,何至遽信为古书?"[③]余嘉锡的驳斥很有力。

其次容易解决的是萧贲说。据《南史·齐武诸子》记载,萧贲作有《西京杂记》六十卷,唐朝以前著录的《西京杂记》有二卷本与一卷本,与此差异甚大。因此,余嘉锡说:"萧贲虽生葛洪之后,彼自著一书,亦名《西京杂记》,既未题古人之名,不得谓之依托。"尽管如此,劳幹依然怀疑此书作者可能为萧贲。劳幹的证据是,《杂记》作者对长安地理及西汉郡国属县多不能通晓,作者似既未到过长安也未到过洛阳,肯定是一个南方人。葛洪曾经去过洛阳,因此,此书的作者肯定不是葛洪。此书文体薄弱,类似齐梁间人语。而萧贲著有《西京杂记》六十卷,虽然卷帙差异甚大,但有两种可能:1. 六十卷是六卷之误;2. 原有六十卷,后散亡只成六卷。总之,现存《西京杂记》作者极有可能就是萧贲,《西京杂记》的跋语则为后人伪托。[④] 对此,洪业不赞同。洪业认为,种种迹象表明,初唐人已经看到过《西京杂记》的跋语,而萧贲比殷芸晚死二十年,萧贲写作的《西京杂记》也应该比殷芸《小说》晚,殷芸提及的《西京杂记》应该不是萧贲所作。

学术界针对刘歆说的考证驳斥最详实。从明朝焦竑开始,就指出

---

① 张心澂:《伪书通考》,商务印书馆1939年版,第544—547页。

② 鲁迅:《中国小说史略》,《鲁迅全集》第九卷,人民文学出版社1973年版,第179页。

③ 余嘉锡:《四库提要辨证》,中华书局1980年版,第1013页。

④ 劳幹:《论〈西京杂记〉之作者及成书时代》,《中央研究院历史语言研究所集刊》第33本,1962年,第19—34页。

《杂记》与《史》《汉》之龃龉差互，四库馆臣所记尤详：

> 特是向、歆父子作《汉书》，史无明文。而以此书所纪与班书参校，又往往错互不合。如《汉书》载文帝以代王即位，而此书乃云文帝为太子。《汉书》又载广陵王胥、淮南王安并谋逆自杀，而此书乃云胥格猛兽陷脰死，安与方士俱去。《汉书·杨王孙传》即以王孙为名，而此书乃云名贵。似是故谬其事，以就洪跋中小有异同之文。又歆始终臣莽，而此书载吴章被诛事，乃云章后为王莽所杀，尤不类歆语。又《汉书·匡衡传》"匡鼎来"句，服虔训鼎为当，应劭训鼎为方，此书亦载是语，而以鼎为匡衡小名。使歆先有此说，服虔应劭皆后汉人，不容不见，至葛洪乃传，是以陈振孙等皆深以为疑。①

四库馆臣云向、歆父子作《汉书》史无明文并不准确，《后汉书·班彪传》章怀太子注和刘知幾《史通·正史》都记载刘向、歆曾续补《史记》。但《提要》说《西京杂记》与班固《汉书》参互不合，却是千真万确的。除了上引诸条之外，李慈铭《越缦堂日记》卷五提出了更多的证据表明《西京杂记》中的记载与《史》《汉》乖谬和冲突。马叙伦《读书续记》卷二补充认为第 50 条"圣教"一词不会出现于西汉时代，沈钦韩《汉书疏证》卷三十三则说第 118 条所记大驾卤薄掺入了后汉魏晋的舆驾典制。这以后，洪业、程章灿等人进一步指出数条犯家讳、非刘歆所作的证据。现在看来，《杂记》全书并非刘歆所作应该没有疑问。不过，卢文弨、李慈铭、余嘉锡同时也指出，《西京杂记》中的某些记载虽与《史》《汉》有出入，但别有来源，不皆杜撰，绝非六朝人所能凭空伪造。

至于葛洪说，反对者有陈振孙，他在《直斋书录解题》卷七《传记类·西京杂记》云："按洪博闻深学，江左绝伦，所著书几五百卷，本传具载其目，不闻有此书。而向、歆父子亦不闻尝作史传于世，使班固有所因述，亦不应全没不著也。殆有可疑者，岂惟非向、歆所传，亦未必洪之作也。"②四库馆臣据此也说："今考《晋书·葛洪传》，载洪所著有《抱朴

① (清)永瑢等:《四库全书总目》，中华书局 1965 年版，1182 页中。
② (宋)陈振孙《直斋书录解题》，上海古籍出版社 1987 年版，第 195—196 页。

子》《神仙》《良吏》《集异》等传、《金匮要方》《肘后备急方》并诸杂文，共五百余卷。并无《西京杂记》之名，则作洪撰者自属舛误。”①对此余嘉锡的反驳很有力：“洪既尝抄百家及短杂、奇要之书，则此书据洪自称，亦是从刘歆《汉书》中抄出，安见不在三百一十卷之中……未可遽执本传所无，遂谓非洪所作也。”

黄伯思认为《杂记》的作者就是刘歆，他在《东观余论》卷下《跋西京杂记后》一文中说：“按《晋史》葛未尝至长安，而晋官但有华林令而无上林令，其非稚川决也。”②对此学者们的解释是，《西京杂记》并非葛洪自作，而是葛洪假托刘歆所抄撮。余嘉锡说：“葛洪去汉不远，又喜抄短杂奇要之书，故能弄此狡狯。盖其书题为葛洪者本不伪，而洪之依托刘歆则伪耳……此书固非洪所自撰，然是杂抄诸书，左右采获，不专出于一家。”③洪业认为，《安贫》中有“广汉以好利丧身”，《应嘲》篇中有“公孙刑名之论”，这两句不见于其他史料，但见于《西京杂记》。这表明《西京杂记》与《抱朴子外篇》互相呼应，且《西京杂记》作于《抱朴子外篇》之前。葛洪追托刘歆，杜撰典故于先，然后自复征用。④ 程章灿也说：“《西京杂记》的作者既非刘歆，也不是葛洪、吴均、萧贲或者别的什么人。它实际上是葛洪利用汉晋以来流传的稗史野乘、百家短书钞撮编集而成的，故意假刘歆《汉书》以自重，以今托古，以野史杂记托之于正史。可谓双重假托。”⑤

三、《西京杂记》的成书过程

我不认为葛洪是有意假托刘歆。诚如卢文弨《新雕西京杂记缘起》所言：“洪非不能自著书者，何必假名于歆？”葛洪并没有托名刘歆的动机。此书中有些条目称刘向为家君，卢文弨说：“洪奈何以一小书之故，至不惮父人之父，求以取信于世也？”⑥这在西晋以孝治国的风气下确实

---

① (清)永瑢等:《四库全书总目》,中华书局 1965 年版,1182 页中。

② (宋)黄伯思:《宋本东观余论》(影印本),中华书局 1988 年版,第 275 页

③ 余嘉锡:《四库提要辨证》,中华书局 1980 年版,第 1016、1017 页。

④ 洪业:《再说西京杂记》,《洪业论学集》,中华书局 1981 年版,第 393—404 页。

⑤ 成林、程章灿译注:《西京杂记全译》前言,贵州人民出版社 1993 年版,第 9 页。

⑥ (晋)葛洪、无名氏:《西京杂记·燕丹子》附录,中华书局 1985 年版,第 48 页。

很难想象。

我觉得此书的成书过程葛洪在序言中说得很清楚:他们家里有一本据称是刘歆所作的《汉书》,本来是一本一百卷的大书。“书无宗本,止杂记而已,失前后之次,无事类之辨”,“好事者以意次第之”,也就是说又经过了后人的编辑整理。这以后,葛洪将其与《汉书》比对,发现《汉书》不取的有二万余言,他将这二万余言抄出,编成二卷,这就是我们现在看到的《西京杂记》。

这段序言完全符合情理,既与葛洪的生平经历和喜欢抄录的兴趣爱好相符合,也能够很好解释《抱朴子外篇》采用的典故仅出自《西京杂记》这一现象。魏晋时,流传着一本一百卷的《汉书》,并声称作者是刘歆。在这本《汉书》的原始文本中,应该搜集了诸多西汉年间的史实与传闻,这其中大部分出自正史,或与班固《汉书》相同,有些则可能真的出自刘歆(比如称刘向为“家君”的那几条),也有一部分出自后世稗史野乘、百家短书。这以后,这本原始文献经过了好事者的编次,更有可能混入后世的各种材料。

此书的原始编集者(也是题名刘歆者)并不是葛洪,而是葛洪之前的好事者们(包括了原始编集者与后世的编次者);而且我也不觉得他们是有意作伪,而是其中确有一部分是刘歆所作。葛洪所做的工作只是将这本一百卷的原作与班固《汉书》作比较,将班固《汉书》不载的二万多字抄录二卷。因此,《西京杂记》绝大部分是班固《汉书》所不载或与《汉书》不同的,那些出自正史的、与班固《汉书》相同的,正好不在葛洪抄撮之列。所以,我们所见的《西京杂记》才会与《史》《汉》有如此之多的出入。个别见之于《汉书》的条目,乃是葛洪比对粗疏,偶尔混入。

在据原书抄录这些内容之后,葛洪偶尔会加一些批注。比如第117条末注“弘答烂败不存”;第118条后注“自此后糜烂不存”,第65条末“亦洪意也”等,这些批注的存在也能表明葛洪绝不是有意托名刘歆,不然没有必要留下这些马脚。就我们对葛洪的了解而言,葛洪对于他愿意相信的事物非常轻信,甚至妄信,但他绝不是一个作伪者。

总之,《西京杂记》的成书过程应如下:1. 无名氏编集了一本托名刘歆的百卷本《汉书》;2. 好事者重加编次;3. 葛洪在此基础上比对班固《汉书》，抄撮出正史不载的轶事两卷；4. 两卷本《西京杂记》到了宋朝分为六卷，在这一分卷的过程中可能有后人的增补。托名刘歆者并非葛洪，而是原始编集者，葛洪只是轻信了此书最初的署名罢了。

第四节　铺陈整饬——子书写作的辞赋化

一、《抱朴子》中的铺陈手法

葛洪轻视诗赋，但不代表他不会创作诗赋。他在《自叙》中说，他年轻时“所作诗赋杂文，当时自谓可行于代”。可见他自小就受过很好的诗赋写作训练，也有较高的诗赋写作水平。葛洪后来开始更加重视子书，认为子书的地位远远超过诗赋，但并不意味着他完全放弃了诗赋。实际上，葛洪是把作赋的手法运用到了子书的写作中。同是子书，《抱朴子外篇》与《抱朴子内篇》不同，葛洪说：“余若欲以此辈事，骋辞章于来世，则余所著外篇及杂文二百余卷，足以寄意于后代，不复须此。且此内篇，皆直语耳，无藻饰也。”（《抱朴子内篇·黄白》）可见，对于《抱朴子外篇》及其他杂文，葛洪是应用了藻饰，并认为可以“骋辞章于来世”的。我们从《抱朴子外篇》中随手摘录两段，就可以看出葛洪写作子书（说理散文）的特点。《抱朴子外篇·嘉遁》中说：

> 抱朴子曰：“有怀冰先生者，薄周流之栖遑，悲吐握之良苦。让膏壤于陆海，爰躬耕乎斥卤。秘六奇以括囊，含琳琅而不吐。谧清音则莫之或闻，掩辉藻则世不得睹。背朝华于朱门，保恬寂乎蓬户。绝轨躅于金、张之间，养浩然于幽人之仵。谓荣显为不幸，以玉帛为草土。抗灵规于云表，独违今而遂古。庇峻岫之巍峨，藉翠兰之芳茵。漱流霞之澄液，茹八石之精英。思眇眇焉若居乎虹霓之端，意飘飘焉若在乎倒景之邻。万物不能搅其和，四海不足汩其神。
>
> “于是有赴势公子闻之，慨然而叹曰：‘空谷有项领之骏者，孙阳之耻也；太平遗冠世之才者，赏真之责也。安可令俊民全其独善

之分，而使圣朝乏乎元凯之用哉！'乃造而说曰：'徒闻振翅竦身，不能凌厉九霄，腾跚玄极，攸叙彝伦者，非英伟也。今先生操立断之锋，掩炳蔚之文，玩图籍于绝迹之薮，括藻丽乎鸟兽之群，陈龙章于晦夜，沈琳琅于重渊，蛰伏于盛夏，藏华于当春；虽复下帷覃思，殚毫骋藻，幽赞太极，阐释元本，言欢则木梗怡颜如巧笑，语戚则偶象嚬颇而滂沱，抑轻则鸿羽沈于弱水，抗重则玉石漂于飞波，离同则肝胆为胡越，合异则万殊而一和，切论则秋霜春肃，温辞则冰条吐葩，摧高则峻极颓沦，竦卑则渊池嵯峨，疵清则倚暗夜光，救浊则立澄黄河；然不能沾大惠于庶物，著弘勋于皇家，名与朝露皆晞，体与蜉蝣并化，忽崇高于圣人之宝，忘川逝于大耋之嗟，窃为先生不取焉。'

"……于是怀冰先生萧然遐眺，游气天衢，情神辽缅，旁若无物。俯而答曰：'呜呼！有是言乎？盖至人无为，栖神冲漠，不役志于禄利，故害辱不能加也；不躐峙于险途，故倾坠不能为患也。藜藿不供，而意佚于方丈；齐编庸民，而心欢于有土。寝宜僚之舍，闭干木之间，携庄、莱之友，治陋巷之居。确岳峙而不拔，岂有怀于卷舒乎？以欲广则浊和，故委世务而不纡眄；以位极者忧深，故背势利而无余疑。其贵不以爵也，富不以财也。侣云鹏以高逝，故不萦翮于腐鼠；以蕃、武为厚诫，故不改乐于箪瓢。'"

作为《抱朴子外篇》的开篇之作，其文体可以说代表了整本书风格。这其中，虚构"怀冰先生""赴势公子"两位对话人物，采用主客对话、扬主抑客的方式，显然承袭了汉赋的文体传统，明显有东方朔《答客难》、扬雄《解嘲》《解难》的影响。而其对于怀冰先生生活方式、情趣志向的描绘更是采用了铺陈的手段，文章显得缛旨星稠，繁文绮合。

实际上，《抱朴子内篇》也不是全无藻饰，比如其中的《论仙》篇：

或问曰："神仙不死，信可得乎？"抱朴子答曰："虽有至明，而有形者不可毕见焉。虽禀极聪，而有声者不可尽闻焉。虽有大章竖亥之足，而所常履者，未若所不履之多。虽有禹益齐谐之智，而所尝识者未若所不识之众也。万物云云，何所不有，况列仙之人，盈乎竹素矣。不死之道，曷为无之？"

于是问者大笑曰："夫有始者必有卒，有存者必有亡。故三五丘旦之圣，弃疾良平之智，端婴随郦之辩，贲育五丁之勇，而咸死者，人理之常然，必至之大端也。徒闻有先霜而枯瘁，当夏而凋青，含穗而不秀，未实而萎零，未闻有享于万年之寿，久视不已之期者矣。故古人学不求仙，言不语怪，杜彼异端，守此自然，推龟鹤于别类，以死生为朝暮也。夫苦心约己，以行无益之事，镂冰雕朽，终无必成之功。未若摅匡世之高策，招当年之隆祉，使紫青重纡，玄牡龙跱，华毂易步趍，鼎竦代耒耜，不亦美哉？每思诗人甫田之刺，深惟仲尼皆死之证，无为握无形之风，捕难执之影，索不可得之物，行必不到之路，弃荣华而涉苦困，释甚易而攻至难，有似丧者之逐游女，必有两失之悔，单张之信偏见，将速内外之祸也。夫班狄不能削瓦石为芒针，欧冶不能铸铅锡为干将，故不可为者，虽鬼神不能为也；不可成者，虽天地不能成也。世间亦安得奇方，能使当老者复少，而应死者反生哉？而吾子乃欲延蟪蛄之命，令有历纪之寿，养朝菌之荣，使累晦朔之积，不亦谬乎？愿加九思，不远迷复焉。"

抱朴子答曰："夫聪之所去，则震雷不能使之闻，明之所弃，则三光不能使之见，岂輷磕之音细，而丽天之景微哉？而聋夫谓之无声焉，瞽者谓之无物焉。又况管弦之和音，山龙之绮粲，安能赏克谐之雅韵，暐晔之鳞藻哉？故聋瞽在乎形器，则不信丰隆之与玄象矣。而况物有微于此者乎？暗昧滞乎心神，则不信有周孔于在昔矣。况告之以神仙之道乎？夫存亡终始，诚是大体。其异同参差，或然或否，变化万品，奇怪无方，物是事非，本钧末乖，未可一也。夫言始者必有终者多矣，混而齐之，非通理矣。谓夏必长，而荠麦枯焉。谓冬必凋，而竹柏茂焉。谓始必终，而天地无穷焉。谓生必死，而龟鹤长存焉。盛阳宜暑，而夏天未必无凉日也。极阴宜寒，而严冬未必无暂温也。百川东注，而有北流之浩浩。坤道至静，而或震动而崩弛。水性纯冷，而有温谷之汤泉；火体宜炽，而有萧丘之寒焰；重类应沈，而南海有浮石之山；轻物当浮，而牂柯有沈羽之流。万殊之类，不可以一概断之，正如此也久矣。"

这一段文字从形式上看与赋无疑。这里同样采用赋体常见的主客问难方式，并运用铺陈的手段。比如，为了说明一切规律都有例外，使用了荞麦夏枯、竹柏冬茂、天地无空、龟鹤长存、夏有凉日、冬有暂温、北流之川、地震山崩、温谷汤泉、萧丘寒焰、浮石之山、沉羽之流等，一口气铺叙了十二个事证。这种证明方法从逻辑上看当然有很大问题，但作为修辞手段，确实能增强气势，有雄辩的效果。

二、《抱朴子》的骈偶化

子书写作辞赋化的另一个表现就是使用大量的骈句，从上述例证我们也可以看出，在《抱朴子》内外篇中大部分是骈辞丽句，只有较少的散句，在《抱朴子内篇》中用以介绍知识。就子书写作的历史来看，先秦子书除《老子》是韵文之外，其余的都是散文。到了两汉尤其是东汉，尽管子书写作有骈偶化的倾向，但其主体部分依然是单行散句。因此，葛洪主要使用骈文来阐述观点、论证事理，乃是子书写作中的一大进展。

通常认为，说理是奇句单行的散文的特长，因为它灵活、自由，能够更加自如地表达意见、阐述微妙的道理，而不会受形式的束缚，而骈文尽管在形式上平衡、对称，能产生节奏和形态上的美感，但因为有形式上的限制，是戴着镣铐跳舞，不能随意自如地表达主张或进行论证，所以在以说理为主，而对审美要求比较低的理论文中不宜使用。

不过，也有人，比如晚清民初的学者孙德谦就认为“说理散不如骈”；赵益则对孙氏的观点进行了充分的论证。赵益将“理”区分为两类，一类是具体的、实证的、具有现实内涵的“事理”，另一类是关于天道人事的终极之理，是形而上的、思辨的、逻辑的、具有是非规律的“玄理”。骈文适合说理，并非指适合“事理”而是“玄理”。这是因为骈文的形式适合中国人最基本的二元对立统一的思维模式。而骈文的形式要求，迫使作者常常采用“并行背出，同时合观”的方法，迫使作者必须从相反、相异、相同、相近、相似、相关等多个角度思考问题，从而使说理更加充分全面。[①]

① 赵益：《孙德谦“说理散不如骈”申论——兼论骈文的深层表达机制》，《文学评论》2017 年第 4 期，第 100—107 页。

赵益所说的是骈文说理的理想化状态。从葛洪的创作实践而言，骈文的形式并没有帮助他采用一种对立统一的二元思维模式。事实上，在葛洪写作的对句中，所谓"背出"非常罕见，他通常是将意义相同、相近、相似的两个句子相对。因此，骈句对葛洪来说，产生的效果主要有三点：第一，使文章对称、平衡，在节奏与形态上更具美感；第二，以铺陈例证加强气势与说服力；第三，多用典故以展示学识。展示学识在葛洪的文章中有特殊的意义，因为葛洪所作的大部分是宗教宣传，目的是使读者信从，而学识渊博的作者具有更高的权威，也更容易让读者信服。

尽管葛洪的文章并没有达到以骈文说理的最佳效果，但以骈散兼行、骈文为主的方式写作子书，依然在文学史上有一定的意义。首先，这表明两汉以来文学上的精致化、华丽化倾向开始弥漫。精致化、华丽化的具体表现就是文章的骈偶化。东汉以来，骈偶化倾向不仅出现在诗、赋等纯文学文体中，也侵入诏令章表、书启铭诔，进一步影响到史述与设论，到了葛洪，散文最后一个堡垒——子书也宣告"失守"，文章的骈偶化倾向不可阻挡。

其次，葛洪的实践为后世以骈文说理奠定了基础。赵益认为，以骈文说理的最高成就是刘勰的《文心雕龙》与刘知幾的《史通》。尽管这两部著作并不是论说的玄理，但充分展示出对立统一的二元思维模式对两位作者的影响，而骈文的形式则为他们提供了最佳的表现形式。葛洪的创作让后世作者看到了骈文说理的可能，并在他的创作基础上提升改善，终于达到了骈文说理的高峰。

三、《博喻》中的比喻

实际上，《抱朴子外篇》中最具文学性的是《博喻》《广譬》两篇。这两篇并没有具体的主题，而是将大量的比喻集中安排在一起，应该是为了写作作语词材料上的准备。比如：

> 盈乎万钧，必起于锱铢；竦秀凌霄，必始于分毫。是以行潦集，而南溟就无涯之旷；寻常积，而玄圃致极天之高。
>
> 骋逸策迅者，虽遗景而不劳；因风凌波者，虽济危而不倾。是

> 以元凯分职，而则天之勋就；伊、吕既任，而革命之功成。
>
> 琼艘瑶楫，无涉川之用；金弧玉弦，无激矢之能。是以介洁而无政事者，非拨乱之器；儒雅而乏治略者，非翼亮之才。

类似这样整饬的对偶型比喻，有近二百句之多。比喻是文学的灵魂，而整饬的比喻更有形式上的美感，相对于先秦子书显得文繁辞密，繁富夸饰。因此，葛洪的这些比喻就被后世教徒杨羲反复化用。沈约在《宋书·谢灵运传论》中谈及西晋时期的文学风格：

> 降及元康，潘、陆特秀，律异班、贾，体变曹王，缛旨星稠，繁文绮合，缀平台之逸响，采南皮之高韵。遗风余烈，事及江右。①

刘勰在《文心雕龙·明诗》中也说："晋世群才，稍入轻绮，张潘左陆，比肩诗衢，采缛于正始，力弱于建安。或析文以为妙，或流靡以自妍，此其大略也。"②所以，葛洪著作中深美富博、辞藻宏丽的特征不仅是其个人风格，也是西晋文章的时代特点。

① (梁)沈约:《宋书》卷六十七《谢灵运传》，中华书局1974年版，第1778页。

② (梁)刘勰著，范文澜注:《文心雕龙注》，人民文学出版社1958年版，第67页。

第十三章　青史留名
——葛洪在历史上的地位与影响

第一节　传声望于道俗——葛洪在东晋南朝的影响

晋康帝建元元年（343 年），葛洪逝世。葛洪生前，正如他自己在《自叙》中所说："沉抑婆娑，用不合时，行舛于世；发音则响与俗乖，抗足则迹与众迕。内无金、张之援，外乏弹冠之友。循涂虽坦，而足无骐驎；六虚虽旷，而翼非大鹏。上不能鹰扬匡国，下无以显亲垂名。美不寄于良史，声不附乎钟鼎。"同代人中几乎没有什么人提及过他。但他死后不久，有迹象表明，对于葛洪的神化即已开始，葛洪作为得道者的形象开始建立，他的著作以及著作中所宣扬的思想开始流传。

一、东晋末年的影响

大致上在兴宁元年（363 年）左右，袁宏登临罗浮山，在他所撰的《罗浮记》中对葛洪的生平事迹作了介绍，文末云：

> 于此山积年，忽与岱书云：当远行寻师药，克期当去。岱疑其异，便狼狈往别。既至，而洪已亡，时年六十一。视其颜色如平生，体亦柔软，入棺，其轻如空衣然也。

他通过对葛洪下葬时神异情形的描绘，暗示葛洪并非真死亡，乃升仙而去。这是葛洪形象仙圣化的开端。在《真诰》一书中，保留了杨羲在兴宁年间(363—365 年)所降的诰语,这些诰语中有的已经引用了《抱朴子外篇》中的语句。如卷七《甄命授第三》紫微夫人语:“故望洪涛之暨天,则知其不起乎洿池之中矣;睹玄翰之汪濊,则知其不出乎章句之徒也。”陶弘景注曰:“此二辞乃出《抱朴·博喻》中。后复有此例,当是众真借取譬而用之,犹如所称《周易》《毛诗》中语耳。”《博喻》篇原文为:“故望洪涛之滔天,则知其不起乎潢污之中矣。观翰草之汪濊,则知其不出乎章句之徒矣。”卷八《甄命授第四》中托名右英夫人王媚兰写给许谧的诰语中说:“夫捐荠与茹荼,哂九成而悦北鄙者,我知其无识和音之听鉴也。”陶弘景注曰:“亦是《抱朴·博喻》中语。”[1]原文为:“捐荼茹蒿者,必无识甘之口。弃琼拾砾者,必无甄珍之明。薄九成而悦北鄙者,吾知其不能格灵祇而仪翔凤矣。”可见不管是杨羲还是陶弘景,对《抱朴子》都非常熟悉。

晋安帝隆安(397—401 年)末年,葛洪从孙葛巢甫将葛洪传授给他的《灵宝五符》传授给道士任延庆、徐灵期之徒,并围绕着《灵宝五符》造构了一批灵宝经籍,一时风教大行,随着灵宝系的风行,葛洪以及葛氏道的著作与思想也开始广泛流传。这是东晋末年的情形。

二、刘宋时期的影响

宋文帝于元嘉五年(428 年)下诏裴松之,命其为《三国志》作注,至元嘉六年(429 年)完成。在裴松之的注文中,曾三次征引《神仙传》所载事迹,并三引《抱朴子》中的相关记载。[2] 不过,裴松之又补充说:“臣松之以为葛洪所记,近为惑众。其书文颇行世,故撮取数事,载之篇末也。神仙之术,讵可测量,臣之臆断,以为惑众,所谓夏虫不知冷冰耳。”[3]可见《神仙传》与《抱朴子》在刘宋朝已“颇行于世”,也能看到史家对葛洪的记载并不信任。

---

① 分别见《真诰》第 109—110 页、130 页。

② 分别是《三国志》卷三二《蜀书·先主传》注引《李意期》、卷四九《吴书·士燮传》注引《董奉》、卷六三《吴书·吴范刘惇赵达传》注引《介象》;卷四十八《吴书·三嗣主传》、卷六十《吴书·贺齐传》、卷六三《吴范刘惇赵达传》注引《抱朴子》。

③ (晋)陈寿著,(刘宋)裴松之注:《三国志》卷六三《吴书·吴范刘惇赵达传》,中华书局 1982 年版,第 1428 页。

到了刘宋大明年间(457—464 年),时在东宫校书的何法盛撰成《晋中兴书》,在纪传体史书中为葛洪正式立传。从此,葛洪之名寄于良史。现存《晋中兴书》佚文中有七条与葛洪有关,其中一条云:"葛洪好学,常伐薪卖以买纸墨。"[①]应该是对葛洪《自叙》中相关内容的概括。有五条均是记其亡时情形,与袁宏《罗浮山记》基本相同。唯有《太平御览》卷七百二十二引《晋中兴书》说:

> 葛洪字稚川,丹阳句容人。幼览众书,近得万卷,自号抱朴子。善养性之术,撰经用救验方三卷,号曰《肘后方》。又撰《玉函方》一百卷,于今行用。

这表明,到了刘宋时期,葛洪抄录的医方开始流传,在史家传记中,葛洪开始有了擅养性之术的医家身份。

在道教内部,陆修静对葛洪所传承的《灵宝经》进行了甄别整理。经过东晋末年葛巢甫等人的制作后,《灵宝经》真伪杂糅,纷互错乱。陆修静在《灵宝经目序》中说:

> 顷者以来,经文纷互,似非相乱。或是旧目所载,或自篇章所见,新旧五十五卷,学士宗竟,鲜有甄别。余先未悉,亦是求者一人。既加寻觅,甫悟参差。[②]

于是他对舛错杂乱的内容考订整治,整理出可信者三十五卷。除了整理《灵宝经》文献之外,陆修静根据葛洪传承的经文,拟定出较为完备的斋醮科仪。在葛洪《遐览》篇的基础上,进一步编定了《三洞经书目录》。葛洪《遐览》篇记录了道书 261 种,1299 卷,但他并没有进行分类。陆修静所见道书为 1090 卷,虽然不如葛洪多,但他对这些纷杂的道经进行了分类整理,区分为洞真上清、洞玄灵宝、洞神三皇三个系统。而他据以分类的观念,则是从葛洪那儿沿袭下来的,反映了葛洪的道经价值观。郑隐、葛洪最重视《三皇文》,认为《三皇文》《五岳真形图》是道书之重者,陆修静据此建立起洞神三皇系统;《灵宝经》为葛洪亲自传授,

---

① (唐)徐坚等撰:《初学记》卷二十一引,中华书局 1962 年版,第 520 页。

② (宋)张君房编,李永晟点校:《云笈七签》卷四《灵宝经目序》,中华书局 2003 年版,第 52 页。

陆修静设立了洞玄灵宝系统。由此可见在此时期葛洪的著作与思想在道教内部正在产生越来越大的影响。

三、齐梁时期的影响

齐梁时期的文人贵族喜欢引用来自《抱朴子》的语典与事典。梁元帝萧绎对《抱朴子》十分熟悉，他在《金楼子》的序中说："今纂开辟已来，至乎耳目所接，即以先生为号，名曰《金楼子》。盖士安之'玄晏'，稚川之'抱朴'者焉。"[①]意思是他自号"金楼子"，就如同皇甫谧自号"元晏先生"、葛洪自号"抱朴子"一样。其卷五《志怪》篇首谈变化之道，全本为《抱朴子内篇·论仙》；其中数条怪事，也摘自《抱朴子内篇·登涉》。在卷六《自叙篇》中，萧绎自述自己六岁为诗，又引葛稚川《自叙》言："读书万卷，十五属文。"以此证明他超越葛洪的早慧。实际上，《金楼子·自叙》就是模仿《抱朴子外篇·自叙》。萧绎任命刘璠为树功将军、镇西府谘议参军时，赐书曰："邓禹文学，尚或执戈；葛洪书生，且云破贼。前修无远，属望良深。"[②]这是将葛洪平定石冰之乱作为事典，表达对刘璠殷切的期望。

由于南朝贵族重文轻武，羸弱无能，葛洪一箭解兵、平定石冰等自叙就成为美谈，一再被人提及。颜之推在《颜氏家训·杂艺》说："河北文士，率晓兵射，非直葛洪一箭，已解追兵。三九宴集，常縻荣赐。"又说"圣人不用博弈为教……王肃、葛洪、陶侃之徒，不许目观手执，此并勤笃之志也。"[③]对葛洪晓兵射、拒游艺、勤笃写作的精神表示赞赏。颜延之在养生治病方面则是有选择地接受葛洪的影响。他反对隐居山林不理人事、勤炼金丹但求成仙的做法，他说：

> 神仙之事，未可全诬；但性命在天，或难钟值。人生居世，触途牵縶：幼少之日，既有供养之勤；成立之年，便增妻孥之累。衣食资须，公私驱役；而望遁迹山林，超然尘滓，千万不遇一尔。加以金玉

① (梁)萧绎著，许逸民校笺：《金楼子校笺》，中华书局 2011 年版，第 2 页。
② (唐)令狐德棻等：《周书》卷四十二《刘璠传》，中华书局 1971 年版，第 762 页。
③ (北齐)颜之推著，王利器集解：《颜氏家训集解》，中华书局 1993 年版，第 581、590 页。

之费，炉器所须，益非贫士所办。学如牛毛，成如麟角。华山之下，白骨如莽，何有可遂之理？考之内教，纵使得仙，终当有死，不能出世，不愿汝曹专精于此。

不过，葛洪所传授的一些日常生活中的养生之道却是可以遵循的：

若其爱养神明，调护气息，慎节起卧，均适寒暄，禁忌食饮，将饵药物，遂其所禀，不为夭折者，吾无间然……吾尝患齿，摇动欲落，饮食热冷，皆苦病痛。见《抱朴子》牢齿之法，早朝叩齿三百下为良，行之数日，即便平愈，今恒持之。此辈小术，无损于事，亦可修也。①

齐梁时期，受葛洪影响最大，并且改变了其生活志向与道路的莫过于陶弘景。据《梁书·处士传·陶弘景传》记载：陶弘景"年十岁，得葛洪《神仙传》，昼夜研寻，便有养生之志"。他原本隐居于华阳山（在今宣城市宣州区溪口镇境内），后来定居于葛洪的家乡句容茅山，与他对葛洪的推崇未必没有关系。陶弘景撰著了《抱朴子注》二十卷，这是迄今所知最早的《抱朴子》注本。他还增补葛洪《肘后救卒》（即《肘后备急方》），成《肘后百一方》三卷。更重要的是，他继承并发展了葛洪神仙三品说的思想观念，将神仙分为上下有别的七个等级，设计了一个宏大的神仙灵鬼系谱，从宗教神学的立场证明了等级制度的合理性。

除了陶弘景，马枢也在侯景之乱后隐居茅山，在陈朝建立后开始编撰《道学传》。这是继《神仙传》之后又一部重要的道教传记，共二十卷。在这部仙道传记中，马枢为葛洪专门列传，从此，葛洪与帛和、孙登、鲍靓等人一起，成为仙道界的代表人物。

对神仙道教及其葛氏道流最强有力的反对来自佛教界。宋齐时，道士顾欢撰《夷夏论》，申论佛、道理实相同，却有夷夏之别，明征君僧绍写作《正二教》驳之，其中说：

今之道家所教，唯以长生为宗，不死为主；其练映金丹，餐霞饵玉，灵升羽蜕，尸解形化，是其托术，验之而竟无睹其然也。又称，

---

①（北齐）颜之推著，王利器集解：《颜氏家训集解》，中华书局1993年版，第356页。

其不登仙，死则为鬼；或召补天曹，随其本福。虽大乖老、庄立言本理，然犹可无违世教。损欲趣善，乘化任往；忘生生存存之旨，实理归于妄，而未为乱常也。至若张、葛之徒，又皆杂以神变化俗，怪诞惑世，符咒章劾，咸托老君所传，而随稍增广；遂复远引佛教，证成其伪。立言舛杂，师学无依；考之典义，不然可知。将令真妄浑流，希悟者永惑，莫之能辩，诬乱已甚矣！①

他的意思是如果只是炼丹服药、追求长生尸解之类，虽然虚妄，且有违老庄本理，但尚没有违背世教常道。但是张陵、葛洪之徒，将符咒章劾等等怪诞惑世之术，假托老子所传，甚至援引佛教来证成其伪，那就必须加以驳正。

齐梁年间，有道士作《三破论》，攻击佛教是破国、破家、破身的“三破”之教。沙门刘勰写作了《灭惑论》，反唇相讥，批评道教。他说道教立法，共分三品，最上是宗法老子，其次是追求神仙，最下是承袭张陵。就老子而言，确实是大贤，著书论道贵在无为，教理的核心在追求虚柔守一，即便如此，老子之学也已经三世不闻；《老子》之书仅是“导俗之良书，非出世之妙经也”；然后对“神仙小道”与“张陵米贼”进行了强烈的批判：

若乃神仙小道，名为五通，福极生天，体尽飞腾。神通而未免有漏，寿远而不能无终。功非饵药，德沿业修。于是愚狡方士，伪托遂滋：张陵米贼，述纪升天；葛玄野竖，著传仙公，愚斯惑矣，智可罔欤！

今祖述李叟，则教失如彼；宪章神仙，则体劣如此。上中为妙，犹不足算，况效陵、鲁，醮事章符，设教五斗，欲拯三界，以蚊负山，庸讵胜乎？标名大道，而教甚于俗；举号太上，而法穷下愚。何故知耶？贪寿忌夭，含识所同，故肉芝石华，谲以翻腾；好色触情，世所莫异，故黄书御女，诳称地仙；肌革盈虚，群生共爱，故宝惜涕唾，以灌灵根；避灾苦病，民之恒患，故斩缚魑魅，以快愚情；凭威恃武，俗之旧风，故吏兵钩骑，以动浅心。至于消灾淫术，厌胜奸方，理秽

① (梁)释僧祐著，李小荣校笺：《弘明集》卷六，上海古籍出版社 2013 年版，第 322 页。

辞辱，非可笔传。事合氓庶，故比屋归宗，是以张角、李弘，毒流汉季，卢悚、孙恩，乱盈晋末。余波所被，寔蕃有徒。[1]

值得注意的是，无论是僧绍还是刘勰，都将葛氏（葛洪、葛玄）当作和张陵并列的道教人物，可见当时的葛氏道已成为神仙方术的代表。不过，佛教徒对葛氏道的攻击持续时间并不太久。有迹象表明，从唐朝开始，很多僧院内就已经出现了葛洪井、葛洪丹灶等遗迹，表明葛玄、葛洪已成为佛道两教共同的历史资源。宋僧释志磐在《佛祖统纪·法运通塞志》第十七之三为葛洪立传。自此，葛洪除了是道教仙真，也成了佛教圣徒。

第二节　留美名于青史——葛洪在唐朝的影响

一、初唐时期的影响

初唐之前，似乎尚有《葛洪别传》传世，但并没有提供新的材料。[2]葛洪地位的全面提高，得益于房玄龄主修的《晋书》为葛洪列传，这表明葛洪进入官方正史，成为朝廷肯定的历史人物。在这篇传记中，对葛洪的生平、思想、著述进行了全面的记述与评价，其材料来源大致上有三个：最主要的材料当然是葛洪《自叙》；第二是袁宏《罗浮记》中的相关记载；第三是有关葛洪与鲍靓、鲍姑的关系以及葛洪在南海的仙道传说，这部分记载我怀疑来自《神仙传·鲍靓传》。[3]《晋书·葛洪传》首先在正文中称赞葛洪“博闻深洽，江左绝伦。著述篇章富于班、马，又精辩玄

---

① （梁）释僧祐著，李小荣校笺：《弘明集》卷八，上海古籍出版社2013年版，第428—430页。

② 《北堂书钞》卷九十七所引佚名《葛洪别传》仅有一句话：“洪字稚川，负笈徒步，卖薪以给纸笔，夜燃柴火写书。家贫，纸所写之书皆反覆有字，人少能读。”《葛洪别传》之名不见于他书，作者佚名，根据内容，我怀疑即是葛洪《抱朴子外篇》中的《自叙》。

③ 就现存材料而言，最早提及鲍靓为葛洪妻父的除了《晋书·葛洪传》本身以外，是《太平御览》卷六百六十四引《神仙传》，其曰：“鲍靓字太玄，琅琊人，晋明帝时人。葛洪妻父。”现存《神仙传》，无论是《四库》八十四人本还是《汉魏丛书》九十二人本，都没有鲍靓的传记，但是初唐人看到的《神仙传》有一百九十人之多，其中有鲍靓的传记是很有可能的。

赜，析理入微”。而在史臣论中评价说：

> 稚川束发从师，老而忘倦。䌷奇册府，总百代之遗编；纪化仙都，穷九丹之秘术。谢浮荣而捐杂艺，贱尺宝而贵分阴，游德栖真，超然事外。全生之道，其最优乎！

在最后的赞中又称扬说：“稚川优洽，贫而乐道。载范斯文，永传洪藻。”[①]综合传、论、赞中的称誉，葛洪的贡献与价值表现在五个方面，第一是“总百代之遗编”，即记录、整理、传承了历代以来的道教文献。第二是“究九丹之秘术”，即研究了各种炼制金丹的方术。以上两点显示出其“博闻深洽”，即卓异而广博。第三则是文章辞藻华美、析理入微，足为后人垂范。第四是“谢浮荣而捐杂艺”的生活方式与“贱尺宝而贵分阴”的精神。第五是游德栖真、超然事外、安贫乐道的态度。以上五点也基本上囊括了古人对葛洪的正面评价。

二、盛唐时期的影响

唐朝，炼丹之风大畅，但初唐人很少提及葛洪。盛唐时，王延陵在《梦游天庭赋》以葛洪为主角，开篇即云：“葛稚川见素抱朴，傲世忘荣，循洁白之道，吸元和之精，泊乎意朕，飘然体清。”在一个秋风萧萧的凛凛秋夕，倏忽之间飞升到了天外仙境，见到了各种神异景象后，最后遇到洪厓先生，他面容润泽，点着头对葛洪说：“中州之士也，尔来何迟？”然后“出秘诀，约真期，挹华池之水，唱天关之词”。醒来后发觉只是南柯一梦。这篇赋显然是继承了游仙诗赋的传统，但将葛洪当作赋中的主角，说明葛洪已经成为求仙问道者的代名词。

不过，盛唐最著名的道士之一——吴筠——在写作《神仙可学论》时并没有提及葛洪，吴筠的道友、热衷于求仙炼丹的李白也从未谈到过葛洪，倒是杜甫在诗中多次提及葛洪。天宝三年(744 年)，杜甫与李白在洛阳相识，相约同游梁宋(今河南省开封市、商丘市一带)。天宝四载(745 年)，二人又同游齐赵，两人在鲁郡(今山东兖州)相别，杜甫写了

① (唐)房玄龄等:《晋书》，中华书局 1972 年版，第 1913—1914 页。

一首七绝《赠李白》,其云:"秋来相顾尚飘蓬,未就丹砂愧葛洪。痛饮狂歌空度日,飞扬跋扈为谁雄?"这首诗中,葛洪是炼丹成功者的代名词。李白好神仙,曾自炼丹药,并在齐州从道士高如贵受道箓。杜甫也渡黄河登王屋山访道士华盖君,因华盖君已死,惆怅而归。两人在学道方面都无所成就,所以说"愧葛洪"。大致在天宝七年至九年(748—750年)这段时间里,杜甫又写诗给河南尹韦济,回忆韦济当年常去杜甫家拜访,说"浊酒寻陶令,丹砂访葛洪"[①]。以陶渊明与葛洪来代指自己,表明他当时居家不仕。大历四年(769年),杜甫自潭州前往衡州,他在《咏怀二首》(其二)中云:"虎狼窥中原,焉得所历住。葛洪及许靖,避世常此路。贤愚诚等差,自爱各驰骛。"面对国乱邦危的形势,杜甫准备如葛洪、许靖那样避世而独善其身。大历五年(770年)冬,杜甫带着一家八口,从长沙乘船往岳阳,经过洞庭湖时,风疾愈加严重,半身偏枯、卧床不起,他预感到了自己的死亡,他在最后的诗作《风疾舟中伏枕书怀三十六韵奉呈湖南亲友》中再次提及葛洪与许靖:"葛洪尸定解,许靖力还任。家事丹砂诀,无成涕作霖。"我马上就会如葛洪那样尸解成仙,无力像许靖那样收恤家小,周游江湖。家里的遗物只有炼丹服食之术,奈何炼丹不成。想到这里,涕流如雨。由此我们知道,杜甫对葛洪非常熟悉,经常提及,在杜甫的笔下,葛洪就是一位避世的炼丹者与得道尸解的神仙家。

三、中晚唐时期的影响

杜甫对葛洪的评价也是唐朝诗人的一致看法。卢纶《过楼观李尊师》竭力烘托李尊师家的仙境氛围:"城阙望烟霞,常悲仙路赊。宁知樵子径,得到葛洪家。犬吠松间月,人行洞里花。留诗千岁鹤,送客五云车。访世山空在,观棋日未斜。不知尘俗士,谁解种胡麻。"葛洪家乃是神仙家的代指。[②] 李观在《道士刘宏山院壁记》称赞刘宏说:"可与董奉

---

① (唐)杜甫:《奉寄河南韦尹丈人》,萧涤非主编:《杜甫全集校注》卷一,人民文学出版社2014年版,第161页。

② 卢纶著,刘初棠校注:《卢纶诗集校注》,上海古籍出版社1989年版,第364页。刘初棠怀疑李尊师即是司马承祯弟子李含光。

抵掌，葛洪拍肩。”[①]更是将葛洪视为神仙。晚唐诗人唐彦谦称赞窦尊师说：“我爱窦尊师，弃官仍在家。为嫌勾漏令，兼不要丹砂。”[②]这是说窦尊师不但放弃了官职，也放弃了炼丹成仙的追求，比葛洪更无欲无求。

更多的情况是诗中的人物与葛洪有相似之处，涉及的地点与葛洪的生活经历有关，于是葛洪这一名字成了指代人物身份与活动地点的典故。唐末，广文馆博士张贲，字闰卿，南阳人，居住于茅山，在吴中旅居时经常与陆龟蒙、皮日休交游。张贲后还茅山，皮日休写诗怀念，陆龟蒙有和诗三首。在第二首中，因张贲居于茅山，陆龟蒙用了葛洪写作《神仙传》的典故，说“奇编早晚教传授，免以神仙问葛洪”[③]。说是张贲在茅山，就如同葛洪一样，将神仙之道、奇方异术教授徒众，这显然是一种恭维。除此之外，顾况、李顺、李群玉、齐己等诗人也都提及葛洪。在这些诗歌中，葛洪代表的都是炼丹成仙者的形象，用以指称的人物通常都是闲居在家的道士或布衣，或者诗中涉及的地点有与葛洪有关的古迹。总之，葛洪在唐诗中的象征意蕴较为单一，只是一个避世者、一个炼丹求仙的神仙家符号。[④]

中唐时，著名道士毛仙翁特别善于与名人交际，当时的丞相如裴度、牛僧孺、令狐楚、李程、李宗闵、李绅、杨嗣复、杨于陵、王起、元微；名士如白居易、崔郾、郑澣、李益、张仲方、沈传师、崔元略、刘禹锡、柳公绰、韩愈、李翱等人，都对他敬奉有加，有的师以敬之，有的兄以事之，都认为毛仙翁为上清品人。[⑤] 这些名士不约而同地将其比拟为葛洪，由此可见葛洪在人们心目中的地位。李德裕认为黄冶变化之术可行的理由之一，就是出于对刘向、葛洪的信任，他在《黄冶论》中说：“方士固不足恃，刘向葛洪皆下学上达，极天地之际，谓之可就，必有精理。”

不过，也有人指摘金丹黄白之术，对时人只关注肉体长生的追求进行贬低。比如梁肃在《神仙传论》中说，“予尝览葛洪所记，以为神仙之

① (唐)李观：《道士刘宏山院壁记》，《全唐文》卷五百三十四，中华书局1983年版，第5423页。

② (唐)唐彦谦：《赠窦尊师》，《全唐诗》卷六百七十二，中华书局1960年版，第7682页。

③ (唐)陆龟蒙：《和怀华阳润卿博士三首》，何锡光校注：《陆龟蒙全集校注》，凤凰出版社2015年版，第547页。

④ 参见伍联群：《葛洪在唐宋文学中的流衍及其意义》，《文艺评论》2014年第6期，第123—128页。

⑤ 参见(宋)计有功编，王仲镛校笺：《唐诗记事》卷八十一，中华书局2007年版，第2579页。

道昭昭焉足征”。但是神仙之道也有高下之分，一味追求生死，“方窃窃然化金以为丹，炼气以存身，凯千百年居于六合之内，是类龟鹤大椿，愈长且久，不足尚也”。那些“驰其智用，以符箓药术为务，而妄于灵台之中有所念虑”的后人，只是道家的末流。他们一心追求“齿发不变，疾病不作”的养生效果，并“以之为功，而交战于夭寿之域……号为道流，不亦大哀乎！”圣人了解大道本虚，本则不生，不生也就不死这个道理，他们反诸根本，使得生死存亡根本不能对其产生影响，这才是至道。因此，他认为：“按《神仙传》凡一百九十人，予所尚者唯柱史、广成二人而已，余皆生死之徒也。”①梁肃的言论表明知识分子开始抛弃对生死之道汲汲营营的追求，转而以一种达观、超越的态度来面对生死。

第三节　不就丹砂也自贤——葛洪在宋元时期的影响

由唐至宋，道教炼养方式发生了转型，内丹道取代外丹流行于世，特别是北宋张伯端《晤真篇》阐明其道后，内丹道更为盛行，成为宋明道教修仙之法的核心。相对于唐朝，这一时期对葛洪的接受也有所变化，葛洪所宣扬仙道之极——金丹之术几乎完全不为人信从，但葛洪认为的辅助性小道，比如胎息行气、服食草木，以及其他日常养生之术则变得流行。葛洪对北宋知识分子的影响可以苏轼兄弟为代表。

一、葛洪对苏轼兄弟的影响

苏轼一生重视养生，晚年又远宦岭南，与葛洪的生涯有几分相似之处。葛洪与陶渊明这两位东晋人是他岭南生涯的榜样与知己，他们的作品是他的慰藉，因此，他在岭南所作的诗文中常常提及葛洪。刚到岭南时，苏轼曾经幻想“穷荒之中，恐亦有一二奇士，当以冷眼阴求之。大抵道士非金丹不能羽化，而丹材多出南荒，故葛稚川乞岣嵝令，竟化于

---

①（宋）李昉编，《文苑英华》卷七三九，中华书局1966年版，第3855页。

广州，不可不留意也”①。显然是葛洪前往句漏并留居罗浮的事迹给了苏轼穷荒有奇士、南方出丹材的错觉。苏轼诗歌中提到葛洪大多数是以用典提示地点与人物，比如《舟行至清远县见顾秀才极谈惠州风物之美》中说：“恰从神武来弘景，便向罗浮觅稚川。”《正辅既见和复次前韵慰鼓盆劝学佛》一诗中说：“稚川真长生，少从郑公游。”《次韵正辅同游白水山》一诗中说：“欲从稚川隐罗浮，先与灵运开永嘉。”以上相对来说比较浮泛。但在《和读〈山海经〉》中，苏轼对葛洪有较为深刻的评价。这组诗的引言说：“渊明读《山海经》十三首，其七皆仙语，余读《抱朴子》有所感，用其韵赋之。”可见这十三首组诗是读了陶渊明《读〈山海经〉》和《抱朴子》所写，因此，苏轼对葛洪有了新的认识。第一首说：“愧此稚川翁，与我千载俱。画我与渊明，可作三士图。学道虽恨晚，赋诗岂不如。”认为自己和葛洪、陶渊明可并为三士。其二有云：“稚川虽独善，爱物均孔颜。欲使蟪蛄流，知有龟鹤年。辛勤破封蛰，苦语剧移山。博哉无穷利，千载食此言。”②这是说，葛洪貌似只是独善其身，但他泛爱万物的情感与孔子颜回是一致的。他想使蟪蛄那样的普通大众了解有龟鹤这样的神奇生物存在，努力破除大众拘于经验的一孔之见，苦口婆心，如同愚公移山那样坚韧不拔地宣传自己的理念，千载以后依然使人获益无穷。苏轼对葛洪的认知与前人不同，他认为葛洪并不是只顾自己长生、没有社会责任感的隐士，而是一位泛爱万物的仁者，也正是因为他爱众生万物，所以才会孜孜不倦地对民众宣扬长生之道。这是把葛洪从仙道人物拉回到儒家行列。他在《和陶杂诗》(其六)中说：“博大古真人，老聃、关尹喜。独立万物表，长生乃余事。稚川差可近，倘有接物意。”③也就是说，葛洪是唯一接近老子、关尹喜的道教人物。

苏轼对葛洪有如此高的评价，但他的养生方式却与葛洪的主张截然不同。苏轼所到或听闻的服金丹者，比如光州朱元经等人，皆病死，所以苏轼对金丹术早有疑惑，他在《异人有无》一文中说：

---

① (宋)苏轼著，孔凡礼点校：《苏轼文集》卷五十二《与王定国四十一首》之七，中华书局1986年版，第1518页。

② (宋)苏轼著，(清)王文诰辑注：《苏轼诗集》卷三十九，中华书局1982年版，2130—2131页。

③ (宋)苏轼著，(清)王文诰辑注：《苏轼诗集》卷四十一，中华书局1982年版，第2275页。

自省事以来，闻世所谓道人有延年之术者，如赵抱一、徐登、张无梦，皆近百岁，然竟死，与常人无异。及来黄肩诗衢，闻浮光有朱元经，尤异，公卿尊师之甚众，然卒亦病死。死时，中风搐搦，但实能黄白，有余药，药、金皆入官，不知世果无异人耶？抑有而人不见，此等举非邪？不知古所记异人虚实，无乃与此等不大相远，而好事者缘饰之耶？

刘谊，字宜翁，当时似乎是在炼制外丹，苏轼专门去信恳切地求取养生之道，并说“或有外丹已成，可助成梨枣者，亦望不惜分惠”。还说岭南“多异人神药”，专门邀请他来此一游，求取丹砂，“则小人当奉杖屦以从矣”。但当别人赠送苏轼丹砂时，苏轼并不敢服，他在写给王定国的信中说：“近有人惠丹砂少许，光彩甚奇，固不敢服，然其人教以养火，观其变化，聊以怡神遣日。”[①]苏轼是把丹砂当观赏品来使用的。苏轼在湖州时曾经服用过数两“安道软朱砂膏”，甚觉有益。[②] 所谓朱砂膏应该不是丹药。苏轼文集中有《大还丹诀》《阳丹阴炼》《阴丹阳炼》《符陵丹砂》《松气炼砂》《龙虎铅汞说》等杂记，但他所说的炼丹与葛洪所说的完全不同，比如《大还丹诀》：

吾方养之于至静，守之于至虚，则火自炼之，水自伏之，升降开阖，彼自有数，日月既至，自变自成，吾预知可也。

这就是苏轼所说的“还丹”，显然是以外丹之术语谈论内丹之术。他在《阳丹阴炼》中说：

冬至后斋居，常吸鼻液漱炼令甘，乃咽下丹田。以三十瓷器皆有盖，溺其中已，随手盖之。书识其上，自一至三十。置净室，选谨朴者守之。满三十日开视，其上当结细砂，如浮蚁状，或黄或赤。密绢帕滤，取新汲水，净淘澄无数，以秽气尽为度，净瓷瓶合贮之。夏至后，取细研枣肉，丸如梧桐子大。空心酒吞下，不限丸数，三五日后取尽。夏至后仍依前法采取，却候冬至后服。此名阳丹阴炼。

---

① 以上见(宋)苏轼著，孔凡礼点校：《苏轼文集》，中华书局 1986 年版，第 2327、1416、1517 页。
② (宋)苏轼著，孔凡礼点校：《苏轼文集》卷五十二，中华书局 1986 年版，第 1514 页。

须清净绝欲，若不绝欲，真砂不结。

这种修炼或者服食法显然也与葛洪所说的金丹之术大相径庭。苏轼在《藏丹砂法》中谈到烧制丹砂的种种不便：

抱朴子云：古人藏丹砂井中，而饮者获上寿。今但悬望大丹，丹既不可望，又欲学烧，而药物火候，皆未必真；纵使烧成，又畏火毒而不敢服，何不趁取且服生丹砂。意谓煮过百日者，力亦不慢。

因此，他最后选择以覆盆子代替：

草药是覆盆子，亦神仙所饵，百日熬炼，草石之气，且相乳入。每日五更，以井华水服三丸。服竟，以意送至下丹田，心火温养，久之，意谓必有丝毫留者。积三百余服，恐必有刀圭留丹田。[①]

事实上，苏轼经常服食的是被葛洪轻视的草木之药。葛洪认为草木之药只能疗病补虚，却无法使人长生。苏轼显然没有成仙的幻想，他早年服食茯苓，"久之良有益"，梦见有道士让他与胡麻同服（《服胡麻赋》）。他给苏辙介绍《食芡法》，写诗咏过石芝，并为《石菖蒲》写赞。这些药物在《抱朴子内篇·仙药》中排序很低。苏辙在《服茯苓赋·序》中叙述了选择草木之药以养生的原因：

余少而多病……平居服药，殆不复能愈。年三十有二，官于宛丘，或怜而受之以道士服气法，行之期年，二疾良愈。盖自是始有意养生之说。晚读《抱朴子》书，言服气与草木之药，皆不能致长生，古神仙真人皆服金丹。以为草木之性，埋之则腐，煮之则烂，烧之则焦，不能自生，而况能生人乎？余既汩没世俗，意金丹不可得也，则试求之草木类。寒暑不能移，岁月不能败者，惟松柏为然。古书言：松脂流入地下为茯苓，茯苓又千岁则为琥珀。虽非金石，而其能自完也亦久矣。于是求之名山，屑而沦之，去其肪络而取其精华，庶几可以固形养气，延年而却老者。[②]

① （宋）苏轼著，孔凡礼点校：《苏轼文集》卷七十三，中华书局 1986 年版，第 2328、2329 页。

② （宋）苏辙著，陈宏天、高秀芳点校：《苏辙集》，中华书局 1980 年版，第 332—333 页。

可见他明知葛洪对草木之药的轻视，依然反其道行之。这可以视为一种反向的影响，尽管他们的思维方式是一样的，都是以自然现象来作类比推论。当然，《抱朴子内篇》对苏轼兄弟也有正面的影响，他俩采用的存思、行气等养生方法都是葛洪详细介绍过的。苏轼在各种诗文中反复向友人介绍闭气数息法，这种方法来源于葛洪所谓的胎息之法。苏轼在《养生诀（上张安道）》中谈到调息还当结合存思内视法：

> 近年颇留意养生，读书，延问方士多矣，其法百数，择其简而易行者，间或行之，辄有奇验。今此闲放益究其妙，乃知神仙长生非虚语耳……每夜以子后（三更三四点至五更以来），披衣起（只床上拥被坐亦可）。面东或南，盘足，叩齿三十六通，握固（以两母指握第三指，或第四指握拇指，两手柱腰腹间也）。闭息（闭息，最是道家要妙）。先须闭目净虑，扫灭妄想，使心源湛，诸念不起，自觉出入息调匀，即闭定口鼻。内观五脏，肺白，肝青，脾黄，心赤，肾黑。（当更求五藏图，常挂壁上，使心中熟识五藏六腑之形状）。次想心为炎火，光明洞彻，入下丹田中。待腹满气极，即徐出气（不得令耳闻）。候出入息匀调，即以舌接唇齿，内外漱炼津液，未得咽下（若有鼻涕，亦须漱炼，不嫌其咸，漱炼良久，自然甘美，此是真气，不可弃之）。未得咽下，复前法。闭息内观，纳心丹田，调息漱津，皆依前法也。①

这种融合调息和内观的养生方法在《抱朴子内篇》中我们也曾经看到过，应该是一种古老的养生术。

宋代文人普遍接受了以葛洪为代表的道教养生之术并付之于生活实践。除了金丹，他们大多接受了养气、胎息之法。李光《养生堂记》认为陶隐居“正一之道”所传“蝉蜕”之法不如葛洪“住息”之说，后者为“论最简而易行者”之养生法。② 李彭云“长生要自食山鲜，妙语曾闻葛稚川”③，

---

① (宋)苏轼著，孔凡礼点校：《苏轼文集》卷三十三，中华书局1986年版，第2335页。

② (宋)李光：《庄简集》卷十六，四库全书本，第1128册，第607页。

③ 见李彭著《日涉园集》卷八《潮州木龟有堂旧在天庆观北极殿之左近为道流窃取而去今莫知所在焉》。以上参见张振谦：《宋代文人对〈抱朴子内篇〉的接受》，《兰州学刊》2016年第3期，第19—26页。

也是从葛洪处学习养生之道。

二、宋朝文人学者对葛洪的负面评论

然而,宋朝对葛洪的评论是多元的,并不是一味地推崇。尽管以苏轼为代表的部分文人将葛洪提升到了与孔颜并提的爱物者、仅次于老子尹喜的有道者,但宋朝儒生和文人对葛洪的神仙家倾向颇为不屑。宋祁是史官出身,所以,就如同裴松之一样,他对葛洪著作中虚妄不实的说法特别敏感。他在《诋仙赋》序言中说:"予既守寿春,览郡图,得八公山。故老争言山上有车辙马迹,是淮南王上宾之遗。耕者往往得金,云,'丹砂所化,可以疗病'。因取班固书葛洪神仙二传合而质之。嗟乎,人之好奇而不责实也尚矣,而洪又非愚无知者,犹凭浮证伪,况鄙人委巷语耶?作《诋仙赋》。"他在赋中说:

> 悯兹俗之鲜知兮,徇悠悠之妄陈。常牵奇以合怪兮,欲矜己以自神……缘内篇之丕诞兮,眩南公之多闻。谓八人者语王兮,历倒景而上宾。饵玉匕之神药,托此躯乎霄晨。王负骄以弗虔兮,又见谪于列真。虽长年之弥亿兮,屏帑偃而念愆。念斯事之吾欺兮,聊反复乎遗言……彼逞诈以罔时兮,宜自警于斯文。①

世俗之人因无知而妄陈,牵奇合怪,矜己自神,并通过《抱朴子内篇》与《神仙传》等书的宣传,使得淮南王以及八公的升仙故事长时期在民间流传。宋祁提醒自己,这样的诈欺时时存在,宜一直警醒。

与唐朝尚有大量学士文人相信金丹术不同,宋朝的大部分文人已经放弃了对金丹的迷信。上文我们说,尽管苏轼多次提及他所流放的南方地区多异人神药,是葛洪炼丹之地,但他自己并没有炼丹,他所吸收的是《抱朴子》中的日常养生之道。否定金丹之术是宋朝文人的普遍认知。董嗣杲说"养生肯羡葛洪砂"②,态度与颜之推、苏轼等人是一样的。不过,当时对隐居生活的想象就是制药炼丹。陆游有多首《梦中作》,他好几次梦见自己过上了山中隐居的生活,居处伴有药炉丹灶。

① (宋)吕祖谦编:《宋文鉴》卷三,四库全书本,第1350册,第34—35页。

② (宋)董嗣杲:《题意香壁》,《英溪集》,四库全书本,第1189册,第230页。

但他在五言《梦中作》中却说："百年看似梦，万里不思家。夜艾犹添酒，春残更觅花。却嗤勾漏令，辛苦学丹砂。"因为人生似梦，须当及时行乐，不必如葛洪辛苦求仙。韩淲也说："玉笥仙坛葛稚川，古人何在岂徒然。君行但作游山想，不就丹砂也自贤。"[①]认为不用学葛洪炼丹之术，把仕途当作是一次游山之行，随情适性也可为贤人。

文人中最为理性的当数楼钥，他有一首长诗《又次王恭叔韵》，谈及他对长生之术的认识：

金芝仙草不可见，长生之草略相似。少时曾识青青色，今日得之乃真是。天工矜悯轻丧生，故出珍苗普相示。若言神仙可学致，自是未得养生理。人为天地最灵物，野卉无情犹若此。石间薜荔水昌阳，卷柏生崖并葛藟。是皆草中号长久，未见悬空解葩蘂。柯叶不改耐岁寒，土著青松那可拟。不须丹砂访葛洪，毋用仙方传李耳。未知此种谁为传，乌有先生《子虚赋》。[②]

楼钥不但否定有所谓金芝仙草，更认为所谓长生之草也属子虚乌有。

相对来说，理学家对长生成仙理论的批判就比较学理化，这其中的代表人物就是黄震。黄震(1213—1280)，字东发，号文洁，人称於越先生。南宋宝祐四年(1256年)进士，曾担任国史馆检阅，参与修纂宁宗、理宗两朝《国史》《实录》等。担任过绍兴府通判、提举江西常平仓司、江西提点刑狱、提举浙东常平茶盐、侍郎官等官职。他学宗朱熹，兼综叶适"功利之学"，主张经世致用，反对空谈义理。黄震对葛洪及其神仙理论发了一大段议论，他首先说：

《抱朴子》其伪书哉？不然，葛稚川何独误天下后世之愚不肖者耶？夫道，即日用常行之理。不谓之理而谓之道者，道者，大路之称，即其所易见，形其所难见，使知人之未有不由于理，亦犹人之未有不由于路，故谓理为道。而凡粲然天地间，人之所常行者，皆

① (宋)韩淲:《郑一送其母舅就禄临江因往长沙》,《涧泉集》卷十七,四库全书本,第1180册,第813页。
② (宋)楼钥:《又次王恭叔韵》,《攻瑰集》卷五,四库全书本,第1152册,第332页。

道矣。奈何世衰道微，横议者作，创以恍惚窈冥为道。若以道为别有一物，超出天地之外，使人谢绝生理，离形去智，终其身以求之，而终无得焉，吁！可怪也。

这是从本体论上摧毁长生成仙说的论据。所谓“道”，就是日用常行之理，并不存在什么“恍惚窈冥”之道，而且用这个非常理的所谓“道”，诱使大众谢绝生理，离形去智，终身求之而不能得，这是非常奇怪的。

道固无所不在，而人则未必尽能合于道。时则有备道之圣人，作为君师，而人道以立。自羲、黄、尧、舜以至于今，世世相承，以维持人道于不坏不泯，皆圣人力矣。奈何世衰道微，横议者作，创为真人、至人之目，反以圣人为未尝闻道，不知彼所谓真人、至人者，所生何时？所行何事？其姓名声迹所载何书？是特一时故为寓言，而人犹或想像歆慕，信以为真有其人焉。吁！可怪也。

黄震接下去否定道教所谓真人、至人的存在。儒家圣人，世世相承，真人、至人从而何见？原初只不过是编造的寓言，结果大众想象羡慕，信以为实有其人，大谬！

然虽可怪，要其所误者，不过世所指为过高之人心之妄想，虽喜谈虚无之道，身之常用，终不能自外吾圣人之道，其间槁馘山林，确守不移者，万不能一二，亦不过生养休息于吾道覆露之内。彼愚不肖者，犹未为其所误也。误天下后世之愚不肖者，非抱朴子之书而谁耶？抱朴之言曰：人皆可以不死，世无不死之人，则以龟鹤为证。呜呼！龟鹤何尝不死耶？

黄震说，在葛洪之前，虽然有个别隐居之士，但他们的行为言论，并没有超越儒家圣人之道的范围，尚没有贻误天下。但是葛洪大力宣传人人皆可以不死，这就贻害天下了。黄震用种种事例批驳了葛洪的自然论论证，用常情常理一一驳斥葛洪提倡的导引、房中、金丹等长生之术。他最后引用《抱朴子》中所载的几个骗子，如古强、蔡诞、项曼都、白和等人，“谓彼之言仙者皆妄，唯我之言仙者为真。虽同浴讥裸，退不自思,然亦足为世诫矣"[①]! 别人说的成仙之道都是谎言,只有我说的成仙之道才是真实可靠的。这就像同浴时讥笑对方裸体,不反观自己一样。应该说,黄震对葛洪的批判非常尖锐,代表了儒家学者批判神仙理论的最高水平。这以后,其他的儒家学者很少有人能像黄震那样进行分析驳论,基本上只是简单发表意见而已。高似孙《子略》卷四"《抱朴子》"条说:

> 自《阴符》一凿而天地之几尽泄,《玄经》一吐而阴阳之妙益空……予自少惑于方外之说,凡丹经卦义、秘籍幽篇,以至吐纳之旨、餐炼之粹,沉潜启策,几数百家,靡不竭其精而赜其隐,破其铤而造乎中,犹未以为得也。于是弃去,日攻《易》,日读《系辞》,所谓天地之几、阴阳之妙,相与橐钥之、甄治之,而吾之道尽在是矣。所谓吾之道者,非他道也,吾自得之道矣。及间观稚川、弘景诸人所录及《内》《外》篇,则往往皆糟粕而筌蹄矣。今辄书此以断《内》《外》篇,则吾之道亦几于凿且吐矣。后之悟者,必有会于吾言。[②]

高似孙是以自己的阅读经验现身说法。说是早年沉潜于方外之说,一无所得,直到专攻《易经》《系辞》,才觉得掌握了天地之几、阴阳之妙。与《周易》相比,甚至与《阴符经》《太玄》相比,方外之说、《抱朴子》之流都是糟粕。但是,如果就这么简单地给《抱朴子》内外篇下结论,就说明自己并没有掌握易道的精粹。似乎是说,《抱朴子》内外篇还是有可取之处。不过,其中对道教学说的贬低之意还是显而易见。

三、元人对葛洪的评价

宋末元初,郝经在《续后汉书》卷七十二下为葛洪列传,在最后的议论中对葛洪提出了严厉的批评。郝经生于南宋嘉定十六年(1223 年),卒于元朝至元十二年(1275 年)。虽然他生于蒙古统治之下,但家世业儒,曾从赵复研习程朱理学,后任元世祖忽必然的翰林侍读学士。中统

---

① (宋)黄震:《黄氏日抄》卷五十五《读诸子一》"《抱朴子》"条,《黄震全集》第 5 册,浙江大学出版社 2013 年版,第 1756—1758 页。

② (宋)高似孙:《史略·子略》,辽宁教育出版社 1998 年版,第 63 页。

元年(1260年)出使南宋,被贾似道扣留于仪真达十六年之久。在扣留于南方的时间内,他写作了七部史书,其中有《续后汉书》。此书原本是想纠正陈寿奉魏为正统这一做法的,实际上是将《三国志》旧文重新编排。其中却为晋人葛洪列传,实为乖谬。

传记本身除大段引述葛洪《自叙》以叙其创作《抱朴子》之缘由,其余史实均本《晋书·葛洪传》,只不过郝经将葛洪列入《技术传》,与蓟子训、左慈、甘始同列,也就是视葛洪为方士。然后在传记正文中,他说葛洪"遂以儒学知名",然后针对他自设的靶子发表议论:

> 余观洪所著《抱朴子》书博雅该贯,精穷技术,润色之以儒学,鼓吹之以文藻,方士之魁杰者也。其以为神仙可至,专为修炼服饵,误天下后世深矣。人配天地、用万物,养生之具,圣王制作六经备矣。其居宫室,其服丝麻,其食谷麦果菜鱼肉,起居有时,嗜欲有节,不伤之而已。其存没如昼夜之常,不祈生而恶死也。自周之衰,乃有方士为长生不死神仙之说,诱天下以欲而蛊其心,于是有修炼服饵之术,烧灼其胃肠,煎熬其血气,易谷麦以金石,溷精液为铅汞,以求长生不死而徼冀为神仙,往往杀身而札瘥夭昏。汉晋之初犹秘其术,而阴以杀天下,至洪著书,昌言于世。隋唐以来,其术盛行,世主甘心为周穆、秦皇、汉武,唐宪、穆而下药杀者数君,王公大人焚其身而不知悟者,见于载籍不啻数十百人,至今未已也。[①]

郝经认为葛洪要为宣传长生成仙之说而引发的严重后果承担责任。他在注中历叙了唐宋以来君主及其王公贵族因服食而死的种种事例,然后说"祸天下后世如此之酷,而洪乃谓世儒,不知而谤已。呜呼,儒不知洪邪?洪不知儒邪?"所以,他将葛洪逐出儒林,贬为方术之士。

和郝经大致同时代的赵道一是浮云观道士,他对葛洪的评价就与郝经完全不同。和马枢一样,赵道一在《历世真仙体道通鉴》卷二十四专门为葛洪列传,然后在评论中说:

① (元)郝经:《续后汉书》卷七十二下,四库全书本,第386册,第120—121页。

《道德经》云："宠辱若惊，贵大患若身。"葛洪以才学之优，弃功名之贵，夫岂无其故哉？盖晋室自东迁之后，奸臣构祸，王道衰微，奇士异人，不一二作。纷纷江左，何时定乎？葛洪之见，可谓出于类拔乎萃矣，是以遁世无闷，乐道全真。遗宠而辱不及，忘身而患不至，卒能终始于学，仙道克成。后之道者，宜取则焉。[①]

赵道一在这儿表扬的并不是葛洪的道术，而是葛洪"遁世无闷"的生活方式，宠辱不惊、忘身乐道的生活态度，以及终始于学的坚持精神。

第四节　载范斯文——葛洪在明清时期的影响

一、明朝序跋对葛洪的评价

元朝之前，除了唐朝的史馆馆臣称道葛洪"篇章富于班、马"，并认为"载范斯文，永传洪藻"，对于葛洪文章的评论很罕见。到了明朝，宋濂在《诸子辨》中评价葛洪《抱朴子》：

洪深溺方技家言，谓神仙决可学，学之无难，合丹砂黄金为药而服之，即令人寿，与天地相毕，乘云驾龙，上下太清。其他杂引黄帝御女及《三皇内文》劾召鬼神之事，皆诞亵不可训。昔汉魏伯阳约《周易》作《参同契》上中下三篇，其言修炼之术甚具，洪乃时与之戾，不识何也？……洪博闻深洽，江左绝伦。为文虽不近古，纡徐蔚茂，旁引而曲证，必达己意乃已。要之，洪亦奇士，使舍是而学六艺，夫孰御之哉？[②]

宋濂认为葛洪的神仙鬼怪之说"皆诞亵不可训"，葛洪的修炼之术也时时与魏伯阳相左，显然他并不赞同葛洪的学说。但他盛赞葛洪的博洽与文章，认为葛洪文章"不近古"，就是与西京文章不类，是骈偶化

---

① (元)赵道一：《历世真仙体道通鉴》卷二四，《道藏》第5册，第237页下。

② 宋濂《潜溪后集》卷一《诸子辩》，罗月霞主编：《宋濂全集》，浙江古籍出版社1999年版，第146页。

的六朝文章，“纡徐蔚茂，旁引曲证”，是说葛洪文气舒缓，词藻丰茂，引证繁富。这非常准确地概括了葛洪文章的特点。

宋濂是明初文坛领袖，他的意见为后人广泛接受。明人沈津所辑《百家类纂》前有《抱朴子题辞》，首先对葛洪生平略作介绍，然后节选了宋濂的两段话当作自己的观点。这篇《题辞》在明万历十二年（1584年）慎懋官本、万历二十七年（1599年）卢舜治评校本、翁天霁重修本和张可大递修本《新锓抱朴子内篇四卷外篇四卷》卷首皆全文引录。陈继儒《艺林粹言》节录《抱朴子外篇》，题下之注亦全文引录宋濂评语。这一方面是刻书者图省事的偷懒之举，另一方面也可看出他的观点是明朝的主流观点。焦竑校正、翁正春参阅、朱之蕃圈点的《新锲翰林三状元会选二十九子品汇释评》，归有光搜辑、文震孟参订的《诸子汇函》和陈仁锡评选的《子品金函》三书题注都引用了宋濂对葛洪的评价，但删掉了“使舍是而学六艺，夫孰御之哉？惜也”的惋叹之辞，而保留其他正面评价，继承宋濂观点的同时舍弃了其儒生立场，态度更趋中和。①

因为商品经济的发展和出版业的兴盛，《抱朴子》一书多次被翻刻，从书中序跋我们往往可以窥见时人对葛洪形象的接受态度。明朝刻印的《抱朴子》除引录宋濂之文，通常也会有翻刻者本人所撰的序言。这些序言出于商业目的，通常都会对《抱朴子》大加称赞。对葛洪的称誉在朱务本那里达到顶点。自称是大明六代孙的明朝宗室朱务本在《刻抱朴子序》中说：

> 《抱朴子》，玄门之肯綮也，论者以不经摈之，过矣。夫竞功利者，迷而不返；甘隐苦空者，滞而不化。抱朴子晋人也，其自叙：幼以武功效用，于时不受赏，归而论著是书。然则抱朴子豪杰之士也，彼纵不言神仙，其功名亦可以垂世；不言功名，其文词亦可以垂世。所以谆谆者，必有所试也。编内自言受九鼎二经于郑君，郑君知江南将乱，负笈入霍山，不知所终。郑君非仙，抑何以预知乱乎？黄白变化服食之事，固吾儒之所不道；然龟鹤长年，猿狐多寿，物类尚尔，轩黄已先觉矣，抱朴之言非诬也。至《外篇》备论时政得失，

① 参见袁朗：《葛洪形象接受述略》，《晋阳学刊》2015年第4期，第42、43页。

人事臧否，广驳曲引，穷搜远喻，凿凿允合于时，可以拯弊捄乱，施诸行事。非若庄列之虚怪，申、韩之深刻，管、晏之机啬也。推而论之，用则可以辅世长民，舍则可以全身远害，进则可以坐致王伯，则可以却攻生，视天地为刍狗，以古今为逆旅。如抱朴子者，内精玄学，外谙时政，汉以来无其伦也。若泥而论之，则千载之下，抱朴子含冤多矣！况其文词恢弘壮丽，旷充蓊郁，如千寻之桐梓，翠干云霄，照乘之明珠，光彩射人；山岳不足以壮其势，江河不足以充其气，万化不足以拟其富，琼玖琳琅不足以比其珍，吴妆楚艳不足以比其丽，雷电倏忽、风云幻化，不足以极其变，盖六朝之文之鼻祖。韩子而下，欧、苏不足多也。

此篇序言作于嘉靖四十四年（1565 年）。朱务本首先对葛洪的生平经历进行肯定，说他有武功效用，功成不受赏，退而著书。有功名垂世，有文章留传，既有立功，也有立言，并称其为“豪杰之士”。按照这样的描述，葛洪的经历简直是士大夫的人生范本。因神仙之说不符合潮流，朱务本对《内篇》的辩护较为低调，只是辩称葛洪所言定有依据，并非诬妄。他大力称扬的是《外篇》中的时政观点以及葛洪的文章风格，尤其对《抱朴子》文章的溢美，可说是历史最高评价，言词浮华夸饰，深得葛洪著文之道，可见葛洪文章确实对他深有影响，并非仅是书商卖书的广告。

相对而言，其他序言评价略微平淡一些。万历十二年，王文禄在《慎懋官刻抱朴子序》说：

予也业儒，罔知仙；诵习暇，颇喜延生，今阅篇目，不能不兴起尘外遁心。但符箓类祝由科，黄白类炉火术，惟金丹率如守中，中者有六大本也。尧、孔相传一中，养俭养生备焉，故时多大寿。昔王文成梦吕仙翁曰：“非仙之至者不足为真儒，非儒之至者不足为真仙。”稚川真儒之至乎？殆真仙也已……葛井千年，其神不亡。宜葛仙翁每言，志志即神，率气也。此仙翁训世要言，人当深省可也。

他以一个喜欢养生之道的儒生身份赞誉葛洪，调和儒道（此道为仙道之道），将长生神仙之道视之为尧、孔相传的儒家之一术，认为仙者之至为真儒，儒者之至为真仙，由此葛洪成为儒家之至者。这个赞誉角度较为独特。卢舜治在《抱朴子序》中则说：

窃尝谓《抱朴子》一书，洒洒数十万言，其旨似《南华》，其目似《鸿宝》，盖稚川先生以子书自命之征也。千载而下见其为人。往往披榛而出门，排草而入室；诣洛阳，则搜异闻；适嵩高，则觅奇隐。慕古巢、许、北人无择、石户之农及鲁连、田畴之流，殆神仙中人也。

在卢舜治笔下，葛洪搜奇寻异的经历，倾慕隐者的态度，都令他钦佩与向往。不过卢舜治的话是否可信是要打个问号的。卢舜治在序中还说，他曾以"宋本、王府本、《藏经》本，殚力磨勘……自余善本出，而'鱼'成'鲁'，'虚'成'虎'之误，免矣"。王重民将卢本与慎本相校，发现卢氏乃大言欺人。很明显，卢本就是拿慎懋官刻本原书上板，书题改"抱朴子"为葛稚川，其剜补之迹也很明显，"然则磨勘之说，乃欺人之言也"[①]。序言中的评价因为有商业目的，是否真心，很难断定，但《抱朴子》一再被翻刻，说明此书在当时是有市场的。

二、明清学者对葛洪的议论

与他们大致同时的胡应麟站在传统儒生的立场上，对葛洪的评价较为公允。他在《少室山房笔丛·四部正讹中》说：

《抱朴子》内外篇四十卷，晋葛洪稚川撰。洪以博洽名江左，身所著书殆六百余卷，自汉以来称撰述亡盛于洪。盖笃志负才而游方之外者也。黄东发（黄震）诋洪不应以神仙误天下后世，持论甚公，而以此书为伪，则失考。洪本传明言《抱朴》诸篇，历唐宋以还未有疑其伪者。今读其言，比物联类，纡徐郁茂，滑稽不穷，其外篇盖拟王氏《论衡》，故旁引曲喻，必达其词，虽时失繁冗，非浅见狭识所窥也。且洪既为神仙之学，其异于吾儒，势固

① 参见王重民《中国善本书提要》，"子部道家类四种《抱朴子》版本提要"条，上海古籍出版社1983年版。

应尔，又曷伪焉？

胡应麟此条的出发点原本是辨伪，证明《抱朴子》并非如黄震所说是伪书。不过，黄震说《抱朴子》是伪书只是语言策略，他不愿意激烈批评葛洪，但不得不批判《抱朴子内篇》，只能有意曲为之说，胡应麟的辨伪实为多此一举。但从这段话中我们可以看到胡应麟对葛洪的基本评价。他首先称道的是葛洪著述之富，是汉朝以来第一人，指出葛洪之所以著述丰富，第一是因为他“笃志”，即志向专注；第二是“负才”，有才学；第三是葛洪“游方之外”，即没有俗累。其次，胡应麟评价葛洪的文章是纡徐郁茂，旁引曲喻，然时失繁冗；谈到了优点，也指出了缺点。最后，他也认为葛洪的神仙之说诚如黄震所言是误天下后世。应该说，这些评价是非常公允的。

清人吴德旋《初月楼文抄》书中有两篇《书抱朴子后》，其一云：

> 葛洪生于衰晋之世，闵时俗之流荡，疾贪邪之竞进，故所著书辞，贱禄利，尚高节，匡世谬，贵绳检，其说美矣，顾乃列之《外篇》。而《内篇》专论黄白变化之术，内其所当外，外其所当内，何若斯之舛也！夫神仙之事，周秦西汉间，海上燕齐怪迂方士，递相祖述，以为神奇。而其后山林全隐之徒，清虚好道者，亦往往假其术以自藏。则如魏伯阳《参同契》之说，犹有可采者。今曰大药成而白日冲举，寿与天地长久，则曷若朝闻道而夕死之为愈哉！

其二又云：

> 闻之桐城姚刑部云：“《抱朴子外篇》依于儒家，言多足取；其内篇，绝鄙诞可笑。以洪之为人核之，言不宜有是。殆后世黄冠师伪托之，托名洪焉？”世传洪家藏刘歆书与班固《汉书》，合剌其遗为《西京杂记》，江左人谓是吴筠依托为之。观此，足知洪书之多伪托矣。夫士愤志求先圣道，思著书以传于后，然泯无闻焉甚众；而诞者之为反得不废，何耶？

《抱朴子》外篇与内篇在思想倾向与治学方向上确乎截然不同，后世儒家对其评价也截然相反，竟至于怀疑《内篇》为伪作。此说不源于姚鼐，而始于黄震，但胡应麟驳之甚详，吴德旋对此似无所闻。方维甸撰《校刊抱朴子内篇序》中对葛洪之学派归属，颇有见地：

《抱朴子内篇》，古之神仙家言也。虽自以《内篇》属之道家，然所举仙经神符，多至二百八十二种，绝无道家诸子。且谓老子泛论较略，庄子、文子、关尹喜之徒，祖述黄老，永无至言，去神仙千亿里。寻其旨趣，与道家判然不同。又后世学仙者，奉魏伯阳为正宗。是书偶及伯阳内篇之名，并无一语称述，惟《神仙传》中言《参同契》假爻象以说作丹之意而已。是稚川之学，匪特与道家异，并与后世神仙家无几微之合。

余尝谓汉之仙术，元与黄老分途。魏晋之世，玄言日盛，经术多歧。道家自诡于儒，神仙遂溷于道。然第假借其名，不易其实也。迨及宋元，乃缘《参同》炉火而言内丹，炼养阴阳，混合元气，斥服食胎息为小道，金石符祝为旁门，黄白玄素为邪术，惟以性命交修，为谷神不死，羽化登真之诀。其说旁涉禅宗，兼附易理，袭微重妙，且欲并儒释而一之。自是而汉晋相传神仙之说，尽变无余，名实交溷矣。然则葛氏之书，墨守师传，不矜妙悟。譬之儒者说经，其神仙家之汉学乎！

也就是说，葛洪之学，与道家截然不同，应属神仙家。但它与后世的神仙家也差别巨大。宋元之后的神仙家奉魏伯阳《周易参同契》为正宗，借外丹术语讲内丹之术，主张混合阴阳，炼养元气，与胎息、符箓、金丹等早期神仙之术格格不入。因此，方维甸称《抱朴子内篇》为“神仙家之汉学”，实乃不易之论。

晚清时期，俞樾曾作《抱朴子平议》个卷，主要内容是考释内外篇字句，但其中有一条涉及葛洪对仁明先后问题的看法，表现出一位经学家对葛洪的评价与态度。

《抱朴子外篇》中有《仁明》一篇，谈仁与明的关系问题，所谓仁，也就是道德；所谓明，主要是指智慧。葛洪明确主张明先于仁，也就是说智慧比仁德更为重要。因为葛洪在论证这一点时引用了孔子与经传之言，作为经学家、文献学家的俞樾不能不出来辩诬。他指出，明不得先仁,在《论语》中已有明证。俞樾列举了《论语》中的几个例证,证明孔子一向认为知浅而仁深,知卑而仁高,而这也是历代经学家的正论。所以他认为葛洪之论"要皆曲说也。抱朴固非经生,于经义所得殊浅"[①]。俞樾对葛洪的定位是准确的,葛洪确实不是一位经生,而是一位有独立思想的学者,所以,即使在《抱朴子外篇》中,他也能时时越出儒家樊篱而自出机杼,如果他事事唯经义是从,那他早就淹没在思想史的长河里了。俞樾所批评的恰恰是葛洪的闪光之处。

---

① (清)俞樾著,李天根辑:《诸子平议补录》,中华书局 1956 年版,第 92 页。

第十四章　灵踪长留——葛氏修仙的遗迹

葛洪的影响不仅表现于文献里，也表现在各种实物遗址上。在南方地区，到处都有葛玄、葛洪生活、修炼的遗迹，这些遗迹承载了许多有关葛玄、葛洪的传说，遗迹最集中的地方莫过于葛洪的家乡——江苏省句容市。

第一节　道存故土——句容及周边地区的葛氏遗迹

据明朝弘治年间修纂的《句容县志》卷一所记村里以及乾隆《句容县志》所记湖塘圩岸之名，句容十六乡中有许多地名与葛洪和葛氏家族有关。在县西二十里的通德乡有抱朴里。县西南二十里的福祚乡有葛泽村与葛塘圩。县西南五十里的临泉乡有葛桥村，并有葛家圩岸。县治南四十里的上容乡有葛亭里，据说是葛玄炼丹之地；另有地名升仙里，传说这是葛玄成仙之处。在县西南五十里的临泉乡有葛桥村。县治西北五十里的琅邪乡有地名曰葛壋。[①] 这些地名显示句容葛氏家族在当地悠久的存在。

一、青元观

除地名之外，明清之际，句容尚存的葛玄、葛洪遗迹群有四处。其

---

① 见弘治《句容县志》卷一，第8—19页，以及乾隆《句容县志》卷三《山川志·圩岸》，第253、255页。

中，最重要的是青元观以及观中丹井。据弘治《句容县志》卷五“寺观”记载：

> 青元观，在县治西南隅，葛仙公故宅。梁天监七年(508年)创，宋皇祐二年(1050年)年重建，有仙公炼丹井在焉，陶弘景为记。国朝正统十一年(1446年)，道会朱荣先重修，本县儒学训导莆田林填有记。[①] 十二年(1447年)，敕赐道经一藏。成化癸卯(1483年)冬，殿廊毁于回禄。弘治改元(1488年)，道会陈渊鉴、主持朱嗣隆重修本观。殿廊内有四院，曰东岳，曰紫微，曰真武，曰三官。[②]

此观创建于天监七年(508年)，历代不断有碑记记录其建造修葺之事。据说最早的碑志是陶弘景的《青元观碑记》，从弘治县志保存下来的记文来看，所谓陶弘景《青元观碑记》就是《吴太极左仙公葛公之碑》。南唐保大十五年(957年)，贾穆撰《青元观殿碑》。[③] 宋朝之后屡经修葺，林填在《重修青元观记》中较为详细地记叙了历次修葺过程：

> 句曲青元观，吴时葛仙公之故宅，其丹井存焉。创于梁天监七年，观距县治之南仅百步许，平衍广旷，胜概可尚……宋皇祐二年(1050年)，观主胡子真重建而新之。熙宁十年(1077年)，邑宰袁文林重新其宇。淳祐戊申(1248年)，住持张守淳法堂始建之，咸宁乙丑[④]，殿廊山门一一而就绪焉……国朝正统丙午岁[⑤]，二百年而殿宇摧坏，山门倾颓，东庑不支于风雨，西庑已厄於回禄，而斋房皆无可居处，而修创之功亦已难矣。道会朱荣先语徒众经永常曰：“观宇奉真仙之所，兴废实主观之责，苟于是不募缘而修，则梁颠栋欹，真仙将何所栖？我辈将奚居哉?”时邑幕金侯适临于观，敬白之，即重诺。遂叶募众缘，因旧而葺之。经始于正统辛酉(1441

① 林填《重修青元观记》作于正统十三年十二月。

② 见弘治《句容县志》卷五，第12—13页。

③ 见《舆地纪胜》，《文艺之一录》引《诸道石刻录》记作“《青元观九天使者功德殿记》，贾穆述，王夔书”。碑文今已不存。

④ “咸宁”当作“咸淳”，咸淳乙丑为公元1265年。

⑤ 正统年号无“丙午”之岁，此处疑有误。

年)，落成戊辰年十二月(1449 年)。至于各院及斋居悉重新焉。[1]

熙宁十年(1077 年)完成的那次重修，句容知县袁毂(字文林)写作了《重修青元观记》，文载光绪《续纂句容县志》卷十七上《金石中》。宋咸淳元年(1265 年)完成的那次重修，花新在咸淳三年(1267 年)撰写了《重修建康府句容县青元观记》，此文不存。嘉靖四十二年(1563 年)，贾正元重刊了熙宁、咸淳年间重修青元观的两块碑记。[2] 由于青元观一直是当地道会居处，经常有修缮的必要。清朝时，青元观似乎还有扩建，殿廊内由四院增至五院，且名称也有所不同，分别是"紫微、大清、东岳、茅君、真武"[3]。但这次扩建文献上并无记载。

青元观中有丹井一口，从南朝以来一直没有干涸。北宋人方峻撰有《葛仙翁炼丹井铭》[4]。《乾隆句容县志》卷三《山川志・井》专门提及："葛仙翁炼丹丹井有二，一在县南青云观，一在抱朴峰。"该书卷四《古迹志・寺观》也提到青元观之庵及其丹井。"青元观之庵，乃仙公炼丹之地，丹井犹存。门上匾额系赵子昂书，盖仙公炼丹七十二处，丹成不服，曰：'吾功行未满，即上升列职天曹，于心有愧。'故在世日，上帝即封左宫仙公，世人即以仙公称之。"[5]

青元观在 20 世纪 70 年代被全部拆除，丹井淹没在市集之中，长年无人问津。直到 2002 年 9 月，茅山道院耗资 1300 万元，在句容市葛仙湖公园内易地重建了全新的道观，称为葛仙观。新观位于葛仙湖公园西北，占地面积十五亩，主要建筑有：灵星门牌楼、

图 27　句容的葛洪丹井

① 见弘治《句容县志》卷十《寺观碑刻》；光绪《续纂句容县志》卷十六《金石上》，第 389、391 页。
② 以上均见光绪《续纂句容县志》卷十七上《金石中》，第 425 页。
③ 乾隆《句容县志》卷四《古迹志・名胜》，第 340 页。
④ 文载弘治《句容县志》卷十二《杂录类》。
⑤ 乾隆《句容县志》卷四《古迹志・名胜》，第 232、274 页。

灵官殿、放生池、葛仙殿、三清殿、文昌殿等。那口丹井现在保留在句容城区的观井街北30米处，书有“青元丹井”的井栏现收藏于华阳书院。

二、葛仙公庵

第二个遗迹群由青元观西的葛仙公庵、侧旁的拗目湾池与庵后的葛玄、葛洪墓组成。传说葛仙公庵原本是葛仙公瘞剑之处。宋永道士黄守兼重建殿宇。元朝至元年间(1264—1294年)道士徐延寿增创。至元己卯(1279年)，道士曹惟珪建七星阁置《道藏》。明朝弘治年间(1488—1505年)，此庵已圮，而荒基尚存，原来所藏的《道藏》归并青元观。[①] 光绪初年，由道士施代铭再次摹建。[②] 此庵之侧有一池塘，相传是葛洪表演幻术的地方。《乾隆句容县志》卷三《山川志·池》载：拗目湾池在县西葛仙庵侧，每中秋月圆则水中月影方半，相传葛稚川幻术。[③] 庵前即葛玄之墓。弘治《句容县志》卷五《古迹志·丘墓》载：晋葛玄墓在县西南一里许，墓前有葛仙庵。正统九年(1444年)，道会朱荣先修。另据乾隆、光绪所修县志，此墓在万历二年(1574年)令丁宾重修，至天启间(1621—1627年)重建。光绪二十六年(1900年)，句容本地人骆文凤、张瀛曹、方玮在墓前立石纪念。[④] 而葛洪墓亦在县治西一里许，两墓当相距不远。这些遗迹现已不存。

三、葛仙公旧宅与抱朴峰遗址

第三处遗迹是城北的葛仙公旧宅。据《乾隆句容县志》卷四《古迹志·名胜》：“葛仙公旧宅在县北门外八里许，此乃稚川拔宅飞升之所。今改为小庵供奉仙翁。”[⑤]也就是说，乾隆时，在县治北门外似另有一个仙公庵，此一仙公庵是葛洪拔宅飞升之所，与县治之西、当时已圮的葛仙公庵不同。

---

① 见弘治《句容县志》卷五“寺观”，第16页。
② 光绪《续纂句容县志》卷二下《古迹》，第51页。
③ 乾隆《句容县志》卷三《山川志·池》，第238页。
④ 见乾隆《句容县志》卷四《古迹志·丘墓》，第291页；光绪《续纂句容县志》卷二下《古迹》，第57页上。
⑤ 乾隆《句容县志》卷四《古迹志·名胜》，第340页。

第四个遗迹群是抱朴峰上的抱朴庵与葛洪井。据《茅山志》卷八《稽古篇·井》:"葛洪井,在抱朴山庵。稚川,丹阳句容人,许长史孙黄民娶稚川孙女,相传山居其处。"而同书卷十八《楼观部篇·山房庵院》所列茅山南北诸庵中有抱朴庵。

需要指出的是,以上这些遗迹与葛玄、葛洪的关系基本上出自附会,并不可信。不过,传说并不在乎可信与否。随着道教宫观在各地的兴建,以句容为中心,葛玄、葛洪的遗迹与传说开始在周边扩张。东北进入毗陵郡丹徒县,《明一统志》卷十一"镇江府"记载:在丹徒县东南三十里有葛洪井,"相传晋葛洪于此炼丹"[①]。西南进入宣城郡各县。据《元丰九域志》卷六《江南路·东路》"宣城郡",古迹中有葛洪炼丹井。[②]李贤等撰《明一统志》卷十五"太平府"载:"葛洪井,在泾县西宝胜寺侧。相传此井乃洪炼丹取汲之处。"[③]《大清一统志》卷八十二《池州府》则载:"葛仙山,在东流县东五十里,相传葛洪炼丹于此。有香炉峰,极胜。"东流县东,东晋时应该属于宣城郡。东南进入吴兴郡。浙江湖州府东晋时属吴兴郡,距丹阳郡不远,此地也有许多的葛洪遗迹和传说。《明一统志》卷四十《湖州府》载:"葛仙山,在府城南五十里。晋葛洪尝隐此山。《职方图志》:葛仙炼丹处天下十有三。乌程居其一。又有菁山,与此相连,世传乃洪种黄菁之地。"[④]《吴兴备志》卷十五[⑤]、《浙江通志》卷十二同[⑥],《大清一统志》卷二百二十二《湖州府》所载与此略同。[⑦]

① (明)李贤等撰:《明一统志》卷十一《镇江府》,四库全书本,第 472 册,第 268 页。
② (宋)王存:《元丰九域志》卷六,四库全书本,中华书局校点本无此记载。
③ (明)李贤等撰:《明一统志》卷十五《太平府府》,四库全书本,第 472 册,第 354 页。
④ (明)李贤等撰:《明一统志》卷四十《湖州府》,四库全书本,第 472 册,第 989 页。
⑤ (明)董斯张撰:《吴兴备志》卷十五,四库全书本,第 494 册,第 457 页。
⑥ (清)嵇曾筠等修、沈翼机等纂:《浙江通志》卷十二,四库全书本,第 519 册,第 378 页。
⑦ (清)和珅等撰:《大清一统志》卷二百二十二《湖州府》,四库全书本,第 479 册,第 117 页。

第二节　迹在罗浮——两广地区的葛洪遗迹

一、罗浮山遗迹群

除句容县，有葛洪传说的另一个热点地区是罗浮山，那里有非常密集的葛洪遗迹。《罗浮山志会编》卷一《名胜一》录有宋朝道士邹师正所撰《罗浮山指掌图记》，其载：罗浮山有冲虚观（葛仙所居），丹灶（有东坡书“稚川丹灶”），衣冠冢（葛仙尸解，葬其衣冠）。蓬莱阁后遗腹轩（鲍仙葛仙夜谈之所），黄野人庵（野人，葛仙之门役也。庵有哑虎守之）。观之北曰酥醪观（葛仙北庵），观之南曰观源洞（一名麻姑洞，一名药院，葛仙洗药之所也）……云峰庵其下蝴蝶洞（洞多蝴蝶，云是葛仙遗衣所化）。[①]

图 28　罗浮山景

同卷所录明朝参议黎民表《罗浮山图经注》，其中引《山记》云：“玉鹅峰，峻峭，状如玉女，又名玉娥峰，葛洪妻鲍姑在此登仙。”[②]卷二《名胜二·洞岩》介绍朱明洞南的冲虚观时引《山记》说：

> 晋咸和中，葛洪至此以炼丹，从观者众，乃于此置四庵。山南曰都虚，又曰玄虚，又改名冲虚……酥醪观为北庵，白鹤观为东庵，孤青观为西庵（即长寿观），今更列为五观，各有香火祭田。[③]

同卷又云：

---

① （清）宋广业辑：《罗浮山志会编》卷一《名胜一》，康熙五十六年刊本，第 3—5 页。括号内文字原为小字，双行排印。

② （清）宋广业辑：《罗浮山志会编》卷一《名胜一》，康熙五十六年，第 14 页。

③ （清）宋广业辑：《罗浮山志会编》卷三《名胜三·坛观》，康熙五十六年，第 2 页。

旧志，丹灶在冲虚观葛仙祠后，东坡书“稚川丹灶”四大字。至今人于其炼丹处撮土为丸，可以疗病，取之不竭。道士常以赠人，谓之丹灶泥云。按《山记》，葛仙筑坛于此，炼丹坛上有石鼎，今不存。其治药石臼在流杯池上，谓之药槽。观源洞又有药院，相传，稚川炼丹灶傍土五色而有光，或取之丸，如豆，沉之水，辄生泡，顷之，白气如练出水中。

正因为罗浮山有如此多的葛洪遗迹，后来的文人登临罗浮山之后，大多会写作与葛洪有关的诗文。比如，唐庚来到罗浮山后，写赞称扬罗浮二贤，也就是葛洪与单道开，说：“江左日陋，无复德辉。翔而不集，翩然南飞……吾与岳游，如狎鸥鸟。”唐庚认为葛洪能识其大而不恤其小，可为后来者瞻仰。① 广州也有不少与葛洪有关的记载。宋代王存《元丰九域志》卷九记广州有“葛洪丹井”。宋人王象之《舆地纪胜》卷八十九记广州有碧虚观在蒲涧，旧传秦始皇访安期生于此，有葛洪炼丹井在碧虚观东岭上。宋代方信儒《南海百咏》有咏“葛仙翁炼丹石”者，序云：“在碧虚观前东岭上，岩壑窅冥，人迹所罕至者。”诗曰：“见说刀圭已解仙，宁需丹灶半人间。葛翁本是求勾漏，何意南来访此山？”②

二、粤北的葛洪遗迹

葛洪两次居广州的经历使得两广地区多地散布着葛洪的遗迹。粤北的南雄、英德等地有葛洪炼丹之地。《方舆胜览》卷三七《南雄州·山川》载：“玲珑岩，在始兴县南。石峰平地拔立。有石室虚旷。葛仙尝炼丹于此。”③《舆地纪胜》卷九十三《南雄州·景物下》载：“玲珑岩，在始兴县南……古谓葛仙翁炼丹于此岩。”同卷《仙释》载有葛仙翁，并引宋初《图经》云：“曾炼丹于玲珑岩。”④《南雄州志》卷十《山川略·山》载：“姮娥嶂在大庾岭之东，相传葛洪炼丹之地，产仙茅。”在始兴县有机山，“在县南十里，一名玲珑岩。石峰平地拔立，有石室虚旷，葛仙常炼丹于

① (宋)唐庚：《罗浮二贤赞》，《眉山文集》卷四，四库全书本，第 1124 册，344 页。
② (宋)方信儒：《南海百咏》，光绪壬午年学海堂重刊本，第 18 页。
③ (宋)祝穆撰，(宋)祝洙增订，施和金点校：《方舆胜览》卷三十七，中华书局 2003 年版，第 672 页。
④ (宋)王象之：《舆地纪胜》，中华书局 1992 年版，第 2967、2974 页。

此。”又曰:“杵臼石在狮象岩内,世传葛洪捣药处。”[①]

广东英德县有碧落洞等历史悠久的名胜古迹,唐宋以来道教和佛教均相当兴盛。五代十国时期南汉刘氏割据岭南,南汉中宗刘晟热衷于“长生不死”的道教方术,他在乾和七年(949年)十二月专门游览碧落洞。中书舍人锺允章撰有《碧落洞天云华御室记》,称刘晟至碧落洞探访葛洪遗迹,“俄顷,有一道流,衣短褐,敛容而至,自称野人,本无姓名,云昔时葛先生(洪)于此石室炼丹砂,药成自息,蹑云而举”[②]。其所称“野人”,并非葛洪门人黄野人,而是五代时人黄步松。据明代黄佐《广东通志》以及吴任臣《十国春秋》记载,五代时有黄步松者,隐身不仕,常修炼山中,遇仙人(葛洪)点悟丹成,羽化而去。后人名其所居曰遇仙洞。

英德县另有一名胜为南山潜灵洞。1994年,当地方志学者于宪宝在此发现有北宋崇宁二年(1103年)十一月的摩崖石刻,其中提到“葛稚川丹灶”。这个丹灶是指葛洪在南山炼丹的丹灶。《舆地纪胜》卷九五记载南山侧有丹灶亭,“晋葛洪炼丹之所也。丹未成,为人所触,乃弃去。今骤雨,有物自泥土中流出,如细石,色如丹砂”[③]。

三、肇庆地区的葛洪遗迹

广东肇庆地区的怀集、德庆等县也有较密集的葛洪遗迹。明嘉靖年间戴璟编纂的《广东通志初稿》卷五“古迹”,记肇庆府有葛仙园,在州东百三十里社山绝顶,相传为葛洪炼丹之所。道光《肇庆府志》卷二十《人物·仙释》载:“洪从罗浮至德庆,遍游名山,乃于晋康乡儒林富禄里岗心社山作丹灶炼药掷花,遗迹尚存。《一统志》有旧仙园,在社山顶,今属东安。”[④]《广西通志》卷十四《山川》“怀集县”记载肇庆怀集县有道

---

① (清)余保纯等修,(清)黄其勤纂,(清)戴锡伦续纂修:道光《直隶南雄州志》,《中国地方志集成》,上海书店、巴蜀书社、江苏古籍出版社影印本,第176页上,第178页下,第180页下。

② (清)吴任臣:《十国春秋》卷六十四《钟允章传》,中华书局1983年版,第907页。

③ (宋)王象之:《舆地纪胜》,中华书局1992年版,第2996页。

④ (清)道光《肇庆府志》,《中国地方志集成》,上海书店、巴蜀书社、江苏古籍出版社影印本,第751页上。以上参见王承文:《葛洪晚年隐居罗浮山事迹释证》,陈鼓应编:《道教文化研究》第21辑,生活·读书·新知三联书店2006年版,第173—174页。

士岩，宏敞玲珑，又名六龙洞，为葛稚川采丹砂和金鹅蕊处。[①] 据《粤西文载》卷十四黄佐《广西山川志·怀集县》记载："道士嵓，即花石洞也。晋葛洪字稚川，号抱朴子，尝遍游名山，过洊水县（即怀集县），览花石洞，遂居之。採觅丹砂及金鹅蕊诸药，丹灶中镌'抱朴'二字。水渍墨迹隐隐尚存，后人遂以道士名嵓。"[②]

四、广西地区的葛洪遗迹

广西地区的葛洪遗迹与传说散布于岑溪、容县和贵港等地。《广西通志》卷十四《山川》"岑溪县"条记载：岑溪县有葛仙岩，"城东六里有瀑布，清溪如练，上有棋盘石。云葛洪常游弈于此。"附近有葛井、葛井村："县东山半出泉，喷水，如珠流不远，仍入石窍中，在葛仙岩。又云在葛井村水清冽，村人饮之多寿。"[③]至于广西以勾漏山脉为中心的北流、容县、贵县等地与葛洪有关的遗迹则相当集中。《方舆胜览》卷四十二《容州·山川》载："勾漏山，在普宁县。其岩穴多勾曲而穿漏，故名……相传葛仙尝修炼于此。"《名宦》条则专门为葛洪列传。[④] 祝穆显然认为葛洪欲往的句漏是广西勾漏山。但实际上，葛洪要去的是交趾郡的句漏县，治所大致在今越南河山平省石室县，而且最终也没有去成。葛洪应该没有到过北流、容州等地。

孙策死后，陆绩被孙权派任为郁林郡太守，在今广西贵港市南江村留下了一系列文化遗存。李纲于1138年被贬海南琼州途经今贵港时，旅途小驻之余游览南山寺，作七律《次贵州》，其云："陆绩故城依石巘，葛洪遗灶俯江湄。"可见当时广西贵港南山寺有葛洪遗迹。又《再赋一章寄诸季约同隐罗浮》云："枕海仙山舞翠蛟，葛洪丹灶尚余凹。"因葛洪炼丹之灶尚在，故而在"兵戈满眼归何地"的思虑中效法葛洪于罗浮山携家结巢。《移居南山寺寺有岩洞甚幽并葛稚川丹灶》则云，"丹灶旧传留秘药，仙岩今已属闲僧"，表达物是人非之感。

---

① （清）金鉷等修、钱元昌等纂：《广西通志》卷十四《山川》，四库全书本，第565册，第366—367页。

② （清）汪森辑：《粤西文载》卷十四，四库全书本，第1465册，第699—700页。

③ （清）金鉷等修、钱元昌等纂：《广西通志》卷十四《山川》，四库全书本，第565册，第364页。

④ （宋）祝穆撰，（宋）祝洙增订，施和金点校：《方舆胜览》卷四十二，中华书局2003年版，第754页。

第三节　化及周边——浙赣各地的葛氏遗迹

一、杭州周边地区的葛氏遗址

浙江余杭天竺寺与一个充满传奇色彩的传说有关。据《太平广记》卷三八七引《甘泽谣》记载，大历末年，洛阳寺僧圆观其与公卿之子李源为忘言之交，两人约游蜀州，自荆江上峡。见妇女数人，负瓮而汲，其中一人已怀孕数年。圆观望而泣下曰，孕妇所怀就是他的来生。见到此妇，他必须投胎重生。十二年之后的中秋月夜，将与李源相见于杭州天竺寺外。是夕圆观亡而孕妇产矣。后十二年秋八月，李源到余杭赴所约。时天竺寺山雨初晴，月色满川，无处寻访。忽闻葛洪川畔，有牧竖歌《竹枝词》者。由歌词知道，这位牧童的前身就是圆观。

这就是著名的“三生石”的故事，流传颇广。《甘泽谣》的创作时间大致在唐朝咸通年间，也就是说，至少在晚唐，余杭天竺寺附近就有一条河叫葛洪川。苏轼曾经改写过《圆泽》这个故事，并有诗曰：“欲向钱塘访圆泽，葛洪川畔待秋深。”（《过永乐文长老已卒》）南宋韩淲也有诗云：“葛洪川畔试寻诗，圆泽精魂世孰知。”（《葛洪川》）天竺寺附近不光有葛洪川，另有葛洪岩。杨蟠《游天竺上寺呈东山仲灵冲晦》云：“寄语葛洪岩下水，莫流清梦落人间。”还有葛洪陂。觉范《同游云盖分题得云字》云：“吾闻三生石，曾歌旧精魂。他年葛洪陂，相寻定烦君。”当然也有葛洪井。有多位诗人曾经题咏过天竺寺的葛洪井，许浑《天竺寺题葛洪井》说：“羽客炼丹井，井留人已无。”孙觌《别云阇黎》则说：“他年葛洪井，更欲问三生。”可见余杭天竺寺有一个葛洪遗迹群。

三生石的传说是一个佛教传说，天竺寺是一个佛教寺庙，为什么周边的地名都与葛洪有关，我们不得而知。但葛洪曾与余杭令顾飏一起拜访在此地大辟山隐居的郭文，并携与俱归。因此，余杭有葛洪的遗迹并不奇怪。尽管肉体成仙与灵魂转世是两种完全不同的死后想象，但这些地名、建筑与传说将佛道两家天衣无缝地融合在一起，毫无违和之感。

《咸淳临安志》卷三七《山川十六·井》中所载临安及周边地区多有葛仙翁及葛洪炼丹井。临安城内天竺山下，“晏元献公《舆地志》云：天竺山下葛仙翁炼丹井，今在下竺藏院”①。又有龙井，“本名龙泓，吴赤乌中葛洪炼丹于此”。葛公双井，“在治平寺西，居人饮此不染时疾。传言葛公炼丹于此”②。至明朝，传说葛洪曾经在西湖边结庐居住，因此钱塘城内的葛氏遗迹更加密集。据田汝成《西湖游览志》云：西湖上的赵公堤旁有天泽庙，祀履泰将军，“庙有天泽井，葛仙翁所植虬松”。雷峰山畔旧有上清宫，为“葛仙翁炼丹之所”。北山有初阳台，“在山巅。葛仙翁修真时，吸日月精华于此”。智果寺西南又有葛翁井，“上方下圆，相传为葛稚川投丹之所”。③ 宝云庵以西，为葛岭，上有葛仙翁墓。葛洪“见高士郭文举于大涤山中，觌德而悟道，结庐西湖，修真著书，号抱朴子”。由九里松折而南，又有葛翁井，“亦稚川遗迹”。自合涧桥折而南，度佛国山门，有葛坞、葛井，“皆稚川遗踪也。相传吴赤乌二年，葛稚川得道于此。唐时，有方士葛孝仙，亦隐兹山。故郭正祥诗云：‘二葛既成仙，犹存炼丹处’。是也”。由此我们知道，在钱塘地区的地方传说中，不仅将葛玄葛洪搞混了，而且还羼入了唐代方士葛孝仙的遗迹与事迹，这也是西湖周边葛氏遗迹如此丰富的原因。

临安以西的富阳县，据《咸淳临安志》卷二十七“富阳县”载：“西岩山，在县之北三十里……有葛仙翁足指，前有炼丹鼎。”同卷“昌化县”载：“武隆山在县（今昌化镇）西北一里。高五十丈，周回二十里。有葛洪炼丹井。”④宋朝昌化县治所在今浙江杭州市临安区西九十八里昌化镇。新城县有“炼丹井”：“晏公《舆地志》：葛仙翁炼丹之所。”新城县历代存废不定，治所大致在今杭州市富阳区西南新登镇。而在临安以东的盐官县（今海宁县）有“葛仙翁炼丹井，在陕石紫微山”⑤。

① （元）潜说友：《咸淳临安志》卷二七，四库全书本，第 490 册，第 402 页。原文作“天竺山下葛仙翁炼丹今井在下竺藏院”，“今井”二字疑倒，改之。

② （元）潜说友：《咸淳临安志》卷二七，四库全书本，第 490 册，第 403、404 页。

③ （明）田汝成著，陈志明编校：《西湖游览志》，东方出版社 2012 年版，第 23、37、103、105、107、124、143 页。

④ （宋）潜说友纂修：《咸淳临安志》，《宋元方志丛刊》第 4 册，中华书局 1990 年版，第 3614 页上，第 3620 页下，第 3691 页下，第 3692 页下。

⑤ （宋）潜说友纂修：《咸淳临安志》，《宋元方志丛刊》第 4 册，中华书局 1990 年版，第 3688 页下。

二、会稽的葛氏遗迹

最早与会稽郡发生联系的应该是葛玄葛仙翁。陶弘景《吴太极左仙公葛公之碑》声称葛玄,“长山盖竹,尤多去来;天台兰风,是焉游憩”。并在赞语中说:“竭来台霍,偃蹇兰穹。”《太平寰宇记》卷九十六“余姚县”引《会稽录》云:“昔葛玄隐于兰芎山,终于此仙去。所隐几化为生鹿而去。此山今有素鹿,三脚,此鹿若鸣,官吏必有殿黜。”同卷称余姚县有兰风湖,并引《舆地志》称“葛仙所栖隐处”。此卷“上虞县”则载:“兰风山,在县西北二十五里。”①说明葛玄曾经在余姚县、上虞县游憩。后世径直视葛仙为葛洪。《太平御览》卷四十七《地部十二·龙头山》引孔灵符《会稽记》曰:“上虞县有龙头山,上有兰峰,峰顶盘石广丈余,葛洪学坐其上。”②孔灵符是南朝宋人,不知道《会稽记》原文作葛洪,还是《御览》摘录时直接将葛仙翁改作葛洪。我倾向于是后者。也就是说,至少在宋朝,上虞兰风山憩隐的主角已从葛玄变成了葛洪。

会稽地区又有葛仙丹井,这是被后世文人反复题咏的葛氏遗迹。据《嘉泰会稽志》卷十一载:“葛仙丹井,在云门淳化寺佛殿西庑外僧房中,泉味甘寒冠一山……松已槁死,六十年前故老犹有见之者。又有句曰:月在山中葛洪井。晁文元公爱赏之。今有松偃蹇,夭矫如龙,正覆井上,若护此泉者。”③云门淳化寺在今浙江绍兴城南十五公里的平水镇秦望山麓脚下。这口井的名称同样经过从葛仙翁井到葛洪井的演变过程。也是从唐朝开始,葛仙翁井就被认为是葛洪井,此口古井与僧房中的松树就不断有诗人题咏。顾况《山中》云:“野人爱向山中宿,况在葛洪丹井西。庭前有个长松树,夜半子规来上啼。”朱放《山中听子规》云:“幽人自爱山中宿,又近葛洪丹井西。窗中有个长松树,半夜子规来上啼。”这里歌咏的应该是云门淳化寺的古井与松树。赵嘏《题横水驿双峰院松》咏道:“故园溪上雪中别,野馆门前云外逢。白发渐多何事苦,

---

① (宋)乐史撰,王文楚等点校:《太平寰宇记》,中华书局 2007 年版,第 1934、1935、1936 页。

② (宋)李昉等编:《太平御览》,中华书局 1960 年版,第 228 页上。

③ (宋)沈作宾修,(宋)施宿等纂:《嘉泰会稽志》,《宋元方志丛刊》第 7 册,中华书局 1990 年版,第 6906 页下。

清阴长在好相容。迎风几拂朝天骑，带月犹含度岭钟。更忆葛洪丹井畔，数株临水欲成龙。”[①]所回忆的也是淳化寺的松树。陆游《故山葛仙翁丹井有偃松覆其上夭矫可爱寄题》云：“葛翁炼丹一千年，翁去丹飞余此泉。”《旅思》有：“支遁山前看月明，葛洪井上听松声。”《出游》则曰：“扫除身外闲名利，师友书中古圣贤。支遁山前饶石水，葛洪井畔惨风烟。”[②]这些诗中题写的也是淳化寺的葛仙翁丹井。

会稽地区除葛仙翁井之外，尚有葛仙翁钓台。《嘉泰会稽志》卷八《寺院·嵊县》载：“皇觉院在县西六十里……葛仙翁钓台石梯在其傍。”[③]高似孙《剡录》卷四《古奇迹》记葛仙翁钓台：“皇觉寺有钓台，又有石梯，绝为奇怪，石上有钓车痕，甚分明。”[④]除葛仙翁钓台之外，似还有葛洪丹灶。宋人孔延之所编《会稽掇英总集》卷二录有严向《送贺秘监归会稽诗》，其中称：“闻道葛洪丹灶畔，至今霜果有金衣。”[⑤]不知道是用典，还是会稽真有葛洪丹灶遗迹。实际上，会稽地区有葛氏遗迹的说法最初来源应该都是陶弘景的葛公碑文，这些遗迹都是碑文基础上的附会。

似乎正因为会稽郡有众多的葛氏遗址，南宋孝宗年间曾两为宰相的史浩在《会稽先贤祠赞》中为葛洪列传并写赞。他在《晋抱朴子葛公赞》中赞道：“兰芎之颠，石盎甘泉。淫雨不溢，旱亦泓然。是一勺水，坐阅千年。我挹我酌，如见稚川。”以不溢不涸的甘泉比喻葛洪之道永传后世，令人们饮啄之间思之不忘。[⑥] 总之，宋朝人心目中的“葛仙翁”已经变成了葛洪。类似演变过程，在全国各地葛氏遗迹与传说中广泛存在。

在浙江舟山市，据《舟山志》卷二《山川》记载，此地全塘山有葛仙峰。浙江省兰溪市也留下了葛洪的遗迹。据《太平寰宇记》卷九十七

---

① 上引诗分别见《全唐诗》卷二六七、卷五四九，中华书局 1960 年版，第 2965 页、6348 页。《全唐诗》卷三一五录有《山中听子规》诗：“幽人自爱山中宿，又近葛洪丹井西。窗中有个长松树，半夜子规来上啼。”与顾况诗大致相同，题为朱放所作。

② 分别见《剑南诗稿》卷一九、卷四一、卷六八。

③ (宋)潜说友纂修：《咸淳临安志》，《宋元方志丛刊》第 4 册，中华书局 1990 年版，第 6841 页上。

④ (宋)高似孙：《剡录》卷四《古奇迹》，四库全书本，第 485 册，第 561 页。

⑤ (宋)孔延之：《会稽掇英总集》卷二，四库全书本，第 1345 册，18 页。

⑥ (宋)史浩：《鄮峰真隐漫录》卷三十四《会稽先贤祠赞》下，四库全书本，第 1141 册，801 页。

《江南东道九·衢州·兰溪县》载:“风子山在县西六十里,上有葛洪丹灶基址。”[①]除了兰溪县风子山的葛洪丹灶,义乌西面有葛仙山。《明一统志》卷四十二《金华府》载:“炼丹岩,在义乌县南五十里葛仙山上,相传葛洪尝炼丹于此。”[②]《大清一统志》卷二三一[③]、《浙江通志》卷十七则载:“葛公山,《金华县志》,在县东七十五里,一名葛仙峰。五峰卓立霄汉,抱朴子炼丹处。”[④]

三、江西省的葛氏遗迹

江西位于从句容到广东的必经之地,葛洪两次来粤有可能经过江西,所以这里也是葛洪遗迹的密集分布区。从赣北的德安县到赣南的大余县,到处都有葛洪山、葛仙山等地名、葛仙庵等建筑和炼丹台等遗址。据《太平寰宇记》卷一一一《江南西道九·江州》记载:在德安县境内,有葛洪山,“在县北四十里,其山与涌泉观不遥,盖葛仙曾游此,乃名焉”[⑤]。《明一统志》卷五十二“南康府”所记与此同。

靖安县有葛仙山,“在县西北二十三里。云即葛洪也。上有葛仙庵、炼丹坛,岭有金钟,每遇风雨晦暝则有声”[⑥]。《明一统志》卷四十九《江西布政司》则载:“葛仙山,在靖安县西北四十里。按《豫章志》:仙本楚人,汉末隐此,或云即葛洪也。此山四面险阻,人迹罕到。相传其巅有金钟,每遇风雨晦冥则有声。又有炼丹坛、饮马池。坛之左有葛仙庵。”[⑦]《大清一统志》卷二百三十八[⑧]、《江西通志》卷七与此略同,[⑨]可见此地留存的是一个葛洪遗址群。

《太平寰宇记》卷一百六《洪州》记载,南昌县有葛仙坛,“在州西北

---

① (宋)乐史撰,王文楚等点校:《太平寰宇记》,中华书局2007年版,第1952页。

② (明)李贤等:《明一统志》卷四十二《金华府》,四库全书本,第472册,第1022页。

③ (清)和珅等:《大清一统志》卷二三一《金华府》,四库全书本,第479册,第307页。

④ (清)嵇曾筠等修、沈翼机等纂:《浙江通志》卷十二,四库全书本,第519册,第496—497页。

⑤ (宋)乐史撰,王文楚等点校:《太平寰宇记》,中华书局2007年版,第2259页。

⑥ 同上注,第2113页。

⑦ (明)李贤等:《明一统志》卷四十九《江西布政司》,四库全书本,第473册,第4页。

⑧ (清)和珅等:《大清一统志》卷二三八《南昌府》云葛仙山在靖安县西北二十里。四库全书本,第479册,第466页。

⑨ (清)谢旻等监修:《江西通志》卷七,四库全书本,第513册,第260页。

三十二里，西北小峰之侧”。南昌西山，古名厌原山，又名散原山，环绕于南昌城西。民国魏元旷《西山志略》卷二“葛岭”条载：“（葛岭）旧名灵台峰，一曰葛仙坛。有翊真观，祀晋葛洪。观后有石坪，高径丈……其下有葛仙源。”并录有杨周宪《葛仙坛记》，其云：“而西山因附神仙以不朽，葛仙坛其最著者也。坛为葛真人稚川炼丹处，去城约三十里，坛前有观，规制巍峨。”①

铅山县西北的葛仙山现在是一个著名景点。《明一统志》卷五十一《广信府》载：“葛仙山，在铅山县西七十里。吴葛玄修炼于此，上有炼丹台及龙井。井傍有试剑石。”有仙井在葛仙山顶。另有葛仙翁祠，“仙翁，吴葛玄也。尝修炼于此，故祀之”②。《大清一统志》卷二四二与此同。③《江西通志》卷一百四《仙释・广信府》载：“（葛玄）赤乌七年八月望日于葛仙山上升，凡修炼之地二十二处，铅山其一也。今弋阳县葛溪有葛仙冢。”④据宋人赵蕃所记，当地的妙香院僧堂后路直临溪石台，古松蟠其上，松之下有足迹及石穴三十余，浅容杯水。院内僧人说：“自昔葛洪炼丹种桃于此，穴乃丹灶，其数三十有二，适与龟峰相应。”也有人说足迹为仙人迹。赵蕃因此写了二首七绝，第一首云：“台高十丈独株松，下有仙人旧履踪。三十二窠丹灶在，亦云数目应龟峰。”⑤

麻姑山位于江西南城县西南。宋朝著名诗人、江西吉水人杨万里在《建昌军麻姑山藏书山房记》说麻姑山有“瀑泉双流，若自天而下。有老子之宫曰仙都者，枕山而居，随山之高下为屋……或云仙者葛洪炼丹之所，其井故在”⑥。而《江西通志》卷十记载，“建昌府”有两处丹井，“一在府城南十五里，乃洪崖丹井；一在麻姑山仙都观，世传为葛洪炼丹井”⑦。明代张程《武功山志》记录，萍乡武功山有“葛仙峰”，据传葛洪、葛玄二仙，先后修炼山中，因而得名。⑧

---

① 魏元旷编撰，王咨臣校注：《西山志》，江西人民出版社2002年版，第25—26页。

② (明)李贤等：《明一统志》卷五十一《广信府》，四库全书本，第473册，第56、59页。

③ (清)和珅等：《大清一统志》卷二四二《广信府》，四库全书本，第479册，第545页。

④ (清)谢旻等监修：《江西通志》卷一百四《仙释・广信府》，四库全书本，第516册，第456页。

⑤ (宋)赵蕃：《淳熙稿》卷十九，四库全书本，第1155册，第314页。

⑥ (宋)杨万里撰，辛更儒笺校：《杨万里集笺校》卷七十三，中华书局2007年版，第3060页。

⑦ (清)谢旻等监修：《江西通志》卷十，四库全书本，第513册，第358页。

⑧ (明)张程纂修、(清)张光勋增修、江春发点校：《武功山志》，江西人民出版社2016年版，第475页。

饶州府、南安府等地也多有葛洪炼丹遗迹。《江西通志》卷一百四《仙释·葛洪传》载：葛洪"升平间（357—361年）至鄱阳万山中，今之德兴妙元观也。见山川清奇，委蛇环聚，如龟鹤之形，乃结寰凿井炼丹。"《江西通志》卷十三《山川·南安府》载："嫦娥嶂在（南安）府城南二十五里，峰峦蒨秀，开散如帐幙。旧传葛洪炼丹其上，遗丹液，多产仙茅。"[①]南安府为元顺帝至正二十五年（1365年）设，府治大庾（今江西省大余县）。另外，上饶市的玉山县、吉安市的新干县、九江市的彭泽县、新余市分宜县、南昌市安义县等也都有与葛氏有关的遗迹。

相对而言，福建省的葛洪遗迹较少，霞浦县洪山有葛洪炼丹处。《霞浦县志》卷八《名胜志》记载："洪山在县治南，晋葛洪炼丹处，山有石洞，石篆六字人莫能识。宋伯修有'六字籀文天篆刻，数间洞屋石嵥嵘'之句。"[②]另据《福建通志》卷四《山川志·建宁府·崇安县》载：建宁府崇安县黄柏里（今武夷山市武夷街道有黄柏村）有葛仙山。[③] 据《武平县志》卷九《人物·仙释》载：葛仙公曾驻寓此地。

第四节　远播九州——其他地区的葛氏遗迹

一、两湖地区的葛氏遗址

在两湖地区，也有不少葛洪遗迹。据《元和郡县图志》卷二十七《江南道三·鄂州》"唐年县"载：葛仙山在县北六十里。[④] 唐年县在五代南吴顺义七年（927年）改名崇阳县。据《舆地纪胜》卷六十六《鄂州上》载："葛仙坛在崇阳县东北三十五里葛仙山上，坛西有清泉，岁旱，环数

① （清）谢旻等监修：《江西通志》卷十三《山川·南安府》，四库全书本，第516册，第468页；第513册，第426页。

② 罗汝泽等修，徐友梧纂：《霞浦县志》（影印本），成文出版社1967年版，第79页上。

③ （清）郝玉麟等修、谢道承等纂：《福建通志》卷四《山川志·建宁府·崇安县》，四库全书本，第527册，第292页。

④ （唐）李吉甫撰，贺次君点校：《元和郡县图志》，中华书局1983年版，第646页。

百里人来祷，挹林勺以去，则阴雨随之。”[①]《明一统志》卷五十九《湖广布政司·武昌府》也记载了这处葛洪遗迹：葛仙坛，在崇阳县东北三十五里葛仙山上，坛西有清泉，岁旱，环数百里来祷，挹杯勺以去，则阴雨随之。[②]《大清一统志》卷二五八[③]、《湖广通志》卷七《山川志·崇阳县》、《湖广通志》卷七十七《古迹志·崇阳县》所记略同。[④] 湖北蒲圻县也有葛仙山。《蒲圻县志》卷四《名胜》载：东乡有“丫髻山。一曰葛仙山，晋勾漏令葛洪修炼于此。有祠。有土桥畈”。又云：“黄葛山上有黄柘湖，丹泉出。”注引《总志》曰：“葛稚仙修炼处。”[⑤]

湖南省湘乡县也有葛仙山。《明一统志》卷六十三《长沙府》载：“葛仙山，在湘乡县北八十里，高插霄汉，上有丹灶、洗药池。相传葛仙翁炼丹处。”[⑥]《湖广通志》卷十一[⑦]、《大清一统志》卷二七六《长沙府》与此同。[⑧]

二、巴蜀地区的葛氏遗址

四川省的内江、自贡与眉山市都有与葛氏有关的遗迹。《太平寰宇记》卷八十五《荣州·威远县》载：“葛仙山，在县东十五里，古老传云葛仙公曾游之地，今（北宋初年）又随地割属昌州。”[⑨]《蜀中广记》卷八《名胜记·内江县》载：“银杏铺之阴，江所绕也。渡江对岸为葛仙山，相传吴郡葛孝先曾栖其上。今有巨人迹。编户葛仙里之名本此。”[⑩]

自贡市富顺县也有葛仙山。《大清一统志》卷三百一《叙州府》载：“葛仙山，在富顺县东北七十里，上有清泉。相传葛仙翁尝憩于此，故

① （宋）王象之：《舆地纪胜》，中华书局 1992 年版，第 2274 页。“林”疑作“杯”。

② （明）李贤等：《明一统志》卷五十九《湖广布政司·武昌府》，四库全书本，第 473 册，第 208 页。

③ （清）和珅等：《大清一统志》卷二五八，四库全书本，第 480 册，第 25 页。

④ （清）迈柱等修、夏力恕等纂：《湖广通志》，四库全书本，第 531 册，第 214、216 页；第 534 册，第 16 页。

⑤ （清）劳光泰等编：《蒲圻县志》，成文出版社据道光十六年刊本影印本，第 321、329 页。

⑥ （明）李贤等：《明一统志》卷六十三《长沙府》，四库全书本，第 473 册，第 324 页。

⑦ （清）迈柱等修、夏力恕等纂：《湖广通志》卷十一《山川志·长沙府·湘乡县》，四库全书本，第 531 册，第 325 页。

⑧ （清）和珅等：《大清一统志》卷二七六《长沙府》，四库全书本，第 480 册，第 373 页。

⑨ （宋）乐史撰，王文楚等点校：《太平寰宇记》，中华书局 2007 年版，第 1700 页。

⑩ （明）曹学佺：《蜀中广记》卷八《名胜记·内江县》，四库全书本，第 591 册，第 119 页。

名。”[①]《四川通志》卷二十四同。[②] 据《元和郡县志》卷三十四《昌州·昌元县》记载，昌元县葛仙山在县南一百五十里。《方舆胜览》卷六十四《昌州·山川》亦云：“葛仙山。在昌元县南百五十里。下临中江，上干霄汉。以葛仙翁名。炼丹岩、洗药池。有甘露茶、打子石。”[③]《元丰九域志》卷七《上昌州昌元郡军事》“古迹”有葛仙山，说是葛洪于此山得仙。《舆地广记》卷三十一《梓州路·昌州·昌元县》载县有葛仙山、赖波溪。[④] 北宋以前昌元县治在今重庆荣昌区的西北，元朝至元年间昌远县被废除，辖地纳入容昌县，因此明清以后的方志均云葛仙山在荣昌县以东。《明一统志》卷六十九《重庆府》载：“葛仙山，在荣昌县东一十五里。”[⑤]《大清一统志》卷二九五则曰：“旧志，在县东二十里大道又有桃香岭。在县东十五里。岭有桃树，根出石上，无寸土。相传仙翁遗核于此而生。”[⑥]《四川通志》卷二十三[⑦]、《蜀中广记》卷十七与此同[⑧]。富顺县东北七十里与昌元县南五十里的葛仙山似乎应是同一山。

除内江、自贡之外，眉山市洪雅县也有葛仙山。《四川通志》卷二十五《山川志》载：洪雅县有“乌尤山，在县东十里，最为秀拔，故亦名乌尤，其麓有翠池。又有葛仙山”[⑨]。据《安岳县志》卷二《古迹》记载，资阳市安岳县有“葛洪井”。

不过，并不是所有的葛仙山都是纪念葛洪、葛玄的。彭州也有葛仙山，但那是葛璝升仙之地。《十国春秋》卷五十六《居采传》：“后主命往葛仙山，回至彭州。”《方舆胜览》卷五十四《彭州》载：“葛仙山，有崇真观，在濛阳北四十里，二十四化之第五化也。葛仙翁璝杨仙翁升贤于此得道。大同中，蒲仙翁高远复于此白日上升。”因此，彭州的葛仙山与葛洪葛玄无关。

---

① (清)和珅等:《大清一统志》卷三百一《叙州府》，四库全书本，第481册，第198页。
② (清)黄廷桂等修、张晋生等纂:《四川通志》卷二十四，四库全书本，第560册，第371页。
③ (宋)祝穆撰，(宋)祝洙增订，施和金点校:《方舆胜览》，中华书局2003年版，第1122页。
④ (宋)欧阳忞撰，李通先、王小红校注:《舆地广记》，四川大学出版社2003年版，第912—913页。
⑤ (明)李贤等:《明一统志》卷六十九《重庆府》，四库全书本，第473册，第469页。
⑥ (清)和珅等:《大清一统志》卷二九五《重庆府》，四库全书本，第481册，第97页。
⑦ (清)黄廷桂等修、张晋生等纂:《四川通志》卷二十三，四库全书本，第560册，第340页。
⑧ (明)曹学佺:《蜀中广记》卷十七《重庆府》，四库全书本，第591册，第212页。
⑨ (清)黄廷桂等修、张晋生等纂:《四川通志》卷二十五《山川志》，四库全书本，第560册，第405页。

三、两河地区的葛氏遗址

河南省光山县西北的仙居乡有葛洪的炼丹井灶。《太平寰宇记》卷一二七《光州·仙居县》载:该县有杏山,“在县东北。与仙居山隔谷,去县七里,上有抱朴子炼丹井灶,仙迹甚多……仙人庙在县西南二百里,在南仙居山侧无村。相传晋时抱朴子曾宰乐安县,人户馑厄,济之于丹,至今祭祀”①。襄城县则有葛仙山。《明一统志》卷二十六《河南布政司·开封府》载:“仙翁山,在襄城县西南十八里,一名葛仙山,上有葛仙翁成道庵。”②除河南省之外,河北保定也有葛洪山。《明一统志》卷二“保定府”载:“葛洪山,在唐县西北七十里,山之中宫观甚多,惟中岩有宫曰上清虚,最奇胜。相传葛洪修道于此。”③

各地方志中的葛洪遗迹不胜枚举,以上列举的材料可以说是挂一漏万。葛洪出生并长期生活在扬州地区,后又周旋于徐、豫、荆、襄、江、广数州之间,其中在广州生活的时间至少有十余年之久,到过上述地方是有可能的。但葛洪不可能每到一处都定居并炼丹,事实上,他在写作《抱朴子内篇》之前没有炼过丹。因此,上述所谓丹井、丹灶都是后人攀附的传说。葛洪的遗迹很多是在道观以及寺院附近,炼丹以及升仙的传说能够刺激信众的幻想,增加道观、寺庙的神秘色彩,吸引更多的信徒,因此,有关葛洪的传说随着道观、寺院的不断建立而扩张传播。另外,葛玄、葛孝仙、葛璝等葛姓方士(隐士)的事迹也逐渐附着于葛洪身上,使得葛洪成为箭垛式人物,这也使得葛洪遗迹与传说进一步扩张与丰富。总之,这些地方性的传说不能说明葛洪的行踪,但能说明葛洪在社会上,尤其是在宗教界的影响。

① (宋)乐史撰,王文楚等点校:《太平寰宇记》,中华书局 2007 年版,第 2514、2515 页。原作“与仙居山隔,各去县七里”,据《四库》本改,标点有修改。

② (明)李贤等:《明一统志》卷二十六《河南布政司·开封府》,四库全书本,第 472 册,第 632 页。

③ (明)李贤等:《明一统志》卷二《保定府》,四库全书本,第 472 册,第 44 页。

葛洪简谱[①]

晋武帝太康四年(283 年)　1 岁

葛洪出生。祖父葛奚,吴国鸿胪少卿。父亲葛悌曾经担任吴国的五官郎、中正,历任建城、南昌二县令、中书郎、廷尉平、中护军等职,拜会稽太守。在晋军伐吴的战争中,总统亲兵五千抗晋。葛洪是葛悌的第三子。《自叙》言:“生晚,为二亲所娇饶。”

晋武帝太康五年(284 年)　2 岁

葛悌入洛为晋朝郎中。[②]

晋武帝太康六年(285 年)　3 岁

葛悌升迁至太中大夫。

晋武帝太康七年(286 年)　4 岁

葛悌担任晋朝中正、肥乡令。据《自叙》称,政绩斐然。其云:“县户二万,举州最治,德化尤异。恩洽刑清,野有颂声,路无奸迹。不佃公田,越界如市,秋毫之赠,不入于门。纸笔之用,皆出私财。刑厝而禁止,不言而化行。”

---

① 根据钱穆《葛洪年谱》,收入杨明照《抱朴子外篇・附录》(简称钱《谱》);陈飞龙《葛洪年谱》,台湾《国立政治大学学报》1983 年第 41 期(简称陈《谱》);胡孚琛《葛洪年谱略述》,《上海道教》1991 年第 3 期(简称胡《谱》);丁宏武《葛洪年表》,《宗教学研究》2011 年第 1 期(简称丁《表》);武锋《葛洪年谱》,《葛洪〈抱朴子外篇〉研究・附录》,光明日报出版社 2010 年版(简称武《谱》)等前贤年谱编制而成,间或出自己意。

② 葛悌入洛及升迁、改任的具体时间不详。至少在太康五年以前,晋武帝曾下诏征召陆喜等十五位东吴人任官,现姑且将葛悌入洛系于此年。下文葛悌升迁、改任时间也是以常理推断,并无材料佐证,聊备一说。

晋武帝太康九年(288年)　6岁

葛悌以疾去官。

晋武帝太康十年(289年)　7岁

司马晏受封吴王。诏令葛悌为吴王郎中令。“正色弼违,进可替不。举善弹枉,军国肃雍。”(《自叙》)

晋惠帝元康三年(293年)　11岁

葛悌迁升为邵陵太守。

晋惠帝元康五年(295年)　13岁

葛悌在任上去世,家庭陷入困境。葛洪饥寒困悴,躬执耕穑。又累遭兵火,先人典籍荡尽,靠砍柴出卖换取纸笔。白天在田园、晚上就柴火写书。纸张缺乏,一张纸上往往反复书写,别人很难看清。为人木讷,除读书写作外,别无兴趣。不好荣利,闭门却扫,未尝交游。

晋惠帝元康七年(297年)　15岁

开始创作诗赋、杂文,自谓能流行于世。

晋惠帝元康八年(298年)　16岁

始读《孝经》《论语》《诗》《易》,广览博收,于众书无不暗诵精持。涉略正经、诸史、百家之言,下至短杂文章,近万卷。不喜欢星书及算术、九宫三棊、太一、飞符等。

晋惠帝元康九年(299年)　17岁

师从八十多岁的郑隐学道,亲事洒扫。郑隐传授各种道艺,允其抄录所藏道经,并以《礼记》《尚书》教授。弟子五十余人中,只传授葛洪金丹道经。郑隐之仙经得之于葛洪从祖葛玄,葛玄得之于左慈,至葛洪已传四代。

晋惠帝太安元年(302年)　20岁

郑隐预知季世之乱,率领入室弟子东投霍山。葛洪回乡家居。资无担石,虽有其书,却无法炼制丹药,金丹之方无从亲验。

太安二年(303年)　21岁

义阳蛮张昌起兵作乱,其部将石冰进击扬州,屯于建业。吴兴太守顾秘任义军都督,与周玘等起兵讨伐。宋道衡来到丹阳后,邀请葛洪为将兵都尉。葛洪募合数百人,攻击石冰别将,破之。钱帛山积,珍玩遍地，诸军莫不放兵收拾财物，唯独葛洪约束兵士，不得妄行离开队伍。有违反者，即斩之以徇。果有伏贼数百，出伤诸军。其余军队均惊乱，死伤狼藉，独葛洪军旅阵形整齐，无所损伤。在之后的另一场战斗中，斩贼小帅，多获甲首，献捷幕府。大都督加葛洪伏波将军，按条例赏布百匹。葛洪分赐将士，或施之贫困者。剩下十匹，径直买肉酤酒，以飨将吏，成为一时美谈。

晋惠帝永兴元年(304年)　22岁

此年三月，陈敏斩杀石冰，扬、徐二州平定。葛洪投戈释甲，欲北上洛阳搜求异书，以广其学。正值北方大乱，诸多军阀交相混战，道路不通，遂周旋于徐、豫、荆、襄、江数州之间。

晋惠帝永兴二年(305年)　23岁

陈敏反于江东，驱逐扬州刺史刘机、丹阳太守王旷。葛洪归途隔塞，继续播迁于徐、豫、荆、襄、江数州之间。在此期间，阅见流俗道士数百人，有些素有名望，然相似如一，见识浅薄，不足相倾。与故人嵇含在襄阳相见，彼此讨论左思、张华、陆机等前辈文人。

晋惠帝光熙元年(306年)　24岁

广州刺史王毅病卒，经荆州刺史、镇南大将军刘弘推荐，朝廷任命嵇含为平越中郎将、广州刺史。嵇含表请葛洪做自己的参军。虽然这不是葛洪所喜欢的工作，但能够避地于南土，葛洪勉力应命。嵇含派遣葛洪先行催兵。葛洪来到广州不久，刘弘去世，有人想留嵇含担任荆州刺史，嵇含与刘弘司马郭劢一向有矛盾，劢疑嵇含将为己害，掩杀嵇含。葛洪停留广州，无所依靠。

葛洪认为年轻时所作诗赋杂文殊多不称意，未尽损益之理，开始创作子书。《自叙》云："洪年二十余，乃计作细碎小文，妨弃功日，未若立一家之言，乃草创子书。"无法确定具体年代，姑系于此年定居广州之后。

晋怀帝永嘉六年(312年)　30岁

东海鲍氏南渡，居于曲阿，鲍靓至广州任南海太守。葛洪师事之，鲍靓对葛洪深相器重，将女儿鲍姑嫁与葛洪。洪传习鲍靓之业，并综练医术。

建兴二年(314年)　32岁

此前一年,也就是建兴元年(313年),以琅邪王睿为左丞相、大都督,督陕东诸军事,与南阳王司马保分陕而治,江东割据局面已成,建康政权基本形成。大致上就在此年,滞留广州近十年的葛洪回到家乡。回乡后,葛洪曾不赴州郡及车骑大将军的辟召。当时扬州刺史和丹阳郡太守均为王导,车骑大将军疑是司马睿小儿子司马裒,他去世后赠车骑大将军之号。

建兴三年(315年)　33岁

此年,琅邪王司马睿任丞相、大都督、督中外诸军事,地位进一步提高。司马睿招延人才,多辟府掾,葛洪被荐名丞相府,辟为掾。

与余杭令顾飏一起到余杭大辟山见郭文、何幼道,各无所言。[①]

建武元年(317年)　35岁

此年二月辛巳,闵帝诏令琅邪王司马睿统摄万机。三月庚寅,司马睿为表彰葛洪当年平定石冰之乱时的贡献,下诏赐爵关中侯,食句容之邑二百户。第二天司马睿即晋王位,大赦,改元建武。

《抱朴子》内外篇大致定稿,其后续有订补。

东晋元帝大兴四年(321年)　39岁

张闿为晋陵内史时,天旱失收,遂兴功建造曲阿新丰塘(又称富民塘),于此年完成,灌溉田亩八百余顷。葛洪作《富民塘颂》赞颂之。

《抱朴子外篇》修订完成,写作《自叙》。[②] 尚有碑颂诗赋百卷、军书移檄章表笺记三十卷、《神仙传》十卷、《隐逸传》十卷,抄五经、七史、百家之言、兵事、方伎、短杂、奇要三百一十卷,在作《自叙》前均已完成。《晋书·天文志》引述葛洪《释浑天说》一文,介绍浑天说与浑天仪,逐一批驳王充引述的盖天说观点。此文不知写作时间,诸家年谱未提及,姑附于此。

① 葛洪见郭文的年代,丁《表》系于大兴四年(321年),显然没有看到陈飞龙的考证。陈谱、胡谱与武谱均系于建兴二年(314年)。窃以为如果葛洪是处士,与余杭令一起拜见隐士略为奇怪。姑附于成为丞相府掾吏的建兴三年(315年),葛洪与顾飏同样具有官方身份。

②《自叙》有"今齿近不惑,素志衰颓"之语,姑系之于39岁。

东晋成帝咸和元年(326年)　44岁

葛洪于此年四月戊午,养公牛近二十头。时既有荒饥,县多虎灾,虎来侵损群牛,百日前后,损失六七头。葛洪声称他施术断暴虎之害。

司徒王导召葛洪为州主簿、转司徒掾。①

东晋成帝咸和三年(328年)　46岁

迁谘议参军。干宝时任司徒右长史,为葛洪上司。在此之前,干宝曾领国史。因与葛洪深相亲友,认为他才堪国史,选其为散骑常侍,领大著作。葛洪固辞不就。②

郭文居王导园中七年,于此年逃归临安。苏峻叛乱,攻破余杭,临安独全,时人认为郭文见机。四十余日后,郭文病死。葛洪、庾阐为其作传赞颂之。

《抱朴密言》当作于咸和三年(328年)之后,时间不详,姑附于此。

东晋成帝咸康三年(337年)　55岁

虞喜咸康中作《安天论》,葛洪闻而讥之。此事具体不知何年,陈飞龙认为葛洪是在罗浮山对虞喜作出的回应,将此事系于咸康八年。窃以为此时葛洪尚在建康,姑系于今年。

本年葛洪以年老,欲炼丹以祈遐寿,闻交趾产丹,请为勾漏令。帝不许,再求乃准。因率子侄南下。至广州,为刺史邓嶽强留,邓嶽表补葛洪为东官太守,葛洪辞不肯就,乃止于罗浮山。从事炼丹。在山积年,优游闲养,著述不辍。③

东晋康帝建元元年(343年)　61岁

忽与广州刺史邓嶽疏,云:"当远行寻师,克期当去。"邓嶽狼狈往别,既至,而洪已亡,时年六十一。视其颜色如平生,体亦柔软,入棺,其轻如空衣然也。

---

① 据《晋书》本传,王导召葛洪为州主簿为"咸和初",陈《谱》、胡《谱》、武《谱》、丁《表》均系于咸和元年,别无他据,姑从之。

② 葛洪迁谘议参军,陈《谱》、武《谱》系于咸和元年,不妥。胡《谱》系于咸和三年,今从之。干宝荐葛洪不知确切时间,陈《谱》、武《谱》系于咸和元年,窃以为此事在葛洪迁谘议参军,并与干宝有较长时间接触后发生,较符合情理。姑系于咸和三年。

③ 葛洪再到广州的时间不详,钱《谱》、丁《表》系于咸和五年,陈谱、武谱系于咸和七年,胡谱系于咸和八年,此年葛洪五十岁,已到称"年老"的年龄。本人认为葛洪在建康参与了虞喜安天论的讨论,因此将葛洪再到广州的时间系于咸康三年。如此,葛洪在罗浮山前后约有五六年,符合"在山积年"的记载。

主要参考文献

(一) 古代文献

[1] (晋)葛洪著,王明校释:《抱朴子内篇校释》,北京:中华书局1985年版

[2] (晋)葛洪著,杨明照校笺:《抱朴子外篇校笺》,北京:中华书局1997年版

[3] (晋)葛洪著,顾久译注:《抱朴子内篇全译》,贵州人民出版社1995年版

[4] (晋)葛洪著,庞月光译注:《抱朴子外篇全译》,贵州人民出版社1997年版

[5] (晋)葛洪著,张松辉译注:《抱朴子内篇全注全译》,中华书局2011年版

[6] (晋)葛洪著,张松辉、张景译注:《抱朴子外篇全注全译》,中华书局2013年版

[7] (晋)葛洪著,胡守为校释:《神仙传校释》,中华书局2010年版

[8] (晋)葛洪、无名氏:《西京杂记·燕丹子》,中华书局1985年版

[9] (晋)葛洪著,向新阳、刘克任校注:《西京杂记校注》,上海古籍出版社1992年版

[10] (晋)葛洪著,成林、程章灿注译:《西京杂记全译》,贵州人民出版社1993年版

[11] (晋)葛洪著,周天游校注:《西京杂记》,三秦出版社2006

年版

[12]（晋）葛洪原撰，（梁）陶弘景补阙，（金）杨用道附广，刘小斌、魏永明校注：《〈肘后备急方〉全本校注与研究》，广东科技出版社 2018 年版

[13]（汉）司马迁著，（刘宋）裴骃集解，（唐）司马贞索隐，（唐）张守节正义：《史记》，中华书局 1982 版

[14]（汉）班固著，（唐）颜师古注：《汉书》，中华书局 1962 年版

[15]（汉）赵晔著，周生春辑校汇考：《吴越春秋辑校汇考》，上海古籍出版社 1997 年版

[16]（汉）袁康、吴平辑录，乐祖谋点校：《越绝书》，上海古籍出版社 1985 年版

[17]（晋）陈寿著，（刘宋 ）裴松之注：《三国志》，中华书局 1982 年版

[18]（南朝宋）范晔：《后汉书》，中华书局 1965 年版

[19]（梁）沈约：《宋书》，中华书局 1974 年版

[20]（唐）房玄龄等：《晋书》，中华书局 1972 年版

[21]（唐）姚思廉：《梁书》，中华书局 1974 年版

[22]（唐）令狐德棻等：《周书》，中华书局 1971 年版

[23]（唐）刘知幾：《史通》，《四部丛刊初编》本

[24]（唐）许嵩著，张忱石点校：《建康实录》，中华书局 1986 年版

[25]（宋）欧阳修、宋祁：《新唐书》，中华书局 1975 年版

[26]（宋）司马光：《资治通鉴》，中华书局 1956 年版

[27]（清）吴任臣：《十国春秋》，中华书局 1983 年版

[28]（清）齐召南：《汉书考证》，四库全书本

[29]（清）吴士鉴、刘承幹：《晋书斠注》，民国十七年（1928）刻本

[30]（清）万斯同：《历代年表》，商书印书馆 1937 年版

[31]（清）吴廷燮：《列代方镇年表》，辽海出版社 1936 年版

[32]（北魏）郦道元著，（清）杨守敬、熊会贞疏：《水经注疏》，江苏古籍出版社 1989 年版

[33]（唐）李吉甫著，贺次君点校：《元和郡县图志》中华书局 1983

年版

[34]（宋）乐史著，王文楚等点校：《太平寰宇记》，中华书局 2007 年版

[35]（宋）王象之：《舆地纪胜》，中华书局 1992 年版

[36]（宋）王存：《元丰九域志》，四库全书本

[37]（宋）祝穆著，（宋）祝洙增订，施和金点校：《方舆胜览》，中华书局 2003 年版

[38]（宋）欧阳忞著，李通先、王小红校注：《舆地广记》，四川大学出版社 2003 年版

[39]（宋）马光祖修，（宋）周应合纂：《景定建康志》，《宋元方志丛刊》第 2 册，中华书局 1990 年版

[40]（宋）沈作宾修，（宋）施宿等纂：《嘉泰会稽志》，《宋元方志丛刊》第 7 册，中华书局 1990 年版

[41]（宋）潜说友纂修：《咸淳临安志》，《宋元方志丛刊》第 4 册，中华书局 1990 年版

[42]（元）刘大彬：《茅山志》，《道藏》第 5 册，文物出版社、上海书店、天津古籍出版社 1988 年版（以下仅标《道藏》册数）

[43]（明）李贤等：《明一统志》，四库全书本

[44]（明）黄省曾：《西洋朝贡典录》，中华书局 2000 年版

[45]（明）王僖、程文、王韶等纂辑，弘治《句容县志》，《天一阁藏明代方志选刊》第 11 册，上海古籍书店 1961—1966 年版

[46]（明）田汝成著，陈志明编校：《西湖游览志》，东方出版社 2012 年版

[47]（明）戴璟、张岳纂修：《广东通志初稿》，《北京图书馆古籍珍本丛刊》第 38 册，书目文献出版社 1998 年版

[48]（明）郭棐：《广东通志》，万历三十年刻本

[49]（明）陈梿：《罗浮志》，《丛书集成初编》本

[50]（明）张程纂修、（清）张光勋增修、江春发点校：《武功山志》，江西人民出版社 2016 年版

[51]（明）曹学佺：《蜀中广记》，四库全书本

[52] (明)张燮:《东西洋考》,中华书局 1981 年版

[53] (明)佚名著,向达校注:《两种海道针经》,中华书局 1961 年版

[54] (清)和珅等纂修:《大清一统志》,四库全书本

[55] (清)迈柱等监修:《湖广通志》,四库全书本

[56] (清)谢旻等监修:《江西通志》,四库全书本

[57] (清)郝玉麟等监修:《福建通志》,四库全书本

[58] (清)嵇曾筠等监修:《浙江通志》,四库全书本

[59] (清)黄廷桂等监修:《四川通志》,四库全书本

[60] (清)郝玉麟等监修:《广东通志》四库全书本

[61] (清)阮元等纂修:《广东通志》,同治三年刻本

[62] (清)金鉷等修、钱元昌等纂:《广西通志》,四库全书本

[63] (清)宋广业辑:《罗浮山志会编》,康熙五十六年刻本

[64] (清)劳光泰等编:《蒲圻县志》,成文出版社据道光十六年刊本影印本

[65] (清)余保纯等修,(清)黄其勤纂,(清)戴锡伦续纂修:道光《直隶南雄州志》,《中国地方志集成》,上海书店、巴蜀书社、江苏古籍出版社影印本

[66] (清)屠英等修:道光《肇庆府志》,《中国地方志集成》,上海书店、巴蜀书社、江苏古籍出版社影印本

[67] (清)李元春:《台湾志略》,《台湾文献史料丛刊》第 2 辑第 22 种,大通书局 1984 年版

[68] 郑鹤声、郑一钧编:《郑和下西洋资料汇编》,齐鲁书社 1980 年版

[69] (清)尚兆山:《赤山湖志》,《金陵丛书》本

[70] (清)张绍棠、萧穆等纂辑:《续纂句容县志》,《中国地方志集成》,江苏古籍出版社 1991 年影印本

[71] (民国)罗汝泽等修,徐友梧纂:《霞浦县志》,台湾成文出版社 1967 年影印本

[72] (民国)魏元旷编撰,王咨臣校注:《西山志》,江西人民出版社

2002 年版

[73] 朱谦之校释:《老子校释》,中华书局 1984 年版

[74] 杨伯峻译注:《论语译注》,中华书局 1980 年版

[75] 杨伯峻译注:《孟子译注》,中华书局 1960 年版

[76] (清)郭庆藩集释,王孝鱼点校:《庄子集释》,中华书局 1961 年版

[77] (清)王先谦集解,沈啸寰、王星贤点校:《荀子集解》,中华书局 1988 年版

[78] (清)王先慎集解,钟哲点校:《韩非子集解》,中华书局 1998 年版

[79] 吴则虞集释:《晏子春秋集释》,中华书局 1962 年版

[80] (汉)贾谊著,阎振益、钟夏校注:《新书校注》,中华书局 2000 年版

[81] 何宁集释:《淮南子集释》,中华书局 1998 年版

[82] (汉)王充著,黄晖校点:《论衡》,中华书局 1990 年版

[83] (汉)王符著,(清)汪继培笺,彭铎校正:《潜夫论笺校正》,中华书局 1985 年版

[84] (汉)应劭著,王利器校注:《风俗通义校注》,中华书局 1981 年版

[85] (梁)萧绎著,许逸民校笺:《金楼子校笺》,中华书局 2011 年版

[86] (北齐)颜之推著,王利器集解:《颜氏家训集解》,中华书局 1993 年版

[87] (宋)高似孙:《史略 · 子略》,辽宁教育出版社 1998 年版

[88] (清)俞樾著,李天根辑:《诸子平议补录》,中华书局 1956 年版

[89] 王明校注:《太平经合校》,中华书局 1979 年版

[90] 佚名:《正一法文天师教戒科经》,《道藏》第 18 册

[91] (梁)陶弘景著,赵益校点:《真诰》,中华书局 2011 年版

[92] (梁)陶弘景著,[日]吉川真夫、麦谷邦夫编,朱越利译:《真诰

校注》,中国社会科学出版社 2006 年版

[93] (梁)陶弘景:《登真隐诀》,《道藏》第 6 册

[94] 佚名:《汉武帝外传》,《道藏》第 5 册

[95] 佚名:《洞神八帝妙精经》,《道藏》第 11 册

[96] (唐)司马承祯:《天隐子》,《丛书集成初编》本

[97] (唐)王松年编:《仙苑编珠》,《道藏》第 11 册

[98] (唐)孟安排编:《道教义枢》,《道藏》第 24 册

[99] (唐)杜光庭著,罗争鸣辑校:《杜光庭记传十种辑校》,中华书局 2013 年版

[100] (五代)施肩吾整理:《修真十书钟李传道集》,《道藏》第 4 册

[101] (宋)张君房著,李永晟点校:《云笈七签》,中华书局 2003 年版

[102] (元)赵道一编修:《历世真仙体道通鉴》,《道藏》第 5 册

[103] (元)张天雨:《玄品录》,《道藏》第 18 册

[104] (梁)释僧祐著,李小荣校笺:《弘明集》,上海古籍出版社 2013 年版

[105] (唐)释道世著,周叔迦、苏晋仁校注:《法苑珠林》,中华书局 2003 年版

[106] 旧题(汉)刘向著,王叔岷校笺:《列仙传校笺》,中华书局 2007 年版

[107] (晋)干宝著,汪绍楹校点:《搜神记》,中华书局 1979 年版

[108] (晋)干宝(晋)陶渊明著,李剑国编校:《新辑搜神记 新辑搜神后记》,中华书局 2007 年版

[109] (南朝宋)刘义庆著,(梁)刘孝标注,余嘉锡笺疏:《世说新语笺疏》,上海古籍出版社 1993 年版

[110] (唐)段成式著,方南生点校:《酉阳杂俎》,中华书局 1981 年版

[111] (宋)黄伯思:《宋本东观余论》,中华书局 1988 年影印本

[112] (宋)晁载之:《续谈助》,《丛书集成初编》本

[113] (明)胡应麟:《少室山房笔丛》,上海书店出版社 2009 年版

[114]（唐）张彦远著，俞剑华注释：《历代名画记》，上海人民美术出版社1964年版

[115]（清）王昶编：《金石萃编》，陕西人民美术出版社1990年版

[116]（清）倪涛：《六艺之一录》，四库全书本

[117]（隋）虞世南编撰，（清）孔广堂校注：《北堂书钞》，学苑出版社1998年影印本

[118]（唐）徐坚等编：《初学记》中华书局1962年版

[119]（唐）欧阳询等编，汪绍楹校：《艺文类聚》，中华书局1965年版

[120]（唐）林宝著，郁贤皓、陶敏整理：《元和姓纂》，中华书局1994年版

[121]（宋）李昉等编：《太平御览》，中华书局1960年版

[122]（宋）李昉等编：《太平广记》，中华书局1961年版

[123]（明）陶宗仪编：《说郛》，四库全书本

[124]（明）孙瑴辑：《古微书》，四库全书本

[125]（清）陈元龙编：《格致镜原》，四库全书本

[126]（宋）晁公武著，孙猛校证：《郡斋读书志校证》，上海古籍出版社1990年版

[127]（宋）陈振孙：《直斋书录解题》，上海古籍出版社1987年版

[128]（汉）张仲景著，何任整理：《金匮要略》，人民卫生出版社2005年版

[129]（魏）吴普等述，（清）孙星衍、冯孙翼辑：《神农本草经》，人民卫生出版社1963年版

[130]（唐）王焘：《外台秘要》，中国医药科技出版社2011年版

[131]（魏）阮籍著，陈伯君校注：《阮籍集校注》，中华书局1987年版

[132]（晋）陆云著，黄葵点校：《陆云集》，中华书局1988年版

[133]（唐）杜甫著，萧涤非主编：《杜甫全集校注》，人民文学出版社2014年版

[134]（唐）卢纶著，刘初棠校注：《卢纶诗集校注》，上海古籍出版

社 1989 年版

[135](唐)陆龟蒙著,何锡光校注:《陆龟蒙全集校注》,凤凰出版社 2015 年版

[136](宋)孔延之:《会稽掇英总集》,四库全书本

[137](宋)苏轼:《苏轼文集》,中华书局 1986 年版

[138](宋)苏辙:《苏辙集》,中华书局 1980 年版

[139](宋)唐庚:《眉山文集》,四库全书本

[140](宋)计有功编,王仲镛校笺:《唐诗记事》,中华书局 2007 年版

[141](宋)李光:《庄简集》,四库全书本

[142](宋)董嗣杲:《英溪集》,四库全书本

[143](宋)韩淲:《涧泉集》,四库全书本

[144](宋)楼钥:《攻瑰集》,四库全书本

[145](宋)史浩:《峰真隐漫录》,四库全书本

[146](宋)杨万里著,辛更儒笺校:《杨万里集笺校》中华书局 2007 年版

[147](宋)黄震:《黄震全集》,浙江大学出版社 2013 年版

[148](宋)方信儒:《南海百咏》,光绪壬午年(1822 年)学海堂重刊本

[149](明)宋濂著,罗月霞主编:《宋濂全集》,浙江古籍出版社 1999 年版

[150](梁)刘勰著,范文澜注:《文心雕龙注》,人民文学出版社 1958 年版

[151](梁)萧统编,(唐)李善注:《文选》,中华书局 1977 年版

[152](明)梅鼎祚编:《东汉文纪》,四库全书本

[153](清)汪森辑:《粤西文载》,四库全书本

[154](清)曹寅、彭定球等编:《全唐诗》,中华书局 1960 年版

[155](清)董诰等编:《全唐文》,中华书局 1983 年版

[156](清)严可均编:《全上古三代秦汉三国六朝文》,中华书局 1958 年版

[157] 逯钦立编:《先秦汉魏晋南北朝诗》,中华书局 1983 年版
[158] 傅璇琮等编:《全宋诗》,北京大学出版社 1998 年版

(二) 今人著作

[1] [日]村上嘉实:《中國の仙人——抱朴子の思想》,平乐寺书店 1959 年版
[2] 陈飞龙:《葛洪之文论及其生平》,文史哲出版社 1980 年版
[3] 蓝秀隆:《抱朴子研究》,文津出版社 1980 年版
[4] 林丽雪:《〈抱朴子〉内外篇思想析论》,学生书局 1980 年版
[5] 胡孚琛:《魏晋神仙道教——〈抱朴子内篇研究〉》,人民出版社 1990 年版
[6] 王利器:《葛洪论》,台北五南图书出版公司 1997 年版
[7] 李丰楙:《不死的探求——抱朴子》,海南出版社、三环出版社 1999 年版
[8] 武锋:《葛洪〈抱朴子外篇〉研究》,光明日报出版社 2010 年版
[9] 郑全:《葛洪研究》,宗教文化出版社 2010 年版
[10] 卢央:《葛洪评传》,南京大学出版社 2011 年版
[11] 丁宏武:《葛洪论稿——以文学文献学考察为中心》,中国社会科学出版社 2013 版
[12] 陈国符:《道藏源流考》,中华书局 1963 年版
[13] 王明:《道家和道教思想研究》,中国社会科学出版社 1984 年版
[14] 任继愈主编:《中国道教史》,上海人民出版社 1990 年版
[15] 任继愈主编:《道藏提要》,中国社会科学出版社 1991 年版
[16] 朱越利:《道经总论》,辽宁教育出版社 1991 年版
[17] [日]大渊忍尔:《初期の道教——道教史の研究其の一》,创文社 1991 年版
[18] [日]吉川忠夫:《古代中国人の不死幻想》,东方书店 1995 年版
[19] 卿希泰等:《中国道教史》,四川人民出版社 1996 年修订本

[20] [日]小林正美:《六朝道教史研究》,四川人民出版社 2001 年版

[21] 王承文:《古灵宝经与晋唐道教》,中华书局 2002 年版

[22] 卿希泰、詹石窗等:《中国道教思想史》,人民出版社 2009 年版

[23] 杨小毛、葛修瀚译编:《中国古典魔术》,江苏文艺出版社 1990 年版

[24] 刘晓明:《中国符咒文化大观》,百花洲文艺出版社 1995 年版

[25] 李零:《入山与出塞》,文物出版社 2004 年版

[26] 马保平:《古方术研究导引》,甘肃人民出版社 2009 年版

[27] 吕大吉:《西方宗教学说史》,中国社会科学出版社 1994 年版

[28] 吕大吉:《宗教学通论新编》,中国社会科学出版社 2010 年版

[29] 侯外庐等:《中国思想通史》,人民出版社 1957 年版

[30] 任继愈主编:《中国哲学史》,人民出版社 1979 年版

[31] 汤用彤著:《魏晋玄学论稿及其他》,北京大学出版社 2010 年版

[32] 张心澂:《伪书通考》,商务印书馆 1939 年版

[33] 周钰森:《郑和航路考》,台湾海运出版社 1959 年版

[34] [越]陶维英:《越南古代史》,商务印书馆 1976 年版

[35] 陈寅恪:《金明馆丛稿初编》,上海古籍出版社 1980 年版

[36] 洪业:《洪业论学集》,中华书局 1981 年版

[37] 唐长孺:《魏晋南北朝史论拾遗》,中华书局 1983 年版

[38] 周一良:《魏晋南北朝史札记》,中华书局 1985 年版

[39] 唐长孺:《魏晋南北朝史论丛》,河北教育出版社 2000 年版

[40] 饶宗颐:《饶宗颐二十世纪学术文集》,台北新文丰出版公司 2003 年版

[41] 王永平:《六朝江东世族之家风家学研究》,江苏古籍出版社 2003 年版

[42] 田余庆:《秦汉魏晋史探微》,中华书局 2004 年重订本

[43] 鲁迅:《中国小说史略》,人民文学出版社 1973 年版

[44] 李剑国:《唐前志怪小说史》,南开大学出版社 1984 年版
[45] 曹道衡:《中古文学史论文集》,中华书局 2002 年版
[46] 罗宗强:《魏晋南北朝文学思想史》,中华书局 1996 年版
[47] 朱东润:《中国文学批评史大纲》,上海古籍出版社 2001 年版
[48] 余嘉锡:《四库提要辨证》,中华书局 1980 年版
[49] 姚名达:《中国目录学史》,吉林人民出版社 2014 年版
[50] 毛礼锐等编:《中国古代教育史》,人民教育出版社 1979 年版
[51] 袁瀚青:《中国化学史论文集》,生活·读书·新知三联书店 1981 年版
[52] 赵匡华主编:《中国古代化学史研究》,北京大学出版社 1985 年版
[53] Jerry. M. Burger:《人格心理学》,中国轻工业出版社 2000 年版

(三) 期刊论文

[1] [日] 福井康顺:〈葛氏道の研究〉,[日] 津田左右吉编:《東洋思想研究》1953 年第 5 期
[2] 何云鹤:《治疗血吸虫病的中医文献研究》,《上海中医药杂志》1956 年第 2 期
[3] 陈树森、王翘楚:《谈谈祖国医学文献中类似血吸虫病的记载》,《上海中医药杂志》1956 年第 9 期
[4] 李仁众:《射工、沙虱、水毒不是日本血吸虫病》,《江西中医药》1956 年第 11 期
[5] 劳幹:《论〈西京杂记〉之作者及成书时代》,台湾《“中央研究院”历史语言研究所集刊》1962 年第 33 本
[6] 洪嘉禾:《葛洪〈肘后备急方〉的科学成就》,《浙江中医学院学报》1980 年第 6 期
[7] 许抗生:《葛洪道家思想研究》,《北京大学学报》1981 年第 3 期
[8] 戢斗勇:《葛洪的“玄”“道”与“一”不是一回事》,《江西社会科学》1984 年第 5 期

[9] 伍卫民:《黄老之学与抱朴子》,《中国哲学史研究》1988 年第 1 期

[10] 杨福程:《谈〈抱朴子·遐览篇〉的道书数目》,《社会科学战线》1988 年第 3 期

[11] 王明:《葛洪有无佛教思想的探讨》,《世界宗教研究》1990 年第 2 期

[12] 周世荣:《马王堆汉墓的"神祇图"帛画》,《考古》1990 年第 10 期

[13] 胡孚琛:《葛洪年谱述略》,《上海道教》1991 年第 3 期

[14] 冯汉镛:《葛洪曾去印支考》,《文史》1994 年第 39 辑

[15] 江凤枝、袁文武:《〈诸病源候论〉血吸虫病文献考述》,《湖北中医杂志》1997 年第 2 期

[16] 罗中枢:《论葛洪的修道思想和方法》,《世界宗教研究》2004 年第 4 期

[17] 董恩林:《葛洪道论辨析:与诸家道论比较》,《哲学研究》2006 年第 5 期

[18] 谭清华、袁名泽:《葛洪扶南之行再考》,《社会科学论坛》2017 年第 10 期

[19] 严耕望:《汉代地方官吏之籍贯限制》,台湾《"中央研究院"历史语言研究所集刊》1950 年第 22 本

[20] 林校生:《西晋八王幕府合说》,《北大史学》1998 年第 5 辑

[21] 张旭华:《东吴九品中正制初探》,《郑州大学学报》2001 年第 1 期

[22] 李刚:《试论孙吴至东晋的江南家族道教》,《四川大学学报》2019 年第 1 期

[23] 石他山:《风景这边独好》,句容县政协文史资料委员会:《句容文史资料》1987 年第 5 辑

[24] 蔡立石:《茅山古今谈》,句容县政协文史资料委员会:《句容文史资料》1987 年第 5 辑

[25] 倍析:《县名索源——句容命名考》,《句容文史资料》1990 年第八辑

[26] 李峰:《地理、地貌、地质》,江苏省政协文史资料委员会、句容市政协学习和文史委员会:《句容古今要览》,《江苏文史资料》编辑部出版发行,1999年

[27] 李锦芳:《论百越地名与及其文化意蕴》,《中央民族大学党报》1995年第1期

[28] 郑张尚芳:《古越语人名、地名解义》,《温州师范学院党报》1996年第4期

[29] 张德苏:《"句吴"之"句"意义追原》,《德州学院学报》2019年第1期

[30] 武汉市文物委员会:《武昌任家湾六朝初期墓葬清理简报》,《文物考古资料》1955年第12期

[31] 南京市文物保管委员会:《南京象山东晋王丹虎墓和二、四号墓发掘简报》,《文物》1965年第10期

[32] 江西省博物馆:《江西南昌晋墓》,《考古》1974年第6期

[33] 江西省历史博物馆:《江西南昌市东吴高荣墓的发掘》,《考古》1980年第3期

[34] 鄂城县博物馆:《湖北鄂城四座吴墓发掘报告》,《考古》1982年第3期

[35] 镇江市博物馆:《江苏句容城头山遗址试掘简报》,《考古》1985年第3期

[36] 安徽省文物考古研究所、马鞍山市文化局:《安徽马鞍山东吴朱然墓发掘简报》,《文物》1986年第3期

[37] 南京博物院:《江苏句容丁沙地遗址第二次发掘简报》,《文物》2001年第5期

[38] 白彬:《南方地区吴晋墓葬出土木刺研究》,《四川大学考古专业创建四十周年暨冯汉骥教授百年诞辰纪年文集》,四川大学出版社2001年版

[39] 王育成:《考古所见道教简犊考述》,《考古学报》2003年第4期

[40] 陈洪:《〈列仙传〉的道教意蕴与文学史意义》,《文学评论》

2010 年第 3 期

[41] 袁朗:《葛洪形象接受述略》,《晋阳学刊》2015 年第 4 期

[42] 张振谦:《宋代文人对〈抱朴子内篇〉的接受》,《兰州学刊》2016 年第 3 期

[43] 赵益:《孙德谦"说理散不如骈"申论——兼论骈文的深层表达机制》,《文学评论》2017 年第 4 期

后　记

这本书稿主要是在 2020 年写作完成的。这一年，无论对于中国还是世界，都是不幸的一年；对于我的家庭来说，更是灾难性的一年。

春节过后，随着疫情的不断扩散，南京很快就进入了封城的状态。封闭在家的时候，只能打开电脑进行此书的写作。因为牵挂着疫情，自始至终不能完全投入，写作时断时续，终于在接近年底的时候完成了此书的初稿。就在此时，我的亲人接二连三罹患重病。我五内俱焚，却束手无策，每至深夜，块然独坐，百忧俱至。

2021 年到来了，这本书稿终于完成了专家审读，可以交付出版社了。这是个好的开端，预示着今年万事都会有转机。感谢陈书录教授，由于他的关心，才使我申请到了这个项目；感谢姜建所长的指导与督促，正是他认真、勤勉、负责的工作才使得此书顺利完成；感谢樊和平院长、徐小跃教授、刘强教授、张开博士在审读过程中给予的鼓励和提出的宝贵意见；王文意同学帮我核对了出自《四库全书》的引文，在此表示衷心感谢。

交稿后，又经历了两年多的审稿过程。感谢在此期间提供过宝贵意见的所有审稿者，尤其要感谢付出辛勤劳动与漫长等待的责任编辑金书羽老师。

2021 年 1 月 21 日于仙林茶苑

2023 年 9 月 7 日补记于仙林茶苑